# 21世纪会计学系列教材
*Shiji Kuaijixue Xilie Jiaocai*

江希和 熊筱燕 总主编

# 成本会计
## 教程与案例

(第二版)

江希和 向有才 编著

立信会计出版社
LIXIN ACCOUNTING PUBLISHING HOUSE

**图书在版编目(CIP)数据**

成本会计教程与案例 / 江希和,向有才编著. —2版. —上海：立信会计出版社,2018.7
ISBN 978-7-5429-5924-9

Ⅰ.①成… Ⅱ.①江…②向… Ⅲ.①成本会计—高等学校—教材 Ⅳ.①F234.2

中国版本图书馆 CIP 数据核字(2018)第 177737 号

责任编辑　王斯龙

## 成本会计教程与案例(第二版)

| | | | | |
|---|---|---|---|---|
| 出版发行 | 立信会计出版社 | | | |
| 地　　址 | 上海市中山西路 2230 号 | 邮政编码 | 200235 | |
| 电　　话 | (021)64411389 | 传　真 | (021)64411325 | |
| 网　　址 | www.lixinaph.com | 电子邮箱 | lxaph@sh163.net | |
| 网上书店 | www.shlx.net | 电　话 | (021)64411071 | |
| 经　　销 | 各地新华书店 | | | |
| 印　　刷 | 常熟市梅李印刷有限公司 | | | |
| 开　　本 | 710 毫米×960 毫米 | 1/16 | | |
| 印　　张 | 24.5 | | | |
| 字　　数 | 475 千字 | | | |
| 版　　次 | 2018 年 7 月第 2 版 | | | |
| 印　　次 | 2018 年 7 月第 1 次 | | | |
| 印　　数 | 1—3100 | | | |
| 书　　号 | ISBN 978-7-5429-5924-9/F | | | |
| 定　　价 | 45.00 元 | | | |

如有印订差错,请与本社联系调换

# 第二版前言

本教材是在 21 世纪会计系列教材《成本会计教程与案例》（第一版）的基础上，吸收当前成本会计的理论研究成果、教学改革成果以及国家最新出台的有关财税和会计法规并考虑成本会计工作实际需要等修订而成。

中共的"十八大"以来，随着各项改革不断深入、市场开放程度不断扩大、竞争环境不断完善，一系列既向国际惯例靠拢又具有中国特色社会主义市场经济的法规、政策和措施也在不断出台，企业会计准则、企业会计准则解释以及有关的会计财务制度也在不断修订完善。例如，产品成本核算制度，财政部从 2013 年到 2018 年先后颁发了《企业产品成本核算制度》（试行）、《企业产品成本核算制度——石油石化行业》《企业产品成本核算制度——钢铁行业》《企业产品成本核算制度——煤炭行业》《基建建设项目建设成本管理规定》《企业产品成本核算制度——电网经营行业》等。基于这些制度法规的出台以及新环境下对创新人才培养的要求等，有必要对本教材的第一版进行修订。

本修订版，既对全书中部分内容根据有关法规和会计制度等进行了修订和更新，又根据教学与实践需要对部分章节进行了调整，同时又保留了内容编排上的逻辑性和特色。与本书第一版一样，本版每章仍以生动有趣的案例作为引言，导出各该章教学的主要内容；每章正文中设计有"问题与思考"等，以利于培养学生分析问题和解决问题的能力；每章主内容后设计有案例讨论，每一案例都是配合教学内容加工而成，因而可作为课堂实施案例教学法的教学内容；为了巩固和检测每章所学内容，在每章后还安排了内容丰富的自测题。

本教材由南京师范大学会计与财务管理系江希和教授和向有才老师修订。编写过程中得到了本系同仁熊筱燕、李芸、王佩、高爱芳、王水娟、孙萍、沈涟波、廖浪涛等老师的支持和帮助，同时也参考或引用了一些他人的成果，在此一并表示感谢。

本教材适用于全日制普通高等院校、成人高校等财经类专业及相关专业的成本会计课程教材，也适合作为在职人员培训及经济管理领域工作人员参考用书。

由于作者水平所限，书中难免有不当和错误之处，欢迎广大读者和同行批评指正，以便对本教材进一步修改和补充。

联系邮系：wangsilongjy@qq.com。

江希和<br>2018 年 7 月

# 初版前言

成本会计在任何组织中都是必需且重要的。一位著名的经济学家曾说过:"成本会计像花茎甘蓝一样,无论你是否喜欢它,它一定有益于你。"这个经济学家的观点是,成本会计使我们每个人更有价值,使我们工作的组织更有价值,也使组织运作的经济机制更有价值,因为它帮助我们理解如何科学地管理资源以达到增值的目的。这个观点,突出表现了成本会计在管理中的重要性。

成本会计的重要性,还表现在其应用领域越来越广泛。营销人员需要精通它,以用来确定产品成本及确定产品是否盈利;工程师、生产人员和总经理需要懂得它,以便科学地管理资源;甚至律师也开始重视成本会计,因为他们发现在处理许多经济案子中都涉及成本概念及其应用。另外,成本会计还是现代咨询业中成长最快的领域之一。在国际著名的几大会计公司中,咨询业务的增长速度远远超过审计的增长速度,而咨询业务的增长速度在很大程度上,反映在成本会计和信息系统等领域之中。

成本会计应用领域的扩大和重要性的提高,对成本会计教学提出了改革要求,即:要改革传统的教学方法、教学手段和教学内容等。体现在教材建设要求上,要有利于学生实际动手能力、创新能力以及分析问题、解决问题能力的培养,要与案例教学方法的应用密切结合;同时,还要考虑国家会计法规、会计准则、税收政策的改革以及会计实践的要求。本教材正是为适应上述要求,并吸收了当前成本会计的理论研究成果、教学改革成果编写而成。全书共分13章,分别是总论,成本核算概述,成本构成要素归集与分配,在产品与产成品成本核算,产品成本计算方法概述,产品成本计算的基本方法,产品成本计算的辅助方法,成本报表,成本分析,成本预测、成本决策和成本计划,成本控制与考

核,其他行业成本核算以及成本核算与分析综合案例。

本教材每章前均有"学习目标"提示,并以生动有趣的案例作为引言,导出该章的主要教学内容;正文中设计了问题与思考专栏,在有的章节中还插入了小案例分析、知识库等资料,以使读者对本教材所涉及的知识有更深入的理解与认识。为了方便教学,除第13章外章后大多安排了丰富的案例讨论题和同步测试题。

本教材由南京师范大学会计与财务管理系江希和教授和向有才老师编写,立信会计出版社徐小霞编辑给予了大力支持和帮助。在本教材编写过程中,还得到了该系熊筱燕、陈文军、康玉珠、廖浪涛、沈涟波、王水娟等老师的支持和帮助,同时也参考或引用了其他学者的成果,在此一并表示感谢。

本教材的适用对象是财经类专业的本科生,也适合作为在职人员培训及经济管理领域工作人员的参考用书。

由于作者水平有限,教材中难免有不当和错误之处,欢迎广大读者和同行批评指正,以便今后对本书作进一步的修改和完善。

江希和

2009年1月

## 第一章　总论 … 001
学习目标 … 001
引言 … 001
第一节　成本及成本信息的作用 … 002
第二节　成本会计对象 … 007
第三节　成本会计的职能和任务 … 010
第四节　成本会计工作的组织 … 012
第五节　成本会计发展趋势 … 015
本章小结 … 017
复习思考题 … 019
案例讨论题 … 019
同步测试题 … 020

## 第二章　成本核算概述 … 022
学习目标 … 022
引言 … 022
第一节　成本核算原则 … 023
第二节　产品成本核算要求 … 025
第三节　产品成本核算基本程序 … 031
第四节　产品成本核算的账户设置及账务处理程序 … 032
本章小结 … 038
复习思考题 … 039
案例讨论题 … 039
同步测试题 … 040

## 第三章　成本构成要素归集与分配 … 043
学习目标 … 043
引言 … 043
第一节　材料成本的归集与分配 … 044

第二节　外购动力费用的归集与分配 ………………………………… 052
第三节　职工薪酬费用的归集与分配 ………………………………… 054
第四节　折旧及其他费用的归集与分配 ……………………………… 061
第五节　辅助生产费用的归集与分配 ………………………………… 063
第六节　制造费用的归集与分配 ……………………………………… 078
第七节　生产损失的归集与分配 ……………………………………… 085
本章小结 …………………………………………………………………… 091
复习思考题 ………………………………………………………………… 093
案例讨论题 ………………………………………………………………… 094
同步测试题 ………………………………………………………………… 097

## 第四章　在产品与产成品成本核算 ……………………………………… 105
学习目标 …………………………………………………………………… 105
引言 ………………………………………………………………………… 105
第一节　在产品核算 …………………………………………………… 106
第二节　产品成本在完工产品与在产品之间的分配方法 …………… 109
本章小结 …………………………………………………………………… 123
复习思考题 ………………………………………………………………… 124
案例讨论题 ………………………………………………………………… 125
同步测试题 ………………………………………………………………… 125

## 第五章　产品成本计算方法概述 ………………………………………… 132
学习目标 …………………………………………………………………… 132
引言 ………………………………………………………………………… 132
第一节　生产特点与管理要求对产品成本计算方法的影响 ………… 133
第二节　产品成本的计算方法 ………………………………………… 136
本章小结 …………………………………………………………………… 140
复习思考题 ………………………………………………………………… 141
案例讨论题 ………………………………………………………………… 141
同步测试题 ………………………………………………………………… 141

## 第六章　产品成本计算的基本方法 ……………………………………… 144
学习目标 …………………………………………………………………… 144
引言 ………………………………………………………………………… 144
第一节　产品成本计算的品种法 ……………………………………… 145
第二节　产品成本计算的分批法 ……………………………………… 156
第三节　产品成本计算的分步法 ……………………………………… 165

本章小结 …………………………………… 186
　　复习思考题 ………………………………… 187
　　案例讨论题 ………………………………… 188
　　同步测试题 ………………………………… 190

## 第七章　产品成本计算的辅助方法 …………… 202
　　学习目标 …………………………………… 202
　　引言 ………………………………………… 202
　　第一节　产品成本计算的分类法 …………… 203
　　第二节　联产品、副产品、等级品的成本计算 …… 207
　　第三节　产品成本计算的定额法 …………… 213
　　本章小结 …………………………………… 221
　　复习思考题 ………………………………… 222
　　案例讨论题 ………………………………… 222
　　同步测试题 ………………………………… 224

## 第八章　成本报表 ……………………………… 231
　　学习目标 …………………………………… 231
　　引言 ………………………………………… 231
　　第一节　成本报表的作用和种类 …………… 232
　　第二节　成本报表的编制 …………………… 234
　　本章小结 …………………………………… 242
　　复习思考题 ………………………………… 242
　　案例讨论题 ………………………………… 243
　　同步测试题 ………………………………… 243

## 第九章　成本分析 ……………………………… 246
　　学习目标 …………………………………… 246
　　引言 ………………………………………… 246
　　第一节　成本分析概述 ……………………… 247
　　第二节　成本计划完成情况分析 …………… 251
　　第三节　主要产品单位成本分析 …………… 257
　　本章小结 …………………………………… 261
　　复习思考题 ………………………………… 262
　　案例讨论题 ………………………………… 262
　　同步测试题 ………………………………… 264

## 第十章　成本预测、成本决策和成本计划 …… 268
学习目标 …… 268
引言 …… 268
第一节　成本预测 …… 269
第二节　成本决策 …… 276
第三节　成本计划 …… 286
本章小结 …… 298
复习思考题 …… 299
案例讨论题 …… 299
同步测试题 …… 300

## 第十一章　成本控制与考核 …… 306
学习目标 …… 306
引言 …… 306
第一节　成本控制 …… 307
第二节　成本考核 …… 322
本章小结 …… 327
复习思考题 …… 328
案例讨论题 …… 328
同步测试题 …… 328

## 第十二章　作业成本法 …… 331
学习目标 …… 331
引言 …… 331
第一节　作业成本法计算概述 …… 332
第二节　作业成本计算过程 …… 337
第三节　作业成本计算举例 …… 342
第四节　作业管理与作业预算 …… 347
复习思考题 …… 355
案例讨论题 …… 355
同步测试题 …… 357

## 第十三章　成本核算与分析综合案例 …… 360
学习目标 …… 360
引言 …… 360
第一节　成本核算资料与要求 …… 360
第二节　成本核算与分析 …… 371

## 参考文献 …… 379

# 第一章 总 论

- 了解成本会计的任务和成本会计工作组织的内容
- 理解会计职业道德规范和成本信息的作用
- 掌握成本、成本会计的概念,成本会计的职能与内容,成本、费用、支出的关系

## 引 言

王华、林晓彬和姜一飞是大学时的好友,他们分别毕业于会计学、市场营销和计算机专业。毕业后他们合办了一家公司,专门从事会计核算软件的开发生产和销售业务。该公司的办公和生产经营用房是租用的,每年租金15万元,购买设备30万元,可使用5年。第一年度共购进用于软件开发和生产的材料10万元,用于推销产品发生的开支15万元,职工工资20万元,办公费用5万元,支付市有关管理部门罚款5万元,全年总收入95万元。看到这种情况,姜一飞说:"收入95万元,成本100万元,辛辛苦苦干了1年还亏了5万元,不合算。"林晓彬接着说:"真是的,还不如受聘到雾都电脑公司搞营销,每年还能拿到5万元工资,但你说成本100万元是不对的,应该说支出共100万元。"王华听了以后,扑哧一笑说:"你们说的都不正确,不是成本或支出100万元,确切地讲,应该是成本、费用和支出100万元;另外,今年也不是亏本5万元,而是盈利近20万元。但林晓彬说的,如不办该公司,而是受聘到雾都电脑公司搞营销能拿到的5万元工资,对林晓彬个人来说也是成本。"听了王华的话他俩闹糊涂了,到底是怎么回事呢?成本还这么麻烦和重要?对

此,本章内容将作出明确的回答。

市场经济是竞争经济。竞争经济的一个重要特点就是优胜劣汰。对生产企业来说,市场竞争实质上是产品竞争,而决定产品竞争优势的因素很多,如价格、款式、质量、售后服务等。但总体来说,价格是最重要的一个因素。因为,企业达到一定的经营管理水平后,产品竞争就是价格竞争,价格决定于成本。因此,正确核算并加强成本管理成为企业内部管理追求的重要目标。现代成本会计也正是适应这种要求而产生和发展的。本章作为全书的总括,主要对成本概念、成本信息的作用以及成本会计的对象、成本会计的职能和任务进行了阐述;并且还介绍了为完成成本会计任务而建立的组织机构形式。

## 第一节 成本及成本信息的作用

### 一、成本

#### (一) 成本概念

成本是会计理论中的一个重要问题。学习"成本会计",首先遇到的问题是何为"成本",即"成本"是什么?"成本"这一概念,不同学科对其有不同的解释。经济学中的成本,是指商品价值中已经消耗的需要在其收入中获得补偿的那部分价值,即已消耗的生产资料的转移价值和活劳动消耗的价值;而在管理学中,成本则被理解为是一种企业生产、技术、经营活动的综合指标。产品产量的多少,品种的变动,质量的优劣,工时、台时的利用,资源、能源的消耗,资金周转的快慢等,都会直接或间接地在成本中有所反映。但就会计学学科而言,成本则被认为是为了取得资产或某种利益而发生的耗费;而且传统的成本概念,仅是指产品成本。如:在1925年,美国会计名著《劳氏成本会计》中对成本的定义,就是指产品成本;并将其定义为:"为一工厂制造与推销其产品时所发生之一切费用总数"。传统的这种认识,沿袭了很长时期,直到20世纪50年代以后,才有了较大的发展和深化。其代表性的定义有:

美国会计学会(AAA)所属成本概念与标准委员会,在1951年给成本所下的定义认为,"成本是指为达到特定目的而发生的价值牺牲,它可用货币单位加以衡量"。

美国会计师协会(AICPA)1957年发布的《第4号会计名词公报》,对成本所下的定义为:成本系指"为获取财物或劳务而支付的现金或转移其他资产、发行股票、提供劳务或发生负债,而以货币衡量的数额"。

从以上两种定义来看,成本就是为了获得某种利益或实现一定目的所发生的支出,如:购买原材料以获得其使用效益的支出,属于成本;雇佣工人以取得其服务的支出,也属于成本。至于支出,可以为现金,也可以为其他等价物。所获利益,可以为有形资产或无形劳务。这种支出,如果为了获得某种利益或实现一定目的,都代表一项成本。由此可见,成本是一个广泛的概念。

美国财务会计准则委员会,1978年在《财务会计概念公告》第一辑《企业编制财务报告的目的》注释中,对成本概念作了如下说明:"成本是为了进行经济活动而有所失——也就是为了耗用、挽救、交换、生产等等而丧失或放弃的东西。"

从此,西方国家的成本会计教科书上,都按照以上看法逐步统一了对成本的认识。正如美国成本管理专家查尔斯 T. 霍恩格伦在《成本会计(以管理为重点)》(第五版)一书的最后《名词简释》中所说:"成本是获得商品或劳务所作出的牺牲,可以采用现金支出形式,也可以采用机会成本形式。通常,成本意味着牺牲或放弃。"通俗地说,"成本就是为了获得某种利益而发生的一种代价"。这是西方国家对成本的最一般定义。

(二) 成本的现实内容

虽然不同学科或同一学科的不同学者对成本的定义各有不同,但作为现实中的成本,就是一种耗费,是资源的一种牺牲。成本作为资源的耗费,在现实生活中无处不在。作为自然人,为了生存、学习和发展等,要购买许多不同的物品,如衣服、食品、书籍等。每件物品的支付额,就是我们为得到这些物品而必须付出的牺牲。作为会计主体,为完成一定的任务,达到特定的目的,不仅要购买大量的各种物品,还要发生其他各种支出。如:国家机关为实现其政府职能,学校为完成教学任务,科研单位为取得科研成果,物质生产部门为生产物质产品等,既要发生必要的物品支出,还要雇佣劳动者发生人力耗费支出和其他的财力支出。这些人力、物力和财力的耗费牺牲,用货币形式把它表现出来,会计上称为成本。它用会计学语言来表述,就是:特定的会计主体,为了达到一定的目的而发生的可以用货币计量的代价。

成本是一个经济范畴,它涉及各行各业的各项活动。因为,任何一项活动,如果不付出代价要想达到目的是不可能的。但并不是说所有活动的成本,都需要通过会计来核算和考核。这是由活动的特点和管理需要决定的。国家机关和全额预算的事业单位,在发挥其职能作用的过程中,虽然也发生耗费,即发生成本,但这种成本不是靠自己创造的财富来补偿,而是依靠国家财政预算拨款来补偿的,因而,在管理上并不要求会计核算其成本并进行考核,仅仅是通过预算或计划来约束;物质生产经营部门,以及实行企业化管理的事业单位,是实行独立核算、自收自支、自负盈亏的经济实体。它们从事经济活动所发生的耗费,必须通过实现的收入来补偿;而且在补偿后能有盈余,以保证经济活动的持续进行。这就要求或迫使它们必须对发生的耗费进行核算,以确定补偿耗费的标准和尺度,同时还要对其进行考核,保证以收抵支,且有盈余。成本会计所要研究的成本,主要是这类企事业单位所发生的成本。特别是具有典型意义的物质生产部门为制造产品而发生的成本,即产品生产成本。

完整理解产品成本概念,必须从耗费和补偿两个角度去考察。从耗费角度看,产品成本是商品生产中所消耗的物化劳动和活劳动中必要劳动的价值,即 $C+V$ 部分,这是产品成本最基本的经济内涵;从补偿角度看,产品成本是补偿商品生产中资本消耗的价值尺度,即成本价格,它是产品成本最直接的表现形式。所以,产品成本是已耗费但又必须在价值或实物上得以补偿的支出。

在正常情况下,生产者的生产经营活动是不间断进行的,因此,投入产出也就持续不断。但根据会计期间的要求,产品成本的计算并不可能等到全部生产活动结束之后才进行。其结果会由于受期初期末在产品以及预提和待摊等费用的影响,使产品成本中包含了跨期的生产耗费,使产品生产者在一定时期的生产耗费并不等于其同一时期的产品成本。只有按照会计分期假设和权责发生制原则要求所确定的应当归属于一定种类和数量产品的生产耗费,即对象化的生产耗费,才构成产品成本。为此,产品成本通常定义为:生产者为生产一定种类和数量的产品所消耗而又必须补偿的物化劳动和活劳动中必要劳动的货币表现。

### 【问题与思考 1-1】

王晓庆花费了 25 元人民币,从书店购买了一本成本会计参考书。小李认为这 25 元是他为了学习而发生的成本,也是他拥有资源的一种损失。请问:他这种认识对否?为什么?

## 二、成本信息的作用

### (一)成本是制定和选择决策方案的重要依据

在市场价格一定的条件下,成本高低直接影响企业的盈利水平和参与市场竞争的能力。企业进行的生产经营或投资的决策,都是以经济效益高低作为评价决策方案的标准;而衡量决策方案经济效益高低时,成本是必须考虑的主要因素。同时,在成本较低的情况下,可以提高企业在市场竞争中的地位,以增加决策实施的保障程度。但决策时,成本的估计预测往往是最困难的工作之一。假定一家饺子店的管理部门正在考虑扩展业务以增加新品种,或是在一个不同地区增加新的连锁店。现在关键是确定哪种选择最有利可图：保持现有规模？在现营业地点扩大经营？或开设新店？

例如，大娘饺子店单一经营饺子业务。每天的营业时间是上午11点到晚上9点。店老板巧珍准备延长营业时间，即每天晚上9点到12点也营业。该决策从经济效益考虑，是否可行？这取决于延长时间后收入和成本的变动情况。她将此任务交给了主管成本工作的会计万欣。万欣利用他的成本核算和管理知识，以及工作经验和市场情况来预计成本的变化，并确认引起成本变动的因素。根据预测，万欣认为，晚上延长的3个小时时间，每个月的收入、原料成本、人工及水电费将增加30%，其他成本将增加10%。由于经营用房是按年租借的，每月的租金不变，设备的折旧不变，因此预计的损益如表1-1所示。

表1-1 大娘饺子店月损益表（预计） 金额单位：元

| 项 目 | 基本营业时间金额 | 增加营业时间后金额 | 差 异 |
| --- | --- | --- | --- |
| 销售收入 | 1 000 000 | 1 300 000 | 300 000 |
| 成本： | | | |
| 原料 | 400 000 | 520 000 | 120 000 |
| 人工 | 160 000 | 208 000 | 48 000 |
| 水电费 | 50 000 | 65 000 | 15 000 |
| 租金 | 200 000 | 200 000 | 0 |
| 折旧 | 50 000 | 50 000 | 0 |
| 其他 | 40 000 | 44 000 | 4 000 |
| 成本合计 | 900 000 | 1 087 000 | 187 000 |
| 营业利润 | 100 000 | 213 000 | 113 000 |

通过收入同成本对比，可以发现，延长晚上营业时间，每月可以增加113 000元营业利润。以此为依据，老板巧珍决定增加在晚上的营业时间。从表1-1也可以看出成本的重要性。对于决策者来说，过去的成本信息是制定决策的重要依据。若没有准确的成本信息，管理者是无法进行正确决策的。

（二）成本是业绩评价的重要依据

一个企业会将各种工作任务分派给不同的职工，如：将一个分厂安排给一名厂长负责，将一个车间安排给一名车间主任负责，将一个事业部安排给一名部门经理负责等。这些分厂、车间和事业部等，从管理会计角度来讲，叫责任中心。责任

中心的负责人对他所管辖的部门机构的经营和资源利用负责。责任中心根据它的控制区域和权责范围的大小,一般可分为成本中心、利润中心和投资中心。其中,成本中心是基础,因为三个中心的任何一个中心都要进行成本核算。划分责任中心的目的,是为了充分调动一切积极因素,使各个中心在其职责范围内,恪尽职守,努力工作,并根据业绩评价的优劣进行奖惩。业绩评价的方法,一般是将各责任中心的有关项目的实际发生数与其预算数进行比较。这里有关项目,根据不同责任中心,其评价的内容不完全相同。但成本是最重要的。没有成本数据的对比考核,任何中心的业绩评价都是没有实际意义的。

仍以大娘饺子店为例。开始投产时,是由巧珍本人管理全部经营业务。但随着业务的发展,她又新添了鸭血粉丝汤业务。于是,她雇用了张扬和李丽两名经理,分别管理饺子部和鸭血粉丝汤部。巧珍自任总经理,监督整个业务营运。每个经理对本部门的收入和成本负责。餐饮店的租金、水电费和其他管理成本,由两个部门分摊。巧珍对两个部门经理实行年薪制,即:每个月发给1 500元生活费,年终根据考核后的业绩发给效益工资。下面给出两个部门某个月份的简化损益对比表(见表1-2),从中可以看出哪个部门业绩好。

表1-2 部门简化损益对比表

20××年×月

| 项目 | 饺子部(元) | | 鸭血粉丝汤部(元) | |
| --- | --- | --- | --- | --- |
| | 预算数 | 实际数 | 预算数 | 实际数 |
| 销售收入 | 150 000 | 165 000 | 150 000 | 158 000 |
| 部门成本 | | | | |
| 原料 | 60 000 | 63 000 | 60 000 | 55 000 |
| 人工 | 20 000 | 22 000 | 20 000 | 20 000 |
| 部门成本合计 | 80 000 | 85 000 | 80 000 | 75 000 |
| 部门毛利 | 70 000 | 80 000 | 70 000 | 83 000 |

从表1-2数据看,饺子部销售收入完成预算的程度比鸭血粉丝汤部要好很多,即:饺子部完成了预算的110%,而鸭血粉丝汤部只完成了105.3%。但从毛利率来看,鸭血粉丝汤部却比饺子部完成预算的情况要好,即:饺子部完成了114.3%,鸭血粉丝汤部却完成了118.6%。所以鸭血粉丝汤部业绩好于饺子部。其主要原因是饺子部实际成本比预算高了6.25%,而鸭血粉丝汤部实际成本却比预算低了6.25%。为什么会出现这种现象,还需进一步研究,如:饺子部应该调查

原料使用过程中是否有浪费问题,员工是否有计划外加班等。

(三)成本是制定价格的依据

根据价值规律,产品价格决定于产品价值。但在产品价值无法直接计算的情况下,只能通过产品成本间接地反映产品价值水平。所以,成本是制定价格的依据。

## 第二节 成本会计对象

### 一、成本会计对象

成本会计对象指的是成本会计核算和监督的内容。由于成本会计主要研究物质生产部门为制造产品而发生的成本即产品生产成本,所以,成本会计核算和监督的内容,主要是指产品生产成本。需要说明的是,在产品生产过程中,除了发生生产耗费外,还会发生筹资支出、管理支出和销售支出,即财务费用、管理费用和销售费用。由于这些费用支出大多按时期发生,难以按产品归集,因此,可作为期间费用直接计入当期损益,而不作为产品成本的构成内容。但这些费用作为生产者的经营管理费用,与产品生产不是毫不相干的,而是相关的,是服务于产品生产的。可以说,没有这些费用支出发生,产品生产就不可能正常进行。因此,为了促使生产者节约这些费用,增加盈利,生产单位把它们连同产品成本,列作成本会计的对象。由此可见,对生产单位来说,成本会计的对象,包括产品的生产成本和经营管理费用。

成本会计对象不仅包括工业生产企业的产品生产成本和经营管理费用,还包括其他行业企业,如商业企业、交通运输企业、施工企业、房地产开发企业等的产品生产成本和经营管理费用。

综上所述,成本会计的对象可以概括为:各行业企业的生产经营业务成本和有关的经营管理费用,简称为成本、费用。所以,成本会计实际上是成本、费用会计。

随着商品经济的不断发展,成本概念的内涵和外延处于不断的变化发展之中。目前,在西方国家流行的成本定义是:成本是指为了一定目的而支付的或应支付的用货币测定的价值牺牲。该定义的外延就相当广泛,远远超出了产品成本概念的范围,还包括诸如劳务成本、开发成本、质量成本、资金成本等。另外,由于成本的内涵决定了成本要与管理相结合,这也就决定了成本内容,必须依从管理的需要而扩展。所以,在现代成本会计中,还出现了许多新的成本概念,如变动成本、固定成本、边际成本、机会成本、目标成本、标准成本、可控成本、责任成本等(有人把其称为专项成本),从而组成了多元化的成本概念体系。由此可见,随着成本概念的发展变化,成本会计的对象和成本会计本身也相应地发展变化。现代成本会计对象,应包括各行业企业生产经营业务成本、有关的经营管理费用以及各项专项成本。现代成本会计就是以这些成本、费用为对象的一种专业会计。

这里要说明的是,从财务管理学角度讲,成本主要有两种类型,即支出成本和机会成本。支出成本是过去、现在或未来的现金流出。例如,为了获得大学学历,大学生在校学习必须交纳学费,还要购买书籍和其他的学习、生活必需品。这些现金流出就是支出成本。但现金支出并不是大学生为接受高等教育而牺牲的全部,他也牺牲了时间。这种时间的牺牲就是一种机会成本。因为他为了获得大学学历而放弃了求职的机会。放弃工作而失去的工资收入,是获得大学学历成本的一部分,并且是所放弃的稀缺资源——时间的各种使用可能实现的收益。机会成本就是将所放弃的资源用于最佳用途可能实现的收益。实践中机会成本的例子很多,如:学生在考试中对某一道题上所花费的时间的机会成本,就是放弃把时间花费在另一道题上所得到的收益,即分数。再如,某人将一栋房屋用于销售烟酒,那么他开办销售烟酒商店的机会成本,就是将房屋出租给他人收取的租金等。但在实践中,由于没有人在任何时刻能知道可利用的所有可能机会,因此无疑会忽视一些机会成本。再加上机会成本的确定性和计量性上的问题,决定了成本会计核算只记录支出成本,而不记录机会成本。也就是说,机会成本不是成本会计核算的内容。但作为一名成本会计人员,在帮助成本信息使用者制定决策中,要提醒他们不能忽视机会成本。

## 二、支出、费用与产品成本之间的关系

由于"成本是一种耗费",因此成本与费用有着密切关系;而费用又与支出有关。因此,要深刻理解成本会计的对象,就必须对支出、费用、成本之间的关系有明确的认识。

支出、费用、成本是三个关系极为密切的概念。下面就工业生产企业的支出、费用和产品成本,以及它们之间的联系与区别,作一简要介绍。

### (一)支出

支出是指企业在经济活动中发生的一切开支与耗费。就一般而言,企业的支出,可分为资本性支出、收益性支出、所得税支出、营业外支出和利润分配支出五大类。

资本性支出是指该支出的发生不仅与本期收入有关,也与其他会计期间的收入有关,而且主要是为以后各期的收入取得而发生的支出。如:企业购建的固定资产、无形资产以及递延资产、对外投资等。

收益性支出是指一项支出的发生仅与本期收益的取得有关的支出。因而,它直接冲减当期收益,如:企业为生产经营而发生的材料、工资等开支。

所得税支出是指企业在取得经营所得与其他所得的情况下,按国家税法规定向政府交纳的税金支出。所得税支出作为企业的一项费用,也直接冲减当期收益。

营业外支出是指与企业的生产经营业务没有直接联系的支出。如:企业支付的罚款、违约金、赔偿金以及非常损失等。这些支出尽管与企业生产经营活动没有直接联系,但是与其收入的取得还是有关系的,因而它也被作为当期损益的扣减要素。

利润分配支出是指在利润分配环节的开支。如支付股利等。

(二) 费用以及费用与支出的关系

费用是指企业在获取收入的过程中,对企业拥有或控制的资产的耗费。企业在生产经营活动和提供商品或劳务过程中,为获取营业收入需提供商品或劳务,会发生各种耗费,如原材料、动力、机器设备和人工耗费等。这些耗费或为制造产品而发生,或为实现产品销售而发生,或为以后确定的期间取得收入等而发生。费用按其同产品生产的关系,可划分为生产费用和期间费用两类。生产费用是指产品生产过程中发生的物化劳动和活劳动的货币表现,如直接材料,直接人工和制造费用等耗费。它同产品生产有直接关系。期间费用是指同企业的经营管理活动有密切关系的耗费。它同产品的生产没有直接关系,但与发生的期间配比,作为当期收益的扣减,如销售费用、管理费用、财务费用等。

费用是企业支出的构成部分。在企业支出中,凡是同企业的生产经营有关的部分,即可表现或转化为费用;否则,不能列为费用。如:企业用于购建固定资产、无形资产、其他资产及购买材料等与生产经营有关的支出,就能表现或转化为费用;而像长期的投资支出、利润分配性支出以及营业外支出等,因同企业的生产经营活动没有直接的关系,所以不能视作费用。

(三) 生产费用与产品成本的关系

生产费用和产品成本是两个既相互联系又相互区别的概念。生产费用按一定的产品加以归集和汇总,就是产品成本。所以,生产费用是产品成本的基础,而产品成本则是对象化的生产费用。但是,生产费用反映的是某一时期内发生的费用,而产品成本则是反映某一时期内某种产品所应承担的费用。根据权责发生制原则,企业某一时期发生的生产费用与归属产品的期间并不完全一致。即:归属于当期产品成本中的生产费用有一部分是当期发生的,有一部分则可能是以前会计期间的产品来负担。所以,企业某一会计期间实际发生的生产费用总和,不一定等于该期产品成本的总和。工业企业的支出、费用、产品成本之间的关系如图 1-1 所示。

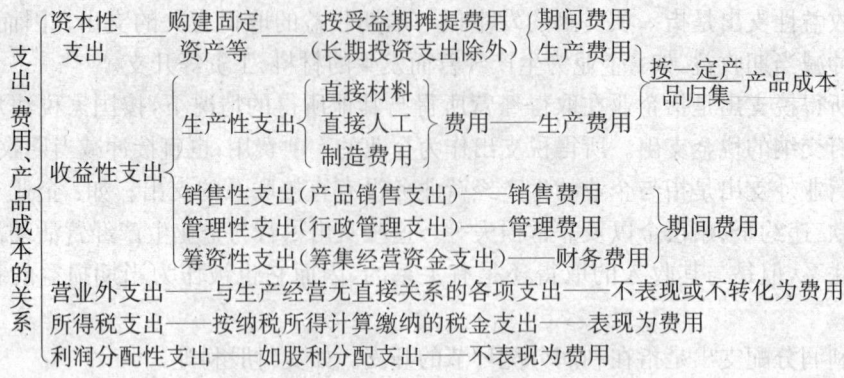

图1-1 支出、费用与产品成本关系

◆【问题与思考1-2】

某生产企业6月份有关数据如下：① 购进材料50万元，其中60%被生产领用。② 生产工人工资10万元，生产车间管理人员工资1万元，职工澡堂人员工资8 000元，企业技术人员工资20 000元。③ 贷款购了设备支付了利息6 000元。④ 发生了广告费10 000元。⑤ 生产设备提了折旧3 000元。请问产品成本是多少？

## 第三节 成本会计的职能和任务

### 一、成本会计的职能

成本会计的职能是指成本会计所具有的功能。成本会计的职能在不同的历史时期体现为不同的内容。最初的成本会计职能仅是成本核算，而且核算的目的仅是为了确定商品的价格和经营盈亏。后来，随着经济的发展，生产复杂程度的增加，对企业的生产经营管理提出了高的要求。"泰勒制度"的产生并在企业的推行，使企业生产管理走上了科学管理的道路。这一方面促进了生产的发展，同时也促进了成本会计理论和方法的发展，使成本会计的职能在成本核算的基础上，扩大到了成本控制和成本分析。第二次世界大战以后，由于生产和资本日益集中，企业规模越来越大，企业生产经营更加复杂，产品更新换代的周期大大缩短，市场竞争十分激烈。在这样的经济环境下，要求成本会计必须与管理科学紧密结合，从而使成本会计的职能又增加了预测、决策、计划和考核等方面内容。因此，现代成本会计的职能，包括成本核算、成本分析、成本预测、成本决策、成本计划、成本控制和成本考核七项职能。

（一）成本核算

成本核算是根据一定的成本计算对象，采用适当的成本计算方法，按规定的成本项目，通过各费用要素的归集和分配，从而计算出各成本计算对象的总成本和单位成本。成本核算既是对生产经营过程中发生的生产耗费进行如实反映的过程，也是进行反馈和控制的过程。通过成本核算，可以反映成本计划完成情况，并为进行成本预测、编制下期成本计划提供可靠的资料；同时，也为以后的成本分析和成本考核提供必要的依据。

（二）成本分析

成本分析是利用成本核算等资料与本期计划成本、上年同期实际成本、本企业历史先进成本以及国内外同类产品先进成本进行比较，用以揭示产品成本差异，并分析产生差异的原因，以便采取相应措施，改进管理，降低耗费，提高经济效益。

（三）成本预测

成本预测是指根据成本的有关数据，可能发生的企业内外环境变化和可能采取的各项措施，运用一定的技术方法对未来的成本水平及其发展趋势所作出的科学估计。通过成本预测，可以减少生产经营管理的盲目性，提高成本管理的科学性与预见性。

（四）成本决策

成本决策是在成本预测的基础上，根据其他有关资料，在若干个与生产经营和成本有关的方案中，选择最优方案以确定目标成本。作出最优化的成本决策是编制成本计划的前提，也是提高经济效益的途径。

（五）成本计划

成本计划是根据成本决策所确定的目标成本，具体规定出在计划期内为完成规定的任务所应达到的水平，并提出为达到规定的成本水平所应采取的各项措施。成本计划是进行成本控制、成本分析和成本考核的依据。

（六）成本控制

成本控制是根据成本计划，对成本发生和形成过程以及影响成本的各种因素进行限制与监督，使之能按预定的计划进行的一种管理活动。通过成本控制，可以保证成本目标的实现。成本控制包括事前控制和事中控制。

（七）成本考核

成本考核是定期对成本计划及其有关指标实际完成情况进行总结和评价，以监督和促使企业加强成本管理责任制，履行经济责任，提高成本管理水平。成本考核一般与奖惩制度结合，以调动各责任人努力完成目标成本的积极性。

成本会计的各项职能是相互联系、相互依存的。成本预测是成本决策的前提；成本决策是成本预测的结果；成本计划是成本决策所确定目标的具体化；成本控制

是对成本计划实施进行的监督，成本核算是对成本计划是否完成的检验；成本分析是查明计划完成与否的原因；成本考核则是实现成本计划的重要手段。但这七项职能中，成本核算是最基本的，是基础；没有成本核算，其他各项职能都无法进行，因而也就不会有成本会计。上述成本会计的职能，也作为成本会计的具体内容。在上述七项职能（或内容）中，只对生产经营业务成本和经营管理费用进行成本核算和分析的成本会计，是狭义的成本会计；而对生产经营业务成本、经营管理费用和专项成本进行预测、决策、计划、控制、核算、分析和考核的成本会计，是现代的广义的成本会计。本教材以狭义成本会计为主，对狭义成本会计以外的内容不作阐述。这主要是考虑到与财务管理、管理会计的关系问题。另外，在阐述狭义成本会计内容时，又是以狭义成本会计对象中的产品成本阐述为主要内容，对经营管理费用只是在费用分配时对所涉及的部分作分录处理，其他内容不作专门说明。

## 二、成本会计任务

成本会计作为会计的一个重要分支，是企业经济管理的重要组成部分。因此，成本会计的任务根据企业经营管理的要求而定；但具体到微观层面，则主要是根据成本管理的要求而定。因为成本会计不可能全面地实现企业经营管理各个方面的要求，而只能在成本会计对象和职能的范围内，为企业经营管理提供所需的信息资料，并参与经营管理，以达到降低成本、费用的目的。从这一点来讲，成本会计的任务还受制于成本会计的对象和职能。

成本会计的任务是：

第一，核算生产费用、经营管理费用和计算产品的生产成本，为企业生产经营管理提供所需的成本、费用数据。

第二，定期进行成本分析，考核企业的经营成果，为企业经营决策提供依据。

第三，对企业发生的各项费用进行审核、控制，以保证成本、计划的完成。

第四，进行成本预测、成本决策、编制成本计划和费用预算，为提高企业管理水平和经营管理效益服务。

## 第四节　成本会计工作的组织

为了发挥成本会计的职能作用，完成成本会计的任务，必须科学地组织成本会计工作。

成本会计工作的组织一般包括成本会计机构的设置、成本会计人员的配备以及成本会计制度的制定等。

## 一、成本会计的机构

成本会计机构是处理成本会计工作的职能部门，是整个企业会计机构的一部分。成本会计机构设置是否适当，将会影响到成本会计工作的运行是否顺利有效，影响到成本会计工作质量。影响成本会计机构设置的主要因素，是企业生产类型和业务规模。企业要根据其生产类型特点和业务规模大小，来决定是否单独设置成本会计组织机构或组织机构的大小以及组织机构的内部分工。

成本会计机构内部的组织分工，既可以按成本会计的职能分工，如：将厂部成本会计科分为成本核算和成本分析等小组；也可以按成本会计的对象分工，如：分为产品成本和经营管理费用核算小组或核算员等。

企业内部各级成本会计机构之间的组织分工（也称为成本会计工作的组织形式），有集中工作和分散工作两种方式。

集中工作方式是指由厂部的成本会计机构集中负责成本会计核算、成本计划编制、成本分析等各方面工作，车间等其他部门中的成本会计机构或人员（一般是只配备成本核算人员）只负责登记原始记录和填制原始凭证并对它们进行初步的审核、整理和汇总，为厂部进一步工作提供资料。这种方式的特点是：有利于企业管理部门及时掌握企业有关成本的全面信息，便于集中使用电子计算机进行成本数据处理，还可以减少成本会计机构的层次和成本会计人员的数量。但这种方式不便于直接从事生产经营活动的基层单位及时掌握成本信息，不利于调动他们自我控制成本和费用的积极性。因此，它一般适用于成本会计工作较为简单的企业。

分散工作方式也称非集中工作方式。它是指成本会计的各项具体工作分散由车间等基层单位的成本会计机构或人员来进行，厂部的成本会计机构只负责成本数据的最后汇总，以及处理那些不便于分散到车间等部门去进行的一种成本工作方式。这种方式特点与集中工作方式相反。

企业在确定组织工作形式时，要以企业自身规模的大小和内部有关单位管理的要求为依据，从有利于充分发挥成本会计工作的职能作用，以及提高成本会计工作效率去考虑。一般来说，大型企业采用分散工作方式，中小企业采用集中工作方式为宜；同时，也可以根据企业实际将两种方式结合起来运用，即对某些部门采用分散工作方式。而对另一部门，则采用集中工作方式。

## 二、成本会计法规

成本会计法规是企业组织和从事成本会计工作必须遵守的规范。它是会计法规的重要组成部分。我国成本会计法规是由国家统一制定的。它主要包括三类,即:《会计法》《企业财务通则》《企业会计准则》和《企业会计准则应用指南》。这些会计法规,是企业进行财务会计工作的基本要求。其中,与成本会计工作有关的部分,也是规范成本会计工作的重要依据,企业在进行成本会计工作中必须严格执行。

另外,企业作为会计个体,各有各的生产特点和管理要求。因此,各企业为了具体规范本企业的成本会计工作,很好地完成成本会计工作任务,还应根据国家的各种成本会计法规结合本企业的管理需要和生产经营特点,具体制定本企业会计制度、规程或办法,作为企业进行成本会计工作的直接依据。企业内部的成本会计制度,一般包括如下几个方面内容:

第一,成本会计工作的组织分工及职责权限。

第二,成本核算的具体规定,包括成本计算对象、成本计算方法的确定、成本项目的设置、生产费用归集和分配方法、在产品计价方法的确定以及成本核算的一些基础工作要求等。

第三,成本报表制度,包括成本报表的种类、格式、指标体系、编制方法、报送对象与日期等。

第四,成本定额、成本计划、费用预算的编制方法。

第五,成本预测、成本控制和成本分析制度。

## 三、成本会计人员的职业道德

企业的经营业绩是通过会计信息体现的。因此,会计人员报告的会计信息对企业经理或其他高级管理人员的职业生涯有着重要影响。企业经理人员一般要对实现财务业绩目标负责;如果没有实现这些目标,将会对其产生严重的负面影响,甚至会失去职位。因此,当一个企业难以实现其财务业绩目标时,在企业管理部门的压力下,会计人员也可能会作出提高业绩报告的会计选择,如提前确认收入或推迟确认成本等。这样的行为是会计人员的道德问题。当然,会计人员的道德问题并不局限于此。

作为一名专职会计人员,在工作中每天都会面临着道德问题。因此,对未来从事会计工作的人员来说,对将来可能遇到的这些问题应有所准备。因为个人的道德选择,不仅影响自我形象和自我发展,而且更会影响到广大投资人、债权人以及国家的利益。

为了规范会计工作,国内外许多专业组织或政府制定了道德准则,如美国、英国的管理会计师协会的行为准则中的"道德行为准则",国际会计师联合会发布的《职业会计师道德守则》,中华人民共和国财政部会计司提出的"会计职业道德规范的主要内容"等。就我国会计职业道德规范的主要内容看,主要包括"爱岗敬业,诚

实守信,廉洁自律,客观公正,坚持准则,提高技能,参与管理和强化服务"八个方面。其基本要求如下:

(1) 爱岗敬业:正确认识会计职业,树立爱岗敬业的精神;热爱会计工作,敬重会计职业;安心工作,任劳任怨;严肃认真,一丝不苟;忠于职守,尽职尽责。

(2) 诚实守信:做老实人,说老实话,办老实事,不搞虚假;保密守信,不为利益所诱惑;执业谨慎,信誉至上。

(3) 廉洁自律:树立正确的人生观和价值观;公私分明,不贪不占;遵纪守法,尽职尽责。

(4) 客观公正:端正态度;依法办事;实事求是,不偏不倚;保持独立性。

(5) 坚持准则:熟悉准则;遵循准则;坚持准则。

(6) 提高技能:具有不断提高会计专业技能的意识和愿望;具有勤学苦练的精神和科学的学习方法。

(7) 参与管理:努力钻研业务,熟悉财经法规和相关制度,提高业务技能,为参与管理打下坚实基础;熟悉服务对象的经营活动和业务流程,使参与管理的决策更具针对性和有效性。

(8) 强化服务:强化服务意识;提高服务质量。

由上可以看出,无论是国外管理会计师协会的道德行为准则,还是国内的会计职业道德规范,都明确要求会计人员有责任保持最高的道德行为标准,也有责任保持职业生存条件,防止泄露商业秘密并在工作上保持诚实、可靠和客观。

【问题与思考1-3】

小明应聘到一家小私营企业做会计工作。但他到该企业见到账后发现,该企业一直是亏损。进一步看账后发现,是该企业的成本一直很高。高的原因是企业原会计人员按照老板的要求,对企业生产产品耗用的材料一直都是按照做账日的"公允价值",即"市场价"计算成本的。问:该企业原会计人员这样处理,是否违背会计人员职业道德要求?如果违背了,那么违背了哪些会计职业道德规范要求?

## 第五节 成本会计发展趋势

随着经济和计算机技术的发展以及管理水平的不断提高,成本会计正在发生着显著变化。较典型的标志是计算机系统几乎代替了人工簿记,成本管理越来越受到重视,作业基础成本计算方法的应用也越来越广泛。

## 一、高科技生产企业的成本会计

随着计算机技术的发展,将有更多的企业,特别是高新技术企业利用计算机辅助方法来生产产品、推销产品或提供劳务。在这种情况下,企业的人工成本会大大降低,这就必然对传统的成本会计产生冲击;再加上会计核算软件在成本核算中的广泛应用,成本会计人员必将改变工作重点,对生产流程的熟悉程度以及成本分析和成本控制的力度将会加大。

## 二、适时制方法

存货管理和生产方法创新,使存货管理和会计运行方式的变革有了可能性。最重要的革新也许是适时制生产制度。该制度的目标是仅在投产时取得材料,仅在销售时提供商品。即:将企业存货维持在最低数量。由于存货量很低,减少了很多存货收发和价值评价等方面的会计处理工作,会计人员就可以将更多的精力放在成本管理方面。

## 三、作业基础成本法

作业是任何企业所进行的制造和提供产品或服务的不连续的工作。作业基础成本法是将所需的作业成本分配到制造产品所需的一系列活动之中,然后把各系列活动的成本加总来计算产品成本的一种成本计算方法。这种成本计算方法比常规的成本计算方法更详细也更复杂。目前,它在竞争激烈和直接人工成本较低的行业应用较多。

### 最早的成本会计

中国成本会计萌芽于西汉。但是千百年来,它一直未能从专业会计中分离出来,成为一门独立的学科。据《汉书·食货志》记载,西汉时期我国酿酒业已经初步把成本、费用、盈利这三个概念区分开来了。当时的成本计算,一般采用类似今日的"制造成本法",并计算盈利。在西汉以前,人们对生产盈利的认识尚处于自然盈利观的阶段。西汉时期人们开始突破自然盈利的思想,树立生产盈利的思想。在盈利计算上,初步有了一定的分类,并以货币为计量单位综合地考察某一方面的盈利。在湖北江陵凤凰山10号汉墓中出土的大量

(续上)

竹简,也能充分证明这一点。江陵凤凰山10号汉墓葬于汉惠帝四年(公元前191年)至汉景帝四年(公元前153年)之间。墓中出土的竹简大都是有关商业组织的契约和簿记,其中有不少是记载我国的经营成本的核算。例如,丙组简是某年6月16日至10月10日出售货物的流水账。它是序时明细账,每笔都有日期,付出商品的名称、数量、单位、单价、销售数量、收入金额等。与后来的中式簿记所通用的流水账相似。销售流水账是成本计算的条件。因此早在西汉,我国民间小型商业就采取"捞锅底账",即:通过盘点存货,采取"存除两抵"的方法计算盈亏。

由此可知,我国的成本会计源远流长,只不过它一直未能从各行业会计中分离出来而已。成本会计从各专业会计中分离出来,成为一门独立的学科,源于西方。

成本会计学最早产生于16世纪的欧洲,但是在以后整整200年的时间里,一直未能引起人们的足够重视。1675年,法国学者雅克·萨里瓦出版了《健全的商人》一书,奠定了成本核算的基础。但是,该书所论及的成本核算,只限于商业企业,故影响不大。

为成本会计树立起里程碑的,当推生活于19世纪末期至20世纪初期的瑞典学者舍尔。舍尔视成本核算为会计中最重要的组成部分。20世纪初,他在其著作中阐述了成本核算的几项著名理论和方法。舍尔理论的出现,标志着成本会计走向成熟。至此,成本会计开始以一门独立学科的面貌,活跃在会计历史舞台上,并逐步在世界各国运用和发展。

我国最早研究和讲授成本会计学是在"中华民国"时期。1935年,我国著名会计学家、中国现代会计之父潘序伦先生撰写的《会计学》,对成本会计问题作了深入研究。除此之外,他还译著了一系列成本会计著作,为我国成本会计学的发展奠定了基础。同时他还在大学会计系、经济系里,开设了"成本会计学"课程,要求学生熟练地掌握成本会计的基本原理和方法。1950年2月,潘序伦出版了《初级成本会计》,开新中国出版成本会计著作之先河。

资料来源:元祖合:《财会月刊》,1995年第10期。

## 本 章 小 结

不同学科对成本概念的表述存在着差异甚至差异还很大。通常意义上的成本,一般表述为一种耗费。由于人们对耗费的概念有不同的理解,故成本有广义和狭义两种概念之分。广义成本是指为完成一定的任务,达到特定的目的而发生的人力、物力和财力所耗费的货币表现。狭义成本仅指物质生产部门为制造产品而发生的成本,即产品成本。产品成本是指生产者为生产一定种类和数量的产品所消耗而又必须补偿的物化劳动和活劳动中必要劳动的货币表现。

成本作为一种信息资源,其作用表现为:一是作为制定和选择决策方案的重要依据,二是作为业绩评价的重要依据,三是作为制定价格的依据。

成本会计对象指的是成本会计核算和监督的内容。由于成本会计研究的主要是物质生产部门为制造产品而发生的成本,即产品生产成本,所以,成本会计核算和监督的内容,也主要是指产品生产成本。但在产品生产过程中,除了发生与生产直接相关的耗费以外,还要发生为筹集生产资金而支付的财务费用,为组织和管理生产经营活动而支付的管理费用,以及为实现产品价值而支付的销售费用。这些费用也列作成本会计的对象。不仅如此,由于成本是一经济范畴,所以,成本会计对象也应包括各行各业的生产经营业务成本和经营管理费用。随着商品经济的不断发展,成本概念的内涵和外延也发生着变化。现代成本会计的对象,不仅包括生产业务经营成本和经营管理费用,还包括各项专项成本,如边际成本、机会成本、可控成本、责任成本等。现代成本会计就是以这些成本、费用为对象的一种专业会计。

产品成本和经营管理费用并不是企业耗费的全部。在企业的全部耗费中,除了上述两个方面外,还有其他的一些费用和支出,如对外投资支出、营业外支出等。企业的产品成本、费用和支出的关系极为密切。支出涵盖企业开支的所有方面;费用是企业支出中同生产经营有关的部分;产品成本则是费用中与产品的生产有直接联系的部分,即对象化的生产费用。

成本会计职能是成本会计所具有的功能。成本会计职能在不同历史时期体现为不同内容。最初成本会计职能仅是成本核算,现代成本会计职能包括成本核算、成本分析、成本预测、成本决策、成本计划、成本控制和成本考核等七项职能。这七项职能也是成本会计的内容。

成本会计作为企业经营管理的组成部分,必须实现企业经营管理的要求。而要实现企业经营管理的要求,特别是成本管理方面的要求,就对成本会计提出了任务。成本会计的任务受制于成本会计的对象和职能。因此,成本会计任务一般包括:进行成本预测、成本决策、编制成本计划和费用预算;核算成本、费用,并对其进行审核和控制;定期进行成本分析并考核其成果。

为发挥成本会计职能作用,完成成本会计任务,必须科学地组织成本会计工作。成本会计工作组织具体包括三个方面,即:设置成本会计机构,配置成本会计人员,建立企业内部成本会计制度。成本会计制度是发挥成本会计职能作用的重要保证,但其前提是会计人员要遵守好职业道德。我国会计职业道德规范的主要内容包括:爱岗敬业、诚实守信、廉洁自律、客观公正、坚持准则、提高技能、参与管理和强化服务。

随着经济和计算机技术的发展,成本会计核算手段、方法和内容正在发生变化。典型的表现是:计算机系统的发展几乎已经代替了人工簿记,成本管理越来越受到重视,作业基础成本计算方法正在成为广泛应用的一种产品成本方法等。

## 复习思考题

1. 会计职业道德规范的主要内容包括哪些?又有什么要求?
2. 成本信息有哪些主要作用?
3. 什么是成本和产品成本?
4. 工业企业的支出、费用、产品成本之间的关系如何?
5. 如何理解成本会计的对象?
6. 现代成本会计职能有哪些?它们之间的关系如何?
7. 成本会计主要有哪些任务?
8. 企业成本会计工作组织形式有哪些?简要说明它们的特点。

## 案例讨论题

周五,万红和张瑞同学在王老师安排的讨论课上,为一个案例的支出、费用、生产费用和产品成本结果争论得面红耳赤。万红同学认为,该公司该月份的支出总额为708万元,费用为619.5万元,生产费用为464.25万元,产品成本为464.25万元。张瑞同学认为,万红同学说得结果都不对。

该案例背景材料为:中贸公司8月份购买了一台设备支出50万元,为购买该设备支付增值税8万元。该设备预计使用10年,无残值。支付公司行政人员薪酬共30.25万元;支付公司办公等费用10万元;支付本月生产产品的工人薪酬117.5万元,生产管理人员工资11.75万元;支付广告费50万元,销售产品差旅费5万元;支付运动会赞助费20万元,被行政罚款10万元。本月折旧费50万元,其中公司管理部门15万元,车间35万元。本月应交所得税20万元;应分配给投资人利润20万元;生产领用材料300万元;购进材料500万元。

问题:

(1) 你将如何判断万红同学的数据划分是否正确?
(2) 请报告出正确的各项目数据。

# 同步测试题

## 一、单项选择题

1. 产品成本从耗费角度看是指商品生产中所消耗的物化劳动和活劳动中必要劳动的价值,根据这个定义,下列不属于产品成本内容的是( )。
   A. 生产用设备的折旧  B. 生产工人的工资
   C. 劳动对象的耗费    D. 购买劳动对象而发生的利息支出

2. 下列说法不正确的是( )。
   A. 产品生产所耗费的物化劳动和活劳动的总和构成产品的价值
   B. 如果没有跨期摊配和预提的生产耗费,则一定时期内的产品生产耗费等于同一时期的产品成本
   C. 成本会计对象就是成本会计核算和监督的内容,对工业生产企业来说,它仅包括产品的生产成本而不包括管理费用等期间费用
   D. 成本会计对象不是一成不变的,而是随着经济的不断发展而相应地发生变化

3. 下列不表现或转化为费用的是( )。
   A. 为生产产品购进的材料    B. 企业购建的办公楼
   C. 管理不善造成的非常损失  D. 购买的生产设备

4. 根据有关的历史数据,运用一定的方法对未来的成本水平及其发展趋势所作出的科学估计是( )。
   A. 成本分析  B. 成本预测  C. 成本计划  D. 成本决策

5. 下列说法正确的是( )。
   A. 企业的产品成本核算不仅要核算成本计算对象的总成本和单位成本,还要核算企业发生的期间费用
   B. 企业在成本核算时必须执行国家制定的会计法规,因此,企业没有必要再制定本企业的会计制度
   C. 企业在确定成本会计工作组织形式时,可以根据其实际对某些部门采用分散工作方式,而对另一些部门采用集中工作方式
   D. 所得税支出由于直接减少企业的本年利润,所以,它也属于收益性支出范畴

## 二、多项选择题

1. 下列各项中属于现代成本对象的是( )。
   A. 产品生产成本  B. 管理费用  C. 标准成本  D. 责任成本

2. 支出是指企业在经济活动中发生的一切开支与耗费,下列支出中最终能作为费用的是(　　)。
  A. 购买固定资产的支出　　　　B. 企业筹建期间的支出
  C. 购买国债的支出　　　　　　D. 支付办公费的支出
3. 下列内容中属于企业内部成本会计制度的有(　　)等。
  A. 成本计划的编制方法规定　　B. 成本分析要求的规定
  C. 成本项目的规定　　　　　　D. 成本报表的种类、格式等规定
4. 下列说法中正确的是(　　)。
  A. 成本是一种耗费,但耗费不一定构成成本
  B. 企业的一切耗费都是企业的支出,但企业的支出并不全是生产经营活动直接引起
  C. 全国普遍适用的成本会计法规都是由政府制定的
  D. 成本会计人员既要精于核算又要精于管理

三、判断题

1. 任何一个会计主体只要发生经济行为,就要发生耗费,在会计上就要核算其成本。(　　)
2. 产品生产成本是企业为生产产品而发生的各种耗费,包括管理费用。(　　)
3. 资本性支出与收益性支出的区别是收益性支出直接递减当期收益,而资本性支出是在一定会计期间内分期递减各期的收益。(　　)
4. 成本会计职能中成本计划是核心,因为没有成本计划成本分析也就没有比较基础,成本考核也就失去依据。(　　)
5. 成本会计任务取决于成本会计人员的素质和能力,成本会计人员能力很强,成本会计可以实现企业经营管理的各方面要求。(　　)

# 第二章 成本核算概述

- 了解费用分类的作用
- 理解成本核算原则在成本核算中的重要性
- 掌握产品成本核算的要求
- 生产企业费用要素的内容以及产品成本的构成项目
- 掌握产品成本核算的一般程序和产品成本会计处理程序

## 引 言

钟山自行车厂是一个只有20名职工的小厂,专门生产儿童三轮车。本月为生产产品发生了下列支出:

钢管50 000元,橡胶轮胎10 000元,油漆1 000元,其他配件2 000元,车间用电费2 000元,厂部用电费1 000元,工人工资20 000元,厂长等管理人员工资8 000元,设备租金2 000元,机器修理费500元,生产设备折旧费2 000元。汪宏是到该厂财务科进行课程实习的会计专业大学生,科长要求他对上述费用进行分类。最后汪宏分类的结果为:

| 结果一 | 结果二 | 结果三 |
|---|---|---|
| 外购材料 63 000元 | 产品成本 90 500元 | 直接材料 66 000元 |
| 外购动力 3 000元 | 生产费用 90 500元 | 直接人工 20 000元 |
| 职工薪酬 28 000元 | 期间费用 9 000元 | 制造费用 4 500元 |
| 折旧费 2 000元 | | |
| 修理费 500元 | | |

(续上)

同样的支出怎么会有三种结果？这到底是怎么回事呢？

由第一章可知，成本是一广义概念。任何一项活动的付出都可以看作是为实现该活动目的而发生的成本。但只有产品成本涵盖的内容最全面，最能揭示成本的本质。因而，产品成本核算就理所当然地成了成本会计的核心内容。由于产品成本实质上是产品生产过程中的各种劳动耗费和补偿价值，是反映企业生产经营管理工作质量的综合性指标，同时又是确定产品价格的基础，从而决定了对其核算的严肃性和规范性。鉴于产品成本的特殊性，本章所述的"成本核算"专指"产品成本核算"，内容包括产品成本核算原则，产品成本核算要求，费用要素和成本项目以及产品成本核算的基本程序等。其目的在于为以后有关章节的产品成本具体核算提供原则要求和基本思路。

## 第一节 成本核算原则

成本是企业生产经营管理的重要信息资料，而成本的核算是提供其信息资料的手段。为了使成本信息资料符合规定，达到正确、真实和及时的要求，核算必须讲究质量。要提高成本核算质量，必须遵守成本核算的原则。就产品成本核算来说，主要有以下几项原则。

### 一、实际成本核算原则

企业进行成本核算时，可以采用不同的计价方法进行，如计划成本、定额成本、标准成本等；但在最后计算成本时，必须调整为实际成本。这是成本核算的基本原则。因为只有按实际成本核算，才能减少成本计算的随意性，才能使成本信息保持其客观性和可验证性。实际成本核算原则在应用上主要体现为三个方面要求：一是某项成本发生时，按发生时实际耗费数确认；二是完工入库的产成品成本按实际负担额计价；三是由当期损益负担的销售产品成本，也按实际数结账。

### 二、可靠性原则

产品成本内容包括劳动力耗费、劳动资料耗费和劳动对象耗费等多个方面。

其涉及面广，从而带来了核算的复杂性，也为虚假核算提供了方便。为了使产品成本信息真实，对其核算要求遵循可靠性原则。可靠性原则包括真实性和可核实性两个方面内容。真实性是指核算出的成本数据与客观的经济事项相一致，没有任何掺假或人为提高、降低成本的成分；可核实性则是指同一成本核算资料按一定原则，由不同成本会计人员计算，得出的结果应该相同。

### 三、重要性原则

产品成本构成要素很多，但每一要素在整个成本中所占的分量和对成本管理所起的影响差别却很大。从成本核算效益考虑，在成本核算过程中，就不应对每一构成要素的核算都要求十分准确，这就提出了成本核算重要性原则的要求。成本核算重要性原则指的是对成本中重要的内容应作为重点项目单独反映并力求准确，而对次要的、在成本项目中所占比例很小的内容则从简处理。

### 四、及时性原则

成本资料主要是为企业内部管理服务的，但对外报告中也涉及成本信息，如：资产负债表中的未分配利润项目确定和利润表中的相关项目。因此，无论对内从成本分析和成本考核看，还是对外从按期编制会计报表来说，都对成本核算提出了及时性原则要求。及时性原则的要求包括：当成本项目发生时，及时进行会计处理；当企业高层管理者提出一些特殊成本信息要求时，能及时提供；当按期编制财务报表时，能及时提供成本资料。

### 五、一致性原则

成本核算是成本分析、成本考核的基础。成本分析、成本考核不仅分析考核本期计划完成情况，还要与上期实际进行对比分析，以考核成本变动情况。这对成本核算所采用的成本计算方法及其与成本核算有关的会计处理方法等，提出了一致性原则要求。这里的一致性是指成本核算中所涉及的成本核算对象、成本项目、成本计算方法以及会计处理方法前后期应一致。目的是保证前后期成本信息的可比性，提高成本信息的利用程度。一致性原则的要求包括四方面内容：一是某项成本要素发生时，确认该要素水平的方法前后期应一致，如耗用材料计算方法、折旧计提方法等。二是成本计算过程中所采用的费用分配方法前后期应一致，如制造费用分配方法、材料费用分配方法等。三是同一产品的成本计算方法前后期应一致，如品种法、分批法、分步法等；前期选定一种后，后期不应随意变更。四是成本核算对象、成本项目的确定前后期应一致。当然，一致性并不是绝对的，它有一个时间的要求。

另外，在成本核算过程中，还要遵守财务会计中所讲的权责发生制原则。

【问题与思考2-1】

李明星投资50万元成立了一个个人独资企业"明星五金店"。该店20×8年现金收入220 000元,赊销收入40 000元;本年初存货50 000元;本年度以现金进货250 000元,年末存货100 000元。李明星计算出的毛利为10 000元。请问:该企业计算出的毛利是否是以权责发生制原则计算的?并说明理由。

## 第二节 产品成本核算要求

成本核算过程,既是对生产经营过程中各种耗费发生进行归类反映的过程,也是为满足企业管理要求进行信息反馈的过程;同时,还是对成本计划的实施进行检验和控制的过程。因此,在成本核算过程中,除了遵循核算原则外,还应符合以下各项要求。

### 一、对费用进行合理的分类

产品成本是对象化的费用集合。因此,为了正确计算产品成本,科学地进行成本管理,必须对企业的费用进行合理的分类。工业企业的费用一般有如下两种分类方法。

(一)按费用的经济内容或经济性质分类

工业企业发生的各种费用按其经济内容(或性质)划分,主要有劳动对象方面费用、劳动手段方面费用和活劳动方面费用三大类。这三大类构成工业企业费用的三大要素。为了具体地反映工业企业各种费用的构成和水平,还可在此基础上进一步划分为以下九个费用要素:

(1)外购材料:指企业耗用的一切从外部购进的原料及主要材料、半成品、辅助材料、包装物、修理用备件和低值易耗品等。

(2)外购燃料:指企业耗用的一切从外部购进的各种燃料,包括固体、液体、气体燃料。从理论上说,外购燃料应该包括在外购材料中。但由于燃料是重要能源,需要单独考核,因而单独列作一个要素进行核算。

(3)外购动力:指企业耗用的从外部购进的各种动力。

(4)职工薪酬:指企业应计入生产费用的职工工资、福利费等应付的职工薪酬。

(5)折旧费:指企业按照规定计算的固定资产折旧费用。

(6)修理费用:指企业为修理固定资产而发生的支出。

(7)利息费用:指企业的借款利息费用减去利息收入后的净额。

(8)税金:指企业应缴纳的各种税金,包括房产税、车船税、印花税和土地使用税等。

(9) 其他费用：指不属于以上各要素的费用，如邮电费、差旅费、租赁费和外部加工费等。

按照上列费用要素反映的费用，称为要素费用。按照要素费用，分类核算工业企业费用的作用在于：可以反映工业企业在一定时期内共发生了哪些费用，数额各是多少，据以分析各个时期各种费用的结构和水平；可以反映外购材料和燃料费用以及职工工资的实际支出，因而为编制企业的材料采购资金计划和劳动工资计划提供资料；可以为企业核定储备资金定额和考核储备资金周转速度，提供资料；可以划分物质消耗和非物质消耗，为计算工业净产值和国民收入提供资料。

这种分类核算的不足之处是：不能反映各种费用的经济用途，因而不便于分析这些费用的支出是否节约、合理。因此，对于工业企业的这些费用，还必须按其经济用途进行分类。

(二) 按费用的经济用途分类

工业企业各种费用按其经济用途，可分为计入产品成本的生产费用和不计入产品成本的期间费用。计入产品成本的生产费用按其用途不同，还可进一步划分为若干个项目。这些项目作为产品成本的构成内容，会计上称为成本项目。成本项目的内容，具体可分为直接材料、直接燃料、直接动力、直接人工、制造费用、废品损失、停工损失等。但根据生产特点和管理要求，企业一般可简化设立如下三个成本项目：

(1) 直接材料：指直接用于产品生产，构成产品实体的原材料、主要材料、燃料以及有助于产品形成的辅助材料等。

(2) 直接人工：指直接从事产品生产人员的工资以及福利费等薪酬。

(3) 制造费用：指直接或间接用于产品生产，但不便于直接计入产品成本，因而没有专设成本项目的费用。这些费用是企业内部各生产单位为组织和管理生产所发生的。它包括的主要内容将在以后章节阐述，这里从略。

当然，企业为了使成本项目更好地适应管理要求，也可对上述成本项目进行适当调整，如将"燃料及动力"单设一成本项目等。但在确定或调整成本项目时，应注意考虑以下几个问题：

(1) 费用在管理上有无单列的必要。

(2) 费用在产品成本中所占比重的大小。

(3) 为某种费用专设成本项目所增加的核算工作量的大小。

在计入产品成本的生产费用中，凡能分清哪种产品所耗用的、能直接计入某种产品成本的费用，称为直接计入费用，简称为直接费用，如生产甲产品领用 A 材料 10 万元等。不能分清由哪种产品耗用，因而在费用发生时不能直接计入某种产品成本而必须按照一定标准分配计入各种产品成本的费用,称为间接计入费用,简称为间接费用,如机物料消耗、厂房折旧费等。

直接生产费用大多是直接计入费用。间接生产费用大多是间接计入费用,但也不都是如此。如:在生产一种产品的生产单位中,直接生产费用和间接生产费用都可以直接计入该种产品成本,因而都是直接计入费用;而在用同一种材料同时生产几种产品的联产品生产单位中,直接生产费用和间接生产费用都不能直接计入某种产品成本,因而都是间接计入费用。不计入产品成本的期间费用,包括销售费用、管理费用和财务费用。这三种费用的内容在财务会计中已作了说明,这里不再重述。

费用按经济用途分类,可以促使企业按经济用途考核各项费用定额或计划的执行情况,分析费用支出是否合理节约;同时,也是企业按照费用发生的对象进行成本计量的基础。

### 二、正确划分各种费用界限

（一）正确划分应计入成本、费用与不应计入成本、费用的界限

企业经济活动的广泛性,决定了发生各种耗费的用途是多方面的:有的是用于生产经营活动,有的则是用于生产经营活动以外的其他方面。因而,在成本核算时,不能把企业所有的费用支出都计入产品成本和期间费用,即计入生产经营管理费用;而必须按其用途进行合理的划分,以保证成本费用的真实性、客观性。划分的原则要求是:用于产品生产和销售、用于组织和管理生产经营活动以及用于筹集生产经营资金的各种费用,即收益性支出,应计入成本、费用;而对于资本性支出或不是由于企业日常生产经营活动而发生的费用支出,如:企业购建固定资产、无形资产和其他资产的支出,对外投资的支出,固定资产盈亏和清理损失,非正常原因的停工损失和自然灾害损失,被没收的财物损失,支付的滞纳金、违约金、罚款以及企业的捐赠、赞助支出等,都不应计入产品成本、费用。企业既不应乱挤成本、费用,将不属于生产经营管理的费用列入成本、费用,也不得将应计入成本、费用的生产经营管理费用不计入或少计入成本、费用。乱挤成本、费用,会减少企业利润,进而减少国家财政收入;少计成本、费用,则会虚增企业利润,造成超额分配,使企业的生产经营管理耗费得不到补偿,进而影响企业生产顺利进行。

（二）正确划分生产费用与期间费用的界限

生产费用都要计入产品的生产成本。但当月产品的生产成本,并不一定都能成为当月产品的销售成本而从利润中扣除。因为当月投入生产的产品,不一定当月就能完工成为成品,并实现销售;当月完工并销售出去的成品,也不一定都是当月投入生产的。所以,计入产品成本的费用与计入期间费用的费用,对一定时期内

的利润影响是不一样的。为了正确计算企业各个会计期间的利润,还要将计入成本、费用的耗费,在产品成本和期间费用之间进行正确划分。划分的原则是:用于产品生产的原材料费用、生产工人的工资费用和制造费用等应该计入生产费用,并据以计算产品成本;用于产品销售、组织和管理生产经营活动以及为筹集生产经营资金而发生的费用归集为期间费用,直接计入当期损益。正确划分生产费用和期间费用的界限,是保证正确计算产品成本和核算各期损益的基础。因此,在成本核算过程中,要防止混淆成本、费用的界限,将应计入产品成本的费用列入期间费用,或将期间费用列入产品成本,借以调节各会计期间成本、费用的错误做法。

(三) 正确划分各个月份的费用界限

成本核算是建立在权责发生制基础上的。因此,为了正确计算产品成本,在正确划分上述费用界限的基础上,还应划清应由本月产品成本、期间费用负担和应由其他月份产品成本、期间费用负担的费用界限。划分的基本要求是:应由本月成本、费用负担的费用都应在本月入账,计入本月的产品成本和期间费用;不应由本月成本、费用负担的费用,一律不得列入本月的产品成本和期间费用。根据这项要求,在成本核算过程中,凡本月发生的费用,都要在本月入账,既不允许将其延至下月记账,也不得提前入账;另外,对应由本月和以后月份成本、费用负担的待摊费用或预提费用,要根据其受益期限,分别摊提到本月和以后月份,以便正确地反映各月份的成本、费用水平。正确划分这方面的费用界限是准确计算各月产品成本和期间费用的基础。应该防止利用费用待摊和预提的办法,人为调节各个月份的成本、费用,人为调节各月损益的错误做法。

(四) 正确划分各种产品的费用界限

对于生产两种及两种以上产品的生产企业,还要对计入当月产品成本的生产费用在各有关产品之间进行划分,以便分析和考核各种产品成本计划或成本定额的执行情况。这种划分的基本要求是:属于某种产品单独发生、能够单独计入该种产品的生产费用,应该直接计入该种产品的成本;属于几种产品共同发生、不能直接计入某种产品成本的生产费用,则要采取适当的分配方法,分配计入这几种产品的成本。要如实反映各种产品的耗费,不能人为地在不同产品之间,特别是在亏损产品与盈利产品、可比产品与不可比产品之间任意转移生产费用。要防止以盈补亏、掩盖亏损产品亏损额,或虚报产品成本、掩盖利润的错误做法。

(五) 正确划分完工产品与在产品的费用界限

通过以上费用界限的划分,确定了各种产品本月应负担的生产费用。月末计算产品成本时,如果某种产品都已完工,那么,这种产品的各项生产费用之和,就是这种产品的完工产品成本;如果某种产品都未完工,这种产品的各项生产费用之和,就是这种产品的月末在产品成本。这两种情况下都不存在月末划分完工产品和在产品费用界限的问题。但如果某种产品到月末时部分完工、部分未完工,那就要将该产品的生产成本,在完工产品与在产品之间采用适当的方法进行分配,以分别计算完工产品成本和在产品成本。这种划分的基本要求是:分配的标准要选用适当,分配方法要合理。要防止任意提高或降低月末在产品成本,人为调节完工产品成本的做法。

在成本核算过程中能否正确地划分上述五个费用界限,反映了是否遵守有关成本、费用开支范围的规定,是否贯彻执行了权责发生制原则以及费用受益的分配原则。因而,这既是保证成本、费用正确核算的关键,也是检查和评价成本、费用核算工作是否正确合理的重要标准。事实上,成本、费用的核算过程,也就是正确划分这五个方面费用界限的过程。

### 三、正确确定财产物资的计价和价值结转的方法

作为工业企业生产资料的财产物资,随着生产经营过程的进行而被耗用,其价值也就成了产品成本和期间费用的构成内容。但作为成本、费用中的财产物资价值,其数额大小,并不是一个简单的乘积,而是受财产物资的计价方法和价值结转方法的影响。比如,其中的固定资产价值耗费部分,就要受到固定资产原值计算方法、折旧方法以及折旧率等的影响;流动资产费用部分,就要受到材料成本的组成内容、发出材料的单位成本、计算方法以及低值易耗品的摊销方法等的影响。因此,为了正确计算产品成本和期间费用,要合理确定企业财产物资的计价和价值结转方法。其基本要求是:凡国家有统一规定的,应采用统一规定的方法;国家没有统一规定的,企业要根据财产物资的特点,结合管理要求合理选用,而且一经确定不得随意改变。要防止通过任意改变财产物资计价和价值结转方法来调节成本、费用的错误做法。

### 四、选用适当的成本计算方法

产品生产组织和生产工艺特点以及管理要求的不同是影响产品成本计算方法选择的重要因素。而成本计算方法选择得合理与否,将直接影响产品成本计算的准确性。因此,企业必须根据自身产品生产的特点和管理要求来选用计算产品成本的具体方法。此问题将在第五章详细讲述。

### 五、做好成本核算的基础工作

健全的成本核算基础工作,是保证成本会计工作质量的前提。其内容一般包括原始记录制度、定额管理制度、计量验收制度以及内部结算制度等。

## (一) 原始记录制度

成本会计工作的原始记录,是成本、费用业务发生的证明,是成本核算和管理的原始依据。原始记录的范围,一般包括生产记录、考勤记录、设备利用记录和材料物资收发记录等。但不同企业的原始记录并不完全一样,其范围、内容以及凭据的格式决定于各企业的生产特点和成本管理要求。原始记录设置总的原则是:既要满足成本核算和管理的需要,又要简便易行。

## (二) 定额管理制度

定额是企业在正常的生产条件下,对人力、物力、财力的配备以及利用和消耗等所应遵守的标准或应达到的水平。它是成本计划、成本控制、成本分析和考核的主要依据。定额管理是成本管理的基础,也是加强企业全面管理的基础。

定额按其反映的内容不同,主要分为工时定额、产量定额、材料消耗定额、费用定额等;按其制定的标准不同,主要分为计划定额、现行定额等。定额的制定,既要先进,又要切实可行。另外,随着企业内外条件的改变,定额也要随之修订,这样,才能有效发挥作用。

## (三) 计量验收制度

计量验收是对企业各项财产物资收发领退的数量进行准确确认的手段,也是一种管理制度。如果生产过程中的财产物资收发领退数字反映失真,就会导致成本会计工作的成果,即提供的有关成本费用等数据资料虚假,进而会影响企业整个财务状况和财务成果信息真实,危害性不言而喻。计量验收的重要性,由此可见一斑。

计量验收制度主要包括:配备必要的计量器具、建立严格的财产物资收发领退手续和财产清查制度等。

## (四) 内部结算制度

为了明确企业内部各有关单位的经济责任,对财产物资的内部流转以及相互提供劳务等,可以采用内部结算的办法进行核算和管理。内部结算要以合理的内部价格为依据。内部结算价格一般是用企业制定的计划单位成本,也可以在计划单位成本的基础上加适当的利润作为内部结算价格。内部结算价格是内部结算制度的主要方面,另外还包括内部结算方式、内部结算货币等。

【问题与思考2-2】

某生产企业8月份有关数据如下:① 购进材料30万元,其中50%被生产领用。② 薪酬总额15万元,其中生产工人薪酬8万元,生产车间主任和其他管理人员薪酬1万元,企业幼儿园人员薪酬0.6万元,厂部管理人员薪酬4万元,销售人员薪酬1.4万元。③ 贷款购设备的利息6 000元(设备在安装中),购生产用材料借款支付的利息3 000元。④厂部办公楼折旧10 000元,生产设备提了折旧3 000元。⑤支付环保部门罚款20 000元。

请计算该企业8月份生产费用和期间费用各为多少?

## 第三节　产品成本核算基本程序

产品成本核算的基本程序是指根据成本核算的基本要求,对生产费用进行分类核算,并按成本项目进行归类,直到计算出完工产品成本的基本工作过程。工业企业的产品成本核算是一项比较复杂的工作。其所涉及的内容及运用的方法很多,但都遵循着相同的基本程序,即:确定成本计算对象—确定成本项目—确定成本计算期间—审核生产费用—生产费用的归集和分配—计算完工产品成本和月末在产品成本。

### 一、确定成本计算对象

成本计算对象是生产费用的承担者。即归集和分配生产费用的对象。确定成本计算对象是计算产品成本的前提。由于企业的生产特点、管理要求、规模大小、管理水平的不同,企业成本计算对象也不相同。对制造企业而言,产品成本计算的对象,包括产品品种、产品批别和产品的生产步骤三种。企业应根据自身的生产特点和管理要求,选择合适的产品成本计算对象。

### 二、确定成本项目

如前所述,成本项目是指生产费用要素按照经济用途而划分的若干项目。通过成本项目,可以反映成本的经济构成以及产品生产过程中不同的资金耗费情况。因此,企业为了满足成本管理的需要,可在直接材料、直接人工、制造费用三个成本项目的基础上进行必要的调整,如单设其他直接支出、废品损失、停工损失等成本项目。

### 三、确定成本计算期间

成本计算期是指成本计算的间隔期。即:多长时间计算一次成本。产品成本计算期的确定,主要取决于企业生产组织的特点。通常,在大量、大批生产情况下,产品成本的计算期间与会计期间相一致;在单件、小批量生产的情况下,产品成本的计算期间则与产品的生产周期相一致。

### 四、审核生产费用

对生产费用进行审核,主要是确定各项费用是否应该开支,开支的费用是否应该计入产品成本。

### 五、生产费用的归集和分配

生产费用归集和分配就是将应计入本月产品成本的各种要素费用在各有关产品之间,按照成本项目进行归集和分配。归集和分配的原则为:产品生产直接发生的生产费用直接作为产品成本的构成内容,直接计入该产品成本;为产品生产服务而发生的间接费用,可先按发生地点和用途进行归集汇总,然后分配计入各受益产品成本。产品成本计算的过程,也就是生产费用的分配和汇总过程。

### 六、计算完工产品成本和月末在产品成本

对既有完工产品又有月末在产品的产品,应将计入各该产品的生产费用。在其完工产品和月末在产品之间,采用适当的方法进行划分,求得完工产品和月末产品的成本。

【问题与思考 2-3】

就你学校的餐馆来说,在成本项目设定上,是否可以设立"直接材料""直接人工""制造费用"项目?如果可以,哪些是"直接材料""直接人工""制造费用"?请举些例子说明。

## 第四节 产品成本核算的账户设置及账务处理程序

### 一、产品成本核算的账户设置

为了按上节程序归集生产费用,核算产品成本,应设置一定的总账账户及必要的明细账户。

总账账户一般设置"生产成本"账户,用以核算企业进行工业性产品生产(包括产成品、自制半成品和提供劳务等)、自制材料、自制工具、自制设备等所发生的各项生产费用。

为了分别核算基本生产成本和辅助生产成本,还应在该总账账户下设立"基本生产成本"和"辅助生产成本"两个二级账户。在二级账户下,再按一定要求设置明细账户。

为了简化会计核算手续,可以将两个二级账户提升为一级账户,不再设置"生产成本"总账账户。本教材是按分设两个总账账户,即"基本生产成本"和"辅助生

产成本"进行阐述的。

（一）"基本生产成本"总账账户及其明细账的设立

基本生产是指为完成企业主要生产目的而进行的产品生产。"基本生产成本"总账账户是为了归集基本生产过程中所发生的各种生产费用和计算基本生产产品成本而设立的。基本生产所发生的各项费用，记入该账户的借方；完工入库的产品成本，记入该账户的贷方；该账户的余额，就是基本生产在产品的成本，也就是基本生产在产品占用的资金。该账户应按基本生产车间和成本核算对象（产品的品种、类别、订单、批别、生产阶段等）分设基本生产成本明细账（或产品成本计算单）。账中应按规定的成本项目分设专栏或专行，登记各该产品的各成本项目的月初在产品成本、本月发生的成本、本月完工产品成本和月末在产品成本。其格式及举例如表2-1和表2-2所示。

表2-1　基本生产成本明细账

车间名称：第一车间　　　　　　　20××年
产品名称：A产品　　　　　　　　　　　　　　　　　　金额单位：元

| 月 | 日 | 摘要 | 产量(件) | 成本项目 | | | 成本合计 |
|---|---|---|---|---|---|---|---|
| | | | | 直接材料 | 直接人工 | 制造费用 | |
| 7 | 31 | 本月生产费用 | | 25 000 | 1 300 | 8 900 | 35 200 |
| 7 | 31 | 本月完工产品成本 | 100 | 25 000 | 1 300 | 8 900 | 35 200 |
| 7 | 31 | 完工产品单位成本 | | 250 | 13 | 89 | 352 |

表2-2　基本生产成本明细账

车间名称：第一车间　　　　　　　20××年
产品名称：B产品　　　　　　　　　　　　　　　　　　金额单位：元

| 月 | 日 | 摘要 | 产量(件) | 成本项目 | | | 成本合计 |
|---|---|---|---|---|---|---|---|
| | | | | 直接材料 | 直接人工 | 制造费用 | |
| 7 | 1 | 月初在产品成本 | | 46 000 | 3 800 | 23 000 | 72 800 |
| 7 | 31 | 本月生产费用 | | 284 000 | 21 600 | 21 200 | 326 800 |
| 7 | 31 | 生产费用累计 | | 330 000 | 25 400 | 44 200 | 399 600 |
| 7 | 31 | 本月完工产品成本 | 200 | 220 000 | 20 320 | 35 360 | 275 680 |
| 7 | 31 | 完工产品单位成本 | | 1 100 | 101.60 | 176.80 | 1 378.40 |
| 7 | 31 | 月末在产品成本 | | 110 000 | 5 080 | 8 840 | 123 920 |

基本生产成本明细账中虽然没有标明借方、贷方和余额，但其基本结构不外乎这三个部分。表2-2中的月初在产品成本为月初借方余额，系上月末所记。本月生产费用为本月借方发生额，根据本月各种费用分配表登记（具体登记方法见第三章）；本月完工产品成本为贷方发生额，月末在产品成本为月末借方余额。这两项费用根据完工产品与月末在产品成本的分配方法，分别登记（具体内容见第四章）。上述为简化格式，具体正规的格式将在后面给出。

在实际工作中，基本生产成本明细账还有一种按成本项目分设专行的格式。以上述B产品成本为例列示，如表2-3所示。

表2-3 基本生产成本明细账

车间名称：第一车间　　　　20××年7月　　　　产量单位：200件
产品名称：B产品　　　　　　　　　　　　　　　金额单位：元

| 成本项目 | 月初在产品成本 | 本月生产费用 | 生产费用累计 | 完工产品成本 | | | | 月末在产品成本 |
| --- | --- | --- | --- | --- | --- | --- | --- | --- |
| | | | | 总成本 | 单位成本 | 计划成本 | 成本差异 | |
| 直接材料 | 46 000 | 284 000 | 330 000 | 220 000 | 1 100 | — | — | 110 000 |
| 直接人工 | 3 800 | 21 600 | 25 400 | 20 320 | 101.60 | — | — | 5 080 |
| 制造费用 | 23 000 | 21 200 | 44 200 | 35 360 | 176.80 | — | — | 8 840 |
| 合　　计 | 72 800 | 326 800 | 399 600 | 375 680 | 1 378.40 | | | 123 920 |

采用所列第二种基本生产成本明细账格式，月末需要将在产品成本转入下月账页，因而这种格式一般只宜在生产周期较短、月末很少有在产品的情况下采用。

（二）"辅助生产成本"账户和其他有关账户的设立

辅助生产是指为基本生产部门、企业管理部门和其他部门提供劳务和产品的生产，如工具、模具、修理用备件等产品的生产和修理、运输等劳务的供应等。辅助生产提供的产品和劳务，有时也对外销售。但这不是它的主要目的。辅助生产所发生的各项费用，记入"辅助生产成本"总账账户的借方；完工入库产品的成本或分配转出的劳务费用，记入该账户的贷方；该账户的余额，就是辅助生产在产品的成本，也就是辅助生产在产品占用的资金。该账户应按辅助生产车间和生产的产品、劳务分设辅助生产成本明细账，账中按辅助生产的成本项目或费用项目分设专栏或专行进行登记。

企业发生的各项生产费用，应按成本核算对象和成本项目分别归集。属于直接材料、直接人工等直接费用,直接计入基本生产成本和辅助生产成本;属于企业辅助生产车间为生产产品提供的动力等直接费用,应在辅助生产成本账户核算后,再转入基本生产成本账户;其他间接费用先在制造费用账户汇集,月度终了再按一定的分配标准分配计入有关的产品成本。

另外,为了归集和分配制造费用,应该设立"制造费用"总账账户;为了归集和结转产品销售费用、管理费用和财务费用,应该分别设立"销售费用""管理费用"和"财务费用"总账账户;为了满足核算的需要,企业也可以设立"待摊费用"和"预提费用"总账账户;①企业如果单独核算废品损失和停工损失,还可以增设"废品损失"和"停工损失"总账账户。

## 二、产品成本核算的账务处理程序

产品成本核算账务处理程序,实际上表现为整个产品成本形成过程的会计核算步骤,内容非常广泛,因而,需要在讲述成本核算时具体阐述。在讲述成本核算之前,应对成本核算的一般程序先有一个总括的了解。这里用图形列示其账务处理的基本程序,如图 2-1 所示。

以下以一家生产西装的服装厂的实例,来说明在生产的每一个阶段成本是如何分配结转到产品当中的。

红树服装厂的生产步骤是:企业将采购的布料通过验收部门验收后送到材料仓库进行储存为生产做准备;当生产过程开始的时候,生产人员到材料仓库领用布料投入生产,通过剪裁、缝制和检验等程序产生的在产品入存货仓库,最终完工的产成品西装入产成品库。这些程序的实物形态,在会计上反映到资产负债表上成为直接材料存货成本、在产品存货成本和产成品存货的成本。

### (一)直接材料存货成本

直接材料存货成本是材料的采购成本。它具体包括材料的买价、运输费用、装卸费用、保险费用、包装费用、仓储费用、运输途中的合理损耗、入库前的调选整理费用,以及按规定计入成本的税金和其他费用等。直接材料存货被生产领用以后,其成本构成产品成本的一部分。

假设红树服装厂20××年1月1日直接材料成本为50万元,本年度购入布料

---

① 新的《企业会计准则应用指南》会计科目中没有设立"待摊费用"和"预提费用"两个账户,但企业在制定"企业会计制度"时,为了满足管理和方便核算的需要也可以设立该两个会计账户,实践中有的企业也是这样做的。本教材是按照设立这两个账户进行会计处理说明和举例的。如果不设立这两个账户,对于核算上需要"摊提"的费用可以在一些流动资产或流动负债类账户进行核算。

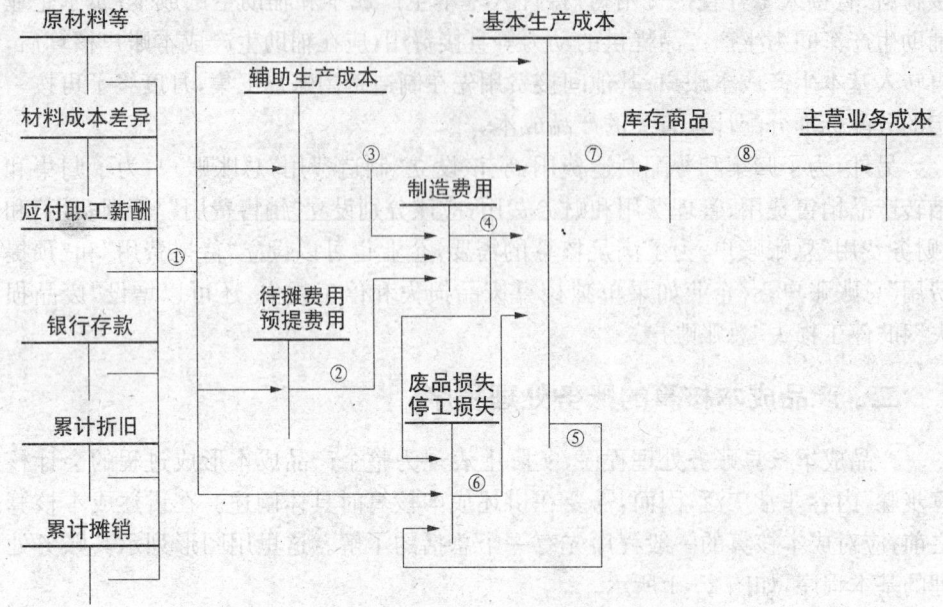

图 2-1 产品成本核算账务处理的基本程序

说明：① 分配各项要素费用； ⑤ 结转不可修复废品成本；
② 分配待摊费用和预提费用； ⑥ 分配废品损失和停工损失；
③ 分配辅助生产成本； ⑦ 结转产成品成本及自制半成品成本；
④ 分配制造费用； ⑧ 结转已销产品的成本。

的采购成本为 200 万元，该年末结存的直接材料成本为 30 万元，则本年投入生产中的直接材料成本是 220 万元。其计算如下：

| | |
|---|---:|
| 期初结存直接材料 | 50 万元 |
| 加：本年购入 | 200 万元 |
| 本年可供生产使用的材料 | 250 万元 |
| 减：期末结存直接材料 | 30 万元 |
| 生产产品耗用的直接材料 | 220 万元 |

（二）在产品存货成本

在产品生产过程中，除了耗用直接材料外，还要发生人工费用和机器折旧等其他的间接耗费。这些耗费作为物化劳动和活劳动的价值转移，构成了产品的生产成本。在连续式的大批量生产的企业，生产是不断进行的，这样每个会计报告期末，就都会有本期尚未完工的产品，即：有期末结存的在产品，因而也就有期初结存的在产品。在产品成本的形成，通过"产品生产成本表"可以得到反映。如表 2-4 所示。

### 表 2-4 红树服装厂生产成本表
20××年12月31日　　　　　　　　　　　　　　金额单位：元

| 项　　目 | 金　　额 | 项　　目 | 金　　额 |
|---|---|---|---|
| 年初在产品存货 | 600 000 | 生产产品中耗用的直接材料 | 2 200 000 |
| 本年度发生的生产成本 |  | （2）直接人工 | 850 000 |
| （1）直接材料 |  | （3）制造费用 | 650 000 |
| 年初结存的原材料成本 | 500 000 | 本年度发生的生产成本合计 | 37 000 000 |
| 加：全年购入 | 2 000 000 | 本年度在产品成本合计 | 43 000 000 |
| 可供生产耗用的直接材料 | 2 500 000 | 减：年末在产品成本 | 500 000 |
| 减：年末结存的原材料成本 | 300 000 | 本年度产成品成本 | 38 000 000 |

表 2-4 列示了红树服装厂本年度所发生的成本。即来自生产领用的直接材料成本 2 200 000 元以及生产中发生的人工成本 850 000 元和制造间接费用 650 000 元。这三个方面的合计耗费 3 700 000 元，是该厂本年度生产西装所发生的全部生产成本。将本年度发生的全部生产成本与年初在产品成本 600 000 元相加，得出本年度在产品总成本为 4 300 000 元。此数计量了现已投入到产品生产中的资源；但它并非全是在本年度发生的，其中还有以前年度投入但到本年度初仍未完工的产品成本 600 000 元。

在年终，企业在产品存货有 500 000 元，将其从在产品总成本中减去，得到本年度全部完工成品西装成本 3 800 000 元。

### （三）产成品存货成本

产成品存货表现为企业从投产到本年度末累计可供销售但尚未售出的制成品。也许有人认为，如果生产部门生产完工的产品直接装运给客户，仓库里没有该部分产品的进出，那么对产成品存货表述为"企业从投产到本年度末累计可供销售但尚未售出的制成品"不太贴切。殊不知，即使产成品直接发运给客户，虽然存货的实体未通过仓库，但会计上还是要反映该批存货的一进一出的。

表 2-4 列示了该服装厂本年度生产完工的产品存货成本 3 800 000 元。该产成品存货，还不一定是企业全部的可供销售的产成品存货。因为企业一般都会有以前年度生产完工但到上年度末还没有售出去的产成品。假定该企业上年度末有产成品存货 300 000 元，则本年度可供销售的产成品存货为 4 100 000 元。这 4 100 000 元存货，如果本年度销售出 4 000 000 元，那么：它一方面是 4 000 000 元的产成品存货转化成了销货成本，构成当期损益的一部分；另一方面是将 100 000 元产成品存货转入下一年，作为下个年度可供销售的产成品存货的一部分。

## 哈莱—戴维森公司排除直接制造人工成本的分类

哈莱—戴维森公司多年来在制造过程中使用三种成本分类——直接材料、直接人工和制造费用。20世纪80年代中期,哈莱—戴维森公司特别管理者小组,比较分析了产品制造成本的结构与在会计制度中"收集,检查并报告"资料所花费的管理成本,如表2-5所示。

表2-5 产品制造成本结构

| 项　目 | 产品制造成本结构(%) | 管理成本效果(%) |
|---|---|---|
| 直接材料 | 54 | 25 |
| 制造费用 | 36 | 13 |
| 直接人工 | 10 | 62 |

与将直接人工追溯为一个单独的成本种类相联系的管理成本包括:
(1) 工作人员填写工时卡的时间。
(2) 管理者检查工时卡的时间。
(3) 工作时间记录员人工资料以及对资料报告表查错的时间。
(4) 成本会计员检查直接人工及差异资料的时间。

哈莱—戴维森公司得出结论,把直接人工追溯给产品不符合"成本—效益"原则。直接人工成本只占总制造成本的10%,但需要花费管理上62%的费用来追溯所有的制造成本。这家公司现在把所有的人工成本作为制造费用的一部分。它使用了直接材料与制造费用两部分分类。

资料来源:特科:《管理会计之新生——戴维森的经验》,《成本管理杂志》1990年。

# 本 章 小 结

产品成本是反映企业生产经营管理工作质量的综合性指标。为了保证该指标的数据质量,产品成本核算时应遵循实际成本核算原则、可靠性原则、重要性原则、及时性原则和一致性原则。

产品成本核算过程,既是对生产耗费进行归类反映的过程,也是对成本计划实施检验和控制的过程。为了通过对该过程的核算,使成本会计的任务得以很好完成,除遵循成本核算原则外,还应做到五个方面要求:一是要对费用按经济内容和经济用途进行分类,具体分为十个要素费用和三个成本项目;二是正确划分五个费用界限,即正确划分应计入成本、费用和不应计入成本、费用的界限,正确划分生产费用与期间费用界限,正确划分各个月份费用界限,正确划分各种产品的费用界限和正确划分完工产品与在产品的费用界限;三是正确确定财产物资的计价和价值的结转方法;四是选用适当的成本计算方法;五是做好成本核算的基础工作。

产品成本核算是一项复杂的工作。为了保证这项工作顺利进行,一般要遵循如下成本核算程序:确定成本计算对象、确定成本项目、确定成本计算期间、审核生产费用、生产费用的归集和分配以及计算完工产品成本和月末在产品成本。

产品成本核算是通过设置和运用账户来进行的。为了方便成本核算工作,企业一般在设置"基本生产成本"和"辅助生产成本"两个总账账户。在"基本生产成本"总账账户下,一般再按产品成本的计算对象如产品品种等进行明细分类核算;在"辅助生产成本"总账账户下,再按辅助生产车间和生产的产品或劳务分设明细账进行核算。"基本生产成本"和"辅助生产成本"的明细账格式,一般是按成本项目或费用项目分多栏设置。

由于产品成本内容涉及诸多要素费用,因此,不只运用上述两个总账账户,还涉及诸如"制造费用""管理费用"等许多账户。这些账户的运用过程构成了账务处理的基本程序。

# 复习思考题

1. 产品成本核算应遵循哪些原则?说明各项原则在成本会计核算中的重要性。
2. 简述产品成本的核算要求。
3. 如何划清各种费用界限,应注意避免哪些做法?
4. 简述产品成本核算的一般程序。
5. 产品成本核算应设哪些主要账户?它们各反映什么内容?
6. 简述产品成本核算的账务处理程序。

# 案例讨论题

1. 华山电器制造公司是一家拥有 80 个职工的小型企业,主要生产消毒柜。王明青是刚分配到该公司担任成本核算的会计人员。王明青接手此工作后,觉得公司成本核算比较粗，成本核算的基础工作也不健全，不能满足企业成本管理要求。于是，他根据学校所学知识，仔细规划了成本核算方案。其中，产品成本项目设计为"直接材料""直接人工""燃料及动力""制造费用"四个成本项目。而"直接材料"成本项目设计为多栏式明细项目，分"原材料""主要材料""燃料""辅助材料"等小栏目，以详细反映其所耗，为考核所有材料耗费提供资料。但由于其中的辅助材料所占比例非常小，因此，决定不按实际成本计价而按计划成本计价。

请你用产品成本核算的有关原则，评价王明青的做法是否合适。

2. 某企业8月份有关费用资料如下：生产耗用原材料80 000元，辅助材料1 000元，燃料2 000元，电费5 000元，生产工人工资10 000元，车间管理人员工资5 000元，车间办公费500元，生产用机器修理费500元，企业管理人员工资40 000元，电话费1 000元，支付购买原材料所借款项10万元的利息5 000元，支付购买车间用设备所借款项50万元的利息30 000元，固定资产报废清理损失1 000元。企业成本会计人员将此费用的分类内容列示如下（金额单位：元）：

生产经营管理费用　　　　　　　　190 000
生产费用　　　　　　　　　　　　 15 000
产品成本　　　　　　　　　　　　104 000
期间费用　　　　　　　　　　　　 55 000

请用产品成本核算要求中"正确划分各种费用界限"的要求，来评价该企业成本会计人员的费用分类项目的数额是否正确。并说明原因。

# 同步测试题

一、单项选择题

1. 产品成本核算原则是提高产品成本核算质量的重要保证，产品成本核算有多条原则要求，其中可核实性是下列（　　）原则的内容之一。
   A. 实际成本核算　　B. 重要性　　C. 一致性　　D. 可靠性

2. 费用分类中，下列说法正确的是（　　）。
   A. "外购材料"是费用按经济性质分类的要素之一，它包含的内容主要是购进的原料及主要材料等，但不包含外购的修理用备件
   B. "成本项目"是会计核算上的产品成本构成内容，成本项目可以有若干个，但究竟设多少个，由企业根据实际自己决定
   C. 费用按经济内容分类与按经济用途分类的项目，国家会计制度是统一规定的，企业不能作任何改变
   D. 产品生产过程中耗用的材料费用都是直接生产费用

3. 费用按经济内容分类的作用很多,下列中不属于该项分类作用的是( )。
A. 根据分类项目提供的资料可以分析各个时期各种费用的结构和水平
B. 可以为编制企业的材料采购资金计划和劳动工资计划提供资料
C. 可以为企业核定储备资金定额和考核储备资金周转速度提供资料
D. 可以按经济用途考核各项费用计划的执行情况

4. 关于费用界限划分,下列说法中不正确的是( )。
A. 收益性支出应计入成本费用
B. 制造费用应计入生产费用
C. 为组织和管理生产经营活动而发生的费用应计入生产费用
D. 凡为生产某种产品发生的费用应直接计入该产品的成本

5. 下列属于产品成本核算首要程序的是( )。
A. 确定成本计算期　　　　　　B. 生产费用的归集和分配
C. 确定成本项目　　　　　　　D. 确定成本计算对象

6. 下列说法中不正确的是( )。
A. 产品成本计算期的确定,主要取决于企业生产组织的特点
B. 工业企业发生的各种费用按其经济性质划分所形成的项目称为成本项目
C. 生产费用归集和分配的基本原则是:为产品生产直接发生的生产费用直接计入产品成本,发生的间接生产费用分配计入各受益产品成本
D. 产品成本核算账务处理程序,实际上表现为整个产品成本形成过程的会计核算步骤

二、多项选择题

1. 产品成本是企业生产经营管理的重要会计信息,为了保证该信息的质量,成本核算时应遵循一定的原则,而且每个原则都有特定的要求,其中实际成本核算原则的要求包括( )。
A. 某项成本发生时按实际耗用数确认
B. 完工入库产品的成本按实际应负担的数额计价
C. 当期已销产品应负担的成本按该产品实际生产成本结账
D. 产品的实际成本必须真实

2. 下列不应计入产品成本或期间费用的支出包括( )。
A. 为筹集生产产品用的资金而支付的利息
B. 购买会计人员办公用的计算机
C. 违反税收制度而支付的罚款
D. 给灾区的捐款

3. 管理费用属于（　　）。
A. 应计入生产经营管理费用的费用
B. 生产费用
C. 同产品的生产没有直接关系，但与发生的期间配比，直接扣减当期收益的费用
D. 不计入产品成本的费用

4. 成本核算是成本会计的基础，它是企业成本会计中最重要的工作，为了保证成本核算工作质量，要做好成本核算的基础工作，具体包括（　　）等。
A. 原始记录制度　　　　　　B. 定额管理制度
C. 计量验收领退制度　　　　D. 内部结算制度

5. 下列属于核算产品成本的账户是（　　）。
A. 生产成本　　B. 废品损失　　C. 制造费用　　D. 财务费用

6. 下列属于费用要素的是（　　）。
A. 修理费用　　B. 折旧费用　　C. 工资　　D. 制造费用

### 三、判断题

1. 实际成本的核算原则要求对产品成本要素形成的所有环节发生的耗费都必须按实际成本核算。（　　）

2. 一致性原则是要求成本核算方法及其会计处理方法在企业经营期内必须一致。（　　）

3. 成本项目的具体内容在不同企业可以不同，但任何工业企业都必须至少要有直接材料、直接人工和制造费用三个成本项目。（　　）

4. 直接生产费用和间接生产费用在特定情况下都可以是直接计入费用。（　　）

5. 基本生产成本明细账由于归集反映产品成本情况，所以格式设计必须按成本项目分设专栏。（　　）

6. 费用按经济内容分类不能反映各种费用的经济用途，因而不便于分析这些费用的支出是否节约、合理。（　　）

# 第三章　成本构成要素归集与分配

学习目标

- 掌握材料费用、动力费用、工资费用、折旧及其他费用、辅助生产费用、制造费用以及生产损失的核算方法
- 掌握各种费用分配表的编制方法
- 理解各有关费用分配方法的优缺点和适用范围

## 引　言

　　华星公司的主要业务是生产彩电。该公司设有四个生产部门：零配件生产分厂、装配分厂、供电车间和维修车间，供电车间和维修车间这两个劳务部门向全公司（包括两个分厂）提供电力和维修服务。每个部门都设有一个部门负责人，并通过内部结算价格实行单独核算，成为成本中心。公司根据四个部门成本指标完成情况给予奖金奖励。

　　年末，在公司召开的由各部门负责人出席的下年度指标分析讨论会上，公司的主管会计提出一项成本核算改革意见，即：四个部门的成本都应加上接受公司内部其他劳务部门提供的劳务费用，包括两个劳务部门之间相互提供劳务发生的费用。该主管会计同时认为，两个劳务部门的费用应按照预先制订的计划或定额成本进行分配，包括交互分配和对外分配，实际费用和计划或定额成本之间的差额由管理费用负担；另外，四个部门发生的材料和人工等费用也用计划或定额成本归集和分配。理由是：这样处理不仅方便核算，能及时提供信息，同时比较合理科学，也有利于分清各个受益对象的经济责任，便于分析考核。

（续上）

> 假如你是华星公司的财务顾问，你认为该主管会计的意见如何？
>
> 产品成本是以产品为对象归集的生产耗费。其包括的内容很广，既包括材料耗费、人工耗费、动力耗费，又包括对辅助生产部门提供的产品或劳务耗费，还包括生产部门为组织和管理产品生产而发生的耗费以及产品生产过程中发生的生产损失等。作为产品成本的构成要素，这些费用的核算基本上涵盖了成本核算的主要内容。因此，在具体内容安排上，本章主要对构成产品成本的费用要素核算进行阐述，同时对费用要素归集分配中涉及的期间费用核算也一并介绍。

## 第一节 材料成本的归集与分配

材料成本包括企业生产经营过程中耗费的原材料、辅助材料、设备配件、外购半成品、燃料、低值易耗品、包装物等所发生的费用。对材料成本进行核算，就是对产品生产过程中发生的材料耗费，根据领料凭证归集到有关成本计算对象中。在核算过程中，能直接明确其成本计算对象的就直接归集到该成本计算对象中；有几种成本计算对象（如生产几种产品）共同领用的材料，则要采用适当的方法分配计入。材料成本核算涉及面很广，可一直追溯到材料采购成本、发出材料成本的核算。本节主要说明材料费用分配核算。

### 一、原材料费用分配核算

原材料费用分配主要是解决企业在生产经营过程中所消耗的原材料，以及其价值是由谁来承担以及负担多少的问题。

#### （一）原材料费用分配对象的确定

原材料是指企业通过采购或其他方式取得的用于制造产品并构成产品实体的物品，以及取得的供生产耗用但不构成产品实体的辅助材料、燃料等。这些材料或同一种材料，在生产经营活动中有着不同的用途，如：有的用于产品生产，有的用于组织和管理生产等。这些材料费用发生后应由谁负担，各负担多少，是成本会计要解决的重要问题之一。通常情况下，原材料费用分配是按用途、部门和受益对象来分配的。具体来说，用于产品生产的材料费用由基本生产的各种产品负担，应记入"基本生产成本"总账账户及其明细账的有关成本项目;用于辅助生产的材料费用由辅助产品或劳务承担,应记入"辅助生产成本"总账账户及明细账中的有关成本项目;用于维护生产设备等的各种材料,应由产品或劳务承担,但由于不能直接记入"基本生产成本"或"辅助生产成本"的账户,故应先记入"制造费用"账户进行归集,以后再分配记入上述两账户;而用于产品销售以及组织和管理生产的材料费用,则由销售费用和管理费用负担,记入"销售费用"和"管理费用"账户的有关费用项目等。总之,原材料费用的分配对象,要视企业的生产特点和管理要求而定,不能随意确定。

(二)原材料费用分配方法

原材料费用的分配方法是指材料费用计入各负担对象的方法。一般而言,凡能辨清原材料费用承担对象的,应直接计入该分配对象。属于几种产品共同耗用的,即间接计入的,应采用适当的分配方法,分配计入各有关产品成本。在这种情况下,分配方法的选择对成本核算的正确性有一定影响。由于在生产过程中,原料和主要材料的耗用量一般与产品的重量、体积有关,因而原料和主要材料费用一般可以按产品的重量比例分配。如果企业有原料及主要材料消耗定额且比较准确的,也可以按照材料的定额消耗量或定额费用比例分配。对于系列产品生产的企业也可以采用将各种产品的产量按系数折合成标准产量,再以标准产量的比例分配原材料费用。下面主要说明材料定额耗用量比例法和材料定额费用比例法。

1. 材料定额耗用量比例法

材料定额耗用量是指一定产量下按照材料消耗定额计算的可以消耗的数量。材料消耗定额是指单位产品可以消耗的材料数量限额。这种分配方法的计算步骤是:

(1)计算某种产品材料定额耗用量。
(2)计算单位材料定额耗用量,即计算材料耗用量分配率。
(3)计算某种产品应分摊的材料数量。
(4)求出某种产品应分摊的材料费用。

具体计算公式如下:

某种产品材料定额耗用量 = 该种产品实际产量 × 单位产品材料消耗定额

材料耗用量分配率 = 材料实际消耗总量 / 各种产品材料定额耗用量之和

某种产品应分配的材料数量 = 该种产品定额消耗的材料总量 × 材料耗用量分配率

某种产品应分配的材料费用 = 该种产品应分配的材料数量 × 材料单价

[例3-1] 假定某企业生产A、B两种产品分别为200件、300件,共同耗用某原材料3 740千克。该原材料的单位实际成本为每千克8元,该材料单位消耗定

额 A、B 产品分别为每件 8 千克和 6 千克。分配计算如下：

A 产品原材料定额消耗量 = 200 件 × 8 千克/件 = 1 600（千克）

B 产品原材料定额消耗量 = 300 件 × 6 千克/件 = 1 800（千克）

原材料耗用量分配率 = $\dfrac{3\,740}{1\,600 + 1\,800}$ = 1.1

A 产品应分配的原材料数量 = 1 600 × 1.1 = 1 760（千克）

B 产品应分配的原材料数量 = 1 800 × 1.1 = 1 980（千克）

A 产品应分配的材料费用 = 1 760 × 8 = 14 080（元）

B 产品应分配的材料费用 = 1 980 × 8 = 15 840（元）

这种分配方法，可以考核材料消耗定额的执行情况，有利于进行材料消耗的实物管理，但分配的计算工作量较大。为了简化分配计算工作量，也可以直接按材料定额消耗量分配材料费用。分配计算公式为：

原材料费用分配率 = $\dfrac{\text{原材料费用总额}}{\text{各种产品材料定额耗用量之和}}$

某种产品应分配的材料费用 = 该种产品的定额耗用量 × 原材料费用分配率

上述两种分配的计算结果相同；但后一种方法不能反映各种产品所应负担的材料消耗总量，不利于加强材料消耗的实物管理。

2. 材料定额费用比例法

在各种产品共同耗用原材料种类较多的情况下，为了进一步简化分配计算工作，可以按照各种材料的定额费用的比例来分配材料实际费用。会计上称之为材料定额费用比例法。此方法的分配计算公式如下：

某种产品某种材料定额费用 = 该种产品实际产量 × 单位产品该种材料费用定额 = 该种产品实际产量 × 单位产品该种材料消耗定额 × 该种材料计划单价

材料费用分配率 = $\dfrac{\text{各种材料实际费用总额}}{\text{各种产品各种材料定额费用之和}}$

某种产品分配负担的材料费用 = 该种产品各种材料定额费用之和 × 材料费用分配率

对于间接计入产品成本的辅助材料的分配方法，如果是耗用在主要材料上，可以按主要材料的耗用量比例分配；如果耗用的辅助材料与产品的产量有关，可以按产品产量比例分配；如果辅助材料的消耗定额比较准确，可以按辅助材料的定额消耗量或定额费用比例分配。

如果有余料退库和废料收回业务，应根据退料凭证和废料交库凭证，扣减原领用的材料费用。月末已领未用的材料，如果下月生产还需用，应办理假退料手续，以冲减当月生产费用。

原材料费用分配在实际工作中是通过编制"原材料费用分配表"进行的。这种分配表应根据领退料凭证和有关凭证编制。其中，退料凭证的数额可以从相应的领料凭证的数额中扣除。下面举例说明其编制方法和会计处理。

[例3-2] 光华公司20××年8月份发料情况如表3-1所示。

表3-1 发出材料明细表

20××年8月　　　　　　　　　　　　　　金额单位：元

| 材料类别 | 发料数量 | 单位成本 | 用　　　途 |
|---|---|---|---|
| 原材料 | 200吨 | 600 | 甲产品生产用 |
| 原材料 | 126吨 | 1 000 | 甲、乙两种产品共用 |
| 燃料 | 120吨 | 60 | 锅炉车间100吨，机修车间20吨 |
| 燃料 | 20吨 | 60 | 基本生产车间用 |
| 燃料 | 10吨 | 60 | 管理部门用 |
| 辅助材料 | 200千克 | 40 | 基本生产车间用 |
| 修理用备件 | 50只 | 6 | 基本车间修理用 |

该企业投产甲产品140件、乙产品140件，单耗原材料定额分别为2.5吨、3.5吨，则编制"原材料费用分配表"如表3-2所示。

表3-2 原材料费用分配表

20××年8月　　　　　　　　　　　　　　金额单位：元

| 应借账户 | | 成本或费用明细项目 | 间接计入 | | | 直接计入 | 合计 |
|---|---|---|---|---|---|---|---|
| | | | 定额耗用量（千克） | 分配率 | 分配额 | | |
| 基本生产成本 | 甲产品 | 直接材料 | 350 | 150 | 52 500 | 120 000 | 172 500 |
| | 乙产品 | 直接材料 | 490 | 150 | 73 500 | | 73 500 |
| | 小计 | | 840 | 150 | 126 000 | 120 000 | 246 000 |

(续表)

| 应借账户 | | 成本或费用明细项目 | 间接计入 | | | 直接计入 | 合计 |
|---|---|---|---|---|---|---|---|
| | | | 定额耗用量（千克） | 分配率 | 分配额 | | |
| 辅助生产成本 | 锅炉车间 | 直接材料 | | | | 6 000 | 6 000 |
| | 机修车间 | 直接材料 | | | | 1 200 | 1 200 |
| | 小 计 | | | | | 7 200 | 7 200 |
| 制造费用 | 基本生产车间 | 修理费 | | | | 300 | 300 |
| | | 机物料消耗 | | | | 9 200 | 9 200 |
| 管理费用 | | 机物料消耗 | | | | 600 | 600 |
| 合 计 | | | | | 126 000 | 137 300 | 263 300 |

根据上列"原材料费用分配表"编制会计分录如下：

借：基本生产成本——甲产品　　　　　　　　　　　　　172 500
　　　　　　　　——乙产品　　　　　　　　　　　　　 73 500
　　辅助生产成本——锅炉车间　　　　　　　　　　　　  6 000
　　　　　　　　——机修车间　　　　　　　　　　　　  1 200
　　制造费用——基本生产车间　　　　　　　　　　　　  9 500
　　管理费用　　　　　　　　　　　　　　　　　　　　    600
　　贷：原材料　　　　　　　　　　　　　　　　　　　263 300

需要说明的是，在实际工作中，材料费用分配的核算并不是从企业材料发生的总分类核算中单独抽出进行的，而是作为材料发出总分类核算的内容一并进行。因此，发出材料的总分类核算也根据发料凭证汇总表进行，而不是直接根据材料费用分配表进行。那么，如何处理"材料费用分配表"与"发料凭证汇总表"的编制关系呢？一般有以下几种方法可选择：

（1）材料核算人员根据领退料单汇总编制发料凭证汇总表，登记有关的总账科目，进行材料发出的总分类核算；然后将与成本、费用有关的领退料单交给成本核算人员据以编制材料费用分配表，登记有关的成本、费用明细账，进行材料费用的明细核算。

（2）成本核算人员根据领退料单编制材料费用分配表，进行材料费用的明细核算；然后将分配表或其中的一联交材料核算人员，由材料核算人员根据材料费用分配表和其他方面的发料（例如发出材料委托外单位加工、发出材料进行销售等）凭证，汇总编制发料凭证汇总表，进行材料发出的总分类核算。

(3) 材料核算人员按照成本、费用核算的要求,根据领退料单的具体用途归类汇编发料凭证汇总表,代替材料费用分配表,进行材料发出的总分类核算;然后将发料凭证汇总表或其中的一联交成本核算人员,据以进行材料费用的明细核算。在第二、第三两种做法下,发料凭证汇总表一般只在月末汇总编制,不再按旬填列。

(4) 材料核算人员和成本核算人员,根据各自所持的领退料单的一联,分别编制发料凭证汇总表和材料费用分配表,在相互核对以后,由材料核算人员和成本核算人员同时分别进行材料发出的总分类核算和材料费用的明细核算。这种做法的核算工作量较大,但可以发挥材料发出核算与材料费用分配核算相互核对作用,提高核算的正确性。

## 二、燃料费用的分配

燃料实际上也是材料,所以燃料费用分配及账务处理方法与上述原材料费用分配及账务处理方法相同。但如果企业燃料费用比重较大,为了加强其管理,可在"原材料"账户外增设"燃料"账户进行核算,并在成本项目中与动力费用一起,单设"燃料及动力"项目进行成本核算。燃料费用分配核算方法是:对直接用于产品生产的燃料,如果分产品领用,根据领料凭证直接记入各该产品成本的"燃料及动力"项目;如果不能分产品领用,则应采用适当分配方法,分配记入各有关产品成本的该成本项目。分配标准一般有产品的重量、体积、所耗原材料的数量或费用以及燃料的定额消耗量或定额费用等。对辅助生产部门所耗用的燃料以及基本生产管理部门、行政管理部门和产品销售部门等领用的燃料,则应分别列入"辅助生产成本""制造费用""管理费用"和"销售费用"等成本、费用账户。

[例 3-3] 假定光华公司生产成本中燃料和动力费用较多,为了加强对能源消耗的管理,在成本项目中专设"燃料及动力"项目,在资产账户中增设"燃料"账户。该公司20××年8月份直接用于甲、乙两种产品生产的燃料费用共为 11 340 元,按甲、乙两种产品所耗原材料费用比例分配甲产品材料费用 52 500 元,乙产品材料费用 73 500 元,则甲、乙两种产品应分配燃料费用如下:

$$燃料费用分配率 = \frac{11\ 340}{52\ 500 + 73\ 500} = 0.09$$

$$甲产品应分配燃料费用 = 52\ 500 \times 0.01 = 4\ 725(元)$$

$$乙产品应分配燃料费用 = 73\ 500 \times 0.9 = 6\ 615(元)$$

另外,假定辅助生产车间耗用燃料费用 3 000 元,其中锅炉车间 2 200 元,机修车间耗用 800 元,则编制的燃料费用分配表如表 3-3 所示。

表 3-3 燃料费用分配表

20××年8月　　　　　　　　　　　　　　　金额单位：元

| 应借账户 | | 成本项目或费用项目 | 直接计入 | 分配计入 | | | 合 计 |
|---|---|---|---|---|---|---|---|
| | | | | 原材料费用 | 分配率 | 分配额 | |
| 基本生产成本 | 甲产品 | 燃料及动力 | | 52 500 | | 4 725 | 4 725 |
| | 乙产品 | 燃料及动力 | | 73 500 | | 6 615 | 6 615 |
| | 小 计 | | | 12 600 | 0.09 | 11 340 | 11 340 |
| 辅助生产成本 | 锅炉车间 | 燃料及动力 | 2 200 | | | | 2 200 |
| | 机修车间 | 燃料及动力 | 800 | | | | 800 |
| | 小 计 | | 3 000 | | | | 3 000 |
| 合 计 | | | 3 000 | | | 11 340 | 14 340 |

据此编制会计分录如下：

借：基本生产成本——甲产品　　　　　　　　　　　　　　4 725
　　　　　　　　——乙产品　　　　　　　　　　　　　　6 615
　　辅助生产成本——锅炉车间　　　　　　　　　　　　　2 200
　　　　　　　　——机修车间　　　　　　　　　　　　　　800
　　贷：燃料　　　　　　　　　　　　　　　　　　　　 14 340

## 三、低值易耗品费用分配

低值易耗品在使用过程中其价值会逐渐减少。该减少的价值理应根据其预计使用期，即受益期，采用计提的方法计入产品成本。但由于低值易耗品的价值较低或易损耗，使用时间也较短，所以采用摊销的方法将其计入产品成本的。低值易耗品摊销计入成本、费用的方法，根据其价值大小可分别采用一次摊销法和五五摊销法，即：低值易耗品价值较低的采用"一次摊销法"，价值较高的采用"五五摊销法"。

低值易耗品费用计入产品成本的方式主要有两种：一是直接为某种产品生产耗用的，直接记入基本生产成本的"直接材料"成本项目，如：为生产某产品所领用的专用工具；二是按发生地点先计入综合费用内，然后通过对综合费用的分配再计入产品成本，如：基本生产车间生产几种产品共同使用的低值易耗品费用，以及辅助生产部门领用的低值易耗品等。

低值易耗品费用的分配也可通过编制"低值易耗品分配表"进行。

[例3-4] 光华公司20××年8月份基本生产车间领用生产甲产品的专用工具一批,价值850元,领用生产产品通用的生产工具一批,价值300元,均采用一次摊销法;上期领用管理用具2 000元,本月报废,残值收入100元,采用五五摊销法。锅炉车间领用劳保用品250元,机修车间领用劳保用品120元,采用一次摊销法。据此编制的"低值易耗品费用分配表"如表3-4所示。

表3-4 低值易耗品费用分配表

20××年3月　　　　　　　　　　　　　　　　　金额单位:元

| 应借账户 | 成本项目或费用项目 | 摊销方法 | 领用额 | 报废额 | 残值 | 摊销额 |
|---|---|---|---|---|---|---|
| 基本生产成本 | 甲产品 | 直接材料 | 一次摊销法 | 850 | | | 850 |
| 制造费用 | 基本生产车间 | 机物料消耗 | 一次摊销法 | 300 | | | 300 |
| | 基本生产车间 | 低值易耗品摊销 | 五五摊销法 | 2 000 | 1 000 | 100 | 900 |
| | 小　　计 | | | | | | 1 200 |
| 辅助生产成本 | 锅炉车间 | 机物料消耗 | 一次摊销 | 250 | | | 250 |
| | 机修车间 | 机物料品 | 一次摊销 | 120 | | | 120 |
| 合　　计 | | | | | | | 2 420 |

注:表格列标题与数据实际为7列(应借账户、成本项目或费用项目、摊销方法、领用额、报废额、残值、摊销额)。

据此编制会计分录如下:

借:基本生产成本——甲产品　　　　　　　　　　　　　　850
　　辅助生产成本　　　　　　　　　　　　　　　　　　　370
　　制造费用——基本生产车间　　　　　　　　　　　　　300
　贷:低值易耗品——专用工具　　　　　　　　　　　　　850[1]
　　　　　　　　——劳保用品　　　　　　　　　　　　　370
　　　　　　　　——生产工具　　　　　　　　　　　　　300
借:制造费用——基本生产车间　　　　　　　　　　　　　900
　　原材料　　　　　　　　　　　　　　　　　　　　　　100
　贷:低值易耗品——低值易耗品摊销　　　　　　　　　 1 000

---

[1] 企业会计准则应用指南上的会计科目是"周转材料",但会计实务中可以将其分为"包装物"与"低值易耗品"两个科目。本书举例是分两个会计账户进行核算的。

### 四、包装物费用的分配

包装产品所领用的各种包装物品所发生的包装物费用,需区别其不同使用方式进行分配:生产领用作为产品组成部分的,记入"基本生产成本"账户的"直接材料"成本项目;对于随包装产品出售的,如果不单独计价,则记入"销售费用"账户;如果单独计价,则记入"其他业务成本"账户。包装物的摊销方法同低值易耗品。

【问题与思考 3 - 1】

某企业设有一个基本生产车间和辅助生产车间。基本生产车间仅生产一种产品,辅助生产车间专门为基本生产车间提供修理劳务。有人说,这样的生产企业对材料不存在分配问题。请问:此说法对否?为什么?

## 第二节 外购动力费用的归集与分配

外购动力主要指外购的电力、热力等。外购动力实际上也相当于外购的材料,只是没有实实在在的实物体存在,因而在会计处理上既有与材料相同之处,又有与之不同之处。相同的是:耗用的外购动力也可以计量,而且也是根据其不同用途记入有关的成本费用账户;不同的是:购入时由于没有价值实体,因而无法设专门账户进行核算,也无收、发、存多环节的核算。而是在外购时,根据其具体用途直接借记各成本费用账户。但在实际工作中,由于外购动力付款期与成本费用核算期并不一致,即:外购动力付款日期往往是下月初,而成本费用核算期一般在月末进行,因而付款时并不反映成本费用,而是先记入"应付账款"账户,等到月末核算成本费用时,再将其分配到各有关成本、费用账户。

外购动力费用的分配原则是:在不同受益单位或对象有仪表记录的情况下,应根据各仪表所示耗用动力的数量以及动力的单价直接计算计入受益单位的成本费用;在没有仪表记录的情况下,则要按一定的标准分配计入各受益对象。如:可以按生产工时的比例、机器功率时数(机器功率×机器时数)的比例或定额耗用量的比例分配。

如前所述,为了加强对能源的核算和管理,对动力与燃料耗费较大的企业,将生产工艺用动力一般与生产工艺用燃料合设一个"燃料及动力"成本项目。因此,用于产品生产的动力费用应单独记入"基本生产成本"账户的"燃料及动力"成本项目。在记入时,如果企业按所生产的产品分别装有显示动力耗用量的仪表,则应根据仪表所显示的各种产品的耗用数量和外购动力的单价,直接记入各种产品成本的该成本项目;如果没有按产品安装动力仪表,则应选择适当的分配方法,分配记入各该产品成本的这一成本项目。外购动力费用的分配,一般是通过编制"外购动力费用分配表"进行的。

[例3-5] 光华公司20××年8月份耗用外购电力共55 000度,每度0.60元。其中,基本生产车间生产甲、乙两种产品耗电40 000度,锅炉车间耗电8 000度,机修车间耗电4 000度,基本生产车间照明用电1 000度,公司管理部门用电2 000度。该公司对产品生产用电按机器功率时数在两产品间进行分配,甲、乙两种产品的机器功率时数分别为6 000小时和4 000小时。根据上述资料编制外购动力费用分配表,如表3-5所示。

表3-5　外购动力费用(电费)分配表

20××年8月　　　　　　　　　　金额单位:元

| 应借账户 | | 成本项目或费用项目 | 耗用电量分配 | | | 每度电费 | 分配金额 |
|---|---|---|---|---|---|---|---|
| | | | 机械时数 | 分配率 | 分配量 | | |
| 基本生产成本 | 甲产品 | 燃料及动力 | 6 000 | | 24 000 | | 14 400 |
| | 乙产品 | 燃料及动力 | 4 000 | | 16 000 | | 9 600 |
| | 小　计 | | 10 000 | 4 | 40 000 | | 24 000 |
| 辅助生产成本 | 锅炉车间 | 燃料及动力 | | | 8 000 | | 4 800 |
| | 机修车间 | 燃料及动力 | | | 4 000 | | 2 400 |
| | 小　计 | | | | 12 000 | | 7 200 |
| 制造费用 | 基本生产车间 | 水电费 | | | 1 000 | | 600 |
| 管理费用 | | 水电费 | | | 2 000 | | 1 200 |
| 合　计 | | | | | 55 000 | 0.6 | 33 000 |

据此编制会计分录如下:

借:基本生产成本——甲产品　　　　　　　　　　　　14 400
　　　　　　　　——乙产品　　　　　　　　　　　　 9 600
　　辅助生产成本——锅炉车间　　　　　　　　　　　 4 800
　　　　　　　　——机修车间　　　　　　　　　　　 2 400
　　制造费用——基本生产车间　　　　　　　　　　　　 600
　　管理费用　　　　　　　　　　　　　　　　　　　1 200
　　贷:应付账款　　　　　　　　　　　　　　　　　33 000

需要说明的是,如果动力费用未与燃料费用专设"燃料及动力"成本项目,则将动力费用记入"制造费用"成本项目。

## 第三节　职工薪酬费用的归集与分配

### 一、职工薪酬的内容

职工薪酬是指企业为获得职工提供的服务或解除劳动关系而给予的各种形式的报酬或补偿。职工薪酬主要包括短期薪酬、离职后福利、辞退福利和其他长期职工福利。企业提供给职工配偶、子女、受赡养人、已故员工遗属及其他受益人等的福利，也属于职工薪酬。

这里所称的"职工"，是指与企业订立劳动合同的所有人员，含全职、兼职和临时职工，也包括虽未与企业订立劳动合同但由企业正式任命的人员。具体而言，职工至少应当包括：

（1）与企业订立劳动合同的所有人员，含全职、兼职和临时职工。职工包括，与企业订立了固定期限、无固定期限或者以完成一定工作作为期限的劳动合同的所有人员。

（2）未与企业订立劳动合同但由企业正式任命的人员，如部分董事会成员、监事会成员等。虽然没有与企业订立劳动合同，但属于由企业正式任命的人员，也属于企业的职工。

（3）在企业的计划和控制下，虽未与企业订立劳动合同或未由其正式任命，但向企业所提供服务与职工所提供服务类似的人员，也属于职工的范畴，包括通过企业与劳务中介公司签订用工合同而向企业提供服务的人员，这些劳务用工人员也属于企业的职工。

职工薪酬主要包括以下内容。

1. 短期薪酬

短期薪酬是指企业预期在职工提供相关服务的年度报告期间结束后12个月内将全部予以支付的职工薪酬，因解除与职工的劳动关系给予的补偿除外。因解除与职工的劳动关系给予的补偿属于辞退福利的范畴。短期薪酬主要包括：

（1）职工工资、奖金、津贴和补贴。

（2）职工福利费，包括发放给职工或为职工支付的各项现金补贴和非货币性集体福利：①为职工卫生保健、生活等发放或支付的各项现金补贴和非货币性福利，包括职工因公外地就医费用、职工疗养费用、防暑降温费等；②企业尚未分离的内设集体福利部门所发生的设备、设施和人员费用；③发放给在职职工的生活困难补助以及按规定发生的其他职工福利支出，如丧葬补助费、抚恤费、职工异地安家费、独生子女费等。

（3）医疗保险费、工伤保险费和生育保险费等社会保险费，企业为职工缴纳的养老、失业保险费、企业年金属于离职后福利。

（4）住房公积金。

（5）工会经费和职工教育经费。

（6）短期带薪缺勤，是指企业支付工资或提供补偿的职工缺勤，包括年休假、病假、短期伤残、婚假、产假、丧假、探亲假等。

（7）短期利润分享计划，是指因职工提供服务而与职工达成的基于利润或其他经营成果提供薪酬的协议。

（8）非货币性福利。

（9）其他短期薪酬，是指除上述薪酬以外的其他为获得职工提供的服务而给予的短期薪酬。

2. 离职后福利

离职后福利是指企业为获得职工提供的服务而在职工退休或与企业解除劳动关系后，提供的各种形式的报酬和福利，属于短期薪酬和辞退福利的除外。离职后福利计划按其特征可以分为设定提存计划和设定受益计划。

3. 辞退福利

辞退福利是指企业在职工劳动合同到期之前解除与职工的劳动关系，或者为鼓励职工自愿接受裁减而给予职工的补偿。

4. 其他长期职工福利

其他长期职工福利是指除短期薪酬、离职后福利、辞退福利之外所有的职工薪酬，包括长期带薪缺勤、长期残疾福利、长期利润分享计划等。

本节所讲的职工薪酬核算主要指的是人工成本分配核算，即在企业职工薪酬结算完成的基础上（职工薪酬结算方法见中级财务会计），将职工薪酬费用分配给有关成本计算对象。

## 二、职工薪酬费用分配的核算

根据会计期间假设和权责发生制原则要求，企业成本核算员每月终了时，应在会计部门根据计算出的职工薪酬，按车间、部门分别编制出"职工薪酬结算单"的基础上，分别受益对象来分配职工薪酬费用。分配时，应先在明确两个问题（即职工薪酬中哪些应计入成本费用，以及应计入成本费用的职工薪酬哪些可直接计入，哪些需要采用分配方法分配计入）的基础上，解决职工薪酬费用的分配对象和分配方法问题。

（一）职工薪酬费用的分配对象

职工薪酬费用分配对象的确定与材料费用的分配基本相同。即：按谁受益谁负担的原则进行分配。具体来说，为产品生产而发生的职工薪酬，应由基本生产部门的各产品负担；为基本生产提供产品或劳务所发生的职工薪酬，应由辅助生产部门生产的各产品或劳务承担;各生产部门的管理人员发生的薪酬,应由各生产部门的制造费用负担;企业行政管理部门发生的薪酬,则由管理费用承担。

（二）职工薪酬费用的分配方法

职工薪酬费用的分配方法指的是将其计入产品成本的方法。职工薪酬计入产品成本的方法,因工资的计算形式不同而有所区别。

1. 计时工资形式下的分配

在计时工资形式下,基本生产部门的生产工人工资计入产品成本的方法是:如果该生产部门只是生产一种产品,则直接记入基本生产成本账户的"直接工资"成本项目;如果是两种及两种以上的产品,则要把生产工人的工资按适当的分配标准分配记入基本生产成本账户的"直接工资"成本项目。可选择的标准一般有两个：一是产品生产的实用工时,二是产品生产的定额工时。上述两种标准中按实用工时比例分配比较合理。因为它能够将产品所分配的工资与劳动生产率联系起来。即：某种产品如果单位产品耗用的生产工时减少,说明劳动生产率提高,其所分配的人工成本就应减少;相反,如果单位产品耗用的工时增加,说明劳动生产率降低,其所分配的人工成本就应增加。但如果取得各种产品的实际生产工时的数据比较困难,而各种产品的单件工时定额比较准确,也可以按产品的定额工时比例分配人工成本。工资分配的计算公式如下：

$$工资费用分配率 = \frac{生产工人工资总额}{各种产品实际工时（或定额工时）之和}$$

某种产品应分配的工资费用 = 该产品的实际工时（或定额工时）× 工资费用分配率

2. 计件工资形式下的分配

生产工人的计件工资与产品生产直接联系,因此,发生时直接记入基本生产成本账户的"直接工资"成本项目。对于基本生产工人的奖金、津贴,则要采用一定的标准分配记入产品成本的"直接工资"成本项目。其分配方法一般是按直接计入产品成本的生产工人计件工资额比例进行分配。

在实际工作中,工资费用的分配一般是通过编制"工资费用分配表"进行的。编制的依据是工资结算单。下面举计时工资形式下的例子,说明工资费用分配表的编制。

［例3-6］ 光华公司20××年8月份为生产甲、乙两种产品支付生产工人工资24 600元,锅炉车间生产工人工资5 600元,机修车间生产工人工资3 200元,基本生产车间、锅炉车间和机修车间管理人员工资分别为4 500元、1 800元和900元,企业行政部门管理人员工资为10 800元。生产工人的工资规定按甲、乙两种产品的生产工时比例进行分配,其工时分别为4 100小时和2 050小时。编制的"职工薪酬（工资费用）分配表"如表3-6所示。

**表 3-6  职工薪酬(工资费用)分配表**

20××年8月　　　　　　　　　　　　　　　金额单位:元

| 应借账户 | | 成本或费用项目 | 生产工时 | 分配率 | 应分配工资费用 |
|---|---|---|---|---|---|
| 基本生产成本 | 甲产品 | 直接人工 | 4 100 | | 16 400 |
| | 乙产品 | 直接人工 | 2 050 | | 8 200 |
| | 小计 | | 6 150 | 4 | 24 600 |
| 辅助生产成本 | 锅炉车间 | 直接人工 | | | 7 400 |
| | 机修车间 | 直接人工 | | | 4 100 |
| | 小计 | | | | 11 500 |
| 制造费用 | | 基本生产车间 | 工资费用 | | 4 500 |
| 管理费用 | | 工资 | | | 10 800 |
| 合计 | | | | | 51 400 |

(三) 职工薪酬分配的会计处理

核算企业职工薪酬的分配,除应通过有关成本费用账户外,还要通过"应付职工薪酬"账户的贷方,核算已分配计入有关成本费用项目的职工薪酬数额。该账户应按"工资""职工福利""社会保险费""住房公积金""工会经费""职工教育经费""非货币性福利"等应付职工薪酬项目设置明细账户,进行明细核算。

1. 货币性职工薪酬会计处理

企业应当在职工为其提供服务的会计期间,根据职工提供服务的受益对象,将应确认的职工薪酬(包括货币性薪酬和非货币性福利)计入相关资产成本或当期损益,同时确认为应付职工薪酬。具体分以下情况进行处理:

生产部门人员的职工薪酬,借记"基本生产成本""辅助生产成本""制造费用""劳务成本"等账户,贷记"应付职工薪酬"账户。

管理部门人员的职工薪酬,借记"管理费用"账户,贷记"应付职工薪酬"账户。

销售人员的职工薪酬,借记"销售费用"账户,贷记"应付职工薪酬"账户。

在建工程、研发支出负担的职工薪酬,借记"在建工程""研发支出"账户,贷记"应付职工薪酬"账户。

例如,根据上述[例3-6]的"职工薪酬(工资费用)分配表"编制会计分录如下(金额单位:元):

借:基本生产成本——甲产品 16 400
             ——乙产品 8 200
   辅助生产成本——锅炉车间 7 400
             ——机修车间 4 100
   制造费用 4 500
   管理费用 10 800
 贷:应付职工薪酬——工资 51 400

对于企业工资以外的职工薪酬项目,如果政府有明确规定计提基础和计提比例的,应按规定标准计提。例如,企业应向社会保险经办机构(或企业年金基金账户管理人)缴纳的医疗保险费、养老保险费、失业保险费、工伤保险费、生育保险费等社会保险费,应向住房公积金管理中心缴存的住房公积金以及应向工会部门缴纳的工会经费等就是此类情况。企业为职工缴纳的医疗保险费、工伤保险费、生育保险费等社会保险费和住房公积金,以及按规定提取的工会经费和职工教育经费,应当在职工为其提供服务的会计期间,根据规定的计提基础和计提比例计算确定相应的职工薪酬金额,并确认相应负债,计入当期损益或相关资产成本。

对于政府(或企业年金计划)没有明确规定计提基础和计提比例的职工薪酬项目,譬如职工福利等,出于权责发生制和配比原则等基本原则的考虑,企业可以根据自身实际情况,参考历史经验数据,采用相对稳定、可靠的计提方式和比例,合理预计当期的应付职工薪酬,计入相关成本费用,到年末再按照实际支出情况进行调整。即当期实际发生金额大于预计金额的,应当补计应付职工薪酬;当期实际发生金额小于预计金额的,应当冲回多提的应付职工薪酬。这些项目的分配去向比照工资费用分配。

[例 3-7] 假定某公司 20××年 8 月应发工资 1 000 万元,其中,生产部门直接生产人员工资 600 万元,生产部门管理人员工资 100 万元,公司管理部门人员工资 250 万元,公司专设的销售机构人员工资 50 万元。根据当地政府的规定,公司分别按照职工工资总额的 10%、12%、2% 和 10.5% 计提医疗保险费、养老保险费、失业保险费和住房公积金缴纳给当地的社会保险经办机构和住房公积金经办机构,另按工资总额的 2% 和 1.5% 分别计提了工会经费和职工教育经费,并假定发生的职工福利费按应发工资的 14% 预提。则该公司的有关职工薪酬分配业务的会计处理如下:

借:基本生产成本 912
   制造费用 152
   管理费用 380
   销售费用 76

         贷：应付职工薪酬——工资                           1 000
                      ——职工福利                         140
                      ——社会保险费(医疗保险费)              100
                               (养老保险费)              120
                               (失业保险费)              20
                      ——住房公积金                       105
                      ——工会经费                        20
                      ——教育经费                        15

说明：

(1) 应计入基本生产成本的职工薪酬金额＝600＋600×(10%＋12%＋2%＋10.5%＋14%＋2%＋1.5%)＝912(万元)

(2) 应计入制造费用的职工薪酬金额＝100＋100×(10%＋12%＋2%＋10.5%＋14%＋2%＋1.5%)＝152(万元)

(3) 应计入管理费用的职工薪酬金额＝250＋250×(10%＋12%＋2%＋10.5%＋14%＋2%＋1.5%)＝380(万元)

(4) 应计入销售费用的职工薪酬金额＝50＋50×(10%＋12%＋2%＋10.5%＋14%＋2%＋1.5%)＝76(万元)

需要说明的是,企业工资以外的职工薪酬项目的分配,一般也是通过编制分配表进行的；如果是根据实际发生额核算的,直接与工资费用一起直接分配计入有关成本费用项目；如果是实行预提核算的,由于是根据工资总额预提,可以在分配表内设相应栏目分配核算。就光华公司8月份业务来说,我们仍以[例3-6]为例,并假定只有按工资总额14%预提的职工福利费,其他的职工薪酬项目略,则合并编制的分配表格式如表3-7所示。

表3-7 职工薪酬分配表(或工资及其他薪酬分配表)

20××年8月                                         金额单位：元

| 应借账户 | | 成本或费用项目 | 生产工时 | 分配率 | 工资费用 | 计提标准 | 福利费用 | 合 计 |
|---|---|---|---|---|---|---|---|---|
| 基本生产成本 | 甲产品 | 直接人工 | 4 100 | | 16 400 | | 2 296 | 18 696 |
| | 乙产品 | 直接人工 | 2 050 | | 8 200 | | 1 148 | 9 348 |
| | 小 计 | | 6 150 | 4 | 24 600 | | 3 444 | 28 044 |
| 辅助生产成本 | 锅炉车间 | 直接人工 | | | 7 400 | | 1 036 | 8 436 |
| | 机修车间 | 直接人工 | | | 4 100 | | 574 | 4 674 |
| | 小 计 | | | | 11 500 | | 1 610 | 13 110 |

(续表)

| 应借账户 | | 成本或费用项目 | 生产工时 | 分配率 | 工资费用 | 计提标准 | 福利费用 | 合　计 |
|---|---|---|---|---|---|---|---|---|
| 制造费用 | 基本生产车间 | 职工薪酬 | | | 4 500 | | 630 | 5 130 |
| 管理费用 | | 职工福利 | | | 10 800 | | 1 512 | 12 312 |
| 合　计 | | | | | 51 400 | 14% | 7 196 | 58 596 |

据表 3-7 编制职工福利费分配的分录如下：

借：基本生产成本——甲产品　　　　　　　　　　　　　　2 296
　　　　　　　　——乙产品　　　　　　　　　　　　　　1 148
　　辅助生产成本——锅炉车间　　　　　　　　　　　　　1 036
　　　　　　　　——机修车间　　　　　　　　　　　　　　574
　　制造费用　　　　　　　　　　　　　　　　　　　　　　630
　　管理费用　　　　　　　　　　　　　　　　　　　　　1 512
　　贷：应付职工薪酬——职工福利　　　　　　　　　　　7 196

2. 非货币性职工薪酬

企业以非货币性资产作为福利发给职工的，应根据非货币性资产的不同性质进行相应的账务处理。

(1) 企业以自产产品作为非货币性福利发放给职工的，应当根据受益对象，按照该产品的公允价值，计入相关资产成本或当期损益，同时确认应付职工薪酬。其分录为借记"基本生产成本""辅助生产成本""制造费用""管理费用"等账户，贷记"应付职工薪酬——非货币性福利"账户。

(2) 企业将拥有的房屋等资产无偿提供给职工使用的，应当根据受益对象，将该住房每期应计提的折旧计入相关资产成本或当期损益，同时确认应付职工薪酬。其分录为借记"基本生产成本""辅助生产成本""制造费用""管理费用"等账户，贷记"应付职工薪酬——非货币性福利""累计折旧"账户。

(3) 租赁住房等资产供职工无偿使用的，应当根据受益对象，将每期应付的租金计入相关资产成本或当期损益，并确认应付职工薪酬，分录同上。

【问题与思考 3-2】

某企业下设一浴室，每月发给每位职工洗浴费 30 元。假定某年 1 月，企业在岗职工 500 人，其中，管理部门 50 人，生产车间 450 人。请问：企业应作如何会计处理？

## 第四节 折旧及其他费用的归集与分配

就一般生产企业来说,材料和工资费用是产品成本的主要构成内容,但由于产品生产的特点,决定了在生产过程中除了耗费劳动对象和劳动力外,还要耗费一定的劳动手段以及发生与产品生产有关的其他支出。这些耗费和支出,在产品成本中都没有专门设立相应的成本项目,因而作为产品成本构成要素的特殊内容单设一节加以阐述。

### 一、折旧费用的核算

折旧费用是指企业固定资产在使用过程中所发生的耗费。这种耗费最终都要计入各有关产品成本或费用。但由于企业各生产单位或部门使用固定资产的用途不同,因而核算上先是按各使用单位进行归集,然后采用一定方法分配计入有关产品成本及费用。折旧费用的归集通常是采用固定资产折旧计算表形式进行的,而折旧费用的分配则是通过编制"固定资产折旧费用分配表"进行。这里列举光华公司编制的"固定资产折旧分配表",来说明其会计处理方法。

[例3-8] 光华公司20××年8月固定资产折旧费用有关资料及各有关部门分配的折旧费用如表3-8所示。

表3-8 固定资产折旧费用分配表

20××年8月 金额单位:元

| 应借账户 | 部门 | 上月折旧额 | 上月增加折旧额 | 上月减少折旧额 | 本月份应计折旧额 |
|---|---|---|---|---|---|
| 制造费用 | 基本生产车间 | 4 800 | 340 | 140 | 5 000 |
| 辅助生产成本 | 锅炉车间 | 1 400 | 160 | | 1 560 |
| | 机修车间 | 850 | | 50 | 800 |
| | 小 计 | 2 250 | 160 | 50 | 2 360 |
| 管理费用 | 行政管理部门 | 1 850 | 150 | 160 | 1 840 |
| 合 计 | | 8 900 | 650 | 350 | 9 200 |

据此编制会计分录如下:

```
借：制造费用                    5 000
    辅助生产成本                2 360
    管理费用                    1 840
    贷：累计折旧                          9 200
```

## 二、其他费用核算

广义的其他费用是指除了本章以上各节所述的各成本费用以外的要素费用。具体包括邮电费、租赁费、印刷费、图书报刊资料费、办公用品费、试验检验费、排污费、差旅费、保险费、交通补助费、误餐补贴费、职工技术补助费以及利息和有关费用性税金等。这些费用有的应计入产品成本，但由于未设其相应的成本项目，因而在发生时借记"制造费用"账户；有的计入期间费用，即在发生时列入"管理费用""财务费用"账户；有的则可以采用摊提的办法记入有关账户。这里列举光华公司编制的"其他费用汇总分配表"，来说明其会计处理方法。

[例3-9] 光华公司20××年8月其他费用资料及分配数额如表3-9所示。

表3-9　其他费用汇总表

20××年8月　　　　　　　　　　　　金额单位：元

| 应 借 账 户 | | 成本或费用项目 | 金　额 | 备　注 |
|---|---|---|---|---|
| 制造费用 | 基本生产车间 | 办公费 | 680 | 银付 |
| | | 保险费 | 4 860 | 摊销 |
| | | 其他 | 2 240 | 银付 |
| | | 小　计 | 7 780 | |
| 辅助生产成本 | 锅炉车间 | 办公费 | 486 | 银付 |
| | | 保险费 | 1 416 | 摊销 |
| | | 其他 | 382 | 银付 |
| | | 小　计 | 2 284 | |
| | 机修车间 | 办公费 | 240 | 银付 |
| | | 保险费 | 346 | 摊销 |
| | | 其他 | 120 | 银付 |
| | | 小　计 | 706 | |

(续表)

| 应借账户 | | 成本或费用项目 | 金额 | 备注 |
|---|---|---|---|---|
| 管理费用 | 行政管理部门 | 办公费 | 3 560 | 银付 |
| | | 保险费 | 3 850 | 摊销 |
| | | 税金 | 4 210 | 银付 |
| | | 其他 | 3 340 | 银付 |
| | | 小　计 | 14 960 | |
| 财务费用 | | 利息 | 2 100 | 预提 |
| 合　　计 | | | 27 830 | |

据此编制会计分录如下：

借：制造费用　　　　　　　　　　　　　　　　　　　　7 780
　　辅助生产成本——锅炉车间　　　　　　　　　　　　2 284
　　　　　　　　——机修车间　　　　　　　　　　　　706
　　管理费用　　　　　　　　　　　　　　　　　　　　14 960
　　财务费用　　　　　　　　　　　　　　　　　　　　2 100
　贷：银行存款　　　　　　　　　　　　　　　　　　　15 258
　　　待摊费用(或其他应收款等)　　　　　　　　　　　10 472
　　　预提费用(或应付利息)　　　　　　　　　　　　　2 100

**【问题与思考3-3】**

其他费用核算里包括"费用性税金"的核算。请问：这里的"费用"指的是"期间费用"吗？税金又包括哪些？

## 第五节　辅助生产费用的归集与分配

### 一、辅助生产费用的归集

辅助生产在工业企业指的是为基本生产服务而进行的产品生产和劳务供应。这种生产在不同的企业其提供的产品和劳务是不尽一致的。有的是生产一种产品或提供一种劳务，如供电或供水或供气或供风或运输等；有的则生产多种产品或提供多种劳务，如从事工具、模具、修理用备件的制造以及机器设备的修理等。企业辅助生产部门在产品生产和劳务提供过程中发生的各种耗费，构成了这些产品或劳务的成本。但对于耗用这些产品或劳务的基本生产等部门来说,其产品或劳务的成本又是一种费用,即辅助生产费用。辅助生产费用在发生的时候已经通过前面各节费用要素分配与归集到了"辅助生产成本"总账及其有关的明细账户,因此辅助生产费用归集的具体核算方法,这里不再重述,而仅对辅助生产费用归集的程序进行简单的归纳。辅助生产费用的程序取决于辅助生产部门的生产特点。

在只生产一种产品或提供单一劳务的辅助生产部门,其所发生的费用都属于直接费用,因而在发生时,可直接计入该产品或劳务的有关成本项目。其成本归集的程序比较简单。

在提供多品种产品或劳务的辅助生产部门,其发生的费用需由两个或两个以上的产品或劳务负担,需将共同费用在不同的受益对象间进行分配。这种情况下的成本归集程序相对而言稍微复杂,反映的内容也较全面,如图3-1所示。

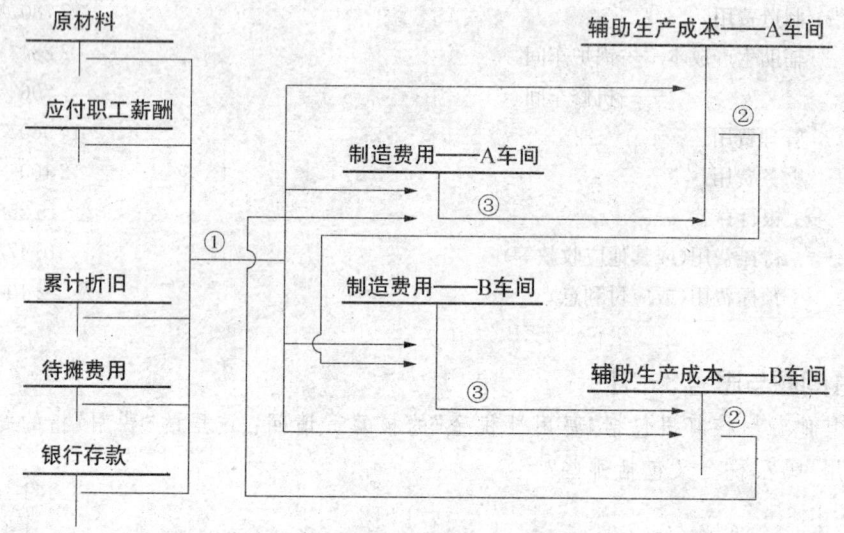

**图3-1 辅助生产费用归集的程序**

说明:① 根据各项费用分配表登记各辅助生产成本明细账及其制造费用明细账。
② 分配辅助生产部门之间相互提供的劳务或产品,记入其制造费用明细账。
③ 期末将各辅助生产部门的制造费用结转至"辅助生产成本"明细账,以计算各辅助生产的产品或劳务的成本。

需要说明的是,上述辅助生产费用归集程序中是专设"制造费用"账户进行核算的,但这并不是统一要求。实际工作中可根据辅助生产部门规模大小、制造费用多少等方面的不同来确定。一般来说,企业如果辅助生产规模较大,制造费用较多,或还对外提供产品、劳务等,则可单设"制造费用"账户来归集辅助生产过程中发生的制造费用；如果企业辅助生产规模较小，制造费用极少，又不对外提供产品劳务，则可不单设"制造费用"账户，而将辅助生产过程中发生的制造费用直接计入辅助生产成本。以上各节的光华公司例子就是采用这种方法。现将前述光华公司例子中辅助生产成本归集到明细账中的具体数据列表，如表3-10、表3-11所示。

表3-10 辅助生产成本明细表

车间名称：锅炉车间　　　　　　　　　　　　　　　　　　　金额单位：元

| 20××年 | | 凭证号数 | 摘要 | 直接材料 | 燃料及动力 | 直接人工 | 折旧费 | 办公费 | 保险费 | 机物料消耗 | 其他 | 合计 |
|---|---|---|---|---|---|---|---|---|---|---|---|---|
| 月 | 日 | | | | | | | | | | | |
| 8 | 31 | 略 | 原材料费用分配表 | 6 000 | | | | | | | | 6 000 |
| 8 | 31 | | 燃料费用分配表 | | 2 200 | | | | | | | 2 200 |
| 8 | 31 | | 低值易耗品费用分配表 | | | | | | | 250 | | 250 |
| 8 | 31 | | 动力费用分配表 | | 8 000 | | | | | | | 8 000 |
| 8 | 31 | | 职工薪酬分配表 | | | 8 436 | | | | | | 8 436 |
| 8 | 31 | | 折旧费分配表 | | | | 1 560 | | | | | 1 560 |
| 8 | 31 | | 其他费用分配表 | | | | | 486 | 1 416 | | 382 | 2284 |
| 8 | 31 | | 待分配费用合计 | 6 000 | 10 200 | 8 436 | 1 560 | 486 | 1 416 | 250 | 382 | 28 730 |

表3-11 辅助生产成本明细表

车间名称：机修车间　　　　　　　　　　　　　　　　　　　金额单位：元

| 20××年 | | 凭证号数 | 摘要 | 直接材料 | 燃料及动力 | 直接人工 | 折旧费 | 办公费 | 保险费 | 机物料消耗 | 其他 | 合计 |
|---|---|---|---|---|---|---|---|---|---|---|---|---|
| 月 | 日 | | | | | | | | | | | |
| 8 | 31 | 略 | 原材料费用分配表 | 1 200 | | | | | | | | 1 200 |
| 8 | 31 | | 燃料费用分配表 | | 800 | | | | | | | 800 |
| 8 | 31 | | 低值易耗品费用分配表 | | | | | | | 120 | | 120 |
| 8 | 31 | | 外购动力费用分配表 | | 4 000 | | | | | | | 4 000 |
| 8 | 31 | | 职工薪酬分配表 | | | 4 674 | | | | | | 4 674 |

(续表)

| 20××年 | | 凭证号数 | 摘要 | 直接材料 | 燃料及动力 | 直接人工 | 折旧费 | 办公费 | 保险费 | 机物料消耗 | 其他 | 合计 |
|---|---|---|---|---|---|---|---|---|---|---|---|---|
| 月 | 日 | | | | | | | | | | | |
| 8 | 31 | | 折旧费分配表 | | | | 800 | | | | | 800 |
| 8 | 31 | | 其他费用分配表 | | | | | 240 | 346 | | 120 | 706 |
| 8 | 31 | | 待分配费用合计 | 1 200 | 4 800 | 4 674 | 800 | 240 | 346 | 120 | 120 | 12 300 |

## 二、辅助生产费用的分配

辅助生产费用分配是指将辅助生产成本各明细账上所归集的费用,采用一定的方法计算出产品或劳务的总成本和单位成本,并按受益对象耗用的数量计入基本生产成本或期间费用的过程。

如前所述,辅助生产部门的产品或劳务主要是服务于基本生产部门和行政管理部门的。但在某些辅助生产部门之间也有相互提供产品或劳务的情况,如:锅炉车间接受机修车间修理、机修车间用锅炉车间的气等。这样,为了计算机修的成本,需要确定气的成本;为了计算气的成本,又要确定机修的成本。因此,为了正确地计算基本生产产品成本,在辅助生产费用分配时,还应在各辅助生产部门之间进行费用的相互分配。这是辅助生产费用分配的一个主要特性。

辅助生产费用的分配是一个较为复杂的过程。为了使分配的结果尽量客观,在分配时要根据企业各辅助生产部门生产产品或劳务的特点以及受益单位提供服务的情况,结合企业管理的条件和要求来选用适当的分配方法。分配辅助生产费用的方法很多,但主要的方法有:直接分配法、交互分配法、计划成本分配法、代数分配法和顺序分配法等。下面分别加以说明。

(一) 直接分配法

直接分配法是指将辅助生产部门发生的产品或劳务成本全部直接分配给辅助生产部门以外各受益对象负担的一种方法。它的特点是:辅助生产部门之间相互提供产品或劳务成本互不分配,即:既不转出,也不转入。它的分配计算公式如下:

$$费用分配率(单位成本) = \frac{某辅助生产部门待分配费用}{该辅助生产部门提供给辅助生产部门以外受益对象的劳务总量}$$

$$某受益对象应负担的费用 = 该受益对象接受的劳务供应总量 \times 费用分配率$$

[例3-10] 光华公司的锅炉车间、机修车间成本总额分别为28 730元和12 300元(见表3-10和表3-11)。假定这两个辅助生产车间供应的对象和数量如表3-12所示。

表3-12 辅助生产车间提供劳务量汇总表

| 受益对象 | | 供气吨数 | 机修小时 |
|---|---|---|---|
| 辅助生产部门 | 锅炉车间 | | 200 |
| | 机修车间 | 400 | |
| 基本生产车间 | | 9 500 | 2 500 |
| 行政管理部门 | | 3 500 | 500 |
| 合　计 | | 13 400 | 3 200 |

根据上述资料,用直接分配法计算各辅助生产部门的费用分配率如下:

$$锅炉车间费用分配率 = \frac{28\,730}{13\,000} = 2.21(元/吨)$$

$$机修车间费用分配率 = \frac{12\,300}{3\,000} = 4.10(元/小时)$$

根据费用分配率计算的各受益对象应负担的辅助生产成本,用分配表列示,如表3-13所示。

表3-13 辅助生产费用分配表(直接分配法)

20××年8月　　　　　　　　　　金额单位:元

| 辅助生产部门名称 | | | 锅炉车间 | 机修车间 | 合　计 |
|---|---|---|---|---|---|
| 待分配费用 | | | 28 730 | 12 300 | 41 030 |
| 供应辅助生产部门以外单位的劳务量 | | | 13 000 | 3 000 | |
| 费用分配率(单位成本) | | | 2.21 | 4.1 | |
| 应借账户 | 制造费用——基本生产 | 耗用劳务量 | 9 500 | 2 500 | |
| | | 应分配金额 | 20 995 | 10 250 | 31 245 |
| | 管理费用 | 耗用劳务量 | 3 500 | 500 | |
| | | 应分配金额 | 7 735 | 2 050 | 9 785 |
| 分配金额合计 | | | 28 730 | 12 300 | 41 030 |

根据上列分配表编制会计分录如下:

借：制造费用——基本生产车间　　　　　　　　　　　　31 245
　　　管理费用　　　　　　　　　　　　　　　　　　　9 785
　　贷：辅助生产成本——锅炉车间　　　　　　　　　　　28 730
　　　　　　　　——机修车间　　　　　　　　　　　　12 300

直接分配法由于将各辅助生产部门待分配的费用只对其以外的单位分配一次，因而计算工作简便。但由于各辅助生产部门包括的费用不全，如上例中锅炉车间的费用不包括所耗用的修理费，机修车间的费用中不包括耗用的热能，造成分配的结果不够客观正确，因而它适用于辅助生产内部相互提供的劳务不多的情况。

（二）交互分配法

交互分配法是将辅助生产部门相互提供的劳务先行交互分配，然后再将各辅助生产部门交互分配后的实际费用全部分配给辅助生产部门以外各受益单位的一种分配方法。这种方法的特点是两次分配。第一次分配是先根据各辅助生产部门相互提供的劳务数量和交互分配前的分配率进行一次交互分配；第二次分配是将各辅助生产部门交互分配后的实际费用（即交互分配前的费用加上交互分配转入的费用减去交互分配转出的费用）再按向辅助生产部门以外各受益单位提供的劳务量进行分配。分配的计算公式如下：

1. 交互分配

$$\text{交互分配率} = \frac{\text{辅助生产部门直接费用额}}{\text{劳务供应总量}}$$

$$\text{某辅助生产部门分入的辅助生产费用} = \text{该辅助生产部门受益的劳务量} \times \text{对应的交互分配率}$$

$$\text{某辅助生产部门分出的辅助生产费用} = \text{提供给某辅助生产部门的劳务量} \times \text{对应的交互分配率}$$

2. 对外分配

$$\text{某辅助生产部门对外费用分配率} = \frac{\text{该辅助生产部门对外待分配费用}}{\text{对外提供的劳务总量}}$$

$$\text{某辅助生产部门对外待分配费用} = \text{该辅助生产部门直接费用} + \text{交互分入的费用} - \text{交互分出的费用}$$

$$\text{某受益单位应分摊辅助生产费用} = \text{该单位受益的劳务量} \times \text{对外费用分配率}$$

仍以［例3-10］资料编制交互分配法的辅助生产费用分配表，如表3-14所示。

表 3-14 辅助生产费用分配表(交互分配法)

20××年8月  金额单位:元

| 项目 | | | 交互分配 | | | 对外分配 | | |
|---|---|---|---|---|---|---|---|---|
| 辅助生产车间名称 | | | 锅炉 | 机修 | 合计 | 锅炉 | 机修 | 合计 |
| 待分配费用 | | | 28 730 | 12 300 | 41 030 | 28 641.15 | 12 388.85 | 41 030 |
| 劳务供应数量总额 | | | 13 400 | 3 200 | | 13 000 | 3 000 | |
| 费用分配率 | | | 2.144 | 3.843 75 | | 2.203 | 4.13 | |
| 应借账户 | 辅助生产成本 | 锅炉车间 数量 | | 200 | | | | |
| | | 锅炉车间 金额 | | 768.75 | 768.75 | | | |
| | | 机修车间 数量 | 400 | | | | | |
| | | 机修车间 金额 | 857.6 | | 857.6 | | | |
| | 金额小计 | | 857.6 | 768.75 | 1 626.35 | | | |
| | 制造费用 | 基本生产车间 数量 | | | | 9 500 | 2 500 | |
| | | 基本生产车间 金额 | | | | 20 928.50 | 10 324 | 31 252.50 |
| | 管理费用 | 数量 | | | | 3 500 | 500 | |
| | | 金额 | | | | 7 712.65 | 2 064.85 | 9 777.50① |
| 对外分配金额合计 | | | | | | 28 641.15 | 12 388.85 | 41 030 |

注:① 该行数据为倒挤求得。

根据上述表 3-14 编制会计分录如下:

第一次,交互分配分录:

借:辅助生产成本——锅炉车间　　　　　　　　　　　　　768.75
　　贷:辅助生产成本——机修车间　　　　　　　　　　　　768.75
借:辅助生产成本——机修车间　　　　　　　　　　　　　857.60
　　贷:辅助生产成本——锅炉车间　　　　　　　　　　　　857.60

第二次,对外分配分录:

借:制造费用——基本生产车间　　　　　　　　　　　　31 252.50
　　管理费用　　　　　　　　　　　　　　　　　　　　9 777.50
　　贷:辅助生产成本——锅炉车间　　　　　　　　　　　28 641.15
　　　　　　　　　　——机修车间　　　　　　　　　　　12 388.85

由于辅助生产部门内部进行了交互分配,因而提高了分配结果的客观性和正确性。但由于要进行交互和对外两次分配,因而增加了计算工作量。另外,由于交互分配的分配率是根据交互分配前的待分配费用计算的,不是各辅助生产部门的实际单位成本,因而分配结果也不很客观正确。这种方法一般适用于各辅助生产部门之间相互提供劳务较多的企业。

### (三) 计划成本分配法

计划成本分配法是根据辅助生产提供劳务的计划单位成本和各受益单位的受益量分配辅助生产费用的一种方法。其内容也是进行两次分配,即:先是按劳务的计划单位成本分配辅助生产部门为各受益单位(包括其他辅助生产部门)提供的费用,然后再将辅助生产部门实际发生的费用(包括交互分配转入的费用在内)与按计划成本分配出去的费用的差额即成本差异,分配给辅助生产以外的受益单位。其计算公式及步骤如下:

1. 先按计划成本分配

$$\text{某各受益对象应分配劳务费用(含辅助生产部门)} = \text{各该受益对象的受益数量} \times \text{计划单位成本}$$

2. 分配成本差异

$$\text{成本差异} = \left( \text{各辅助生产部门发生的费用} + \text{按计划成本分配转入的费用} \right) - \text{按计划成本分配转出的费用}$$

$$\text{成本差异分配率} = \frac{\text{成本差异额}}{\text{辅助生产部门以外的受益单位劳务量(或分配的计划成本)}}$$

$$\text{某受益单位应分成本差异} = \text{该受益单位受益量(或分摊的计划成本)} \times \text{成本差异分配率}$$

为了简化核算,也可将其成本差异直接计入管理费用。

仍以[例 3-10]资料为基础,假定光华公司按计划成本分配辅助生产费用,计划单位成本锅炉车间的蒸气每吨 2.30 元,机修车间每小时 3.80 元,则编制辅助生产费用分配表,如表 3-15 所示。

根据表 3-15 辅助生产分配表编制会计分录如下:

按计划成本分配的分录:

| | |
|---|---|
| 借:辅助生产成本——锅炉车间 | 760 |
|     ——机修车间 | 920 |
|   制造费用——基本生产车间 | 31 350 |
|   管理费用 | 9 950 |
|  贷:辅助生产成本——锅炉车间 | 30 820 |
|     ——机修车间 | 12 160 |

表 3-15　辅助生产费用分配表(按计划成本分配)

20××年8月　　　　　　　　　　　　金额单位：元

| 项目 | | | 劳务供应 | 锅炉车间 | | 机修车间 | | 费用合计 |
|---|---|---|---|---|---|---|---|---|
| | | | | 数量(吨) | 费用 | 数量(小时) | 费用 | |
| | 待分配费用 | | | | 28 730 | | 12 300 | 41 030 |
| 计划成本分配 | 计划单位成本 | | | | 2.30 | | 3.80 | |
| | 应借账户 | 辅助生产成本 | 锅炉车间 | | | 200 | 760 | 760 |
| | | | 机修车间 | 400 | 920 | | | 920 |
| | | | 小计 | | 920 | | 760 | 1 680 |
| | | 制造费用 | 基本生产车间 | 9 500 | 21 850 | 2 500 | 9 500 | 31 350 |
| | | 管理费用 | | 3 500 | 8 050 | 500 | 1 900 | 9 950 |
| | 按计划成本分配合计 | | | | 30 820 | | 12 160 | 42 980 |
| | 辅助生产实际成本 | | | | 29 490 | | 13 220 | 42 710 |
| 成本差异分配 | 待分配成本差异额 | | | | −1 330 | | +1 060 | −270 |
| | 分配率 | | | | 0.102 3 | | 0.353 3 | |
| | 应借账户 | 制造费用 | 基本生产车间 | 9 500 | −972 | 2 500 | 883 | −89 |
| | | 管理费用 | | 3 500 | −358 | 500 | 177 | −181 |
| | 成本差异分配合计 | | | | −1 330 | | 1 060 | −270 |

成本差异分配的分录：

借：制造费用——基本生产车间　　　　　　　　　89

　　管理费用　　　　　　　　　　　　　　　　181

　贷：辅助生产成本——锅炉车间　　　　　　　1 330

　　　　　　　　　——机修车间　　　　　　　1 060

采用按计划成本分配法，尽管也经过两次分配，但由于第一次分配时计划成本事先制定，不要单独计算费用分配率，而第二次分配虽然要计算分配率，但由于涉及的受益对象少，特别是在实际中完全可以将成本差异金额一次计入管理费用，因而大大简化了计算工作。另外，通过辅助生产成本的计算，还能反映和考核辅助生产成本计划的执行情况；又由于辅助生产成本按比例分配的差异在实际中可全部计入管理费用，各受益单位所负担的劳务费用都不包括辅助生产成本差异因素，因而还便于分析和考核各受益单位的成本，有利于分清企业内部各单位的经济责任。但采用这种分配方法的前提要求是：制定的计划单位成本必须比较准确；否则，影响分配结果的合理性。

### （四）代数分配法

代数分配法是运用代数中解联立方程式原理，求出辅助生产单位产品和劳务的实际单位成本以后，再按各个受益对象耗用产品或劳务的数量分配辅助生产费用的一种方法。其基本计算步骤如下：

（1）设未知数，并根据辅助生产车间之间交互服务关系建立方程组。

（2）解方程组，算出各种产品或劳务的单位成本。

（3）用各单位成本乘以各受益部门的耗用量，求出各受益部门应分配计入的辅助生产费用。

仍以[例3-10]资料进行假设，计算如下：

设 $X$ 为每吨气的成本，$Y$ 为每小时修理的成本，则设立联立方程式为：

$$28\,730 + 200Y = 13\,400X \qquad (3-1)$$

$$12\,300 + 400X = 3\,200Y \qquad (3-2)$$

将(3-1)式移项得：

$$200Y = 13\,400X - 28\,730$$

$$Y = 13\,400X \div 200 - 28\,730 \div 200 = 67X - 143.65 \qquad (3-3)$$

将(3-3)式代入(3-2)式得：

$$12\,300 + 400X = 3\,200 \times (67X - 143.65)$$

$$12\,300 + 400X = 214\,400X - 459\,680$$

$$214\,000X = 471\,980$$

$$X = 2.205\,5(元)$$

将 $X = 2.205\,5$ 代入(3-3)式得：

$$Y = 67 \times 2.205\,5 - 143.65 = 4.118\,5(元)$$

根据上列计算结果，编制代数分配法的辅助生产费用分配表如表3-16所示。

### 表 3-16  辅助生产费用分配表（代数分配法）

20××年8月　　　　　　　　　　　　　　　金额单位：元

| 辅助生产部门名称 | | | | 锅炉车间 | 机修车间 | 合　计 |
|---|---|---|---|---|---|---|
| 待分配费用 | | | | 28 730 | 12 300 | 41 030 |
| 劳务供应总量 | | | | 13 400 | 3 200 | |
| 用代数法算出实际单位成本 | | | | 2.205 5 | 4.118 5 | |
| 应借账户 | 辅助生产成本 | 锅炉车间 | 耗用数量 | | 200 | |
| | | | 分配金额 | | 823.70 | 823.70 |
| | | 机修车间 | 耗用数量 | 400 | | |
| | | | 分配金额 | 882.20 | | 882.20 |
| | | 分配金额小计 | | 882.20 | 823.70 | 1 705.90 |
| | 制造费用 | 基本生产车间 | 耗用数量 | 9 500 | 2 500 | |
| | | | 分配金额 | 20 952.25 | 10 296.25 | 31 248.50 |
| | 管理费用 | | 耗用数量 | 3 500 | 500 | |
| | | | 分配金额 | 7 719.25 | 2 059.25 | 9 778.50 |
| 分配金额合计 | | | | 29 553.70 | 13 179.20 | 42 732.90 |

说明：辅助部门分配金额合计 42 732.90 元与待分配金额合计 41 030 元相差 1 705.90 元，是由于两辅助生产车间之间交互分配费用内部转账以及单位成本的小数引起的。

根据表 3-16 的辅助生产分配表编制会计分录如下：

```
借：辅助生产成本——锅炉车间                   823.70
           ——机修车间                       882.20
    制造费用——基本生产车间                  31 248.50
    管理费用                                9 778.50
  贷：辅助生产成本——锅炉车间                29 553.70
           ——机修车间                     13 179.20
```

采用代数分配法分配费用，其分配结果最正确。但在分配之前要解联立方程。如果辅助生产部门较多，未知数较多，计算工作就比较复杂。因而，这种方法在计算工作已经实行电算化的企业中采用比较适宜。

### （五）顺序分配法

顺序分配法又称阶梯法。它是指各辅助生产部门分配费用按照受益多少的顺序排列，即：受益少的排在前面，先行分配，受益多的排在后面，再行分配的一种方法。其分配特点是：前者分配给后者，而后者不分配给前者；后者的分配额等于其直接费用加上前者分配入的费用之和。现举例加以说明。

仍以[例3-10]为例。光华公司的两个辅助生产车间相互提供劳务,但锅炉车间耗用机修车间的修理工时较少,机修车间耗用锅炉车间的气较多,所以分配顺序为:锅炉车间→机修车间。根据这一顺序编制辅助生产费用分配表,如表3-17所示。

表 3-17 辅助生产费用分配表(顺序分配法)

20××年8月    金额单位:元

| 应借账户 | | 辅助生产成本 | | 制造费用 | 管理费用 | 合 计 |
|---|---|---|---|---|---|---|
| 供应单位 | | 锅炉车间 | 机修车间 | 基本生产车间 | | |
| 锅炉车间 | 供应数量 | 400 | 9 500 | 3 500 | | 13 400 |
| | 直接费用 | | | | | 28 730 |
| | 待分配费用 | | | | | 28 730 |
| | 分配率 | | | | | 2.144 03 |
| | 分配金额 | | 857.61 | 20 368.29 | 7 504.10 | 28 730 |
| 机修车间 | 供应数量 | | | 2 500 | 500 | 3 000 |
| | 直接费用 | | | | | 12 300 |
| | 待分配费用 | | | | | 13 157.61① |
| | 分配率 | | | | | 4.385 87 |
| | 分配金额 | | | 10 964.68 | 2 192.93 | 13 157.61 |
| 分配金额合计 | | 857.61 | | 31 332.97 | 9 697.03 | 41 887.61 |

注:① 机修车间待分配费用=直接费用+分入费用=12 300+857.61=13 157.61(元)。

根据表3-17辅助生产费用分配表编制分录如下:

借:辅助生产成本——机修车间　　　　　　　　　857.61
　　制造费用——基本生产车间　　　　　　　　　31 332.97
　　管理费用　　　　　　　　　　　　　　　　　9 697.03
　贷:辅助生产成本——锅炉车间　　　　　　　　28 730
　　　　　　　　　——机修车间　　　　　　　　13 157.61

由上例可知,采用顺序分配法不进行交互分配,各辅助生产部门只分配一次辅助生产费用,即:分配给辅助生产以外的受益单位和排在后面的其他辅助生产部门,因而计算工作较为简便;但其毕竟未全面考虑辅助生产部门之间交互服务关系,因此,分配结果不够准确。另外,各辅助生产部门费用分配的先后顺序也较难确定。所以,这种方法一般只适用于辅助生产部门较多且交互服务数量有较明显顺序的企业。

需要说明的是,在以上例子里,辅助生产部门的制造费用都是直接记入"辅助生产成本"账户,而不通过"制造费用"账户核算的。在此种情况下,辅助生产费用分配表中的待分配费用,只需根据辅助生产成本明细账中的待分配费用(包括直接材料、直接人工和制造费用全部费用)填制。如果辅助生产部门的制造费用是通过专设的"制造费用"账户核算,则辅助生产费用分配表中的待分配费用应是辅助生产成本明细账的待分配费用(即专设成本项目的直接材料和直接人工等费用)与辅助生产部门制造费用明细账中的待分配费用之和。

现假定光华公司的辅助生产车间发生的制造费用不是直接记入"辅助生产成本"账户,而是通过"制造费用"进行核算。这样表3-11和表3-12的辅助生产成本明细账中的各项目就分成了"辅助生产成本明细账"和"制造费用明细账"两个方面。分割后的具体内容如表3-18、表3-19、表3-20和表3-21所示。

表3-18 辅助生产成本明细账

车间名称:锅炉车间　　　　　　　　　　　　　　　　　　　金额单位:元

| 20××年 | | 凭证号数 | 摘要 | 直接材料 | 燃料及动力 | 直接人工 | 制造费用 | 合计 |
| 月 | 日 | | | | | | | |
| --- | --- | --- | --- | --- | --- | --- | --- | --- |
| 8 | 31 | 略 | 原材料费用分配表 | 6 000 | | | | 6 000 |
| 8 | 31 | | 燃料分配表 | | 2 200 | | | 2 200 |
| 8 | 31 | | 动力费用分配表 | | 8 000 | | | 8 000 |
| 8 | 31 | | 职工薪酬分配表 | | | 8 436 | | 8 436 |
| 8 | 31 | | 合　计 | 6 000 | 10 200 | 8 436 | | 24 636 |

表3-19 制造费用明细账

车间名称:锅炉车间　　　　　　　　　　　　　　　　　　　金额单位:元

| 20××年 | | 凭证号数 | 摘要 | 折旧费 | 办公费 | 保险费 | 机物料消耗 | 其他 | 合计 |
| 月 | 日 | | | | | | | | |
| --- | --- | --- | --- | --- | --- | --- | --- | --- | --- |
| 8 | 31 | 略 | 低值易耗品分配表 | | | | 250 | | 250 |
| 8 | 31 | | 折旧费用分配表 | 1 560 | | | | | 1 560 |
| 8 | 31 | | 其他费用分配表 | | 486 | 1 416 | | 382 | 2 284 |
| 8 | 31 | | 合　计 | 1 560 | 486 | 1 416 | 250 | 382 | 4 094 |

表 3-20 辅助生产成本明细账

车间名称：机修车间　　　　　　　　　　　　　　　　　　　　　金额单位：元

| 20××年 | | 凭证号数 | 摘要 | 直接费用 | 燃料及动力 | 直接人工 | 制造费用 | 合计 |
|---|---|---|---|---|---|---|---|---|
| 月 | 日 | | | | | | | |
| 8 | 31 | 略 | 原材料费用分配表 | 1 200 | | | | 1 200 |
| 8 | 31 | | 燃料费用分配表 | | 800 | | | 800 |
| 8 | 31 | | 动力费用分配表 | | 4 000 | | | 4 000 |
| 8 | 31 | | 职工薪酬分配表 | | | 4 674 | | 4 674 |
| 8 | 31 | | 合计 | 1 200 | 4 800 | 4 674 | | 10 674 |

表 3-21 制造费用明细账

车间名称：机修车间　　　　　　　　　　　　　　　　　　　　　金额单位：元

| 20××年 | | 凭证号数 | 摘要 | 折旧费 | 办公费 | 保险费 | 机物料消耗 | 其他 | 合计 |
|---|---|---|---|---|---|---|---|---|---|
| 月 | 日 | | | | | | | | |
| 8 | 31 | 略 | 低值易耗品分配表 | | | | 120 | | 120 |
| 8 | 31 | | 折旧费用分配表 | 800 | | | | | 800 |
| 8 | 31 | | 其他费用分配表 | | 240 | 346 | | 120 | 706 |
| 8 | 31 | | 合计 | 800 | 240 | 346 | 120 | 120 | 1 626 |

在这种情况下，辅助生产部门之间相互分配的费用就应记入"制造费用"账户，而不是直接记入"辅助生产成本"账户。如根据表 3-14 交互分配方法下的辅助生产费用的结果，则编制的会计分录应改为：

第一次，交互分配的分录：

借：制造费用——锅炉车间　　　　　　　　　　　　　　　　768.75
　　　　　　——机修车间　　　　　　　　　　　　　　　　857.60
　　贷：辅助生产成本——机修车间　　　　　　　　　　　　768.75
　　　　　　　　　　——锅炉车间　　　　　　　　　　　　857.60

第二次，对外分配分录仍为：

借：制造费用——基本生产车间　　　　　　　　　　　　　31 252.50
　　管理费用　　　　　　　　　　　　　　　　　　　　　9 777.50
　　贷：辅助生产成本——锅炉车间　　　　　　　　　　　28 641.15
　　　　　　　　　　——机修车间　　　　　　　　　　　12 388.85

通过上述交互分配的会计分录,两个辅助生产车间制造费用的合计数分别为:

锅炉车间制造费用 = 4 094 + 768.75 = 4 862.75(元)

机修车间制造费用 = 1 626 + 857.6 = 2 483.60(元)

上例两个辅助生产车间的制造费用还应分配转入各项辅助生产成本。如果辅助生产车间只生产一种产品或劳务,可直接转入,因此作分录如下:

借:辅助生产成本——锅炉车间                4 862.75
                ——机修车间                2 483.60
    贷:制造费用——锅炉车间                  4 862.75
              ——机修车间                  2 483.60

将上例的制造费用转入和辅助生产费用分配的两项会计分录记入辅助生产成本明细账和辅助生产车间制造费用明细账以后,该企业这些明细账都应结平无余额。

通过对辅助生产费用的分配,应计入本月产品成本的生产费用都已分别归集到了"基本生产成本"和"制造费用"两个总账账户和明细分类账户的借方。其中,记入"基本生产成本"总账账户借方的生产费用,已在各"产品成本计算单"或"基本生产成本明细账"的本月发生额按"直接材料""燃料及动力""直接人工"等成本项目中作了反映。等到下期"制造费用"分配后,在"基本生产成本明细账"中就归集了本期产品生产过程中所发生的全部生产费用。

### 【问题与思考3-4】

资料:某企业设有甲、乙两个提供劳务的辅助生产部门和A、B、C三个生产车间,直接成本和分配百分比如表3-22所示。

表3-22 直接成本和分配百分比

| 辅助生产部门<br>(名称) | 直接成本<br>(元) | 分配比例(%) | | | | |
|---|---|---|---|---|---|---|
| | | 甲 | 乙 | A | B | C |
| 甲 | 200 000 | — | 10 | 20 | 30 | 40 |
| 乙 | 300 000 | 15 | — | 30 | 40 | 15 |
| 合计 | 500 000 | | | | | |

请问:在交互分配法下,A、B、C三个车间各分配的辅助生产费用是多少?

### 辅助部门成本的分配

辅助部门成本的直接分配法在实践中被广泛使用。对澳大利亚、日本及英国公司的成本分配方法的系统调查结果如表 3-23 所示。

表 3-23　成本分配方法的系统调查(%)

| 辅助部门分配方法 | 澳大利亚 | 日本 | 英国 |
| --- | --- | --- | --- |
| 直接法 | 43 | 58 | 64 |
| 阶梯法 | 3 | 27 | 6 |
| 交叉法 | 5 | 10 | 14 |
| 其他方法 | 15 | 1 | 8 |
| 不分配 | 34 | 4 | 8 |
| 合　计 | 100 | 100 | 100 |

## 第六节　制造费用的归集与分配

企业在产品生产过程中,除了直接耗用各种材料、人工等费用外,还会发生与产品制造有关的其他各种费用,如生产管理部门的人员工资、生产部门的房屋和设备折旧费、修理费等。这些费用由于因生产产品而引起,是为了产品生产的顺利进行而发生的,所以,也是产品成本的重要构成内容。不仅如此,随着科学技术的不断进步,生产自动化程度的不断提高,制造费用在产品成本中的比重也在不断加大。这也就决定了制造费用核算的重要性。企业生产有基本生产和辅助生产之分,因而制造费用也有基本生产部门的制造费用和辅助生产部门的制造费用。本节主要阐述的是基本生产部门制造费用的核算。

### 一、制造费用核算概述

基本生产的制造费用(以下简称制造费用)是企业为生产产品而发生,应该计入产品成本,但没有专设成本项目的各项生产费用。也就是说,制造费用是企业生产部门在组织和管理产品生产过程中发生的、所有不能直接归属到所制造产品或其他有收益的生产活动中的各项费用。

制造费用包括的内容很多,也比较复杂,其中大部分是间接用于产品生产的费用,如机物料消耗,生产车间用房屋、建筑物的折旧费、修理费、保险费或租赁费,车间生产用的照明费、取暖费、降温费、运输费、劳动保护费以及季节性停工和生产用固定资产修理期间的停工损失等。制造费用也包括直接用于产品生产,但管理上不要求或核算上不便于单独核算,因而未专设成本项目的费用,如生产用机器设备的折旧费、修理费、保险费或租赁费,生产用低值易耗品的摊销,设计图纸费和试验检验费等。生产工艺用动力如果没有专设成本项目,也列入制造费用。制造费用还包括生产部门用于组织和管理生产而发生的费用,如生产部门管理人员工资及福利费,生产部门管理用房屋及设备的折旧费、修理费、保险费或租赁费,生产部门管理用具摊销,以及生产管理部门的照明费、取暖费、差旅费和办公费等。这些费用是具有管理性质的费用,似乎应作为管理费用直接列入当期损益。但由于生产部门是企业直接从事产品生产的单位,其发生的管理费用与制造费用很难严格划分,因此,为了简化核算,也作为制造费用核算。

但对制造费用的核算并不是按上述间接用于产品生产、直接用于产品生产以及组织和管理生产来划分项目进行的,而是将这些方面相同性质的费用合并设立相应的费用项目,如:将这些方面的固定资产折旧费合并,设立一个"折旧费"项目等,据此设立的制造费用明细项目,一般包括机物料消耗、工资及福利费、折旧费、修理费、租赁费、保险费、低值易耗费摊销、水电费、取暖费、运输费、劳动保护费、设计制图费、试验检验费、差旅费、办公费、在产品盘亏、毁损和报废,以及季节性及修理期间停工损失等。

## 二、制造费用的归集

制造费用的归集是通过设置"制造费用"账户进行的。该账户应按不同的生产车间、部门设立明细账户,账内再按照费用项目设立专栏分别反映各生产部门各项制造费用的发生情况。其登记依据是有关的付款凭证、转账凭证和前述的各种费用分配表。"制造费用"作为集合分配账户,借方归集某会计期间生产过程中所发生的各项制造费用,贷方登记在会计报告期末分配计入各种产品成本的制造费用,期末一般无余额。光华公司8月份基本生产车间的制造费用明细账,如表3-24所示。

## 三、制造费用分配

通过制造费用的归集,企业在某一会计期间发生的制造费用都已归集到了制造费用的明细账内。在会计期末时,为了正确计算产品的生产成本,还要将其合理

表 3-24 制造费用明细表（基本生产车间）

金额单位：元

| 20××年 | | 凭证号数 | 摘要 | 工资 | 福利费 | 折旧费 | 修理费 | 动力费 | 低值易耗品摊销 | 办公费 | 机物料消耗 | 水电费 | 保险费 | 其他 | 合计 | 转出 | 余额 |
|---|---|---|---|---|---|---|---|---|---|---|---|---|---|---|---|---|---|
| 月 | 日 | | | | | | | | | | | | | | | | |
| 8 | 31 | | 原材料费用分配表 | | | | 300 | | | | 9 200 | | | | 9 500 | | 9 500 |
| | | | 低值易耗品费用分配表 | | | | | | 1 200 | | | | | | 1 200 | | 10 700 |
| | | | 外购动力费用分配表 | | | | | | | | | 600 | | | 600 | | 11 300 |
| | | | 职工薪酬分配表 | 4 500 | 630 | | | | | | | | | | 5 130 | | 16 430 |
| | | | 折旧费用分配表 | | | 5 000 | | | | | | | | | 5 000 | | 21 430 |
| | | | 其他费用汇总表 | | | | | | | 680 | | | 4 860 | 2 240 | 7 780 | | 29 210 |
| | | | 辅助生产分配表 | | | | | 31 252.5 | | | | | | | 31 252.5 | | 60 462.5① |
| | | | 分配转出 | | | | | | | | | | | | | 60 462.5 | 60 462.5 |
| 8 | 31 | | 本月合计 | 4 500 | 630 | 5 000 | 300 | 31 252.5 | 1 200 | 680 | 9 200 | 600 | 4 860 | 2 240 | 60 462.5 | 60 462.5 | 0 |

注：① 为交互分配法的数额。

地分配到有关产品成本中去。分配原则是：在基本生产部门只生产一种产品的情况下，其归集的制造费用应直接计入该种产品的成本；在生产多种产品的情况下，间接计入费用应采用适当的分配方法分配计入各种产品的成本。分配的方法很多，但通常采用的有生产工时比例法、生产工人工资比例法、机器工时比例法以及年度计划分配率法等。

### （一）生产工时比例法

生产工时比例法是按照各种产品所用生产工人工时的比例分配制造费用的一种方法。其计算公式如下：

$$制造费用分配率 = \frac{制造费用总额}{各产品生产工时总数}$$

$$某种产品应分配的制造费用 = 该种产品生产工时 \times 制造费用分配率$$

按生产工时比例分配制造费用，能将劳动生产率与产品负担的制造费用结合起来，使分配结果比较合理。如果劳动生产率提高，则单位产品生产工时减少，所负担的制造费用也就降低。因此，它是一种较好的分配方法，在实际工作中用得也较多。

上述两个公式中的生产工时总数，一般是用实际生产工时。但如果企业产品的定额工时比较准确，也可以用定额工时计算。

**[例 3-11]** 假定光华公司所生产的甲、乙两种产品按生产工人的实际生产工时比例分配制造费用，则根据前列表 3-6 和表 3-21 所列的生产工时和制造费用借方发生额资料分配制造费用如下：

$$制造费用分配率 = \frac{60\,462.50}{4\,100 + 2\,050} = 9.831\,3$$

甲产品应分配制造费用 = $4\,100 \times 9.831\,3 = 40\,308.33$（元）

乙产品应分配制造费用 = $60\,462.50 - 40\,308.33 = 20\,154.17$（元）

在实际工作中，制造费用分配一般是通过编制制造费用分配表进行。其格式如表 3-25 所示。

表 3-25  制造费用分配表                金额单位：元

| 产品名称 | 生产工时（小时） | 分配率 | 分配额 |
| --- | --- | --- | --- |
| 甲产品 | 4 100 |  | 40 308.33 |
| 乙产品 | 2 050 |  | 20 154.17 |
| 合计 | 6 150 | 9.831 3 | 60 462.50 |

根据上述制造费用分配表,编制会计分类如下:
  借:基本生产成本——甲产品                    40 308.33
           ——乙产品                    20 154.17
    贷:制造费用                           60 462.50

### (二)生产工人工资比例法

生产工人工资比例法是按照计入各种产品成本的生产工人实际工资的比例分配制造费用的方法。其计算公式如下:

$$制造费用分配率 = \frac{制造费用总额}{各产品生产工人工资总额}$$

$$某种产品应负担的制造费用 = 该种产品生产工人工资 \times 制造费用分配率$$

由于生产工人工资比例法的分配依据,即:生产工人工资的资料在工资分配表中是现成的,因而,采用这种分配方法,可以使核算工作变得非常简便;另外,如果生产工人工资对产品来说是直接计入费用,则生产工人的工资便能直接反映产品生产的数量,从而使用此方法分配的制造费用对不同产品来说负担也比较合理。但需要注意的是,采用这种方法的前提是各种产品生产的机械化程度应该差不多;否则,机械化程度高的产品,由于工资费用少,分配负担的制造费用也少,会影响费用分配的合理性。另外,还需要说明的是,如果生产工人工资是按照生产工时比例分配计入各种产品成本的,那么按照生产工人工资比例分配制造费用,实际上也就是按照生产工时比例分配制造费用。

### (三)机器工时比例法

机器工时比例法是按照各种产品生产时所用机器设备时数作为分配标准来分配制造费用的一种方法。其计算公式如下:

$$制造费用分配率 = \frac{制造费用总额}{各产品所用机器工时总数}$$

$$某种产品应负担的制造费用 = 该种产品机器工时数 \times 制造费用分配率$$

当机器设备是主要的生产因素以及机器小时与人工时间没有必然联系时,这种方法较为适用。特别是在机械化生产程度较高的生产部门,这种分配结果较为精确。因为,在这种情况下,制造费用中与机器设备使用有关的费用比重大,如折旧费、修理费等,而人工费用则较少。如果仍按前两种方法分配,则会造成机械化程度较低的产品由于其生产工人工资较低及所用人工工时较多,而负担的制造费用较大,但其中绝大部分却是机器设备的折旧费、修理费;而机械化程度较高的产品,由于其人工成本和所用人工工时较少,负担的制造费用也较少的不合理分配结果。因此,在生产机械化程度较高的生产部门,其制造费用宜采用与设备运转的时间有密切关系的机器工时为标准的办法进行分配比较合理。但采用这种方法,必须具备各种产品所用的机器工时的原始记录,从而增加了机器工时资料收集的成本。

值得一提的是:由于制造费用包括各种性质和用途的费用,为增加分配结果的合理性,也可以将制造费用加以适当的分类。例如,将其分为与机器设备有关的费用和与生产的组织和管理有关的费用两大类。分别选用机器工时比例法和生产工时比例法进行分配。当然,这种分配方法的采用要考虑是否值得。也就是说,这种选择的前提是:制造费用在产品成本中所占的比重较大,且增加的核算工作量不多。

### (四) 年度计划分配率法

年度计划分配率法也叫预定分配率法。它是根据企业正常经营条件下的年度制造费用预算数和预计的定额标准数预先计算分配率,然后按此分配率分配制造费用的一种方法。这种分配方法的基本步骤如下:

1. 计算年度计划分配率

其计算公式如下:

$$制造费用计划分配率 = \frac{年度制造费用计划总额}{年度预计产量的定额标准数}$$

年度预计产量的定额标准数可以是预计产量的生产工人工时,也可以是直接生产工人的工资,还可以是机器工时数等。

2. 按计划分配率分配制造费用

其计算公式如下:

$$某种产品应分配的制造费用 = 该种产品的实际产量定额标准 \times 计划分配率$$

3. 处理分配的差异

按计划分配率分配的制造费用数额与制造费用实际数额之间一般存在着差异。对此差异的处理方法是:年末时,将其差异额按已分配的比例进行一次再分配,计入各生产单位所生产的各产品成本中去。实际数大于已分配数的,用蓝字补计,小于已分配数的用红字冲回。下面举例说明。

仍以上述光华公司为例。假定全年制造费用计划为 62 000 元,全年甲、乙两种产品的计划产量分别为 600 件和 400 件,单位产品的工时定额甲产品为 7 小时,乙产品为 5 小时,则:

$$制造费用年度计划分配率 = \frac{62\,000}{600 \times 7 + 400 \times 5} = \frac{62\,000}{4\,200 + 2\,000} = 10(元/小时)$$

假定该企业 8 月份的实际产量为:甲产品 50 件,乙产品 30 件,该月实际制造费用 5 200 元,则:

甲产品应分配制造费用 = 50×7×10 = 3 500(元)

乙产品应分配制造费用 = 30×5×10 = 1 500(元)

因而,8月份出现差异额200元(5 200－5 000),即:该企业8月份出现制造费用借方余额200元。这200元的借方余额平时不分配。

因此,在这种分配方法下,年度中间制造费用明细账以及与之相联系的"制造费用"总账账户不仅可能有月末余额,而且既可能是借方余额,也可能是贷方余额。到年底时,如果"制造费用"账户仍然有余额,即:全年制造费用的实际发生额与计划分配额的差异,那么就要进行一次再分配,予以调整使之余额为0。

仍以上例。假定光华公司到年底其已按计划分配率分配其制造费用60 100元,其中,甲产品为41 000元,乙产品为19 100元,那么本年度共少分配制造费用为362.50元(60 462.5－60 100)。则甲、乙两种产品再应分配制造费用如下:

$$甲产品再应分配数 = 41\,000 \times \frac{362.50}{60\,100} = 247.30(元)$$

$$乙产品再应分配数 = 362.50 - 247.30 = 115.20(元)$$

上述计算分配过程的账务处理情况如图3-2所示。

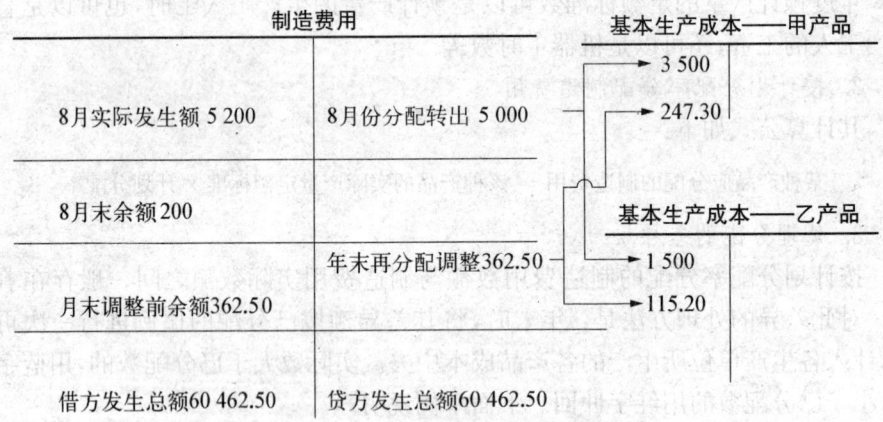

图3-2 制造费用账务处理程序

上例是全年制造费用实际发生额大于计划分配额的情况。如果是实际发生额小于计划分配额,则用红字记录,即:借记"基本生产成本"账户红字金额,贷记"制造费用"账户红字金额。

采用年度计划分配率分配法分配制造费用,因年度内各个月份并不进行差异的再分配,因此,相对来说可简化分配手续,并能及时计算产品成本。但采用这种分配方法,必须有较高的计划管理工作水平;否则,年度制造费用的计划数脱离实际成本太大,就会影响成本计算准确性。这种方法特别适用于季节性生产企业。因为在这种企业中,每月发生的生产费用相差不多,但生产淡月和旺月的产量却相差悬殊。如果按照实际费用分配,各月单位产品成本中的制造费用将随之或高或低,而这并不是生产部门工作本身引起的,因而不便于成本分析工作的进行。而采用年度计划分配率分配法来分配,则可较好地避免这个问题。

对于上述几种分配方法,企业要根据自身实际情况合理地加以选用;而且在条件没有变化的情况下,不应随便改变分配方法。

通过上述所讲的基本生产制造费用分配以后,如果企业在不单独核算废品损失和停工损失的情况下,生产费用在各种产品中间横向的分配和归集已经结束,就可以进行下一步的工作,即:产品成本在完工产品和在产品之间划分。但在企业管理上要求单独反映和控制废品损失及停工损失的情况下,在进行成本核算时,其核算程序还应包括对废品损失和停工损失的核算。可概括称之为生产损失核算。

### 【问题与思考3-5】

某企业某年1月份分别投产A产品200件,B产品300件。到12月份实际发生制造费用18万元,已按计划分配率分配给了两种产品制造费用20万元,其中,A为12万元,B为8万元。作第二次分配制造费用的会计分录。

## 第七节 生产损失的归集与分配

生产损失是指在生产过程中发生的不能正常产出的各种耗费。生产损失的类型随着企业的生产特点不同而不尽相同。但通常情况下,可将其归为四类:一是生产损耗,即:投入原材料的跑、冒、滴、漏及自然耗费等;二是生产废料,即:生产过程中产生的边角余料;三是废品损失,即:生产过程中造成的产品质量不符合规定的技术标准而发生的损失;四是停工损失,即:由于机器故障及季节性修理期间的停工而发生的耗费。但这四类中的前两类,即:生产损耗和生产废料在成本计算时,已经进行了考虑:有的将其列入了产品成本,有的变卖或作价入库成为收入。因此,真正属于成本核算中的生产损失,主要指的是废品损失和停工损失。这也是本节所阐述的两个内容。

### 一、废品损失的核算

废品损失是指在生产过程中由于主客观的原因造成的产品质量不符合规定技术标准而发生的没有价值的耗费。为了正确理解废品损失的含义,还必须明确什么叫废品,以及废品损失所包括的范围。

生产中的废品是指不符合规定的技术标准,不能按照原定用途使用,或需要加工修理才能使用的在产品、半成品或产成品。它包括在生产过程中发现以及入库后发现的所有废品。但它不包括入库时确定为合格品,由于保管不善等原因而发生损坏变质的产品;质量虽不符合规定标准,但经检验,可不需返修即可进行降级出售或使用的产品,以及实行"三包"企业在产品出售后发现的废品。

废品按能否修复分,可为可修复废品和不可修复废品。可修复废品是指经过修理可以使用,而且所花费的修复费用在经济上合算的废品;不可修复废品则是指技术上不能修复,或者所花费的修复费用在经济上不合算的废品。

为了单独核算废品损失,应增设"废品损失"账户。在成本项目中,增设"废品损失"项目。"废品损失"账户借方登记包括修复废品的生产成本和可修复废品的修复费用;贷方反映废品材料回收的价值,有关赔偿的数额以及分配转出的废品损失。"废品损失"一般按车间设立明细账,并按产品品种分设专户,期末该账户无余额。

(一) 不可修复废品损失的核算

不可修复废品损失核算主要涉及两个内容,即:不可修复废品损失额的计算和对损失的会计处理。

不可修复废品的损失额为废品的生产成本、扣除回收的残料价值及应收赔偿款后的损失。但由于不可修复废品生产成本是同合格品成本混合在一起的,所以,要将废品报废以前与合格品计算在一起的各项费用,采用适当的分配方法,在合格品与废品之间进行分配。废品生产成本的确定方法,一般有按废品所消耗的实际费用计算和按废品所耗的定额费用计算两种。

1. 按废品所耗实际费用计算废品损失的核算

这一方法是指在废品报废时,根据废品和合格品发生的全部实际费用,采用一定的分配标准,在合格品与废品之间进行分配,计算出废品的实际成本。其计算公式如下:

$$\text{废品负担的直接材料费用} = \frac{\text{某产品直接材料总额}}{\text{合格品数量} + \text{废品数量(或约当产量)}} \times \text{废品数量(或约当产量)}$$

$$\text{废品负担的直接人工费用} = \frac{\text{某产品直接人工总额}}{\text{合格品数量(或工时)} + \text{废品约当产量(或工时)}} \times \text{废品约当量(或工时)}$$

$$\text{废品负担的制造费用} = \frac{\text{某产品制造费用总额}}{\text{合格品数量(或工时)} + \text{废品约当产量(或工时)}} \times \text{废品约当产量(或工时)}$$

如果该产品于月末尚有部分产品未完工,则上述公式中的分母还应包括在产品数量或约当产量(或工时)。约当产量是指将在产品折合成相当于完工产品的数量。其具体的折合方法将在下一章详细阐述。

废品损失的计算一般是通过编制废品损失计算表进行的。下面举例说明。

[例 3-11] 假定某企业基本生产车间生产甲产品 2 000 件。在生产过程中发现其中有 20 件为不可修复废品。合格品和废品共同发生的生产费用为：原材料费用 300 000 元,直接人工费用 80 000 元,制造费用 65 000 元,合计 445 000 元。原材料在生产开始时一次投入。原材料费用按产量比例分配,其他费用按生产工时比例分配。产品生产工时为：合格品 9 920 小时,废品 80 小时。废品残料回收价值 200 元。根据上述资料,编制废品损失计算表,如表 3-26 所示。

表 3-26 不可修复废品损失计算表

车间名称：×基本生产车间　　　　产品名称：甲产品　　　　　　　金额单位：元

| 项 目 | 产量(件) | 直接材料 | 生产工时 | 直接人工 | 制造费用 | 成本合计 |
|---|---|---|---|---|---|---|
| 生产费用总额 | 1 980 | 300 000 | 10 000 | 80 000 | 65 000 | 445 000 |
| 费用分配率 |  | 150 |  | 8 | 6.5 |  |
| 废品生产成本 | 20 | 3 000 | 80 | 640 | 520 | 4 160 |
| 减：残料价值 |  | 200 |  |  |  | 200 |
| 废品损失 |  | 2 800 |  | 640 | 520 | 3 960 |

根据表 3-26 的废品损失计算表编制会计分录如下：
(1) 结转废品生产成本：
　　借：废品损失——甲产品　　　　　　　　　　　　　　　　　　4 160
　　　　贷：基本生产成本——甲产品　　　　　　　　　　　　　　　　4 160
(2) 回收残料入库：
　　借：原材料　　　　　　　　　　　　　　　　　　　　　　　　200
　　　　贷：废品损失——甲产品　　　　　　　　　　　　　　　　　　200
(3) 将废品净损失 3 960 元转入合格品成本：
　　借：基本生产成本——甲产品——废品损失　　　　　　　　　　3 960
　　　　贷：废品损失——甲产品　　　　　　　　　　　　　　　　　3 960

在上述会计分录中,第(1)项分录是从甲产品成本明细账的各成本项目中将属于废品的成本项目转出；第(3)项分录是将废品净损失转入该产品成本明细账"废品损失"项目。这样,既可通过"废品损失"账户总括反映整个企业的废品损失,又可通过产品成本明细账"废品损失"项目具体反映各种产品的废品损失。具体内容用"产品生产成本明细账"列示,如表 3-27 所示。

表 3-27 产品生产成本明细账

车间名称：×基本生产车间
产品名称：甲产品                                                金额单位：元

| 20××年 | | 凭证号数 | 摘要 | 直接材料 | 直接人工 | 制造费用 | 废品损失 | 合计 |
|---|---|---|---|---|---|---|---|---|
| 月 | 日 | | | | | | | |
| 略 | 略 | 略 | 原材料费用分配表 | 300 000 | | | | 300 000 |
| | | | 职工薪酬分配表 | | 80 000 | | | 80 000 |
| | | | 制造费用分配表 | | | 65 000 | | 65 000 |
| | | | 减：不可修复废品成本 | 3 000 | 640 | 520 | | 4 160 |
| | | | 转入废品净损失 | | | | 3 960 | 3 960 |
| | | | 本月完工入库合格品总成本 | 297 000 | 79 360 | 64 480 | 3 960 | 444 800 |

从表 3-27 可看出，从产品成本中转出废品损失 4 160 元，而转入产品成本的废品净损失只有 3 960 元，这似乎意味着产品成本由于发生废品反而减低了。但事实并不如此。因为这里减低的只是产品的总成本，单位合格品的生产成本实际上是提高了。

如果废品是在完工以后发现的，这时单位废品负担的各项生产费用应与单位合格产品完全相同，因此，可按合格品产量和废品的数量比例分配各项生产费用，计算分配的实际成本。按废品的实际费用计算和分配废品损失，计算结果符合实际，但核算工作量较大。

2. 按废品所耗定额费用计算废品损失的核算

这种方法是按废品的数量和各项费用定额计算废品的定额成本，再将废品定额成本扣除废品残值或应收赔款后即为废品损失，而不考虑废品实际发生的费用。

[例 3-12] 假定某企业基本生产车间在生产乙产品过程中发生不可修复废品 10 件，按其所耗定额费用计算废品的生产成本。其原材料费用单位定额 200 元；废品已完成定额工时 10 小时；每小时费用定额为：工资及福利费 3 元，制造费用 9 元，回收残料价值 150 元。根据此资料编制废品损失计算表，如表 3-28 所示。

根据此表编制会计分录的方法与按实际费用计算废品成本的方法相同。

采用这一方法，计算工作比较简便，并且可以不受废品实际费用水平高低的影响，便于进行成本的分析与考核。但采用此法计算废品生产成本，必须具备准确的消耗定额和费用定额资料。

### 表3-28 不可修复废品损失计算表

车间名称：×基本生产车间（按定额成本计算）　　　　　　　废品数量：10件
产品名称：乙产品　　　　　　　　　　　　　　　　　　　金额单位：元

| 项　目 | 直接费用 | 定额工时 | 直接人工 | 制造费用 | 成本合计 |
|---|---|---|---|---|---|
| 每件或每小时费用定额 | 200 | | 3 | 9 | |
| 废品定额成本 | 2 000 | | 30 | 90 | 2 120 |
| 减：残料价格 | 150 | | | | |
| 废品报废损失 | 1 850 | | 30 | 90 | 1 970 |

（二）可修复废品损失的核算

可修复废品损失指的是在修复过程中发生的各种费用。因此，修复后的产品成本应该是由修复前发生的生产费用加上修复过程中发生的各项修复费用构成。如果有废品回收残值或应收赔偿款的话，也从废品损失中扣除。

可修复废品损失在废品修复时计算。其计算公式如下：

可修复废品损失 ＝ 修复废品材料费用＋修复废品工资及福利费＋修复废品制造费用

上述公式中的材料费用、工资及福利费和制造费用数额从前述的各种费用分配表中取得。具体会计处理如下：

(1) 根据各种费用分配表结转修复费用时：

借：废品损失——×产品
　　贷：原材料（应付职工薪酬、制造费用等）

(2) 回收残值或应收赔偿款时：

借：原材料（或其他应收款）
　　贷：废品损失——×产品

(3) 废品损失计入生产成本时：

借：基本生产成本——×产品（废品损失）
　　贷：废品损失——×产品

上述废品损失的核算可通过图3-3所示。

在不单独核算"废品损失"的生产企业，不设"废品损失"账户，在产品成本项目中也不设"废品损失"项目，只是在回收残值或应收赔偿款时冲减"基本生产成本"账户，并从其产品成本明细账的有关成本项目中扣除。

## 二、停工损失的核算

停工损失是指企业生产部门由于停电、待料、机器设备发生故障或进行大修、

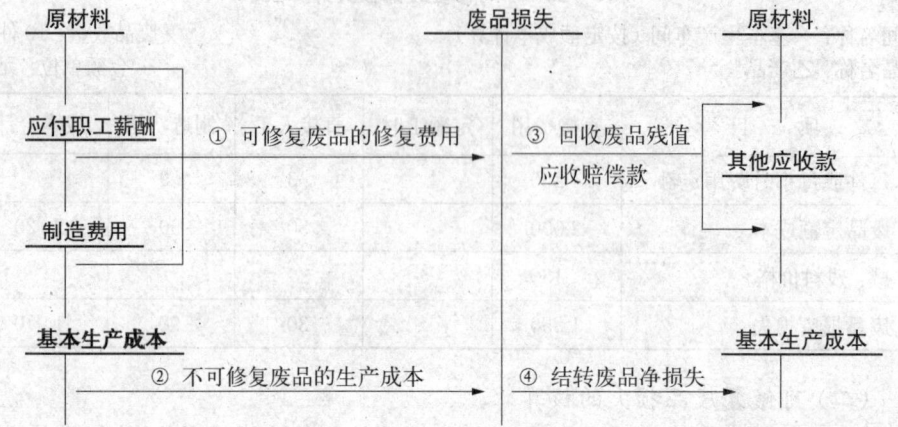

图 3-3 废品损失核算程序

发生非常灾害以及计划减产而停止正常生产所造成的损失。它主要包括停工期间的原材料费用、工资及福利费用以及制造费用等。由过失单位或保险公司负担的赔款应冲减停工损失。为了简化核算工作,停工不满一个工作日的,一般不计算停工损失。

企业发生停工时,由车间填制"停工单",并在考勤记录中登记。在"停工单"中,应详细列明停工的范围、起止时间、原因、过失单位或个人等内容。"停工单"经会计部门审核后,作为停工损失核算的原始凭证。

为了单独核算停工损失,应专设"停工损失"账户,并在成本项目中增设"停工损失"项目。

"停工损失"账户是为了归集和分配停工损失而设立的。借方归集本月发生的停工损失,贷方分配结转的停工损失,月末一般无余额。该账户应按车间分别设置明细账,账内分设专栏或专行进行明细分类核算。

停工损失由于产生的原因不同,其分配结转的方法也不同。对于应向过失人或保险公司索赔的,转入"其他应收款"账户;属于自然灾害等原因引起的非正常停工损失,记入"营业外支出"账户;对于其他原因造成的损失,如季节性、固定资产修理期间的停工损失,则应计入产品成本,列入"基本生产成本"账户。如果停工的车间生产多种产品,则应当采用适当的分配方法(一般采用分配制造费用的方法)分配计入各产品成本。分配完毕,该账户无余额。具体会计处理程序如图 3-4 所示。

在不单独核算停工损失的企业,不单设"停工损失"账户和"停工损失"成本项目。停工期间发生的属于停工损失的各种费用,直接记入"制造费用"和"营业外支出"等账户。

对季节性生产企业在停工期内的费用,不作为停工损失,而应采用待摊、预提

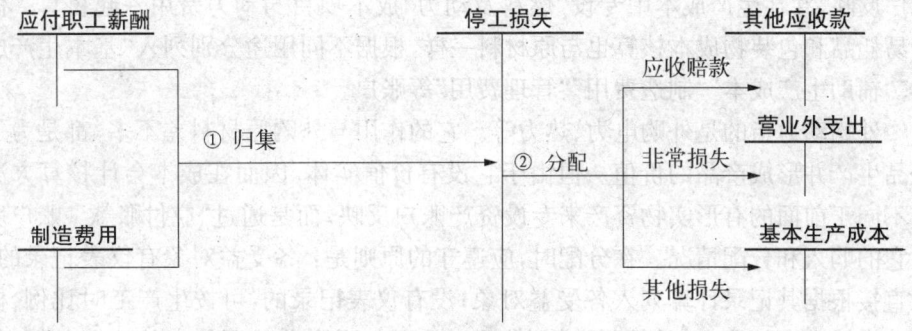

图 3-4 停工损失核算程序

的方法，由开工期内的生产成本负担。

### 【问题与思考 3-6】

某在产品经查发现有 2 件不合格而成为废品。该在产品每件成本现为 6 000 元。该废品报废的材料可以使用，估价总额为 1 000 元入库。要求作反映废品损失的分录。假设该在产品成本中有外购材料成本 60%，其反映废品损失的分录又该如何作？

## 本 章 小 结

企业在生产经营过程中会发生各种耗费。这些耗费有的将最终构成产品成本，有的则作为期间费用直接计入当期损益。本章的主要内容是产品成本各构成要素核算，而且主要是分配核算。它具体包括材料费用、人工费用、折旧费用、动力费用、制造费用、生产损失以及产品生产耗费辅助生产劳务或产品等内容。

材料费用在产品成本构成中占有重要地位，是费用要素核算的重点内容之一。它具体包括原材料、辅助材料、设备配件、外购半成品、燃料、低值易耗品、包装物等耗费。对材料费用核算就是对生产过程中耗费的上述材料根据领料凭证归集到有关成本计算对象中。归集时直接耗费直接计入成品成本。几种产品的共同耗费采用适当分配标准分配计入产品成本。分配的标准可以用产品的重量比例分配，也可以用产品的材料定额消耗量或定额费用的比例分配。分配标准的选择以合理负担为原则。为了核算产品生产的材料成本，在"基本生产成本"总账账户下，专门设立了"直接材料"成本项目进行归集。燃料作为材料的组成内容，其核算方法与原材料相同，即：购进时列入"原材料"账户，生产耗费时记入"基本生产成本"明细账下的"直接材料"成本项目。但如果企业燃料费用比重大，在购入时可专设"燃料"

账户反映,并在生产成本中专设"燃料及动力"成本项目与动力费用一起核算。低值易耗品和包装物成本核算也与原材料一样,根据不同用途分别列入"基本生产成本""辅助生产成本""制造费用""管理费用"等账户。

外购动力指的是外购电力、热力等。它的作用与外购原材料差不多,都是为了产品生产并形成产品的价值。但由于它没有价值实体,因而在成本会计核算方法上不同于前面的有形实物资产来专设资产账户反映,而是通过"应付账款"账户反映它的购入和分配情况。在分配时,应遵守的原则是:各受益对象有仪表记录的,可直接根据其记录计算列入各受益对象;没有仪表记录的,可按生产工时比例、机器功率时数比例或定额耗用量比例分配。为了加强企业能源耗费的核算和管理,对此耗费比较大的企业,在产品成本项目里专设"燃料及动力"项目反映。如果此项耗费较少,也可直接分配计入制造费用。

人工费用主要是生产工人的薪酬。生产工人的薪酬计入产品成本的方法是:直接为生产某产品而耗费的工人薪酬,直接计入该产品的成本;生产几种产品共同耗费的工人薪酬,可以按产品的生产工时分配计入各产品生产成本。

材料和人工费用是产品成本的主要构成内容。但在生产过程中还会发生其他的耗费,如:机器设备的折旧磨损,组织和管理产品生产而发生的办公费用,租赁、保险费用等。这些耗费在产品成本中没有专设成本项目反映,而是先根据发生地点及用途归集到"制造费用""管理费用""财务费用"等账户,然后再对属于是产品成本内容的,从制造费用中分配给有关产品负担。

材料费用、人工费用、折旧和其他费用的分配,一般是通过编制费用分配表进行的,并且根据分配表确定的项目分别计入产品成本和期间费用等。在生产企业没有辅助生产情况下,通过上面料、工、费核算就可以确认产品成本的数额总额。而在有辅助生产情况下,除了对辅助生产成本同样按照上述要求,归集辅助生产部门生产的辅助产品或劳务成本以外,还要核算基本生产部门生产产品所耗用的辅助生产提供的产品或劳务成本。辅助生产部门发生的耗费是通过设立"辅助生产成本"账户专门反映的。辅助生产部门的制造费用,既可以专设"制造费用"账户反映,也可在发生时直接列入"辅助生产成本"账户。专设"制造费用"账户反映的,期末要将制造费用分配转入"辅助生产成本"账户。辅助生产部门的生产成果包括产品(如工具、模具等)和劳务两大类。如果是生产产品的,其核算方法同基本生产;如果是提供劳务的,将在报告期末将辅助生产成本采用适当的分配方法分配给各受益对象。分配方法主要有直接分配法、交互分配法、计划成本分配法、顺序分配法和代数分配法等。

通过辅助生产费用分配,应计入产品成本的生产费用都已分别归集到了"基本生产成本"和"制造费用"两个账户。"基本生产成本"账户是按产品的品种归集的,其分产品归集的成本内容除了制造费用外,都已分成本项目归集完毕。等制造费用按产品品种分配后,"基本生产成本"账户就归集了产品生产所发生的全部耗费。

制造费用是企业为生产产品而发生,应该计入产品成本,但没有专设成本项目的各项生产费用。这些费用有的是发生时直接记入"制造费用"账户,有的是通过前述的费用分配归集到"制造费用"账户。归集到"制造费用"账户的生产费用,在会计报告期末,要采用适当的方法分配到有关的产品成本中。分配的基本原则是:在只生产一种产品情况下直接转入;在生产多种产品情况下,可按生产工时比例或生产工人工资比例或机器工时比例或按年度计划分配率等方法分配给不同产品。

通过制造费用的分配,在企业没有生产损失或虽有但不单独核算生产损失情况下,生产费用在各种产品之间分配和归集任务就已经完成,下一步就可以将各产品的生产成本在完工与在产品之间进行分配。但企业在管理上要求单独反映和控制生产损失情况下,成本核算程序还包括生产损失核算。

生产损失是生产过程中发生的不能形成正常产出的各种耗费。它主要包括废品损失和停工损失两大部分。废品损失是指产品生产过程中造成的产品质量不符合规定的技术标准而发生的损失;停工损失是指由于机器故障及季节性、修理期间等的停工而发生的耗费。废品损失又可分为可修复废品损失和不可修复废品损失。可修复废品损失是指要将废品修复成合格品而发生的修复费用;不可修复废品损失是指废品的生产成本。如果有残值收入,要将其扣除。废品损失和停工损失的归集是专设"废品损失"和"停工损失"两账户进行的。月末根据不同原因,将其净额转入"基本生产成本"账户或"其他应收款"账户或"营业外支出"账户。

## 复习思考题

1. 材料费用分配有哪些方法?如何选择?
2. 简述材料费用的会计处理方法。
3. 低值易耗品费用计入产品成本的方式有哪几种?
4. 简述外购动力费用核算的特点及其分配原则。
5. 如何确定工资费用的分配对象?简述工资费用的分配方法。
6. 说明折旧费用和其他费用核算的分配方法。
7. 如何进行辅助生产费用的归集?辅助生产费用分配方法有哪几种?如何进行分配?
8. 如何进行制造费用的归集和分配?
9. 什么是废品损失?可分为哪两类?各包括哪些内容?其核算方法有何不同?
10. 什么是停工损失?如何对停工损失进行核算?

# 案例讨论题

1. 向阳公司是一家生产变压器的制造企业。在产品成本的构成内容中,材料费用占的比重达60%。材料的采购成本按实际成本计价核算。发出材料采用后进先出法核算其成本。

问题:

(1) 在物价持续上涨条件下,采用后进先出法将对企业产品生产成本带来什么影响?

(2) 这种方法选择对企业未来发展是否有利?理由是什么?

2. 永华公司20××年第一季度A材料进货情况如表3-29所示。

表3-29　A材料进货情况表

| 进 货 日 期 | 数量(千克) | 单位成本(元) | 总成本(元) |
|---|---|---|---|
| 1月5日 | 1 000 | 100 | 100 000 |
| 2月10日 | 4 000 | 105 | 420 000 |
| 3月26日 | 5 000 | 110 | 550 000 |
| 4月14日 | 6 000 | 112 | 672 000 |

该公司一直采用后进先出法核算生产领用材料成本,本季度初管理当局考虑将其计价方法改为先进先出法。

问题:

(1) 此项决策会对企业产生什么影响?

(2) 假定该公司于3月15日领用A材料12 000千克,其中,生产甲产品领用10 000千克(而且该公司只生产甲产品一种产品),车间一般耗用500千克,生产车间扩建用1 500千克。该公司成本会计人员编制的材料分配表,如表3-30所示。

表3-30　材料分配表　　　　　　　　金额单位:元

| 应 借 账 户 | 成本账户 | 直接计入 | 间接计入 | 费用合计 |
|---|---|---|---|---|
| 基本生产成本——甲产品 | 直接材料 | 1 070 000 |  | 1 070 000 |
| 基本生产成本——甲产品 | 直接材料 |  | 56 000 | 56 000 |
| 在建工程 |  | 168 000 |  | 168 000 |
| 合　计 |  | 1 238 000 | 56 000 | 1 294 000 |

请问：如果你是该公司的会计顾问，你觉得该公司会计人员编的材料费用分配表格式如何？表内的内容和数字正确否？请说明理由。

3. 新新公司生产的产品，耗用主要材料最多，燃料也占有相当比重，但耗用的外购动力费用占的比重很小。从管理和简化核算上考虑，该公司在成本核算时，将燃料费用专设了"燃料"成本项目，而将动力费用全部计入制造费用（根据制造车间的仪表计算确认其数额）。该公司新聘张明为成本会计。张明上任后，将企业生产产品发生的外购动力费用全部直接列入基本生产成本的"直接材料"成本项目。

问题：

(1) 该公司的做法是否可以？请说明理由。

(2) 你认为张明的做法是否可以？为什么？

4. 紫金公司有两个基本生产车间。第一车间生产甲、乙两种产品，第二车间生产丙、丁两种产品。甲、乙两种产品生产工人的工资方式实行的是计时工资，丙、丁产品生产工人的工资方式实行的是计件工资。上一年8月份的有关资料为：甲、乙、丙、丁四种产品投产量分别为1 000件、2 000件、1 000件、2 000件，生产甲、乙产品的工人计时工资总额85 000元，丙、丁产品生产工人奖金和津贴共8 800元；单位工时定额甲产品为20小时，乙产品为10小时。另外，第一车间和第二车间管理人员工资分别为4 000元、6 500元，公司行政管理人员工资22 000元，福利部门人员工资3 000元。该公司财务处李霞会计编制了"职工薪酬分配表"，如表3-31所示。

表3-31 职工薪酬分配表　　　　　　　　金额单位：元

| 项目类别 | | 应借账户 基本生产成本 | | | | 制造费用 | 管理费用 | 职工福利 | 合计 |
|---|---|---|---|---|---|---|---|---|---|
| | | 甲产品 直接材料 | 乙产品 直接材料 | 丙产品 直接材料 | 丁产品 直接材料 | | | | |
| 第一车间 | 定额工时 | 2 000 | 2 000 | | | | | | |
| | 分配率 | 2.125 | 2.125 | | | | | | |
| | 应分配薪酬 工资 | 42 500 | 42 500 | | | 4 000 | | | 89 000 |
| | 应分配薪酬 福利 | 5 950 | 5 050 | | | 560 | | | 12 460 |
| 第二车间 | 直接计入费用 | | | 12 000 | 32 000 | | | | 44 000 |
| | 间接计入费用 分配率 | | | 0.2 | 0.2 | | | | |
| | 间接计入费用 分配额 | | | 2 400 | 6 400 | 6 500 | | | 15 300 |
| | 费用小计 | | | 14 400 | 38 400 | 6 500 | | | 59 300 |
| | 职工福利 | | | 2 016 | 5 376 | 910 | | | 8 302 |

(续表)

| 应借账户\项目类别 | | 基本生产成本 | | | | 制造费用 | 管理费用 | 职工福利 | 合计 |
|---|---|---|---|---|---|---|---|---|---|
| | | 甲产品 直接材料 | 乙产品 直接材料 | 丙产品 直接材料 | 丁产品 直接材料 | | | | |
| 行政管理部门 | 工资 | | | | | | 22 000 | | 22 000 |
| | 职工福利 | | | | | | 3 080 | | 3 080 |
| 职工福利部门 | 工资 | | | | | | | 3 000 | 3 000 |
| | 职工福利 | | | | | | | 420 | 420 |
| 合计 | | 48 450 | 48 450 | 16 416 | 43 776 | 11 970 | 25 080 | 3 420 | 197 562 |

问题：

(1) 请仔细查看此分配表有无问题？如有，请指出。

(2) 设计一个更为直观且合理的分配表，并请设计和填写正确的数据。

5. 双利公司对固定资产一直采用直线法提折旧。20××年1月，该公司总经理在管理培训班学习结束后向会计主管提议采用新的折旧方法。总经理所建议的折旧方法，如表3-32所示。理由是：他认为在固定资产接近寿命结束时，其维修的支出也很大，而采用新法在接近寿命结束时会增加资金回收量；同时，会因增加折旧费用而使企业所得税支出减少。

表3-32 折旧费用计算表　　　　　　金额单位：元

| 年次 | 折旧费用 | 各年底累计折旧 | 各年底的账面价值 |
|---|---|---|---|
| 1 | 2 000 | 2 000 | 30 000 |
| 2 | 4 000 | 6 000 | 26 000 |
| 3 | 6 000 | 12 000 | 20 000 |
| 4 | 8 000 | 20 000 | 12 000 |
| 5 | 10 000 | 30 000 | 2 000（为残值） |

问题：总经理的提议理由成立否？为什么？

6. 双利公司有两个辅助生产车间，分别向全公司提供电和水的劳务，两辅助生产车间也相互提供劳务，而且用量还比较大。成本核算员王兴根据辅助生产的特点以及为了简化核算工作量,决定将各辅助生产车间的费用总额一次性地全部分给辅助生产部门以外的各受益对象。

问题:

(1) 对王兴的做法进行评价。

(2) 提出你认为最为理想的分配方法,并说明理由。

# 同步测试题

一、单项选择题

1. 关于原材料费用的分配,下列说法中不正确的是( )。

A. 原材料费用分配的基本原则是谁受益谁承担

B. 从加强材料消耗的实物管理来说,材料定额耗用量比例法下,直接按材料定额消耗量分配材料费用比先分配材料实际耗用量再分配材料费用方法要优

C. 为了保证成本核算的真实性,生产车间已领未用的材料必须要退回材料仓库

D. 作为产品成本组成部分的包装材料费用应记入基本生产成本账户的"直接材料"项目

2. 生产产品领用的一次性摊销的专用工具应计入( )。

A. 直接材料 B. 辅助生产成本

C. 制造费用 D. 营业费用

3. 下列说法中正确的是( )。

A. 外购动力在成本核算中没有独立的成本项目

B. 企业生产产品耗用的燃料在实践中无法直接计入产品成本

C. 计件工资制下生产工人取得的计件工资等收入都应直接计入直接人工项目

D. 在工资核算中,工资费用分配的核算是根据工资结算单编制的工资费用分配表进行的

4. 便于分析和考核各受益单位的成本,有利于分清企业内部各单位的经济责任是( )辅助生产费用分配方法的一个优点。

A. 一次交互分配法 B. 计划成本分配法

C. 直接分配法 D. 代数分配法

5. 生产产品用的设备计提的折旧费应记入( )账户。

A. "基本生产成本" B. "管理费用"

C. "辅助生产成本" D. "制造费用"

6. 制造费用各种分配方法各有其适用范围,其中适用于季节性生产的方法是(  )。
   A. 年度计划分配率法　　　　　B. 生产工人工时比例法
   C. 机器工时比例法　　　　　　D. 生产工人工资比例法

7. 关于废品损失,下列说法中正确的是(  )。
   A. 废品损失包括实行"三包"的企业在产品出售后发现的废品损失
   B. 产品生产过程中发生的废品,由于其损失要从生产成本中转出,所以完工产品成本中不含废品损失
   C. 可修复废品发生的修复费用就是修复后产品的成本
   D. 如果废品是在完工后发现的,则单位废品负担的各项生产费用应与单位合格产品完全相同

8. 辅助生产成本的直接分配法,是将辅助生产成本直接(  )的方法。
   A. 分配给所有受益单位
   B. 计入基本生产成本
   C. 分配给辅助生产以外的各受益单位的方法
   D. 分配给完工产品成本

二、多项选择题

1. 计入产品成本的材料成本包括生产过程中耗用的(  )。
   A. 原材料及辅助材料　　　　　B. 外购半成品及设备配件
   C. 燃料　　　　　　　　　　　D. 低值易耗品及包装物

2. 产品成本构成要素核算一般要涉及下列成本费用账户中的(  )。
   A. "基本生产成本"　　　　　　B. "管理费用"
   C. "制造费用"　　　　　　　　D. "待摊费用"

3. 计入产品成本的各种材料费用,按照其用途,应记入(  )账户的借方。
   A. "管理费用"　　　　　　　　B. "制造费用"
   C. "基本生产成本"　　　　　　D. "营业费用"

4. 计入产品成本的工资费用包括(  )。
   A. 生产部门工人的工资
   B. 生产部门管理人员的工资
   C. 生产工人与生产部门管理人员工资提取的福利费
   D. 生产部门职工食堂炊事员的工资

5. 需要对辅助生产成本进行两次或两次分配的分配方法有(  )。
   A. 代数分配法　　　　　　　　B. 交互分配法
   C. 计划成本分配法　　　　　　D. 顺序分配法

6. 计划成本分配法的优点是( )。
A. 简化计算工作量
B. 能反映和考核辅助生产成本计划的执行情况
C. 有利于分清企业内部各单位的经济责任
D. 计算结果准确

7. "废品损失"账户贷方可能对应的账户有( )。
A. "其他应收款"　　　　　　B. "营业外支出"
C. "基本生产成本"　　　　　D. "制造费用"

8. "停工损失"账户借方的对应账户可能是( )。
A. "基本生产成本"　　　　　B. "制造费用"
C. "原材料"　　　　　　　　D. "应付职工薪酬"

三、判断题

1. 直接用于辅助生产的耗费以及用于基本生产但没有专设成本项目的耗费应分别记入"辅助生产成本"账户和"制造费用"账户。　　　　　　　　　　( )

2. 多种产品共同耗用的原材料费用,按"材料定额耗用量比例"分配与按"材料定额费用比例"分配,由于分配率不一样,其分配结果也是不同的。　　　( )

3. 企业生产耗用的外购动力和燃料如果耗用量不大,占产品成本的比例很小,可以不单独设立成本项目而直接计入直接材料项目核算。　　　　　　　( )

4. 生产企业发放给职工的工资应分别计入产品成本和期间费用。　　　( )

5. 企业在生产环节领用的与产品融为一体的包装材料应作为产品成本的构成内容核算。　　　　　　　　　　　　　　　　　　　　　　　　　　　( )

6. 企业生产管理过程中发生的机器设备折旧费,由于不单设成本项目,因而核算上是先按使用单位归集,然后再与其他间接费用一起分配计入产品成本和期间费用。　　　　　　　　　　　　　　　　　　　　　　　　　　　　　　( )

7. 企业生产部门发生的办公费、邮电费等尽管与产品生产没有直接关系,但也应计入产品成本。　　　　　　　　　　　　　　　　　　　　　　　( )

8. 辅助生产部门发生的各项费用,在会计核算上均应直接记入"辅助生产成本"账户。　　　　　　　　　　　　　　　　　　　　　　　　　　　　　( )

9. 企业的辅助生产部门有的是提供劳务如供电、运输等,有的是生产产品如生产工具模具等。提供劳务的通过"辅助生产成本"账户核算,生产工具的通过"基本生产成本"账户核算。　　　　　　　　　　　　　　　　　　　( )

10. 制造费用是集合分配账户,所以,企业对制造费用无论采用什么方法分配,该账户期末均无余额。　　　　　　　　　　　　　　　　　　　　( )

11. 废品发生的损失,无论是可修复废品损失还是不可修复废品损失均应由

合格产品成本承担。（　　）

12. 企业发生的停工损失，无论是什么原因造成的，扣除责任人或保险公司赔偿后的净损失均计入产品成本。（　　）

四、核算题

[核算题1]　新华厂仅生产A、B两种产品，20××年9月初分别投产A、B两种产品600件和400件，9月份有关资料如下：

1. 共同耗用甲材料6 000千克，该材料单位计划成本100元，成本差异率为2‰，单位消耗定额A、B产品分别为4千克、8千克，车间一般耗用材料4 000元。

2. A、B产品共同耗用燃料费用40 000元。

3. A、B产品共耗用电力费用50 000元，A、B两种产品的单位生产工时分别为100小时和120小时，车间照明等用电3 000元。

4. 应付工资总额为150 000元，其中生产A、B两产品的工人工资分别为40 000元和60 000元，车间管理人员工资10 000元，企业管理人员工资40 000元，并假定分别按工资总额的14％、2％和1.5％比例提取职工福利费、工会经费和教育经费。

5. 生产车间固定资产折旧费6 000元，办公等费用4 000元。

6. 设有供水和机修两车间，发生的费用总额分别为27 000元和23 000元；供应的对象和数量为：供水车间用机修200小时，基本生产车间用机修3 000小时，机修车间用水500吨，基本生产车间用气9 500吨。

要求：

(1) 按材料消耗定额分配材料费用。

(2) 按A、B产品耗用的材料费用比例分配燃料费用。

(3) 按A、B产品的生产工时分配电力费用。

(4) 用交互分配法分配辅助生产费用（格式见表3-33）。

(5) 按生产工人工资的比例分配制造费用。

(6) 登记基本生产成本明细账（格式见表3-34和表3-35）。

表3-33　辅助生产费用分配表（交互分配法）　　金额单位：元

| 项　目 | 交　互　分　配 | | | 对　外　分　配 | | |
| --- | --- | --- | --- | --- | --- | --- |
| 辅助生产车间名称 | 供水 | 机修 | 合计 | 供水 | 机修 | 合计 |
| 待分配费用 | | | | | | |
| 劳务供应数量总额 | | | | | | |
| 费用分配率 | | | | | | |

(续表)

| 项目 | | | 交互分配 | | | 对外分配 | | |
|---|---|---|---|---|---|---|---|---|
| 辅助生产车间名称 | | | 供水 | 机修 | 合计 | 供水 | 机修 | 合计 |
| 应借账户 | 辅助生产成本 | 供水车间 | 数量 | | | | | |
| | | | 金额 | | | | | |
| | | 机修车间 | 数量 | | | | | |
| | | | 金额 | | | | | |
| | 金额小计 | | | | | | | |
| | 制造费用 | 基本生产车间 | 数量 | | | | | |
| | | | 金额 | | | | | |
| | 管理费用 | | 数量 | | | | | |
| | | | 金额 | | | | | |
| | 对外分配金额合计 | | | | | | | |

表3-34 基本生产明细账

产品名称：
投产数量：　　　　　　　　　　　　　　　　　　　金额单位：元

| 20××年 | | 凭证号数 | 摘要 | 成本项目 | | | | 合计 |
|---|---|---|---|---|---|---|---|---|
| 月 | 日 | | | 直接材料 | 直接人工 | 燃料及动力 | 制造费用 | |
| | | | | | | | | |
| | | | | | | | | |
| | | | | | | | | |
| | | | | | | | | |
| | | | | | | | | |
| | | | | | | | | |

表 3-35  基本生产明细账

产品名称：
投产数量：                                                  金额单位：元

| 20××年 | | 凭证号数 | 摘要 | 成本项目 | | | | 合计 |
|---|---|---|---|---|---|---|---|---|
| 月 | 日 | | | 直接材料 | 直接人工 | 燃料及动力 | 制造费用 | |
| | | | | | | | | |
| | | | | | | | | |
| | | | | | | | | |
| | | | | | | | | |
| | | | | | | | | |
| | | | | | | | | |
| | | | | | | | | |

[核算题 2]  华仪公司的供电车间、供水车间成本总额分别为 114 920 元和 28 800 元。假定这两个辅助生产车间供应的对象和数量如表 3-36 所示。

表 3-36  辅助生产车间提供劳务量汇总表

| 受益对象 | | 供水（吨） | 供电（度） |
|---|---|---|---|
| 辅助生产部门 | 供水车间 | | 2 000 |
| | 供电车间 | 2 000 | |
| 基本生产车间 | | 47 500 | 25 000 |
| 行政管理部门 | | 17 500 | 5 000 |
| 合计 | | 67 000 | 32 000 |

要求：用计划成本分配法分配辅助生产费用（计划单位成本供水车间的水每吨 1.80 元，供电车间每度电 0.85 元），将分配内容和结果填入表 3-37。

表3-37 辅助生产费用分配表(计划成本分配法)　　　金额单位:元

| 项目 | | | 劳务供应 | 供水车间 | | 供电车间 | | 费用合计 |
|---|---|---|---|---|---|---|---|---|
| | | | | 数量(吨) | 费用 | 数量(度) | 费用 | |
| 计划成本分配 | | | 待分配费用 | | | | | |
| | | | 计划单位成本 | | | | | |
| | 应借账户 | 辅助生产成本 | 供水车间 | | | | | |
| | | | 供电车间 | | | | | |
| | | | 小　计 | | | | | |
| | | 制造费用 | 基本生产车间 | | | | | |
| | | 管理费用 | | | | | | |
| | | | 按计划成本分配合计 | | | | | |
| | | | 辅助生产实际成本 | | | | | |
| 成本差异分配 | | | 待分配成本差异额 | | | | | |
| | | | 分　配　率 | | | | | |
| | 应借账户 | 制造费用 | 基本生产车间 | | | | | |
| | | 管理费用 | | | | | | |
| | | | 成本差异分配合计 | | | | | |

[核算题3] 某企业基本生产车间全年制造费用计划为468 000元;全年的产品计划产量为:A产品38 000件,B产品12 000件,C产品16 000件。单位产品定额为:A产品5小时,B产品7小时,C产品8小时。本月实际产量为:A产品3 600件,B产品1 400件,C产品1 000件。本月份实际制造费用41 200元。

要求:按年度计划分配率分配制造费用。
(1) 计算各种产品年度计划产量的定额工时。
(2) 计算年度计划分配率。
(3) 计算各种产品本月实际产量的定额工时。
(4) 计算各种产品本月应分配制造费用。

[核算题4] 某企业12月份共生产乙产品2 000件,其中,合格品为1 920件,生产过程当中发现不可修复废品80件;全部生产工时8 000小时,其中废品工时400小时;共发生费用:原材料320 000元,直接人工20 000元,制造费用30 400

元。原材料系开始生产时一次投入,废品残值1 600元入库。

要求:根据上述资料,采用按废品所耗实际费用计算废品成本,并将结果填入表3-38。同时,根据计算结果进行相应的账务处理。

表3-38 不可修复废品损失计算表　　　　　　金额单位:元

| 项　　目 | 产量(件) | 原材料 | 生产工时 | 人工成本 | 制造费用 | 合　计 |
| --- | --- | --- | --- | --- | --- | --- |
| 费用总额 | | | | | | |
| 费用分配率 | | | | | | |
| 废品成本 | | | | | | |

# 第四章　在产品与产成品成本核算

- 了解在产品的含义及在产品数量的确定方法
- 理解在产品数量与产品成本计算的关系
- 掌握产品成本在完工产品与在产品之间的分配方法并能根据月末在产品等特点选择不同的分配方法,将产品成本在完工产品与在产品之间进行正确分配

## 引　　言

　　仙林木器厂生产的办公桌经过构件加工、装配和油漆三个工序完成。某月末各工序在产品数量为:第一道工序100件,第二道工序200件,第三道工序300件。该月加工完成的产品有1 000件,其中有200件尽管完工,但尚未办理入库手续。三道工序核定的工时定额分别为6小时、4小时和2小时。在月末将原材料费用、工资费用和制造费用在完工产成品与在产品之间分配时,会计叶谦将原材料费用按照产成品数量1 000件和在产品数量600件进行了平均分配,即:单位产成品和在产品负担材料费用一样多;工资费用和制造费用则对单位在产品按照单位产成品的一半分配,即:每件在产品分给的工资和制造费用等于每件产成品应分得的工资和制造费用的50%。主管会计殷筱勤审核时告诉叶谦:产成品的数量应为800件,在产品的数量也是800件;另外,对工资费用和制造费用的分配不能简单地按完工产品的一半分配,而是要根据各工序的在产品完工程度确认在产品相当于产成品的数量比例来分配。这是怎么回事呢?这涉及在产品数量的确认方法和生产

(续上)

费用在完工产品和在产品之间分配的方法问题。学完本章将为你提供明确的思路。

通过上章各项要素费用的归集和分配，应计入本月各种产品的费用都已记入了各种产品的"基本生产成本"明细账户。如果产品全部完工，没有期末在产品，则"基本生产成本"账户归集的各产品生产费用就是完工产品成本；如果产品全部未完工，期末全是在产品，则全部生产费用都是在产品成本；如果产品在月份内有部分完工、部分未完工的情况，则要将归集的生产费用在完工产品与在产品之间进行分配。上述三种情况，前两种情况由于在月末时要么全部完工，要么全部未完工，因而不存在将生产费用在完工产品和月末在产品之间分配的问题。但这两种情况是比较特殊的。一般来说，企业在期末都会有部分完工、部分未完工的情况，因而，将一定时期的产品成本在完工产品与在产品之间分配也就成为成本核算的一个重要环节。本章主要就产品成本在完工产品和在产品之间的分配方法及适用范围作具体阐述，并对在产品的核算作一简单介绍。

## 第一节　在产品核算

### 一、在产品含义

在产品是指企业已经投入生产，但尚未最后完工、不能作为商品销售的产品。在产品有广义和狭义之分。广义在产品是就整个企业而言的。它是指产品生产从投料开始，到最终制成产成品交付验收入库前的一切产品，包括正在加工中的在制品（含正在返修的废品）、已经完成一个或几个生产步骤但还需继续加工的半成品、尚未验收入库的产成品和等待返修的废品。狭义在产品是就某一生产单位（如分厂或车间）或某一生产步骤来说的。它仅指本生产单位或本步骤已经完工入库的半成品。本章讨论的在产品指的是狭义在产品。

### 二、在产品数量的确定

在产品数量是核算在产品成本的基础。因此，要准确核算在产品成本，必须准确地确定在产品数量。在产品数量的确定方式通常有两种：一是通过账面核算资料确定，二是通过月末实地盘点确定。在采用前种确定方式下，要求企业设置"在产品收发存账簿"，这种账簿也叫在产品台账；通过在产品台账的登记，反映在产品的数量。

在产品台账应当分生产单位（分厂、车间），按产品的品种和零部件的名称来设置，以反映各生产单位各种在产品收入、发出和结存情况；在产品台账还可以结合企业生产工艺特点和内部管理的需要，进一步按照加工工序（生产步骤）来组织在产品数量核算。在产品台账的一般格式如表4-1所示。

表4-1 在产品台账

生产单位：　　　　生产工序：　　　　在产品名称：　　　　计量单位：

| 日期 | 摘要 | 收入 | | 转出 | | 结存 | | | 备注 |
|---|---|---|---|---|---|---|---|---|---|
| | | 凭证号数 | 数量 | 凭证号数 | 合格品 | 废品 | 已完工 | 未完工 | 废品 | |
| | | | | | | | | | | |
| | 合计 | | | | | | | | | |

"在产品台账"根据有关领料凭证、在产品内部转移凭证、产品检验凭证和产品入库单等原始凭证逐笔登记。

在实际工作中，在产品数量的两种确定方式往往同时运用，即：在做好在产品收发日常核算工作的同时，做好在产品的定期盘点工作，以便随时掌握在产品的动态，按期确定在产品的数量，并保证在产品数量的准确性。

## 三、在产品清查及其盈亏的核算

为了核实在产品实际结存数量，保证在产品的安全完整，做到账实相符，必须定期进行在产品的清查盘点。

在产品清查一般于月末结账前进行，并采用实地盘点法。盘点的结果，应填制"在产品盘点表"，并与在产品的台账核对。如有不符，还应填制"在产品盘盈盘亏报告表"，并说明发生盘盈的原因。企业会计人员应对在产品盘盈盘亏的数量、原因及处理意见在进行认真审核报经有关部门和领导审批后，进行相应的账务处理。具体处理程序和方法如下。

（一）盘盈的会计处理

（1）发生盘盈时：

借：基本生产成本——×产品
　　贷：待处理财产损溢——×产品

（2）批准后予以转销时：

借：待处理财产损溢——×产品
　　贷：管理费用

（二）盘亏及毁损的会计处理

（1）发生盘亏及毁损时：

借：待处理财产损溢——×产品
　　贷：基本生产成本——×产品

（2）批准后转销时，区别不同情况处理：

借：原材料（毁损在产品收回的残值）
　　其他应收款（应收过失人或保险公司赔偿的损失）
　　营业外支出（非常损失的净损失）
　　管理费用（无法收回的损失）
　　贷：待处理财产损溢——×产品

说明：在产品盘亏、毁损要换算应负担的增值税，其增值税额也计入"待处理财产损溢"，即：借记"待处理财产损溢"账户，贷记"应交税费——应交增值税（进项税额转出）"账户。

### 【问题与思考4-1】

某企业在产品发生毁损10件，每件在产品已发生成本2 000元，其中，材料成本占到60%，经批准除保险公司给予赔款15 000元外，其余全部作为企业损失处理。请问：列入"营业外支出"项目的金额是多少（增值税税率为16%）？

## 四、在产品数量与完工产品成本计算的关系

在产品数量是核算在产品成本的基础。在产品成本与完工产品成本之和就是产品的生产费用总额。由于本期期末在产品成本就是下期期初在产品成本，因此，在产品成本与完工产品成本的计算关系可用以下两个公式表示。

公式1：月初在产品成本＋本月生产费用 ＝ 本月完工产品成本＋月末在产品成本

由公式1可知，前两项费用之和，即：生产产品所发生的累计生产费用应该由完工产品和月末在产品共同承担。也就是说，要将生产费用累计数在完工产品与在产品之间进行分配。根据上面公式表示的四个因素之间关系，分配的方法可以有两类：一类是将前两项费用之和在完工产品与月末在产品之间按一定的比例进行分配，同时计算完工产品成本和月末在产品成本；另一类是先确定月末在产品成

本,再从前两项费用之和中减去月末在产品成本,计算完工产品成本。这类方法用计算公式表示,如公式 2。

公式 2：本月完工产品成本 = 月初在产品成本 + 本月生产费用 - 月末在产品成本

从公式 2 可以看出,各月末在产品的数量及成本大小,对完工产品成本有着很大的影响。因此,无论采用哪一类方法,都必须正确组织在产品收发存的数量核算,以取得在产品动态和结存的数量资料。

## 第二节 产品成本在完工产品与在产品之间的分配方法

产品成本在完工产品与在产品之间的分配是成本计算工作中一个重要问题。在在产品加工工序较多的企业,这又是一个复杂问题。企业应该根据在产品数量的多少、各月在产品数量变化的大小、各项费用比重的大小以及定额管理基础等具体条件并考虑管理的要求,选择合理而又简便的成本计算方法。实务中,常用的方法有：在产品忽略不计法、在产品按固定成本计价法、在产品按所耗原材料成本计价法、约当产量比例法、在产品按完工产品计算法、在产品按定额成本计价法和定额比例法。

### 一、在产品忽略不计法

该方法的基本特点是：基本生产成本明细账中归集的产品成本,全部由本月完工产品负担,月末在产品不分担。它适用于各月在产品数量很少的产品。因为,各月在产品数量很少,那么月初和月末在产品的成本就很小,月初在产品成本与月末在产品成本的差额更小,而算不算各月在产品成本对于完工产品成本的影响也就很小。因而,在计算完工产品成本时,可以将期末在产品忽略不计。如：采煤企业,由于工作面小,在产品数量很少,月末在产品就可以不计算成本。

### 二、在产品按固定成本计价法

该方法的基本特点是：年内各月在产品成本都按年初在产品成本计算,固定不变。它适用于各月末之间在产品数量变化不大的产品。因为,各月末在产品数量变化不大,月初、月末在产品成本的差额也就不大,因而,计算不计算各月初、月末在产品成本的差额对于完工产品成本的确定影响也就很小。为了简化产品成本计算工作,在计算完工产品成本时,可以将月末在产品成本按年初在产品成本固定计算。

由此可见,在这种分配方法下,每月发生的生产费用就是该月份完工产品的成本。但在年末,应该根据实际盘点的在产品数量,具体确认年末在产品的实际成本,并据以计算12月份的完工产品成本。将计算出的年末在产品成本,作为下一年度各月固定的在产品成本,以免相隔时间过长,使在产品成本与实际出入过大,影响产品生产成本计算的正确性。如:炼铁企业和化工企业等生产的产品,由于高炉和化学反应装置的容积固定,其在产品成本就可以这样计算。

### 三、在产品按所耗原材料成本计价法

该方法的基本特点是:月末在产品成本只按所耗的原材料费用计算确认,人工成本和制造费用则全部由完工产品成本承担。它适用于各月末在产品数量较大,各月在产品数量变化也较大以及原材料费用在产品成本中所占比重也较大的产品。这是因为,各月末在产品数量较大且变化也较大的产品采用上述两种方法都不合适,因而对月末在产品成本就要采用具体的计算方法。由于产品成本中原材料费用比重大,工资及制造费用比重就较小,对于未完工的在产品来说,其工资、制造费用就更小,这样月初、月末在产品制造费用的差额也就很小。因此,为了简化计算工作,在产品可以不计算工资及制造费用。如:酿酒、造纸、纺织等企业的产品就可以采用这种方法。其具体计算公式如下(假定原材料在生产开始时一次投入):

$$单位产品原材料成本 = \frac{原材料费用总额}{完工产品数量 + 月末在产品数量}$$

$$月末在产品成本 = 月末在产品数量 \times 单位产品原材料成本$$

$$本月完工产品成本 = 月初在产品成本 + 本月完工产品成本 - 月末在产品成本$$

[例4-1] 某企业甲产品的月末在产品成本只计算原材料费用,原材料在生产开始时一次投入。假定该企业9月份有关产量及费用资料如表4-2所示。

表4-2 甲产品产量及费用表    金额单位:元

| 项 目 | 月初在产品 | | 本 月 发 生 | | 月末产品数量 | |
| --- | --- | --- | --- | --- | --- | --- |
| | 数量 | 成本 | 数量 | 生产费用 | 完工 | 在产品 |
| 直接材料 | | 89 000 | | 336 000 | | |
| 直接人工 | | | | 8 000 | | |
| 制造费用 | | | | 12 000 | | |
| 合 计 | 200 | 89 000 | 800 | 356 000 | 600 | 400 |

根据上述资料,完工产品与月末在产品成本计算如下:

$$单位产品材料成本 = \frac{89\,000 + 336\,000}{600 + 400} = 425(元)$$

$$月末在产品成本 = 400 \times 425 = 170\,000(元)$$

$$完工产品成本 = 89\,000 + 356\,000 - 170\,000 = 275\,000(元)$$

## 四、约当产量比例法

该方法的基本特点是：将期初结存在产品成本与本期发生的生产费用之和按完工产品数量与月末在产品数量折合成的完工产品数量（即约当产量）的比例，来分配计算完工产品成本和月末在产品成本；分配时，按成本项目进行。它适用于月末在产品数量较大，各月末在产品数量变化也较大，产品成本中原材料费用和人工及制造费用的比重相差不大的产品。因为，在这种情况下的月末在产品成本，一不能忽略不计，二不能固定不变，三不能只计算原材料费用，而必须按照月末在产品数量具体全面地计算各成本项目的费用。约当产量比例法计算分配完工产品和月末在产品成本的基本公式如下：

$$某项费用分配率 = \frac{该项费用总额}{完工产品产量 + 在产品约当产量}$$

$$完工产品应分配该项费用 = 完工产品产量 \times 该项费用分配率$$

$$在产品应分配该项费用 = 在产品约当产量 \times 该项费用分配率 =$$
$$该项费用总额 - 完工产品该项费用$$

由以上公式可知，采用约当产量比例法分配生产费用，关键在于月末在产品约当量计算。月末在产品约当产量的计算公式为：

$$在产品约当产量 = 在产品实际数量 \times 在产品完工程度(或投料程度)$$

由此可见，计算约当产量的关键，又在于在产品完工程度或投料程度的确定。

由于产品生产过程中，材料费用、人工费用和制造费用的发生情况不同，在产品完工程度（投料程度）的确认方法也不一样。下面分别成本项目加以说明。

（一）用以分配"直接材料费用"的在产品约当产量计算

用以分配直接材料费用的在产品约当量一般是按投料程度计算的。因为，月末在产品成本中的材料成本与在产品的投料程度关系密切，而与在产品的完工程度没有直接关系。在产品的投料程度是指在产品已投材料占完工产品应投材料的百分比。在生产过程中，材料投入方式通常有三种，即：在生产开始时一次投入，在生产过程中陆续投入以及在生产过程中分阶段批量投入。由于投料方式不同，在产品的投料程度也不一样。

(1) 如原材料为生产开始时一次投入,则在产品和完工产品所耗材料数量相同,因而在产品的投料程度为 100%。这样无论在产品的完工程序如何,在分配材料费用时,直接按完工产品和在产品数量比例分配。

(2) 如原材料为随生产过程陆续投入,则材料的投料程度与生产工时的投入进度基本一致,那分配材料费用的在产品约当产量按在产品的完工程度折算。

(3) 如原材料为分阶段投入,并在每道工序开始时一次投入,则月末在产品的投料程度按下列公式计算:

$$某工序投料程度(\%) = \frac{在产品上道工序累计投入材料费用(或数量) + 在产品在本工序投入材料费用(或数量)}{完工产品应投材料费用(或数量)} \times 100\%$$

上述公式中的材料费用或数量可以是实际数也可以是定额数。下面举例说明。

[例 4 - 2] 某企业的甲产品经三道工序加工完成,原材料分三道工序在每道工序开始时一次投入,投料量分别为 800 千克、700 千克、500 千克,各工序在产品数量分别为 100 件、200 件、300 件,则每道工序的在产品投料程度及约当产量计算如下:

$$第一道工序在产品投料程度 = \frac{800}{2\,000} \times 100\% = 40\%$$

$$第二道工序在产品投料程度 = \frac{800 + 700}{2\,000} \times 100\% = 75\%$$

$$第三道工序在产品投料程度 = \frac{800 + 700 + 500}{2\,000} \times 100\% = 100\%$$

$$在产品约当产量 = 100 \times 40\% + 200 \times 75\% + 300 \times 100\% = 40 + 150 + 300 = 490(件)$$

(二) 用以分配"直接材料费用"以外的其他成本项目在产品约当产量计算

对于直接材料费用以外的其他成本项目在产品约当产量计算,通常按完工程度进行。因为这些费用的发生与完工程度关系密切,它们随着工艺过程的进行而逐渐投入耗费。产品完工程度越高,该产品应负担的这部分费用也越多。完工程度的计算可按照各道工序分别计算,也可以确定综合平均完工程度。

1. 分工序计算在产品完工程度

分工序计算在产品完工程度是指根据截止到某一工序为止在产品实耗工时(或定额工时)占完工产品实耗工时(或定额工时)的百分比来确定各工序在产品完工程度的一种方法。其计算公式为:

$$某工序在产品完工程度 = \frac{单位在产品前面各道工序工时定额之和 + 单位在产品本工序工时定额 \times 50\%}{单位完工产品工时定额} \times 100\%$$

在上列公式中,本工序的工时定额之所以乘以50%,是因为该工序中各件在产品的完工程序也不同,为了简化完工程序的测算工作,都按平均完工50%计算。而在产品从上一道工序转入下一道工序时,其上一道工序已经完工,因而前面各道工序的工时定额应按100%计算。

[例4-3] 假定某企业甲产品经过三道工序加工而成,各工序工时定额资料、在产品盘存数量资料,以及求得在产品完工程序及约当产量计算,如表4-3所示。

表4-3 在产品完工程度及约当产量计算表

| 工 序 | 工时定额 | 完工程度(%) | 在产品数量 | 在产品约当产量 |
| --- | --- | --- | --- | --- |
| 1 | 50 | 25 | 100 | 25 |
| 2 | 30 | 65 | 200 | 130 |
| 3 | 20 | 90 | 300 | 270 |
| 合 计 | 100 | 100 | | 425 |

表4-3中各工序完工程度及约当产量的计算为:

$$第一道工序在产品完工程度 = \frac{50 \times 50\%}{100} \times 100\% = 25\%$$

$$第二道工序在产品完工程度 = \frac{50 + 30 \times 50\%}{100} \times 100\% = 65\%$$

$$第三道工序在产品完工程度 = \frac{50 + 30 + 20 \times 50\%}{100} \times 100\% = 90\%$$

$$在产品约当产量 = 100 \times 25\% + 200 \times 65\% + 300 \times 90\% =$$
$$25 + 130 + 270 = 425(件)$$

2. 不分工序确定在产品完工程度

不分工序确定在产品完工程序是指企业对在产品确定一个平均完工程度(一般确定为50%)作为各工序在产品完工程度的一种方法。这种方法适用于各工序在产品数量和单位产品在各工序的加工量都相差不多的情况。因为在这种情况下,后面各工序在产品多加工的程度可以抵补前面各工序少加工的程度,这样为了简化核算,就可以对全部在产品完工程序都按50%计算。仍以上例的甲产品为例,假定各工序在产品完工程度均定为50%,则在产品约当产量为300件(100×50%+200×50%+300×50%)。从此例也可以看出,不分工序确定在产品完工程度,不能用于各工序在产品数量和单位产品在各工序加工量相差很大的产品;否则,计算出的约当产品与实际情况相差太大。

现举例说明采用约当产量法分配生产费用的计算过程。

[例4-4] 假定某企业生产乙产品要经过二道工序加工完成,本月份完工产品产量为500件,月末在产品500件,其中第一道工序200件,第二道工序300件,第一道工序工时定额60小时,第二道工序工时定额40小时,原材料在生产开始时一次投入。累计直接材料89 000元,直接人工24 000元,制造费用48 000元。

根据上述资料,具体计算程序如下:

(1) 直接材料费用的分配。由于材料为生产时一次投入,也就是说,在产品投料程度为100%,因而在产品负担的材料费用与完工产品应该一样,在产品的约当产量就是在产品的实际数量,则材料费用在完工产品与在产品之间分配如下:

$$直接材料分配率 = \frac{89\ 000}{500 + 500} = 89(元/件)$$

$$完工产品应分摊材料费用 = 89 \times 500 = 44\ 500(元)$$

$$月末在产品应分摊材料费用 = 89 \times 500 = 44\ 500(元)$$

(2) 其他费用分配。由于各道工序单位在产品工时定额不同,那么先要计算每道工序在产品完工程度,继而求出在产品约当产量,最后才能将直接工资和制造费用分配给完工产品和在产品。

$$第一道工序在产品完工程序 = \frac{60 \times 50\%}{100} \times 100\% = 30\%$$

$$第二道工序在产品完工程序 = \frac{60 + 40 \times 50\%}{100} \times 100\% = 80\%$$

$$在产品约当产量 = 200 \times 30\% + 300 \times 80\% = 60 + 240 = 300(件)$$

所以:
$$直接人工分配率 = \frac{24\ 000}{500 + 300} = 30(元/件)$$

$$制造费用分配率 = \frac{48\ 000}{500 + 300} = 60(元/件)$$

$$完工产品应分摊直接工资费用 = 30 \times 500 = 15\ 000(元)$$

$$在产品应分摊的直接工资费用 = 30 \times 300 = 9\ 000(元)$$

$$完工产品应分摊的制造费用 = 60 \times 500 = 30\ 000(元)$$

$$在产品应分摊的制造费用 = 60 \times 300 = 18\ 000(元)$$

根据上述计算归集的乙产品完工产品成本和月末在产品成本分别为：

乙产品完工产品成本 = 44 500 + 15 000 + 30 000 = 89 500(元)

乙产品月末在产品成本 = 44 500 + 9 000 + 18 000 = 71 500(元)

据此编制完工产品入库的会计分录为：

借：库存商品（或产成品）——乙产品　　　　　　　　　　　　89 500
　　贷：基本生产成本——乙产品　　　　　　　　　　　　　　　89 500

需要说明的是：如果企业单设了"燃料及动力"等成本项目，因其耗用与产品的完工程度有关，而与产品的投料程度无关，所以，计算约当产量时，按照上述分配直接人工和制造费用的方法进行计算，即按在产品的完工程度计算。

### 【问题与思考 4-2】

某校会计系共有 3 000 名在校生，其中全日制学生 2 000 名，还有 1 000 名学生是半日制。有学生说，我们可以把成本会计上的"约当产量"概念用在学生人数统计上，即：2 个半日制的学生相当于 1 个全日制学生。根据这样理解，该系的 3 000 名学生实际上只相当于 2 500 名全日制学生。请问：是否可以这样理解"约当产量"概念？

## 五、在产品按完工产品计算法

该方法的特点是在产品视同完工产品分配生产费用。它适用于在产品已接近完工，只是尚未包装或未验收入库的产品。因为这种情况下的在产品已基本加工完毕或已加工完毕，在产品的成本也就已经接近或等于完工产品成本。为了简化产品成本计算工作，可以把在产品视同完工产品，按两者的数量比例分配各项费用。

## 六、在产品按定额成本计价法

该方法的基本特点是：月末在产品成本根据月末在产品数量和单位定额成本计算，然后从本月该种产品的全部生产费用（如果有月初在产品，包括月初在产品成本）中扣除，以求得完工产品的成本。其计算公式为：

某产品月末在产品定额成本 = 月末在产品数量 × 在产品单位定额成本

某产品完工产品总成本 = 该产品本月生产费用合计 − 该产品月末在产品成本

这种方法适用于各项消耗定额或费用定额比较准确、稳定，各月末在产品数量变化比较小的产品。因为产品各项定额准确，月初和月末单位在产品实际费用脱离定额的差异就不会大。又由于各月末在产品数量变化不大,因而月初在产品费用总额脱离月末在产品定额费用的总额差异也就不会大。所以,月末在产品成本不计算成本差异,对完工产品成本影响不大。为了简化成本计算工作,可以用此法分配费用。另外,如果消耗定额不稳定,那么在修订消耗定额的月份,月末在产品成本就按新的定额计算,这样完工产品成本中就包括了月末在产品按新的定额成本计算所发生的差额,从而不利于完工产品成本的分析和考核。因此,采用此法,产品的各项消耗定额还必须比较稳定。

由此可以看出,采用此方法的关键在于计算确定月末在产品的定额成本。月末在产品定额成本的计算一般是分"成本项目"进行。其中,直接材料项目可根据在产品数量和单位在产品成本定额计算,其他成本项目根据在产品累计工时定额和每一定额工时的费用额来计算。对多工序产品来说,其计算步骤如下。

(一) 确定月末在产品定额材料成本

月末在产品定额材料成本的确定,由于材料的投料方式不同,计算方法也不一样。

(1) 原材料为生产开始时一次投入,则月末在产品定额材料费用计算方法如下:

$$\text{定额原材料成本} = \sum (\text{每道工序在产品数量} \times \text{材料费用定额})$$

(2) 原材料为随生产进度陆续投入,则月末在产品定额材料费用计算方法如下:

$$\text{定额原材料费用} = \sum (\text{某工序累计材料费用定额} \times \text{该工序在产品数量}) \times 50\%$$

其中:某工序累计原材料费用定额 = 前道工序累计原材料费用定额 + 本工序原材料费用定额 $\times 50\%$

(3) 原材料为分工序一次投入的,则某工序累计材料费用定额按下列方法计算:

$$\text{某工序累计原材料费用定额} = \text{前道工序累计原材料费用定额} + \text{本工序原材料费用定额}$$

(二) 确定月末在产品定额工时

确定月末在产品定额工时,要根据各工序结存的在产品数量和累计工时定额来计算。其计算公式如下:

$$\text{月末在产品定额工时} = \sum (\text{某工序累计工时定额} \times \text{该工序在产品数量})$$

其中: 某工序累计工时定额 = 前道工序累计工时定额 + 本工序工时定额 $\times 50\%$

### (三) 确定月末在产品定额加工成本

(1) 计算月末在产品的定额工资成本。其计算公式如下：

月末在产品定额工资成本 = 月末在产品定额工时 × 每小时工资定额

(2) 计算月末在产品定额制造费用。其计算公式如下：

月末在产品定额制造费用 = 月末在产品定额工时 × 每小时制造费用定额

### (四) 计算月末在产品定额成本

月末在产品定额成本的计算公式如下：

月末在产品定额成本 = 月末在产品定额材料成本 + 月末在产品定额工资成本 +
月末在产品定额制造费用

下面举例说明月末在产品定额成本计算和生产费用分配。

[例 4-5] 某企业生产的丙产品由两道工序组成,有关资料如下：
费用定额：原材料 200 元,直接人工 0.6 元,制造费用 0.8 元；
丙产品工时定额：第一道工序 40 小时,第二道工序 20 小时；
月末在产品产量：第一道工序 50 件,第二道工序 40 件；
实际生产费用：直接材料,月初在产品 12 000 元,本月发生 48 000 元；
　　　　　　　直接人工,月初在产品 2 100 元,本月发生 13 000 元；
　　　　　　　制造费用,月初在产品 3 200 元,本月发生 14 000 元。

根据上述资料计算月末在产品定额成本如表 4-4 所示。

**表 4-4  在产品定额成本计算表**

20××年×月　　　　　　　　　　　　　　　金额单位：元

| 产品名称 | 所在工序 | 在产品数量（件） | 直接材料 费用定额 | 直接材料 定额费用 | 在产品累计工时定额 | 在产品定额工时 | 直接人工（每小时0.6元） | 制造费用（每小时0.8元） | 定额成本合计 |
|---|---|---|---|---|---|---|---|---|---|
| 丙产品 | 1 | 50 | 200 | 10 000 | 20 | 1 000 | 600 | 800 | 11 400 |
| 丙产品 | 2 | 40 | 200 | 8 000 | 50 | 2 000 | 1 200 | 1 600 | 10 800 |
| 丙产品 | 合计 | | | 18 000 | | 3 000 | 1 800 | 2 400 | 22 200 |

表 4-4 中在产品累计工时定额计算如下：

　　第一道工序在产品累计工时定额 = 40 小时 × 50% = 20(小时)

　　第二道工序在产品累计工时定额 = 40 小时 + 20 小时 × 50% = 50(小时)

根据上列有关月末在产品定额成本资料,编制丙产品生产成本分配表,如

表4-5所示。

表4-5 完工产品与月末在产品费用分配表

产品名称：丙产品　　　　　　　　20××年×月　　　　　　　　金额单位：元

| 成本项目 | 月初在产品成本 | 本月生产费用 | 合计 | 月末在产品定额成本 | 本月完工产品成本 |
|---|---|---|---|---|---|
| 直接材料 | 12 000 | 48 000 | 60 000 | 18 000 | 42 000 |
| 直接人工 | 2 100 | 13 000 | 15 100 | 1 800 | 13 300 |
| 制造费用 | 3 200 | 14 000 | 17 200 | 2 400 | 14 800 |
| 合计 | 17 300 | 75 000 | 92 300 | 22 200 | 70 100 |

【问题与思考4-3】

小张大学毕业后借款10万元在家办了一个小型玩具生产厂。该玩具由两道工序完成，其中，第一道工序工时定额8小时，第二道工序4小时。会计专业毕业的小张为了加强管理，在充分调研的基础上又制定出了费用定额，其中，直接工资2元，制造费用1元。假定某月月末的在产品产量是：第一道工序5件，第二道工序10件。小张计算出的在产品不含材料成本的累计定额成本为360元，该厂会计说不对，应是300元。请问：这两人说的数据中有没有是对的？并说明理由。

## 七、定额比例法

该方法的基本特点是：完工产品和月末在产品的成本计算按照生产费用占完工产品和月末在产品的定额消耗量或定额费用的比例来分配求得，而且在计算时，也是分成本项目进行的。其中，直接材料费用按原材料定额消耗量或原材料定额费用比例分配，其他成本项目按定额工时比例分配。它适用于各项消耗定额或费用定额比较准确、稳定，但各月末在产品数量变动较大的产品。因为，虽然消耗定额或费用定额准确、稳定而使月初、月末单位在产品费用脱离定额的差异不大，但由于各月末在产品数量变化较大，因而月初在产品费用脱离定额的差额总额与月末在产品费用脱离定额的差异总额的差额会较大，这样如果仍采用定额成本法会将月初、月末在产品费用脱离定额的差异额计入完工产品成本，从而会影响完工产品成本的真实性、正确性。因此，在上述条件下，采用定额比例法。

定额比例法的计算公式如下：

(1) 直接材料费用的分配：

$$\text{直接材料费用分配率} = \frac{\text{月初在产品原材料成本} + \text{本月发生的原材料费用}}{\text{完工产品定额原材料耗用量（或费用）} + \text{月末在产品定额原材料耗用量（或费用）}}$$

$$\text{完工产品应分配直接材料费用} = \text{完工产品定额原材料耗用量（或费用）} \times \text{直接材料费用分配率}$$

$$\text{月末在产品应分配直接材料费用} = \text{月末在产品定额原材料耗用量（或费用）} \times \text{直接材料费用分配率}$$

或：$\text{月末在产品应分配直接材料费用} = \text{月初在产品成本} + \text{本月发生的原材料费用} - \text{完工产品原材料成本}$

(2) 直接人工、制造费用的分配：

$$\text{直接人工、制造费用等分配率} = \frac{\text{月初在产品直接人工、制造费用等} + \text{本月发生的直接人工、制造费用等}}{\text{完工产品定额工时} + \text{月末在产品定额工时}}$$

$$\text{完工产品应分配的直接人工、制造费用等} = \text{完工产品定额工时} \times \text{直接人工、制造费用等分配率}$$

$$\text{月末在产品应分配的直接人工、制造费用等} = \text{月末在产品定额工时} \times \text{直接人工、制造费用等分配率}$$

或：$\text{月末在产品应分配的直接人工、制造费用等} = \text{月初在产品直接人工、制造费用等} + \text{本月发生的直接人工、制造费用等} - \text{完工产品的直接人工、制造费用等}$

[例4-6] 某企业20××年×月生产丁产品的有关资料如表4-6所示。

表4-6 丁产品费用及有关定额等资料　　　　　　　　　金额单位：元

| 内容＼成本项目 | 直接材料 | 直接人工 | 制造费用 | 合计 |
|---|---|---|---|---|
| 月初在产品成本 | 5 600 | 2 600 | 1 400 | 9 600 |
| 本月生产费用 | 44 800 | 19 000 | 16 840 | 80 640 |
| 单位完工产品定额 | 60 千克 | 40 小时 | 40 小时 | |
| 月末在产品定额 | 60 千克 | 20 小时 | 20 小时 | |
| 完工产品产量 | | | | 500 件 |
| 月末在产品产量 | | | | 200 件 |

根据上述资料,采用定额比例法,计算本月完工产品成本和月末在产品成本的方法及结果如表4-7所示。

表4-7 完工产品与月末在产品费用分配表(定额比例法)

产品名称:丁产品　　　　　　20××年×月　　　　　　金额单位:元

| 成本项目 | 月初在产品成本 | 本月生产费用 | 生产费用合计 | 分配率 | 本月完工产品 | | 月末在产品 | |
|---|---|---|---|---|---|---|---|---|
| | | | | | 定额耗用量或工时 | 实际费用 | 定额耗用量或工时 | 实际费用 |
| | 1 | 2 | 3=1+2 | 4=3÷(5+7) | 5 | 6=4×5 | 7 | 8=4×7 |
| 直接材料 | 5 600 | 44 800 | 50 400 | 1.2 | 30 000 | 36 000 | 12 000 | 14 400 |
| 直接人工 | 2 600 | 19 000 | 21 600 | 0.9 | 20 000 | 18 000 | 4 000 | 3 600 |
| 制造费用 | 1 400 | 16 840 | 18 240 | 0.76 | 20 000 | 15 200 | 4 000 | 3 040 |
| 合　计 | 9 600 | 80 640 | 90 240 | | | 69 200 | | 21 040 |

表4-7中,完工产品定额耗用量或工时和月末在产品定额耗用量或工时计算如下:

完工产品直接材料定额耗用量 = 60千克/件 × 500件 = 30 000(千克)

月末在产品直接材料定额耗用量 = 60千克/件 × 200件 = 12 000(千克)

完工产品直接人工(制造费用)定额工时 = 40小时/件 × 500件 = 20 000(小时)

月末在产品直接人工(制造费用)定额工时 = 20小时/件 × 200件 = 4 000(小时)

从上例计算可知,采用定额比例法,必须取得完工产品和月末在产品的定额消耗量和定额工时资料。其中,完工产品的定额消耗量和定额工时用完工产品数量乘以单位产品原材料消耗定额和工时定额求得,月末产品定额消耗量和定额工时用在产品的月末账面结存量或实际盘存量以及相应的材料消耗定额和工时定额求得。这种计算对产品种类较少或产品生产工序较少的产品来说,工作量不算大,但在产品种类繁多和产品的生产工序较多的企业,工作量则是相当大的。① 因此,为了简化成本计算工作,月末在产品的定额数据可以采用倒挤的方法求得。其计算公式如下:

---

① 本部分内容是以单工序产品生产说明其分配方法的,在多工序生产情况下,其计算原理是一样的。授课老师可拟题让学生思考。

$$\begin{array}{c}\text{月末在产品定额消耗量}\\\text{（或定额成本）}\end{array} = \begin{array}{c}\text{月初在产消耗量}\\\text{（或定额成本）}\end{array} + \begin{array}{c}\text{本月投入的定额消耗量}\\\text{（或定额成本）}\end{array} -$$

$$\begin{array}{c}\text{本月完工产品定额消耗量}\\\text{（或定额成本）}\end{array}$$

采用上述公式计算月末在产品的定额消耗量（或定额成本），必须取得本月投入生产的原材料定额消耗量和工时定额量。该数据可以通过发料凭证所列的原材料消耗定额以及产量凭证上所列产品工时定额计算求得。

在具备了月初在产品定额原材料消耗量（或成本）和定额工时以及本月投入的原材料定额消耗量（或成本）和定额工时数据情况下，就可以用下列公式分配计算完工产品成本和月末在产品成本。

$$\text{直接材料费用分配率} = \frac{\text{月初在产品原材料费用} + \text{本月发生的原材料费用}}{\text{月初在产品原材料定额耗用量或定额成本} + \text{本月投入的原材料定额耗用量或定额成本}}$$

$$\text{项目费用其他成本项目费用分配率} = \frac{\text{月初在产品其他成本、项目费用} + \text{本月发生的其他成本}}{\text{月初在产品定额工时} + \text{本月投入的定额工时}}$$

仍以上例，假定该企业该产品月初在产品原材料定额消耗量为 4 600 千克，定额工时为 3 200 小时，本月投入的原材料定额消耗量为 37 400 千克，定额工时为 20 800 小时；完工产品定额原材料消耗量为 30 000 千克，定额工时为 20 000 小时，则月末在产品原材料定额消耗量和定额工时即可以倒推求出：

月末在产品原材料定额消耗量 = 4 600 + 37 400 − 30 000 = 12 000（千克）

月末在产品定额工时 = 3 200 + 20 800 − 20 000 = 4 000（小时）

这样，采用倒推方法求出的月末在产品定额数据与前述根据在产品结存数量具体算出的月末在产品定额数据相同，因而两者分配结果也相同。据此方法计算出的费用分配率分配完工产品与月末在产品成本如表 4-8 所示。

需要说明的是，在实务中，生产费用在完工产品与月末在产品之间的分配并不一定是通过编制"完工产品与月末在产品费用分配表"来完成的，更多的是直接在"产品成本计算单"中完成并在基本生产成本明细账中登记的。产品成本计算单的基本格式与其上述的分配表基本相同。现用表 4-7 的例子换个方式列示，如表 4-9 所示。

### 表4-8 完工产品与月末在产品费用分配表(定额比例法2)

产品名称：丁产品　　　　　　　　　20××年×月　　　　　　　　　金额单位：元

| 成本项目 | 月初在产品 | | 本月投入 | | 合计 | | 分配率 | 完工产品 | | 月末在产品 | |
|---|---|---|---|---|---|---|---|---|---|---|---|
| | 定额 | 实际 | 定额 | 实际 | 定额 | 实际 | | 定额 | 实际 | 定额 | 实际 |
| | 1 | 2 | 3 | 4 | 5=1+3 | 6=2+4 | 7=6/5 | 8 | 9=7×8 | 10 | 11=10×7 |
| 直接材料 | 4 600 | 5 600 | 37 400 | 44 800 | 42 000 | 50 400 | 1.2 | 30 000 | 36 000 | 12 000 | 14 400 |
| 直接人工 | 3 200 | 2 600 | 20 800 | 19 000 | 24 000 | 21 600 | 0.9 | 20 000 | 18 000 | 4 000 | 3 600 |
| 制造费用 | 3 200 | 1 400 | 20 800 | 16 840 | 24 000 | 18 240 | 0.76 | 20 000 | 15 200 | 4 000 | 3 040 |
| 合计 | | 9 600 | | 80 640 | | 90 240 | | | 69 200 | | 21 040 |

### 表4-9 产品成本计算单

产品名称：丁产品　　　　　　20××年×月　　　　　　完工产品：5 000件
　　　　　　　　　　　　　　　　　　　　　　　　　月末在产品：200件

| 摘要＼成本项目 | 直接材料 | 直接人工 | 制造费用 | 合计 |
|---|---|---|---|---|
| 月初在产品成本 | 5 600 | 2 600 | 1 400 | 9 600 |
| 本月生产费用 | 44 800 | 19 000 | 16 840 | 80 640 |
| 生产费用合计 | 50 400 | 21 600 | 18 240 | 90 240 |
| 费用分配率 | 1.2 | 0.9 | 0.76 | |
| 完工产品成本 | 30 000 千克 | 20 000 小时 | 20 000 小时 | |
| | 36 000 | 18 000 | 15 200 | 69 200 |
| 月末在产品成本 | 12 000 千克 | 4 000 小时 | 4 000 小时 | |
| | 14 400 | 3 600 | 3 040 | 21 040 |

根据"产品成本计算单"(或完工产品与月末产品分配表)编制完工入库产品成本分录如下：

　　借：库存商品(或产成品)——丁产品　　　　　　　　　　　　　69 200
　　　　贷：基本生产成本——丁产品　　　　　　　　　　　　　　 69 200

生产费用在完工产品与月末在产品之间分配方法较多，企业可根据所生产不同产品的特点及管理条件合理选用其中一种或几种；但选定后，没有特殊情况不能随意变更，以便不同时期产品成本具有可比性。

知 识 库

## 一夸脱蒸馏水如何能值17美元?

成本分配是生活中不可回避的一面。在落基山脉滑雪摔伤了一条腿后,Gindy Chase 终于发现了这一事实。在丹佛大学医院里的4天,花了她10 000多美元。Gindy Chase 有健康保险,但她仍对4天花了这么多钱感到不可理解,其原因是在于成本分配。

账单上一个吸引 Gindy 注意的项目是价值17美元的一夸脱蒸馏水。她发现它的直接成本只有3.4美元,但直接成本之外的其他杂费却为13.60美元,相当于4倍的直接成本。丹佛大学医院的工作人员向她提供了这13.60美元费用的细目:

| | |
|---|---|
| 医院蒸馏水管理员的工资与设备 | 4.25美元 |
| 失误的保险,教学与管理费 | 3.40美元 |
| 治疗未保险病人的成本 | 5.10美元 |
| 利润 | 0.85美元 |
| 合计 | 13.60美元 |

治疗未保险病人的5.10美元意味着 Chase 补贴了那些未保险的病人。丹佛大学医院的管理者承认这种成本分配中存在着交叉补贴。他解释道:"我们把某些照顾未保险病人的成本转嫁到那些有保险者或不必自己付款的人身上,没人喜欢这样。但传统上一直就是这样做的。"

以承受能力为成本分配标准是丹佛大学医院这种成本分配的最好解释。

资料来源:《ABC世界新闻》,1993年4月14日。

# 本 章 小 结

在产品是企业已经投入生产,但尚未最后完工,不能作为商品销售的产品。在产品有广义和狭义之分。广义在产品是指产品从生产投料开始到最终制成产成品交付验收入库前的一切产品。狭义在产品是企业的某一生产单位或某一步骤中尚未加工或装配完成的产品。

计算产品成本,必须确定月末在产品的数量。月末在产品数量的确定可以有两种方法:一是通过账面核算资料,即通过"在产品收发存明细账"上反映的期末结存数确定；二是在月末，通过对在产品进行实地盘点确定。在成本会计实务中，这两种方法往往是结合运用，以确保在产品数量的准确性。

为保证在产品的安全完整，做到账实相符，企业应定期对在产品进行清查盘点；盘点结果和账实不符，应编制"在产品盘盈盘亏报告表"并调整账面记录。

由于产品成本计算与在产品的关系极为密切，即：完工产品成本等于月初在产品成本加上本月生产费用减去月末在产品成本，因此决定了产品成本在完工产品与月末在产品之间的分配无不与月末在产品的计价相关。产品成本在完工产品与月末在产品之间的分配方法主要有在产品忽略不计法、在产品按固定成本计价法、在产品按所耗原材料费用计价法、在产品按完工产品计算法、约当产量法、在产品按定额成本计算法（简称定额成本法）和定额比例法。其中后三种方法比较特殊且尤为重要、复杂。

约当产量法是将期初在产品成本与本期发生的生产费用之和，按完工产品数量和月末在产品约当产量的比例进行分配，以计算本期完工产品成本和月末在产品成本的一种方法。而约当产量是指根据月末在产品的投料和加工程度，将在产品按一定标准折合成相当于完工产品的数量。约当产量法适用于月末在产品数量较大，各月末在产品数量变化也较大，产品成本中原材料费用和人工及制造费用的比重相差不大的产品。

定额成本法是指月末在产品成本根据月末在产品数量和单位定额成本计算，然后从本月累计生产费用中扣除，以求得完工产品成本的一种方法。它适用于企业各项消耗定额或费用定额比较稳定、准确且各月末在产品数量变化比较小的产品。

定额比例法是将产品的生产成本按照完工产品和月末在产品的定额消耗量或定额费用的比例，分配计算完工产品成本和月末在产品成本的方法。它适用于各项消耗定额或费用定额比较准确、稳定且各月末在产品数量变化比较大的产品。

# 复习思考题

1. 什么是在产品？可分为哪两类？说出它们各自的含义。
2. 产品成本在完工产品与在产品之间的分配方法有哪几种？如何选择不同的分配方法？
3. 什么是约当产量、约当产量法？在多工序生产条件下，如何计算用于分配材料费用、工资费用和制造费用的在产品约当产量？
4. 什么是定额成本法？说明其计算程序。

5. 定额比例法有什么特点？在定额比例法下，计算费用分配率可以用两种方法。请说出这两种方法下分配费用的计算程序和计算公式。

## 案例讨论题

1. 兴华公司生产的甲产品经过两道工序加工完成，20××年8月末各工序在产品数量为：第一道工序100件，第二道工序150件，其中第二道工序在产品中有正在返修的废品20件。另外，在企业的半成品明细账中，有本月加工完成入库的第一道工序产品100件。第二道工序本月加工完成的产品有800件，其中有200件尽管完工，但尚未办理入库手续，另外有10件在验收时发现质量有严重问题而未能入库，等待返修。在月末分配生产费用确定在产品数量时，财务科小张和小王产生了分歧。小张认为，月末在产品数量应为250件；而小王说，月末在产品应为560件。你认为他俩分歧的原因何在？从分配完工产品和月末在产品应负担生产费用角度看，你认为月末在产品应该为多少？

2. 建宁公司生产的乙产品由三道工序完成，原材料随加工进度陆续投入。原材料消耗定额为：第一道工序50%，第二道工序40%，第三道工序10%。在产品各道工序的消耗定额按50%计算。月末在产品数量：第一道工序2 000件，第二道工序1 500件，第三道工序1 000件。该月月初在产品原材料费用和本月原材料费用合计为35 000元。该月完工产品数量为2 500件。公司财务处小王希望用约当产量法计算完工产品和月末在产品的原材料费用，但不知如何下手，你能帮助该公司解决这个问题吗？

3. 华工厂生产的丙产品9月初在产品定额原材料费用45 600元，定额工时14 500小时；本月投入定额原材料费用64 000元，定额工时18 600小时。月初在产品实际成本为：原材料费用54 000元，人工费用8 400元，制造费用12 800元；本月发生的生产费用为：原材料66 000元，人工费用9 600元，制造费用11 200元。丙产品经过三道工序加工完成，各工序在产品数量分别为50件、80件、90件，在产品原材料费用定额各道工序为100元；工时定额三道工序各为20小时。请思考一下，用什么方法能求得完工产品和月末在产品的实际成本，并计算出各为多少？请计算出完工产品定额原材料费用和定额工时。

## 同步测试题

一、单项选择题

1. 下列关于在产品的说法中不正确的是(　　)。

A. 会计上的广义在产品包括已经完工但尚未办理入库手续的完工产品

B. 在产品数量的确定是在产品成本核算的前提,在产品数量的取得既可以从账面获得,也可以从盘点获得

C. 一批毁损在产品的成本为 10 万元,这 10 万元也就是记入"待处理财产损溢"账户的数额

D. "基本生产成本"账户的期末借方余额也就是期末在产品的成本

2. 在产品按固定成本计价法,适用于各月(　　)的情况。

A. 在产品数量很少

B. 在产品数量较大,但各月之间的数量变化不大

C. 在产品数量较大,各月之间的数量变化较大

D. 各月之间产品成本变化较小

3. 各月末在产品数量较大且各月之间数量变化也较大,如材料成本在产品成本中占的比重也较大,则在完工产品和在产品之间分配费用的方法可用(　　)。

A. 约当产量比例法　　　　B. 在产品按定额成本计价法

C. 在产品按完工产品计算法　D. 在产品按所耗原材料计价法

4. 直接按完工产品与在产品数量分配原材料费用的方法适用于(　　)的方式。

A. 原材料分工序一次投入　　B. 原材料随生产进度陆续投入

C. 原材料在投产时一次投入　D. 原材料根据生产过程实际需要投入

5. 在多工序生产情况下,某工序在产品的完工程度为(　　)与单位完工产品工时定额的比率。

A. 所在工序单位在产品工时定额的 50%

B. 前道工序的单位在产品累计工时定额与所在工序单位在产品工时定额 50% 的合计数

C. 所在工序单位在产品工时定额的 100%

D. 所在工序累计工时定额

6. 关于产品成本在完工产品和在产品之间的分配方法,下列说法中不正确的是(　　)。

A. 在产品忽略不计法适用于各月在产品数量很少的产品

B. 在产品按固定成本计价法适用于各月末之间在产品数量变化不大的产品

C. 如果在产品接近完工,只是尚未包装或尚未验收入库的产品,可以按完工产品计算法计算在产品成本

D. 如果某产品各项消耗定额或费用定额比较准确、稳定,各月末在产品数量

变化又不大,可以采用定额比例法计算

二、多项选择题

1. 选择生产费用在完工产品和在产品之间分配方法时,主要应考虑的条件是( )。

A. 各月末在产品数量的多少　　B. 定额管理基础的完善情况
C. 成本项目构成比重的大小　　D. 各月末在产品数量变化的大小

2. 某企业的 A 产品经两道工序加工完成,原材料分两道工序并在每道工序陆续投入,投料量分别为 700 千克、300 千克,两道工序单位在产品工时定额分别为 60 小时、40 小时,则每道工序的在产品投料程度为( )。

A. 70%　　　　　　　　　　B. 100%
C. 30%　　　　　　　　　　D. 80%

3. 在在产品按定额成本计价法下,下列说法中正确的是( )。

A. 月末在产品定额工资成本与定额制造成本的计算依据即月末在产品定额工时是一样的

B. 如在产品第一道工序工时定额 40 小时,在产品数量 50 件,则在产品定额工时为 1 000 小时

C. 此种方法的关键是确定在产品定额工时

D. 如原材料为投产时一次投料,则在产品定额原材料费用为每道工序在产品数量乘以材料定额费用之和

4. 某企业 B 产品经过三道工序加工而成,三道工序工时定额分别为 100 小时、60 小时和 40 小时;三道工序在产品数量分别为 100 件、200 件和 300 件,则 B 产品的在产品约当产量为( )件。

A. 25　　　　　　　　　　B. 130
C. 160　　　　　　　　　D. 270

5. 下列说法中正确的是( )。

A. 采用定额比例法的必备前提条件是要有比较稳定和准确的消耗定额或费用定额

B. 约当产量法下不分工序确定在产品完工程度的方法适用于各工序在产品数量和单位在产品在各工序加工量相差很大的产品

C. 为了简化核算,对各月在产品数量很少的产品,可以将本期产品成本全部由本期完工产品负担

D. 约当产量比例法的核心是约当产量的计算,而计算约当产量的关键又在于在产品完工程度或投料程度的确定

6. 约当产量法下,关于在产品的原材料投料程度说法中不正确的是( )。

A. 如原材料为生产开始时一次投入,在产品的投料程度应为100%

B. 如原材料为分生产工序陆续投入,在产品的投料程度应为本工序的在产品工时定额除以完工产品的工时定额

C. 如原材料为分生产工序投入,并在每道工序开始时一次投入,则每道工序的在产品投料程度均应为100%

D. 如原材料为分生产工序投入,并在每道工序开始时一次投入,则某道工序的在产品投料程度应为在产品上道工序累计投料数与本工序投料数之和除以完工产品应投料数

三、判断题

1. 在产品盘亏时,应调整账面记录,冲减在产品的账面价值。（　　）

2. 在产品成本按固定成本计价法确定时,某种产品本月发生的生产费用加上月初在产品成本构成本月完工产品的成本。（　　）

3. 某工序的在产品完工率为该工序累计的工时定额占完工产品工时定额的比率。（　　）

4. 在有在产品的情况下,由于在产品完工程度与完工产品的完工程度不同,因此,产品成本的所有项目不能按它们的数量比例来分配。（　　）

5. 生产费用在完工产品与在产品之间的分配在会计实务中并不一定要通过编制"完工产品与月末在产品分配表"来完成。（　　）

6. 在产品盘点发生毁损时,对该在产品成本连同应负担的增值税额一并记入"营业外支出"账户。（　　）

四、核算题

[核算题1]　某企业生产甲产品要经过三道工序加工完成,本月份完工产品产量为600件,月末在产品400件,其中第一道工序100件,第二道工序120件,第三道工序180件;完工产品工时定额为100小时,其中第一道工序工时定额60小时,第二道工序工时定额30小时,第三道工序工时定额10小时。原材料在生产开始时一次投入。累计直接材料150 000元,直接人工40 000元,制造费用80 000元。

要求:
(1) 分工序计算在产品完工率。
(2) 用约当产量法计算完工产品与月末在产品成本。

[核算题2]　某企业生产的A产品由两道工序组成,有关资料如下:

费用定额:原材料400元,直接工资1.2元,制造费用1.6元;

A产品工时定额:第一道工序40小时,第二道工序20小时;

月末在产品产量:第一道工序100件,第二道工序80件;

实际生产费用：直接材料，月初在产品 24 000 元，本月发生 96 000 元；
　　　　　　直接人工，月初在产品 4 200 元，本月发生 26 000 元；
　　　　　　制造费用，月初在产品 6 400 元，本月发生 28 000 元。

要求：
(1) 根据上述资料计算月末在产品定额成本并填入表 4-10。

表 4-10　在产品定额成本计算表

20××年×月　　　　　　　　　　　　　金额单位：元

| 产品名称 | 所在工序 | 在产品数量/件 | 直接材料 | | 在产品累计工时定额(小时) | 在产品定额工时(小时) | 直接人工 | 制造费用 | 定额成本合计 |
|---|---|---|---|---|---|---|---|---|---|
| | | | 费用定额 | 定额费用 | | | | | |
| A产品 | 1 | | | | | | | | |
| | 2 | | | | | | | | |
| | 合计 | | | | | | | | |

(2) 根据上列有关月末在产品定额成本资料，编制 A 产品生产成本在完工产品与月末在产品费用分配表，将数据填入表 4-11。

表 4-11　完工产品与月末在产品费用分配表

产品名称：A　　　　　　　20××年×月　　　　　　　　金额单位：元

| 成本项目 | 月初在产品成本 | 本月生产费用 | 合计 | 月末在产品定额成本 | 本月完工产品成本 |
|---|---|---|---|---|---|
| 直接材料 | | | | | |
| 直接人工 | | | | | |
| 制造费用 | | | | | |
| 合计 | | | | | |

[核算题 3]　某企业生产 B 产品，月初在产品原材料定额费用为 37 500 元，工时定额为 15 000 小时，月初在产品的实际费用为：原材料 39 300 元，燃料及动力 12 300 元，人工成本 11 670 元，制造费用 33 870 元。本月原材料定额费用 75 600 元，定额工时为 21 000 小时。本月实际费用为：原材料 70 407 元，燃料及动力 185 700 元，人工成本 146 730 元，制造费用 200 130 元；本月完工产品原材料定额费用 39 000 元，定额工时 24 000 小时。

要求：根据上述资料采用定额比例法计算完工产品成本和在产品成本，并将计算结果填入表 4-12。

表 4-12　产品成本计算单

产品名称：B　　　　　　　　　20××年×月　　　　　　　　金额单位：元

| 成　本　项　目 | | 原材料 | 燃料及动力 | 直接人工 | 制造费用 | 成本合计 |
|---|---|---|---|---|---|---|
| 月初在产品费用 | 定额（金额或工时） | | | | | |
| | 实际 | | | | | |
| 本月生产费用 | 定额（金额或工时） | | | | | |
| | 实际 | | | | | |
| 生产费用合计 | 定额（金额或工时） | | | | | |
| | 实际 | | | | | |
| 费用分配率 | | | | | | |
| 完工产品成本 | 定额（金额或工时） | | | | | |
| | 实际 | | | | | |
| 月末在产品成本 | 定额（金额或工时） | | | | | |
| | 实际 | | | | | |

[核算题 4]　某企业生产 C 产品月初在产品费用为：直接材料 160 000 元,直接人工 24 000 元,制造费用 52 000 元；本月生产费用为：直接材料 520 000 元,直接人工 36 000 元,制造费用 72 000 元；完工产品的定额材料费用 600 000 元,定额工时为 38 000 小时；月末在产品的定额材料费用 200 000 元,定额工时费用 12 000 小时。

要求：用定额比例分配法分配生产费用,并将计算结果填入表 4-13。

表 4-13　产品成本计算单

产品名称：　　　　　　　　　　20××年×月　　　　　　　　金额单位：元

| 成　本　项　目 | 原材料 | 直接人工 | 制造费用 | 合　　计 |
|---|---|---|---|---|
| 月初在产品费用 | | | | |
| 本月生产费用 | | | | |
| 生产费用累计 | | | | |
| 费用分配率 | | | | |

(续表)

| 成本项目 | | 原材料 | 直接人工 | 制造费用 | 合计 |
|---|---|---|---|---|---|
| 完工产品成本 | 定额 | | | | |
| | 实际 | | | | |
| 月末在产品成本 | 定额 | | | | |
| | 实际 | | | | |

# 第五章　产品成本计算方法概述

### 学习目标

- 了解管理要求对成本计算方法的影响
- 理解生产类型的特点及其对成本计算方法的影响
- 掌握各产品成本计算方法的特点,并能根据不同的生产类型特点选择适当的成本计算方法

## 引　言

　　霞飞服装厂是新办企业,主要生产金鸟西服和双鸭羽绒服。根据市场调研,企业的金鸟西服将有很大市场,决定大量生产;双鸭羽绒服季节性比较强,实行批量生产;另外,利用双鸭羽绒服生产线的剩余生产能力可接受羽绒被等产品的订单生产。赵一民是企业成立时新聘来的一名会计专业毕业的大学生,对成本核算没有经验,加上是新办企业又没有本企业的历史核算办法可以参考,因而不知采用什么方法去核算上述产品的成本。月底在即,厂长等着要内部报表,对外报表也不能拖延。如果你是该单位的会计顾问,你能否助赵一民一臂之力?

　　生产费用在各种产品之间以及在完工产品与月末在产品之间进行了横向和纵向的分配与归集以后,按理说就可据以实施成本管理工作,即对各产品成本计划的执行情况进行分析和考核等。但在实践中并不是这样。由于企业生产组织类型的多样性、产品生产工艺过程的复杂性以及成本管理的不同要求,产品成本计算不那么简单。每一个生产企业在计算产品成本时,都

(续上)

要根据本企业的生产特点和管理要求来确定具体的成本计算方法。从本章开始到第七章将讲述如何把第二章到第四章所述产品成本核算的一般程序与生产特点和管理要求结合起来,确定不同企业产品成本计算所应采取的具体计算方法。本章先对产品成本核算方法的基本情况作一简单概述,为后两章奠定基础。

## 第一节 生产特点与管理要求对产品成本计算方法的影响

产品成本计算方法是指将一定时期所发生的生产费用对象化到各产品上,以求得各产品总成本的方法。生产费用的对象化在成本会计中称之为成本计算对象。通过前两章所述的内容可以看到,产品成本计算的过程,就是按照一定的成本计算对象分配、归集生产费用的过程。可见,产品成本计算对象的确定是成本计算的重要前提条件。一般来说,按照产品品种分配、归集生产费用是产品成本计算的基本要求。但在实际工作中,成本计算对象的确定还要受到企业生产类型的特点和管理要求的影响。

### 一、企业生产类型特点及其对产品成本计算方法的影响

工业企业生产按不同的生产标准,可以分为不同的生产类型。

(一) 企业生产的分类

1. 生产按工艺过程的特点分类

工业企业的生产按照工艺过程划分,可以分为单步骤生产和多步骤生产两种类型。

单步骤生产是指生产过程在工艺上不能间断,或者不便于分散在几个不同地点的生产,如发电、采掘、燃气生产及铸件等。单步骤产品生产周期一般较短,生产过程中间没有自制的半成品产出。

多步骤生产是指生产过程在工艺上可以间断,可以分散在不同时间、地点进行的产品生产。

多步骤生产又可以按劳动对象的加工程序,划分为连续加工式生产和平行加工式生产。连续加工式生产是指原材料投入后顺序经过若干步骤的逐步加工制成

产成品的生产。这种生产方式除了最后步骤生产出完工产品外,其余步骤生产的产品完工后都是企业自制的半成品,这些半成品主要是用于下一步骤继续加工,直至最后加工成产成品。例如,棉纺织企业就是这种类型的多步骤生产。在生产过程中,先将棉花经过清棉、梳棉、并条、粗纺和细纺等步骤制成半成品棉纱,然后对棉纱经过络筒、整经、装纱、穿经和织造等步骤,最后制成棉布。

平行加工生产又称装配式生产。它是指各种原材料投入到不同的加工部门制成所产成品的各种零部件,再将零部件装配成产成品的生产。机械制造企业大都属于这种类型的多步骤生产。例如,自行车生产企业就是将材料分别加工成车把、前叉、车架和车轮钢圈等零部件,然后组装成自行车。

2. 生产按组织方式分类

生产组织方式是指企业产品生产的专业化程度,即一定时期内产品生产的重复性。工业企业的生产按组织方式分类,可以分为大量生产、成批生产和单件生产三种类型。

大量生产是指不断重复品种相同的产品生产。它的特点是陆续投入,陆续产出,不分批别,品种稳定,产量大,如冶金、纺织、造纸和酿酒等企业产品的生产。这类生产专业化程度高,一般要采用专用设备进行。

成批生产是指按规定的数量和规格进行批量生产。成批生产按每批生产的数量多少,又可分为大批生产和小批生产。大批生产的产品数量较多,通常在一段时期内连续不断地生产相同的产品,因而,其特点类似于大量生产,如服装生产企业、食品生产企业等;小批生产的产品数量较少,每批产品同时投产,往往也同时完工,如电梯生产企业等。它的特点类似于单件生产。

单件生产是指根据客户的要求,制造个别的、性质特殊的产品生产,如造船、大型机械设备制造等。其特点是制造时间长,而且在较长时期内一般不重复生产相同品种的产品,产品的稳定性差,大多采用通用设备生产等。

需要说明的是,上述两种分类不是孤立的、相斥的,而是交融的,如:大量成批生产既可以是单步骤生产,也可以是多步骤生产等。

(二) 生产类型特点对产品成本计算方法的影响

由于成本计算方法决定于成本计算对象,因此,生产类型的特点对成本计算方法的影响主要表现在成本计算对象确定上。除此之外,它在生产费用计入产品成本的程序、成本计算期的确定以及生产成本在完工产品与在产品之间的分配方法等方面也产生影响。

1. 对成本计算对象的影响

成本计算对象主要取决于生产类型的特点。

在大量大批单步骤的生产中,由于不间断地重复生产同类产品,中间又没有自制半成品存在,因而只能以产品的品种作为成本计算对象来归集生产费用;而在大量大批多步骤生产中,由于各个步骤相对独立地生产半成品,生产费用完全可以按产品的生产步骤归集,因而就可以按各个加工步骤的产品作为成本计算对象,以计算各步骤半成品(最后步骤为产成品)的成本;至于单件或小批量生产,由于产品是以客户的订单或批别组织生产,因而就决定了可以按产品的订单或批别作为成本计算对象,以某订单或批别来归集生产费用,以计算各订单或各批别的产品总成本。

2. 对生产费用计入产品成本程序的影响

生产费用计入产品成本程序是指产品生产过程中发生的各种耗费,经过一系列的归集与分配,最后汇总成产品成本的步骤和方法。

在单件生产情况下,成本计算对象就是该件产品,因而生产该产品所发生的全部生产费用都可以直接计入该产品成本。

在成批生产情况下,由于产品批别较多,产品生产所发生的生产费用,若能确定为生产某一批产品所发生的,则直接计入该批产品成本;若不能直接计入,则需要按一定标准分配计入各有关批别产品的成本。

在大量多步骤生产情况下,生产费用计入产品成本的程序比较复杂。如果是分步骤计算半成品成本,则各步骤生产中发生的生产费用除了分别归集到各步骤产品中之外,还要将上步骤归集的半成品成本随着半成品的实物的转移而逐步结转到下步骤的产品成本中,直至累计到最后步骤,成为完工产品的成本。如果不需要计算各步骤半成品成本,则各生产步骤仅归集本步骤产品生产所发生的生产费用,并计算出由产成品负担的份额,最后组合成完工产品的成本。

3. 对成本计算期的影响

成本计算期指的是生产费用计入产品成本所规定的起止时期。

在大量大批生产情况下,由于产品生产不间断进行,即不间断地投入也不间断地产出,在会计分期原则下,只能按月定期地计算产品成本,以满足分期计算损益的需要。这种成本计算期与会计报告期一致。

在小批或单件生产情况下,各批产品的生产周期往往不同,而且批量小,生产不重复或重复少,这样,宜按照各批产品的生产周期计算产品成本;成本计算期与产品的生产周期一致,但与会计报告期不同。

4. 对产品成本在完工产品与在产品之间分配方法的影响

在大量大批生产情况下,由于成本计算期与产品的生产周期不一致,每月末一般会有在产品存在,因而要将产品的生产成本采用适当的方法在完工产品与月末在产品之间分配。

在单件或小批量生产情况下,由于成本计算期与产品生产周期一致,什么时候产品完工,什么时候才计算完工产品的成本。因此,在每次报告期末时,一般不需要将产品成本在完工产品与在产品之间分配。

## 二、管理要求对成本计算方法的影响

成本计算方法主要受企业生产特点的制约,但并不完全服从于生产特点。企业对成本管理的不同要求,对成本计算方法(主要是成本计算对象)的确定也会产生影响。例如,在大量大批多步骤生产的企业,由于产品生产过程可以间断,并可分散在不同地点进行生产,这样,客观上具备了按生产步骤计算半成品成本的条件。如果企业管理上要求分步骤计算各步骤所产产品的成本,以提供半成品成本资料,那么成本计算对象就可确定为各加工步骤的半成品和最后步骤的产成品;但如果管理上不要求提供半成品成本资料,那么尽管这种生产具备了按步骤计算产品成本的条件,也不以各步骤的半成品作为成本计算对象,而以最终产成品作为计算对象。再如,在确定单件小批生产的产品成本计算对象时,可以根据经济、合理地组织生产和便于管理的要求,对客户的订单作适当的归并或细分,按重新组织的生产批别作为成本计算对象。工业企业生产按不同的生产标准,可以分为不同的生产类型,这些类型的特点客观上决定了产品成本计算对象,从而决定产品成本的计算方法。

▶【问题与思考 5-1】

小王是成本会计课代表,在一次成本会计课程课外讨论会上,关于"生产类型对成本计算对象的影响"问题讨论,他发表了如下观点:"小批量生产类似于单件生产,因而这两种生产类型成本计算对象是一样的。"请问:小王的说法对否?为什么?

## 第二节 产品成本的计算方法

### 一、产品成本计算的基本方法

如上所述,产品成本计算方法受企业生产类型的特点和管理要求影响。具体地说,生产类型的不同特点和不同的管理要求决定着产品成本的计算对象、成本计算期和生产费用在完工产品与在产品之间的分配方法;不同的成本计算对象、成本计算期和生产费用在完工产品与在产品之间分配方法相互组合,形成了工业企业产品成本计算的不同方法。但其中起决定因素的是成本的计算对象,成本计算对象是区别不同成本计算方法的主要标志。从上节可知,产品成本的计算对象一般为产品的品种、产品的批别和生产步骤三种,因而产品成本计算的基本方法也就有品种法、分批法和分步法三种。

品种法是以产品品种为成本计算对象来归集生产费用,计算产品成本的一种方法。它适用于大量大批单步骤生产的企业和管理上不要求分步骤计算产品成本的大量大批多步骤生产企业。

分批法是以产品的批别作为成本计算对象来归集生产费用、计算产品成本的一种方法。它适用于单件小批单步骤生产的企业和管理上不要求分步计算产品成本的单件小批多步骤的企业。

分步法是以产品的品种及其所经过的生产步骤为成本计算对象来归集生产费用、计算产品成本的一种方法。它适用于管理上要求分步骤计算产品成本的大量大批多步骤生产的企业。

这三种方法是计算产品实际成本必不可少的方法。任何产品成本计算必然要采用其中一种或将其结合应用,所以将这三种方法称为成本计算的基本方法。这三种方法的基本特点简单如表5-1所示。

表5-1 产品成本计算基本方法特点

| 成本计算方法 | 成本计算对象 | 成本计算期 | 期末在产品成本的计算 | 适用范围 | |
|---|---|---|---|---|---|
| | | | | 生产特点 | 成本管理要求 |
| 品种法 | 产品品种 | 按月计算与会计报告期一致 | 单步骤生产下,一般不需计算,多步骤生产下一般需计算 | 大量大批单步骤或多步骤生产 | 管理上不要求分步计算产品成本 |
| 分批法 | 产品批别 | 不定期计算与生产周期一致 | 一般不需要计算 | 单件小批单步骤或多步骤生产 | 管理上不要求分步计算成本 |
| 分步法 | 产品品种及其所经过的步骤 | 按月计算,与会计报告期一致 | 需要计算 | 大量大批多步骤生产 | 管理上要求分步计算成本 |

## 二、产品成本计算的辅助方法

在实际工作中,由于产品生产情况复杂多样,企业管理条件差异不一,为了简化成本计算工作,或为了适应成本管理基础工作较好的企业管理需要,还采用一些其他的成本计算方法,如分类法、定额法等。

分类法是为了解决一些企业产品品种规格繁多、成本核算工作量繁重情况而设计的一种简化成本计算方法。它的基本特点是:以产品类别为成本计算对象,将生产费用先按产品的类别进行归集,计算各类产品成本,然后再按照一定的分配标准在类内各种产品之间分配,来计算各种产品的成本。它主要适用于产品的品种规格多,但每类产品的结构、所用原材料、生产工艺过程都基本相同的企业。

定额法是定额管理基础较好的企业,为了加强生产费用和产品成本的定额管理,加强成本控制而采用的成本计算方法。它的基本特点是:以产品的定额成本为基础,加上或减去脱离定额差异以及定额变动差异来计算产品的实际成本。它适用于管理制度比较健全,定额管理基础工作较好,产品生产定型,消耗定额合理且稳定的企业。

分类法和定额法从计算产品实际成本的角度来说,不是必不可少的,因而通称为辅助方法。这些辅助方法必须结合基本方法使用。

需要说明的是,尽管上面介绍的几种成本计算方法都有各自的适用范围,但在实际的工作中,由于情况错综复杂,一个企业实际采用的成本计算方法往往不只是某一种方法。例如,一个企业的各个生产车间,一个生产车间的各种产品,它们的生产特点和管理要求并不相同,这就会在一个企业或车间中同时采用几种不同的方法,或把几种不同的成本计算方法结合起来加以综合应用。下面将其单列一个专题加以说明。

### 三、各种产品成本计算方法的综合应用

(一) 几种成本计算方法同时采用

在工业企业里,一般既设有基本生产车间来生产企业的产品,又设有辅助生产车间为基本生产车间或其他部门提供工具或劳务。基本生产车间生产的产品要计算成本,辅助生产车间生产的工具或劳务等也要计算成本,但基本生产车间和辅助生产车间在生产特点和管理要求上会有不同,采用的成本计算方法也会不同。例如,钢铁生产企业的炼铁、炼钢和轧钢,属于大量大批的多步骤生产,而且各步骤所产的半成品可以对外出售,因此,所产产品要采用分步法计算产品的成本。而设立辅助生产车间则为基本生产部门制造工具模具等,一般属于小批单件生产,所产产品则可采用分批法计算成本。再如,在一个基本生产车间或企业生产几种产品,其中,有的已经定型,开始大量大批生产,那么对这些产品就可以采用品种法或分步法计算成本;有的是非定型产品尚在试制过程中,属于小批单件生产,则应采用分批法计算成本。这样,就一个企业来说,就同时采用了不同的成本计算方法。

(二) 几种成本计算方法结合运用

在有的工业企业,除同时采用几种成本计算方法外,还会有以一种成本计算方法为主,结合其他成本计算方法的某些特点加以综合采用的情况。例如,在单件小批生产的机械产品企业,其产品的主要生产过程是由铸造、机加工、装配等相互关联的各个生产阶段所组成,其最终产品应采用分批法进行成本计算;但从各个生产

步骤看,由于其特点和管理要求不同,计算方法也有所不同。例如,在铸造阶段,由于品种少并可直接对外出售,可采用品种法进行成本计算;从铸造到机加工阶段,由于是连续或多步骤生产,因而就可以采用分步法计算成本等。再如,成本计算的分类法和定额法,作为成本计算的辅助方法,它与生产类型的特点没有直接的联系,就可以适用于各种类型的生产,但必须与各该类型生产中所采用的基本成本计算方法,即品种法、分批法、分步法结合起来应用。例如,生产皮鞋的鞋业制造企业,由于品种、规格较多,又可以按照一定标准分为若干类别,因而就可以在所采用的基本计算方法基础上,结合采用分类计算产品成本法。又如,在大批大量生产的多步骤生产的机械制造企业中,如果定额管理的基础较好,各项消耗定额比较准确、稳定,则就可以在采用分步法的基础上结合定额法计算产品成本。

综上可知,企业生产情况复杂,管理要求多样,所采用的成本计算方法也是多种多样。学习时,要重点掌握基本方法特别是典型方法——品种法的基本原理;应用时,则需结合不同的生产特点和管理要求,并考虑企业规模大小和管理水平高低等实际情况,灵活地加以应用,切勿不切实际死搬硬套某种成本计算方法。

【问题与思考5-2】

成本会计课代表马琳说:"产品成本的基本计算方法与辅助计算方法,只是成本会计教材中的一种人为限定,我认为,定额法也可以说是基本方法。"请问:小马的说法对否?

## 成本计算五步法

我们将以Robinson公司在威斯康星州的工厂为例,说明分批成本法的五步法。该公司为造纸业制造某种设备。

第一步:确定某个批次作为选定的成本对象。本例中选定的批次为公司为西部制浆与造纸公司制造的1台制浆机。

第二步:确定该批次的直接成本种类。Robinson公司确定有两类直接成本——直接材料和直接人工。这两类成本以实际成本比率进行分配。作为直接制造人工的雇员的报酬按小时数支付(计时工资)。

第三步:确定与该批次相关的间接成本集合。Robinson公司采用单一的间接制造成本集合方式,即"制造费用"。这一集合代表了该工厂制造部门的成本,其中包括设备折旧费、动力成本、间接材料、间接制造人工及其他人员薪

（续上）

酬之类的项目。

第四步：确定将间接成本集合分配于该批次的成本分配基础。Robinson 公司以机器工时作为制造费用的分配基础。

第五步：计算单位成本分配基础成本分配比率，将间接成本分配于该批次。Robinson 公司采用每机器小时 80 美元的预算成本分配比率。

这五个步骤指导下的该机器的批次制造成本计算如下（金额单位：美元）：

直接制造成本
 直接材料      46 060
 直接人工      13 290  59 350
间接制造成本
 制造费用（80×504 机器小时）  40 320
总批次制造成本        99 670

资料来源：[美]查尔斯 T. 亨格瑞（Horngren, C. T.）等著，刘力等译校：《成本会计》，第 8 版，中国人民大学出版社 1997 年版，第 122 页。

# 本章小结

产品成本计算方法是指将一定时期所发生的生产费用对象化到各项产品上，以求得各项产品总成本和单位成本的一种方法。决定产品成本计算方法的主要标志是产品计算对象，而决定产品成本计算对象的因素是生产类型的特点和管理要求。

企业生产按不同的生产标准，可以分为不同的生产类型。一是按工艺过程特点分，可以分为单步骤生产和多步骤生产两种类型。单步骤生产指的是生产过程在工艺上不能间断，或者不便于分散在几个不同地点的生产；多步骤生产是指生产过程在工艺上可以间断，可以分散在不同时间、不同地点进行的产品生产。多步骤生产又可以按劳动对象的加工程序划分为连续加工式生产和平行加工式生产。二是按组织方式分，可分为大量生产、成批生产和单件生产。大量生产是指不断重复品种相同的产品生产；成批生产是指按规定的数量和规格进行的批量生产；单件生产则是指根据客户要求，制造个别的、性质特殊的产品生产。

在单步骤生产条件下，由于生产工艺过程不能划分成几个生产步骤，因此，不可能将产品的各个生产步骤作为成本计算对象。在多步骤生产下，由于工艺过程由几个生产步骤组成,因而可以将产品的生产步骤作为成本计算对象。在大量大批生产企业中,由于较长时期不分批别地重复生产同一品种产品,因而也就不可能按照产品的批别计算成本。而在单件、小批量生产的企业,由于批量小,每批产品同时投产,也往往同时完工,因此,就可以将产品的批别作为成本计算对象。

成本计算对象受制于生产类型特点,但又并不完全服从于生产类型特点。企业对成本管理要求不同,对产品成本的计算对象也会产生影响。例如,在多步骤生产条件下,尽管可以按各步骤产品作为成本计算对象,但如果管理上不要求分步骤计算产品成本,那就不必以生产步骤作为成本计算对象归集生产费用。

产品成本计算的基本方法有品种法、分批法和分步法三种。由于企业生产情况复杂多样,企业管理条件和管理工作基础差异不一,为了简化成本计算工作或较好地利用管理条件,还可以采用一些其他成本计算方法,主要有分类法和定额法。由于分类法和定额法从计算产品实际成本角度看并不是必不可少的,而且在使用时必须结合上面三种基本方法进行,所以,称它们为辅助成本计算方法。

各企业应从有利于成本计算、满足管理要求的角度出发,合理地选用成本计算方法,既可以单独选用,也可以几种方法同时采用,还可以相互结合应用。

## 复习思考题

1. 企业生产根据不同的分类方法可以分为哪几种?
2. 简述生产特点和管理要求对成本计算方法的影响。

## 案例讨论题

华明自行车厂是新成立的股份制企业,主要生产华明牌自行车,自行车的所有零部件都由企业自己生产,而且是每一种零部件都是在一个独立的生产车间生产。所产零部件大多是企业自用,也有部分对外出售;各零部件生产车间生产完成后都移交入半成品库,最后由装配车间从半成品库领取组装成产品对外出售。根据该企业生产特点,可以采用哪一种或哪几种产品成本计算方法?并说明理由。

## 同步测试题

一、单项选择题
1. 大量大批多步骤生产适用的成本计算方法是( )。
   A. 品种法　　　　B. 分批法　　　　C. 分类法　　　　D. 分步法

2. 工业企业的生产按其组织方式不同分为( )。
A. 单步骤生产和多步骤生产　　B. 大量生产、成批生产和单件生产
C. 连续式生产和装配式生产　　D. 简单生产和复杂生产

3. 生产特点和管理要求对产品成本计算的影响,主要表现在( )的确定上。
A. 成本计算对象　　B. 间接费用的分配方法
C. 成本计算日期　　D. 完工产品与在产品之间分配费用的方法

4. 区分各种成本计算的基本方法的主要标志是( )。
A. 成本计算对象　　B. 成本计算日期
C. 成本项目　　D. 制造费用的分配方法

5. 划分产品成本计算的基本方法和辅助方法的标准是( )。
A. 成本计算工作的简繁　　B. 对成本管理作用的大小
C. 应用是否广泛　　D. 对于计算产品实际成本是否必不可少

二、多项选择题

1. 产品成本计算的辅助方法有( )。
A. 分类法　　B. 定额法　　C. 品种法　　D. 分步法

2. 产品成本计算的基本方法有( )。
A. 品种法　　B. 分步法
C. 分批法　　D. 定额比例法

3. 企业在确定产品成本计算方法时,必须从企业的具体情况出发,同时考虑以下( )等因素。
A. 企业的生产特点　　B. 企业生产规模的大小
C. 进行成本管理的要求　　D. 月末有无在产品

4. 成本计算的定额法和分类法归为产品成本的辅助方法的原因主要是( )。
A. 与生产类型的特点没有直接联系
B. 成本计算工作繁重
C. 不涉及成本计算对象的确定
D. 从计算产品实际成本的角度来说不是必不可少的

5. 产品成本计算期与产品生产周期不一致的成本计算方法有( )。
A. 品种法　　B. 分批法　　C. 分步法　　D. 定额比例法

三、判断题

1. 成本计算对象是区分产品成本计算基本方法的主要标志。　　( )

2. 发电企业属于大量大批多步骤生产企业。（   ）

3. 在一个工厂内可以同时采用几种产品成本计算方法,但同一种产品只能采用一种产品成本计算方法。（   ）

4. 进行产品成本计算,都必须划分完工产品与在产品的费用界限。（   ）

5. 产品成本计算的基本方法可以在成本计算中单独使用,也可结合使用。（   ）

6. 产品成本计算的辅助方法不能单独使用,必须结合基本成本计算方法使用。（   ）

7. 在多步骤生产中,为了加强各生产步骤的成本管理,都应当按照生产步骤计算产品成本。（   ）

8. 生产特点和管理要求对产品成本计算的影响,主要表现在成本计算对象的确定上。（   ）

9. 单步骤生产由于工艺过程不能间断,因而只能按照产品的品种计算成本。（   ）

10. 由于按照产品品种计算成本是产品成本计算的最一般、最起码的要求,因而只有品种法才是计算产品成本的基本方法。（   ）

# 第六章 产品成本计算的基本方法

- 理解三种产品成本计算基本方法,即品种法、分批法和分步法的主要特点
- 掌握各种方法的成本计算程序
- 熟练运用三种方法的基本原理,解决实际问题
- 了解各种方法的优缺点及它们之间的关系

## 引　言

　　李明毕业于某财经大学会计系,现在某家会计咨询公司工作。最近,公司经理派李明去新成立的金陵事事可乐饮料公司帮助设计可乐饮料产品成本核算制度。李明调查得知,该公司主要生产罐装事事可乐饮料,该饮料所需要的直接材料是糖浆、碳酸水和易拉罐。其生产过程是：第一步是生产糖浆；第二步是将糖浆与碳酸水混合制成可灌装的液体,在这一步骤中,直接材料成本是糖浆和碳酸水的成本；第三步是将可乐的液体装入易拉罐,这一步骤的成本主要是人工成本；第四步是在罐上加盖,然后将已装罐的可乐包装成箱,从而完成整个生产流程。根据调查掌握的资料,李明认为该企业生产的产品是典型的分步骤生产,因此将其成本核算方法设计为分步成本计算法。这种分析设计是否科学合理？是否还有其他方法可供选择？实际核算工作中又应怎样去实施？学完本章将会得到明确答案。

　　前已述及,企业因产品生产类型的特点和管理要求的不同,存在着三种

（续上）

不同的成本计算对象，即产品的品种、批别和生产步骤。根据这三种不同的成本计算对象，形成了品种法、分批法和分步法三种基本的成本计算方法。本章将分别对这三种方法的特点和计算程序进行阐述，并举例加以详细说明。

## 第一节　产品成本计算的品种法

### 一、品种法概述

（一）品种法的特点

品种法是以产品品种作为成本计算对象来归集生产费用计算产品成本的方法。品种法是产品成本计算方法中的最基本方法。因为，不论什么特点的工业企业，不论什么类型的产品生产，也不论管理要求如何，最终都必须按照产品品种算出产品成本。品种法特点主要表现在以下三个方面：

（1）以产品品种作为成本计算对象，并据以设置产品成本明细账归集生产费用，计算产品成本。以品种法为成本计算方法的企业，往往是大量大批重复生产一种或几种产品。在只生产一种产品的企业，只需以这一产品开设生产成本明细账（也可以用产品成本计算单替代），并按成本项目开设专栏。由于这种情况下发生的各项生产费用都是直接费用，因而直接将其计入产品成本计算单中的有关栏目。如果企业生产的产品不止一种，则需要按每一种产品分别开设若干张产品成本计算单，并按成本项目开设专栏。在这种情况下，直接费用直接计入产品成本计算单中有关栏目，而对几种产品共同发生的费用，则分配计入各产品成本计算单的有关栏目。

（2）成本计算期与会计报告期一致，即按月定期计算产品成本。大量大批生产的企业，其生产是连续不断进行的，不可能在产品生产完工时就计算出产品成本，只能定期在月末计算当月产出的完工产品成本。成本计算期与会计报告期一致，但与产品生产周期不一致。

（3）月末，一般有完工产品和在产品之间的成本分配。在大量大批生产的企业，由于产品是不断产出的，而成本计算期又是固定的，因此，在月末计算成本时，既会有完工产品，又会有在产品，那就应将本期累计的生产费用在完工产品和在产品之间分配。但如果企业产品生产工艺过程是单步骤且品种单一，生产周期短，月末没有在产品或在产品很少，则可以不计算在产品成本。这种情况下的品种法，也称单一法、简单法或简化的品种法。

## 阿纳特·奥格登(Arnot Ogden)纪念医院的成市

《商业周刊》中的一篇文章报道说医院正在针对每位病人、每个医生和每种病追溯成本。医院采用了计算机化数据库来组织和保存所需要的数据,以保证在治疗时制定成本效率高的决策。例如,在纽约的阿纳特·奥格登纪念医院,当一位医师开好了一个处方,这些信息也就进入了病人档案。医生可以直接将病人治疗的信息放入病人档案中,因此该医院的会计人员就可以查询每种疾病和每个医生的治疗成本。

**资料来源**: The medicare squeeze pushes hospitals into the information age, Business Week, no. 2847, pp. 87 – 90。

### (二) 品种法成本计算程序

成本计算时,首先按照产品的品种开设基本生产成本明细账或成本计算单,然后按照以下步骤归集和分配各项费用,计算产品成本。

(1) 根据各项耗费的原始凭证和其他有关资料,分配各项要素费用。

(2) 根据各要素费用分配表及其他费用资料,登记基本生产成本明细账或产品成本计算单、辅助生产成本明细账、制造费用明细账以及管理费用明细账等。

(3) 编制辅助生产成本分配表,将辅助生产明细账中所归集的生产费用采用适当方法分配给各受益对象,并据以登记有关费用明细账。

(4) 编制制造费用分配表,将制造费用明细账中所归集的全月费用采用适当方法在各种产品之间进行分配,并据以登记基本生产成本明细账或产品成本计算单。

(5) 将基本生产成本明细账或成本计算单中按成本项目归集的生产费用,采用适当的方法在本月完工产品和月末在产品之间进行分配,确定完工产品和月末在产品成本;编制完工产品成本汇总表,计算各种完工产品的总成本和单位成本。

品种法的上述成本计算程序如图 6-1 所示,各步骤分别用①②③④⑤标注。

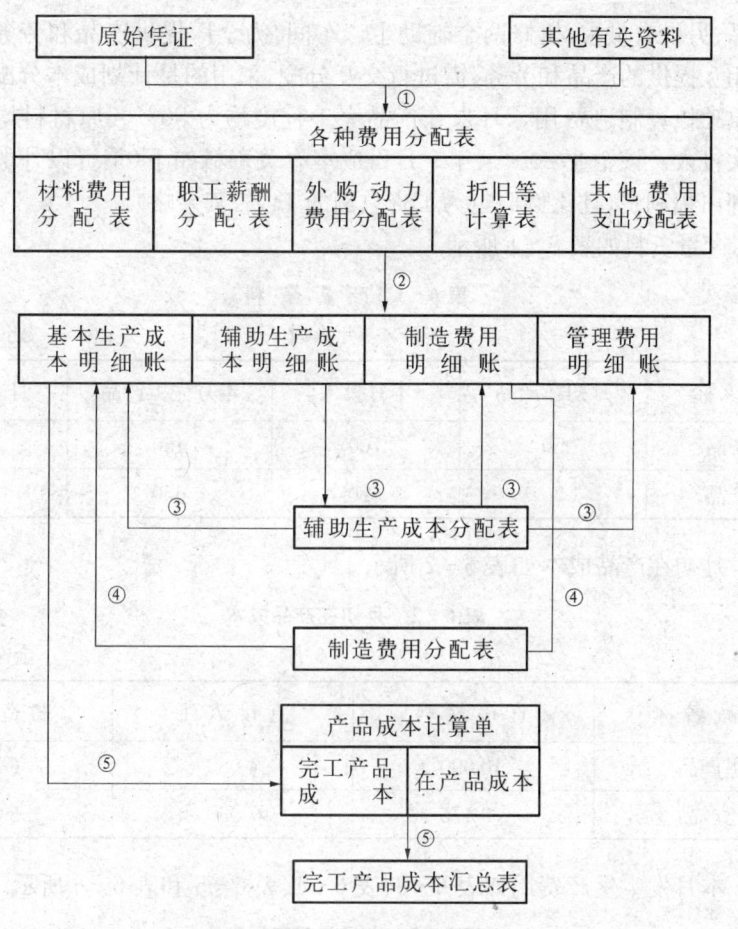

图6-1 品种法成本计算和程序

### 【问题与思考6-1】

某企业产品由两道工序制成,原材料随生产进度分工序投入,在每道工序中则是一开始就投入。第一道工序投入原材料定额为160千克,月末在产品数量2 100件;第二道工序投入原材料定额为240千克,月末在产品数量1 400件,完工产品为5 260件,月初在产品和本月发生的原材料费用累计为225 000元。请问:完工产品的原材料成本是多少?

## 二、品种法举例

### (一)企业基本情况及有关资料

某工业企业为单步骤简单生产企业,设有一个基本生产车间,大量生产甲、乙两种产品;另设有供水、机修两个辅助生产车间,为全厂提供产品和劳务。辅助生产之间相互提供的产品和劳务,需进行交互分配,采用的是计划成本分配法。辅助生产不单独核算制造费用。月末在产品完工程度均为50%。原材料均为生产开始时一次投入。该企业20××年9月份成本有关资料如下(工资以外的职工薪酬本例仅列出福利费,且比例假定为工资总额的14%,其余略)。

(1) 产量资料如表6-1所示。

表6-1 产量资料

20××年9月  数量单位:件

| 产品名称 | 月初在产品 | 本月投入 | 本月完工产品 | 月末在产品 |
|---|---|---|---|---|
| 甲产品 | 50 | 700 | 450 | 300 |
| 乙产品 | 70 | 580 | 650 |  |

(2) 月初在产品成本如表6-2所示。

表6-2 月初在产品成本

20××年9月  金额单位:元

| 产品名称 | 直接材料 | 直接人工 | 制造费用 |
|---|---|---|---|
| 甲产品 | 10 000 | 4 080 | 6 186 |
| 乙产品 | 9 175 | 7 030 | 3 034 |

(3) 本月发生生产费用如表6-3、表6-4、表6-5和表6-6所示。

表6-3 本月材料费用表

20××年9月  金额单位:元

| 领料用途 | 直接领用A材料(元) | 共同耗用B材料(元) | 耗料合计(合计) | B材料定额耗用量(千克) |
|---|---|---|---|---|
| 甲产品<br>乙产品<br>小　计 | 40 000<br>50 000<br>90 000 | 21 000 | 111 000 | 1 000<br>1 100 |
| 基本生产车间一般耗用 | 5 000 |  | 5 000 |  |
| 机修车间 | 14 000 |  | 14 000 |  |
| 供水车间 | 6 000 |  | 6 000 |  |
| 合　计 | 115 000 | 21 000 | 136 000 |  |

表6-4 本月职工薪酬费用表

20××年9月　　　　　　　　　　　　　　　　　　金额单位：元

| 人员类别 | 应付职工薪酬(工资) | 应付职工薪酬(福利费等) | 职工薪酬合计 |
|---|---|---|---|
| 产品生产工人 | 17 000 | 2 380 | 19 380 |
| 机修车间 | 10 000 | 1 400 | 11 400 |
| 供水车间 | 8 000 | 1 120 | 9 120 |
| 基本生产车间一般耗用 | 7 000 | 980 | 7 980 |
| 合　计 | 42 000 | 5 880 | 47 880 |

表6-5 折旧费用表

20××年9月　　　　　　　　　　　　　　　　　　金额单位：元

| 车间名称 | 金额 | 车间名称 | 金额 |
|---|---|---|---|
| 基本生产车间 | 10 000 | 供水车间 | 6 000 |
| 机修车间 | 4 000 | 合　计 | 20 000 |

表6-6 其他费用表

20××年9月　　　　　　　　　　　　　　　　　　金额单位：元

| 车间名称 | 费用项目(元) | | | | | |
|---|---|---|---|---|---|---|
| | 低值易耗品摊销 | 办公费 | 电费 | 保险费 | 其他 | 合计 |
| 基本生产车间 | 1 600 | 500 | 2 800 | 2 200 | 400 | 7 500 |
| 机修车间 | 800 | 200 | 1 000 | 500 | 500 | 3 000 |
| 供水车间 | 500 | 400 | 1 800 | 1 200 | 600 | 4 500 |
| 合　计 | 2 900 | 1 100 | 5 600 | 3 900 | 1 500 | 15 000 |

(4) 工时记录：甲产品4 000小时，乙产品4 500小时。

(5) 辅助生产产品及劳务供应量如表6-7所示。

表6-7 辅助生产产品及劳务供应量

| 受益单位 | 机修车间(小时) | 供水车间(吨) | 单位计划成本 |
|---|---|---|---|
| 供水车间 | 100 | | 0.9元/吨 |
| 机修车间 | | 1 000 | 10元/小时 |

(续表)

| 受益单位 | 机修车间(小时) | 供水车间(吨) | 单位计划成本 |
|---|---|---|---|
| 基本生产车间 | 3 100 | 29 000 | |
| 合　计 | 3 200 | 30 000 | |

注：计划成本与实际成本的差额全部计入管理费用。

(6) 有关费用分配方法。

(a) 甲、乙产品共同耗用的材料费用按定额耗用量比例分配。

(b) 生产工人工资按甲、乙两产品生产工时比例分配。

(c) 制造费用按甲、乙两产品生产工时比例分配。

(二) 成本计算程序和计算方法

根据上述资料，按照品种法计算程序计算产品成本如下（各有关会计分录略）：

(1) 材料费用分配如表6-8所示。

表6-8　材料费用分配表

20××年9月　　　　　　　　　金额单位：元

| 应借账户 | | | A材料 | B材料 | | | 合计 |
|---|---|---|---|---|---|---|---|
| 总账账户 | 明细账户 | 成本或费用项目 | | 定额用量 | 分配率 | 分配额 | |
| 基本生产成本 | 甲产品 | 直接材料 | 40 000 | 1 000 | | 10 000 | 50 000 |
| | 乙产品 | 直接材料 | 50 000 | 1 100 | | 11 000 | 61 000 |
| | 小　计 | | 90 000 | 2 100 | 10 | 21 000 | 111 000 |
| 辅助生产成本 | 机修车间 | 机物料消耗 | 14 000 | | | | 14 000 |
| | 供水车间 | 机物料消耗 | 6 000 | | | | 6 000 |
| | 小　计 | | 20 000 | | | | 20 000 |
| 制造费用 | 基本生产车间 | 机物料消耗 | 5 000 | | | | 5 000 |
| 合　计 | | | 115 000 | | | 21 000 | 136 000 |

(2) 职工薪酬分配如表6-9所示。

表 6-9　职工薪酬分配表

20××年9月　　　　　　　　　　　　　　金额单位：元

| 应借账户 | | | 分配标准<br>（生产工时） | 分配率 | 应分配<br>职工工资 | 应分配职<br>工福利等 | 薪酬<br>合计 |
|---|---|---|---|---|---|---|---|
| 总账账户 | 明细账户 | 成本或<br>费用项目 | | | | | |
| 基本<br>生产<br>成本 | 甲产品 | 直接人工 | 4 000 | | 8 000 | 1 120 | 9 120 |
| | 乙产品 | 直接人工 | 4 500 | | 9 000 | 1 260 | 10 260 |
| | 小　计 | | 8 500 | 2.00 | 17 000 | 2 380 | 19 380 |
| 辅助<br>生产<br>成本 | 机修车间 | 职工薪酬 | | | 10 000 | 1 400 | 11 400 |
| | 供水车间 | 职工薪酬 | | | 8 000 | 1 120 | 9 120 |
| | 小　计 | | | | 18 000 | 2 520 | 20 520 |
| 制造费用 | 基本生产<br>车　间 | 职工薪酬 | | | 7 000 | 980 | 7 980 |
| 合　计 | | | | | 42 000 | 5 880 | 47 880 |

（3）折旧及其他费用分配如表 6-10 所示。

表 6-10　折旧及其他费用汇总表

20××年9月　　　　　　　　　　　　　　金额单位：元

| 应借账户 | | 金　额 | | | | | | |
|---|---|---|---|---|---|---|---|---|
| 总账账户 | 二级账户 | 折旧费 | 低值易耗<br>品摊销 | 办公费 | 电费 | 保险费 | 其他 | 合计 |
| 制造费用 | 基本生产车间 | 10 000 | 1 600 | 500 | 2 800 | 2 200 | 400 | 17 500 |
| 辅助<br>生产<br>成本 | 机修车间 | 4 000 | 800 | 200 | 1 000 | 500 | 500 | 7 000 |
| | 供水车间 | 6 000 | 500 | 400 | 1 800 | 1 200 | 600 | 10 500 |
| | 小　计 | 10 000 | 1 300 | 600 | 2 800 | 1 700 | 1 100 | 17 500 |
| 合　计 | | 20 000 | 2 900 | 1 100 | 5 600 | 3 900 | 1 500 | 35 000 |

（4）辅助生产费用分配。

(a) 根据上述有关费用要素分配表，将属于辅助生产车间耗用的费用归集到了辅助生产费用明细账。具体项目及数额如表 6-11、表 6-12 所示。

表 6-11 辅助生产费用明细表

车间名称：机修车间　　　　　　　　　　　　　　　　　　　金额单位：元

| 20××年 | | 凭证号数 | 摘要 | 机物料消耗 | 薪酬费用 | 折旧费 | 其他费用 | 合计 | 转出 | 金额 |
|---|---|---|---|---|---|---|---|---|---|---|
| 月 | 日 | | | | | | | | | |
| 9 | 30 | 略 | 材料费用分配表 | 14 000 | | | | 14 000 | | 14 000 |
| 9 | 30 | | 职工薪酬分配表 | | 11 400 | | | 11 400 | | 25 400 |
| 9 | 30 | | 折旧及其他费用分配表 | | | 4 000 | 3 000 | 7 000 | | 32 400 |
| 9 | 30 | | 辅助生产费用分配表 | | | | 900 | 900 | | 33 300 |
| 9 | 30 | | 辅助生产费用分配表 | | | | | | 33 300 | |
| 9 | 30 | | 合　　计 | 14 000 | 11 400 | 4 000 | 3 900 | 33 300 | 33 300 | 0 |

表 6-12 辅助生产费用明细账

车间名称：供水车间　　　　　　　　　　　　　　　　　　　金额单位：元

| 20××年 | | 凭证号数 | 摘要 | 机物料消耗 | 薪酬费用 | 折旧费 | 其他费用 | 合计 | 转出 | 金额 |
|---|---|---|---|---|---|---|---|---|---|---|
| 月 | 日 | | | | | | | | | |
| 9 | 30 | 略 | 材料费用分配表 | 6 000 | | | | 6 000 | | 6 000 |
| 9 | 30 | | 职工薪酬分配表 | | 9 120 | | | 9 120 | | 15 120 |
| 9 | 30 | | 折旧及其他费用分配表 | | | 6 000 | 4 500 | 10 500 | | 25 620 |
| 9 | 30 | | 辅助生产费用分配表 | | | | 1 000 | 1 000 | | 26 620 |
| 9 | 30 | | 辅助生产费用分配表 | | | | | | 26 620 | |
| 9 | 30 | | 合　　计 | 6 000 | 9 120 | 6 000 | 5 500 | 26 620 | 26 620 | 0 |

(b) 根据"辅助生产费用明细账"中归集的辅助生产费用采用计划成本分配法分配给各受益对象。具体如表 6-13 的辅助生产费用分配表。

表 6-13　辅助生产费用分配表

20××年9月　　　　　　　　　　　　　　金额单位：元

| 劳务耗费 \ 劳务供应 | | | 机修车间 | | 供水车间 | | 合计 |
|---|---|---|---|---|---|---|---|
| | | | 数量(时) | 费用 | 数量(吨) | 费用 | |
| 待分配的数量和费用 | | | 3 200 | 32 400 | 30 000 | 25 620 | 58 020 |
| 计划单位成本 | | | | 10 | | 0.9 | |
| 辅助生产成本 | 机修车间 | 水费 | | | 1 000 | 900 | 900 |
| | 供水车间 | 修理费 | 100 | 1 000 | | | 1 000 |
| | | 小计 | 100 | 1 000 | 1 000 | 900 | 1 900 |
| 制造费用 | 基本生产车间 | 水费 | | | 29 000 | 26 100 | 26 100 |
| | | 修理费 | 3 100 | 31 000 | | | 31 000 |
| | | 小计 | 3 100 | 31 000 | 29 000 | 26 100 | 57 100 |
| 按计划成本分配合计 | | | | 32 000 | | 27 000 | 59 000 |
| 辅助生产实际成本 | | | | 33 300 | | 26 620 | 59 920 |
| 辅助生产成本差异 | | | | +1 300 | | -380 | +920 |

（5）制造费用分配。基本生产车间发生的制造费用在登记制造费用明细账（见表6-14）归集完成后，据以编制制造费用分配表（见表6-15），将制造费用分配给甲、乙两种产品。

表 6-14　制造费用明细账

车间名称：基本生产车间　　　　　　　　　　　　　　　金额单位：元

| 20××年 | | 凭证号数 | 摘要 | 机物料消耗 | 薪酬费用 | 折旧费 | 低值易耗品摊销 | 办公费 | 保险费 | 水电费 | 其他 | 修理费 | 电费 | 合计 |
|---|---|---|---|---|---|---|---|---|---|---|---|---|---|---|
| 月 | 日 | | | | | | | | | | | | | |
| 9 | 30 | 略 | 材料费用分配表 | 5 000 | | | | | | | | | | 5 000 |
| 9 | 30 | | 职工薪酬分配表 | | 7 980 | | | | | | | | | 7 980 |
| 9 | 30 | | 折旧费及其他费用汇总表 | | | 10 000 | 1 600 | 500 | 2 200 | 2 800 | 400 | | | 17 500 |
| 9 | 30 | | 辅助生产费用分配表 | | | | | | | | | 31 000 | 26 100 | 57 100 |

(续表)

| 20××年 | | 凭证号数 | 摘要 | 机物料消耗 | 薪酬费用 | 折旧费 | 低值易耗品摊销 | 办公费 | 保险费 | 水电费 | 其他 | 修理费 | 电费 | 合计 |
|---|---|---|---|---|---|---|---|---|---|---|---|---|---|---|
| 月 | 日 | | | | | | | | | | | | | |
| 9 | 30 | | 待分配费用合计 | 5 000 | 7 980 | 10 000 | 1 600 | 500 | 2 200 | 2 800 | 400 | 31 000 | 26 100 | 87 580 |
| 9 | 30 | | 制造费用分转出 | 5 000 | 7 980 | 10 000 | 1 600 | 500 | 2 200 | 2 800 | 400 | 31 000 | 26 100 | 87 580 |

表 6-15  制造费用分配表

20××年9月                                           金额单位：元

| 分配对象 | 分配标准（生产工时） | 分配率 | 应分配金额 |
|---|---|---|---|
| 甲产品 | 4 000 | | 41 214 |
| 乙产品 | 4 500 | | 46 366 |
| 合计 | 8 500 | 10.303 5 | 87 580 |

（6）将生产费用在完工产品和在产品之间分配。经过以上分配，应由本月产品成本负担的费用，均已根据所编制的会计分录分配登记到了甲、乙两种产品的基本生产成本明细账（见表 6-16；表 6-17），月末时据此还要计算本月完工产品成本。由于甲产品到月末时，既有完工产品又有在产品，因而要将甲产品基本生产成本明细账中归集的生产费用在完工产品和月末在产品之间进行分配。又因资料告知该企业月末在产品完工程度为 50％，加上没有产品的定额成本以及成本计算方法的其他要求，因而适用约当产量法分配。乙产品由于没有月末在产品，则基本生产成本明细账中归集的生产费用全部是完工产品成本。甲、乙两种产品的完工产品总成本及单位成本如表 6-16、表 6-17、表 6-18 所示。

表 6-16  基本生产明细账

产品名称：甲产品                   完工产品数量：450 件
                                  月末在产品数量：300 件

| 20××年 | | 凭证号数 | 摘要 | 成本项目 | | | 合计 |
|---|---|---|---|---|---|---|---|
| 月 | 日 | | | 直接材料 | 直接人工 | 制造费用 | |
| 9 | 1 | | 月初在产品成本 | 10 000 | 4 080 | 6 186 | 20 266 |
| 9 | 30 | 略 | 材料费用（表 6-8） | 50 000 | | | 50 000 |
| 9 | 30 | 略 | 人工费用（表 6-9） | | 9 120 | | 9 120 |
| 9 | 30 | 略 | 制造费用（表 6-15） | | | 41 214 | 41 214 |

(续表)

| 20××年 | | 凭证号数 | 摘要 | 成本项目 | | | 合计 |
|---|---|---|---|---|---|---|---|
| 月 | 日 | | | 直接材料 | 直接人工 | 制造费用 | |
| 9 | 30 | | 生产费用合计 | 60 000 | 13 200 | 47 400 | 120 600 |
| 9 | 30 | | 分配率 | 80① | 22② | 79③ | 181 |
| 9 | 30 | | 结转完工产品成本 | 36 000 | 9 900 | 35 550 | 81 450 |
| 9 | 30 | | 月末在产品成本 | 24 000 | 3 300 | 11 850 | 39 150 |

注：① 直接材料分配率 $= \dfrac{60\,000}{450+300} = 80(元/件)$

② 直接人工分配率 $= \dfrac{13\,200}{450+300\times 50\%} = 22(元/件)$

③ 制造费用分配率 $= \dfrac{47\,400}{450+300\times 50\%} = 79(元/件)$

表6-17 基本生产成本明细账

完工产品数量：650 件
月末产品数量：0 件

产品名称：乙产品　　　　　　　　　　　　　　　　　　　金额单位：元

| 20××年 | | 凭证号数 | 摘要 | 成本项目 | | | 合计 |
|---|---|---|---|---|---|---|---|
| 月 | 日 | | | 直接材料 | 直接人工 | 制造费用 | |
| 9 | 1 | | 月初在产品成本 | 9 175 | 7 030 | 3 034 | 19 239 |
| 9 | 30 | 略 | 材料费用(表6-8) | 6 100 | | | 6 100 |
| 9 | 30 | 略 | 工资费用(表6-9) | | 10 260 | | 10 260 |
| 9 | 30 | 略 | 制造费用(表6-15) | | | 46 366 | 46 366 |
| 9 | 30 | | 生产费用合计 | 15 275 | 17 290 | 49 400 | 81 965 |
| 9 | 30 | | 结转完工产品成本 | 15 275 | 17 290 | 49 400 | 81 965 |

表6-18 完工产品成本汇总计算单　　　　　　　　金额单位：元

| 成本项目 | 甲产品(450 件) | | 乙产品(650 件) | |
|---|---|---|---|---|
| | 总成本 | 单位成本 | 总成本 | 单位成本 |
| 直接材料 | 36 000 | 80 | 15 275 | 23.50 |
| 直接人工 | 9 900 | 22 | 17 290 | 26.60 |

(续表)

| 成本项目 | 甲产品(450件) | | 乙产品(650件) | |
| --- | --- | --- | --- | --- |
| | 总成本 | 单位成本 | 总成本 | 单位成本 |
| 制造费用 | 35 550 | 79 | 49 400 | 76 |
| 合计 | 81 450 | 181 | 81 965 | 126.10 |

通过上述举例,可以看出,产品成本计算实际上就是会计核算中成本费用账户的明细核算。为了正确地计算各产品成本,必须正确地编制各种费用分配表和分配、归集各项费用的会计分录,并且按平行登记的原理:既登记有关总账,又登记各该总账账户所属的明细账。最后,将各种生产费用分配、归集到基本生产成本账户及其所属的各种产品成本的明细账中,计算各种产品的总成本和单位成本。

## 第二节 产品成本计算的分批法

### 一、分批法概述

（一）分批法的特点

分批法是以产品批别作为成本计算对象来归集生产费用、计算产品成本的一种方法。产品批别在成批组织产品生产的企业或车间中,是按照一定品种、一定批量产品划分的。因此,分批法也就是计算一定品种、一定批量的产品成本的方法。在实际工作中,产品的品种和每批产品的批量往往是根据客户的订单确定的。因而,按照产品批别计算产品成本,往往也就是按照订单计算产品成本,所以分批法亦称为订单法。分批法的特点为：

(1) 以产品的批次(订单或生产通知单等)为成本计算对象,开设产品成本计算单或设置基本生产成本明细账。实务中,企业根据订单开设生产通知单号,车间则根据生产通知单号组织生产,仓库根据生产通知单号准备材料,会计部门根据生产通知单号开设成本计算单或基本生产成本明细账归集其生产费用,计算产品成本。

由于生产通知单是根据订单开设的,因此,一般是以一张订单上的产品为一批,即以订单划分批别。但在一张订单上如果规定的产品不止一种,那是为了分别计算不同产品的生产成本和便于生产管理,可以按照产品的品种划分批别组织生产并计算成本;如果订单中只规定一种产品,但其数量较大,不便于集中一次投产，或者客户要求分批交货，也可以分几批组织生产，计算成本；如果订单中只规定一件产品，但其生产周期很长并且是由许多零部件装配而成的，则可按生产进度或构成成品部件分别开设生产通知单，组织生产，计算成本，如大型船舶的生产等。

（2）产品成本计算期不固定，即成本计算期与生产周期相同，而与会计报告期不一致。在分批法下，由于是以产品的批别或件别作为成本计算对象，因而一批产品只有全部完工后才能通过成本计算单将生产费用归集完整，也就决定了成本计算期与产品生产周期同步。

（3）一般不需要计算期末在产品成本，这主要是由于成本计算期与产品生产周期是一致的。就单件生产来说，产品完工之前，基本生产成本明细账所归集的生产费用，都是在产品成本；产品完工时，则就是完工产品成本，因而月末计算成本时，就不需要计算月末在产品成本。如果是小批生产，批内产品一般都能同时完工，在月末计算成本时，或是全部已经完工，或是全部没有完工，因而也都不存在计算月末在产品成本问题。但在批内产品跨月陆续完工的情况下，月末计算成本时，一部分产品已完工，另一部尚未完工，这时就要在完工产品与月末在产品之间分配费用，以分别计算完工产品成本和月末在产品成本。

此外，在同一月份内投产的产品批数很多的企业中，还采用一种简化的不分批次计算在产品成本的分批法。此法将专门作一专题在后面阐述。

（二）分批法的计算程序

（1）按产品批别开设基本生产成本明细账。即根据生产计划部门签发的生产任务通知单中所规定的产品批号，为每批产品开设基本生产成本明细账。在明细账页上既要注明批号，也要列明产品名称。

（2）编制各要素费用分配表（或汇总表）分配和归集各批次产品的生产费用。即在月份内，将各批次产品的直接费用，按批号直接汇总记入各批产品成本明细账内；而将发生的间接费用按照一定的标准在各批次产品之间进行分配，分别记入有关批次的产品成本明细账。

（3）计算完工产品成本。月末加计完工批别成本明细账中所归集的生产费用，计算完工产品的实际总成本和单位成本；月末各批未完工产品成本明细账内归集的生产费用即为月末在产品成本；如月末有部分产品完工，部分未完工的要采用适当方法在完工产品与在产品之间分配费用。由于分批法下，批内产品跨月陆续完工的情况不多，因而在有陆续跨月完工情况下，月末计算完工产品成本时，可采用计划成本、定额成本或最近时期相同产品的实际成本对完工产品进行计价的简易方法计算，然后将其从基本生产成本明细账中转出，余下的即为在产品成本。等到全部产品完工时,再计算该批全部产品实际的总成本和单位成本。

## 拓展提高

### 分批零件法

随着企业的生产从单件小批量转向成批、大批量生产时,企业的生产不再按客户的订单组织,而是按照自己所规定的产品品种、规格、数量分批生产,各种品种、规格的生产成批交叉重复进行;同时,产品中的标准件、通用件越来越多,既可用于各种不同规格、不同批别的产品,还可单独对外销售。在此情况下,成本计算要按各批零件的制造,各批部件的装配,各批产成品的装配来进行,以适应零件、部件、产成品批量不一致,必须分别计算成本的需要,即应采用分批零件法。

分批零件法是指以零件、部件、产品的批别为成本计算对象,归集生产费用和计算产品成本的一种方法。它是分批法的延伸,属于分批法类型的成本计算方法。

分批零件法适用于零件数量不多的成批、大批生产的装配式复杂生产企业,如仪器、仪表等生产企业。

## 二、分批法举例

某厂根据客户的订单组织生产,采用分批法计算产品成本。该厂有两个生产车间,原材料在一车间生产开始时一次投入,20××年12月份的有关资料如下。

(1) 各批产品的生产情况如表6-19所示。

表6-19 各批产品的生产情况

| 产品批号 | 产品名称 | 开工日期 | 批量(台) | 完工产量 | | 本月耗用工时 | |
|---|---|---|---|---|---|---|---|
| | | | | 11月 | 12月 | 一车间 | 二车间 |
| 07 | 甲产品 | 11月 | 20 | 10 | 10 | 3 000 | 1 600 |
| 08 | 乙产品 | 12月 | 15 | | 15 | 1 500 | 2 000 |
| 09 | 丙产品 | 12月 | 10 | | | 1 000 | 1 500 |

(2) 07批甲产品11月份的有关资料为:直接材料10 500元,直接人工18 900元,制造费用6 050元。

(3) 12月份各批产品耗用材料的情况:08批乙产品耗用材料40 500元,09批丙产品耗用材料9 500元。

(4) 12月份的直接人工费用资料如表6-20所示。

表6-20 直接人工费用表

20××年12月　　　　　　　　　　金额单位:元

| 产品名称 | 一车间 | 二车间 |
| --- | --- | --- |
| 07批甲产品 | 9 900 | 4 000 |
| 08批乙产品 | 4 950 | 5 010 |
| 09批丙产品 | 3 300 | 3 750 |

(5) 12月份的制造费用资料:一车间为5 500元,二车间为6 120元,制造费用按生产工时比例在各批产品之间分配。

(6) 该厂对订单内跨月陆续完工的产品,月末计算成本时,对完工产品按计划成本转出,待全部完工后再重新计算完工产品的实际总成本和单位成本。本例中07批甲产品11月末完工10台,按计划单位成本结转,其中,原材料计划单位成本500元,工资计划单位成本950元,制造费用计划单位成本300元。

根据上述资料编制的制造费用分配表如表6-21所示,设置并登记的07批、08批、09批基本生产成本明细账及其成本计算如表6-22、表6-23、表6-24所示。

表6-21 制造费用分配表

20××年12月　　　　　　　　　　金额单位:元

| 产品批别 | 一车间 | | | 二车间 | | | 合计 |
| --- | --- | --- | --- | --- | --- | --- | --- |
| | 工时 | 分配率 | 金额 | 工时 | 分配率 | 金额 | |
| 07批 | 3 000 | | 3 000 | 1 600 | | 1 920 | 4 920 |
| 08批 | 1 500 | | 1 500 | 2 000 | | 2 400 | 3 900 |
| 09批 | 1 000 | | 1 000 | 1 500 | | 1 800 | 2 800 |
| 合计 | 5 500 | 1.00 | 5 500 | 5 100 | 1.2 | 6 120 | 11 620 |

表 6-22 基本生产成本明细账

批号：07　　　　　　　　　开工日期：20××年11月
产品名称：甲产品　　　　　完工日期：20××年12月　　　　　　金额单位：元

| 20××年 | | 凭证号数 | 摘　要 | 直接材料 | 直接人工 | 制造费用 | 合　计 |
|---|---|---|---|---|---|---|---|
| 月 | 日 | | | | | | |
| 11 | 30 | | 11月份成本合计 | 10 500 | 18 900 | 6 050 | 35 450 |
| | 30 | 略 | 完工10台转出成本 | 5 000 | 9 500 | 3 000 | 17 500 |
| | 30 | | 11月末在产品成本 | 5 500 | 9 400 | 3 050 | 17 950 |
| 12 | 31 | 略 | 一车间成本分配 | | 9 900 | 3 000 | 12 900 |
| | | | 二车间成本分配 | | 4 000 | 1 920 | 5 920 |
| 12 | 31 | | 12月份成本合计 | | 13 900 | 4 920 | 18 820 |
| | | | 12月份完工10台转出成本 | 5 500 | 23 300 | 7 970 | 36 770 |
| 12 | 31 | | 20台产品累计总成本 | 10 500 | 32 800 | 10 970 | 54 270 |
| 12 | 31 | | 单位成本 | 525 | 1 640 | 548.50 | 2 713.50 |

表 6-23 基本生产成本明细账

批号：08　　　　　　　　　开工日期：20××年12月　　　　完工数量：15台
产品名称：乙产品　　　　　完工日期：20××年12月　　　　金额单位：元

| 20××年 | | 凭证号数 | 摘　要 | 直接材料 | 直接人工 | 制造费用 | 合　计 |
|---|---|---|---|---|---|---|---|
| 月 | 日 | | | | | | |
| 12 | 31 | 略 | 一车间费用分配 | 40 500 | 4 950 | 1 500 | 46 950 |
| 12 | 31 | 略 | 二车间费用分配 | | 5 010 | 2 400 | 7 410 |
| 12 | 31 | | 生产费用合计 | 40 500 | 9 960 | 3 900 | 54 360 |
| 12 | 31 | 略 | 转出完工产品成本 | 40 500 | 9 960 | 3 900 | 54 360 |
| 12 | 31 | | 单位成本 | 2 700 | 664 | 260 | 3 624 |

**表 6-24　基本生产成本明细账**

批号：09　　　　　　　开工日期：20××年12月
产品名称：丙产品　　　完工日期：　　　　　　　　　　金额单位：元

| 20××年 | | 凭证号数 | 摘　要 | 直接材料 | 直接人工 | 制造费用 | 合　计 |
|---|---|---|---|---|---|---|---|
| 月 | 日 | | | | | | |
| 12 | 31 | 略 | 一车间费用分配 | 9 500 | 3 300 | 1 000 | 13 800 |
| 12 | 31 | 略 | 二车间费用分配 | | 3 750 | 1 800 | 5 550 |
| 12 | 31 | 略 | 12月份累计成本 | 9 500 | 7 050 | 2 800 | 19 350 |

## 三、简化分批法

在小批或单件生产的企业，如同1月份内投产的产品批数很多，则各种间接费用在各批产品之间按月分配的工作量将很大。在这种情况下，可采用一种简化分批法。

### （一）简化分批法的特点

简化分批法的特点是：每月发生的人工费用和制造费用等间接费用不是按月在各批产品之间分配，而是累加起来，直到产品完工的那个月份，再按照完工产品累计生产工时比例，在各批完工产品之间再进行分配。所以，这种方法也叫"间接费用累计分配法"，有的还称之为"不分批计算在产品成本分批法"。间接费用分配的计算公式如下：

$$\text{全部产品某项累计间接费用分配率} = \frac{\text{期初结存该项全部产品间接费用} + \text{本月发生该项全部产品间接费用}}{\text{期初结存全部在产品累计工时} + \text{本月发生全部工时数}}$$

$$\text{某批完工产品应负担的某项间接计入费用} = \text{该批完工产品累计生产工时} \times \text{全部产品该项累计间接费用分配率}$$

### （二）简化分批法的计算程序

（1）按产品批别设立基本生产成本明细账，平时账内仅登记直接计入费用（原材料费用）和生产工时；另外，要设立基本生产成本二级账，归集企业投产的所有批次合计发生的各项费用以及累计的生产工时。

（2）计算间接费用分配率。在有完工产品的那个月份，通过基本生产成本二级账上的累计生产工时和累计间接费用计算分成本项目的间接费用累计分配率分别在基本生产成本明细账和基本生产二级账上登记。

(3) 计算完工产品应分配的间接费用。计算完工产品应分配的间接费用时，应先在基本生产成本明细账中分批次计算（即用各批次完工产品的累计生产工时乘以不同成本项目的间接费用分配率）并在各批次的成本明细账中登记；然后将所有批次的成本明细账中完工产品的各项间接费用汇总起来再记入基本生产成本二级账的相应成本项目栏。基本生产成本二级账中完工产品的原材料费用和生产工时也是根据各批次产品基本生产成本明细账中完工产品的原材料费用和生产工时汇总登记的。

以上程序如图 6-2 所示。

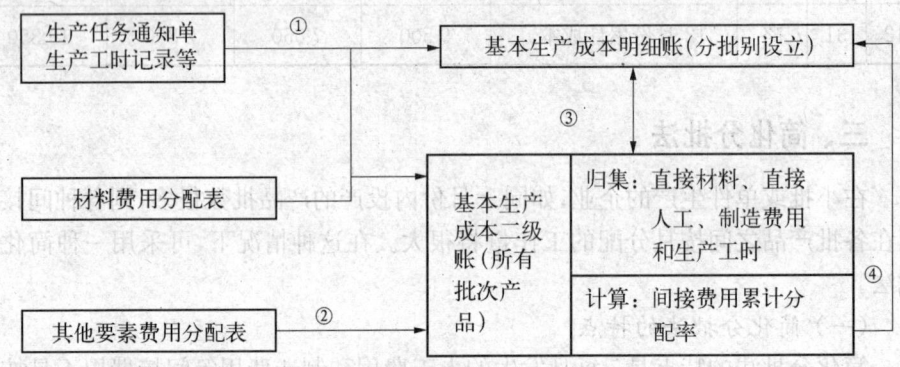

图 6-2　简化分批程序

说明：
① 根据"生产任务通知单"设立多张基本生产成本明细账和一张基本生产成本二级账，根据材料费用分配表和生产工时记录等将各批别耗用的材料费和耗用工时记入各成本明细账和二级账。
② 根据"其他要素费用分配表"，将人工费用和制造费用等记入"基本生产成本"二级账。
③ 月终，将二级账中的直接材料费用和生产工时与成本明细账中直接材料费用和生产工时核对。
④ 月终，如有完工产品，计算累计间接费用分配率，并据此分配间接费用，登记"基本生产成本明细账"。

【问题与思考 6-2】

采用简化分批法计算产品成本时，制造费用的累计分配率如何计算？在简化分批法下，为何要设置"基本生产成本"二级账户？

（三）简化分批法举例

假定某企业小批生产多种产品，产品批数多。为了简化核算，采用简化分批法计算各批次产品成本。该企业 9 月份各批产品的情况是：

第 701 批号：A 产品 8 件，7 月份投产，本月份完工；
第 812 批号：B 产品 10 件，8 月份投产，本月完工 6 件；
第 824 批号：C 产品 8 件，8 月份投产，尚未完工；

第 901 批号：D 产品 5 件，9 月份投产，尚未完工。

该企业 9 月份的月初在产品成本和本期生产费用以及实耗工时记入"基本生产成本二级账"和各批号"基本生产成本明细账"。其内容如表 6-25、表 6-26、表 6-27、表 6-28、表 6-29 所示。表中的具体计算数据来源请学员自己分析确认。

表 6-25　基本生产成本二级账　　　　　　　　金额单位：元

| 20××年 | | 凭证号数 | 摘　　要 | 生产工时 | 直接材料 | 直接人工 | 制造费用 | 合　计 |
| 月 | 日 | | | | | | | |
| --- | --- | --- | --- | --- | --- | --- | --- | --- |
| 9 | 1 | 略 | 期初余额 | 30 650 | 218 000 | 50 276 | 68 240 | 336 516 |
| 9 | 30 | 略 | 本月发生额 | 30 150 | 81 600 | 54 300 | 70 384 | 206 284 |
| 9 | 30 | 略 | 累计 | 60 800 | 299 600 | 104 576 | 138 624 | 542 800 |
| 9 | 30 | 略 | 间接费用累计分配率 | | | 1.72 | 2.28 | |
| 9 | 30 | 略 | 完工转出 | 38 450 | 198 304 | 66 134 | 87 666 | 352 104 |
| 9 | 30 | 略 | 余额 | 22 350 | 101 296 | 38 442 | 50 958 | 190 696 |

表 6-26　基本生产成本明细账

批号：701　　　　　　　开工日期：20××年 7 月　　　　　　　批量：8 件
产品名称：A 产品　　　　完工日期：20××年 9 月　　　　　　　金额单位：元

| 20××年 | | 凭证号数 | 摘　　要 | 生产工时 | 直接材料 | 直接人工 | 制造费用 | 合　计 |
| 月 | 日 | | | | | | | |
| --- | --- | --- | --- | --- | --- | --- | --- | --- |
| 7 | 31 | 略 | 本月发生 | 9 460 | 64 850 | | | |
| 8 | 31 | 略 | 本月发生 | 5 940 | 36 650 | | | |
| 9 | 30 | 略 | 本月发生 | 9 800 | 28 200 | | | |
| 9 | 30 | 略 | 累计数及间接费用累计分配率 | 25 200 | 129 700 | 1.72 | 2.28 | |
| 9 | 30 | 略 | 本月转出完工产品成本 | 25 200 | 129 700 | 43 344 | 57 456 | 230 500 |
| 9 | 30 | | 完工产品单位成本 | | 16 212.50 | 5 418 | 7 182 | 28 812.50 |

### 表 6-27 基本生产成本明细账

批号：812　　　　　　　　开工日期：20××年8月  
产品名称：B产品　　　　　完工日期：20××年9月　　　　　　　金额单位：元

| 20××年 | | 凭证号数 | 摘要 | 生产工时 | 直接材料 | 直接人工 | 制造费用 | 合计 |
|---|---|---|---|---|---|---|---|---|
| 月 | 日 | | | | | | | |
| 8 | 31 | 略 | 本月发生 | 7 410 | 74 420 | | | |
| 9 | 30 | 略 | 本月发生 | 9 420 | 6 880 | | | |
| 9 | 30 | 略 | 累计数及间接费用累计分配率 | 16 830 | 81 300 | 1.72 | 2.28 | |
| 9 | 30 | 略 | 本月转出完工产品成本 | 13 250 | 68 604 | 22 790 | 30 210 | 121 604 |
| 9 | 30 | 略 | 完工产品单位成本 | | 11 434 | 3 798 | 5 035 | 20 267 |
| 9 | 30 | 略 | 月末在产品 | 3 580 | 12 696 | | | |

### 表 6-28 基本生产成本明细账

批号：824　　　　　　　　开工日期：20××年8月　　　　　　产品批量：8件  
产品名称：C产品　　　　　完工日期：　　　　　　　　　　　金额单位：元

| 20××年 | | 凭证号数 | 摘要 | 生产工时 | 直接材料 | 直接人工 | 制造费用 | 合计 |
|---|---|---|---|---|---|---|---|---|
| 月 | 日 | | | | | | | |
| 8 | 31 | 略 | 本月发生 | 7 840 | 42 080 | | | |
| 9 | 30 | 略 | 本月发生 | 4 270 | 8 680 | | | |

### 表 6-29 基本生产成本明细账

批号：901　　　　　　　　开工日期：20××年9月　　　　　　产品批量：5件  
产品名称：D产品　　　　　完工日期：　　　　　　　　　　　金额单位：元

| 20××年 | | 凭证号数 | 摘要 | 生产工时 | 直接材料 | 直接人工 | 制造费用 | 合计 |
|---|---|---|---|---|---|---|---|---|
| 月 | 日 | | | | | | | |
| 9 | 31 | 略 | 本月发生 | 6 660 | 37 840 | | | |

# 第三节　产品成本计算的分步法

## 一、分步法概述

### （一）分步法的特点

分步法作为以各生产步骤的产品为成本计算对象来归集生产费用,计算产品成本的一种方法,其特点主要有以下三个方面:

(1) 以各个加工步骤的各种产品作为成本计算对象,并据以设置基本生产成本明细账。即基本生产成本明细账按照生产步骤设立,账中按照产品品种反映。在大量大批多步骤的生产企业,从原材料投入到产成品制成完工,要经过一系列的加工步骤,每经过一个加工步骤,产出的半成品,其形态和性质各不相同,其计量单位也可能不尽相同,而且各步骤生产的半成品可能转入后续步骤,加工成不同的产成品,也可能对外出售。因此,成本计算必须按各步骤的各种产品进行。但应指出的是,产品成本计算的分步与实际的生产步骤不一定完全一致。为了简化成本计算工作,可以只对管理上有必要分步计算成本的生产步骤单独设立产品成本明细账,单独计算成本;而对管理上不要求单独计算成本的生产步骤,则可与其他生产步骤合并设立基本生产成本明细账,计算其成本。

(2) 产品成本计算期与会计报告期一致,是按月进行,但与生产周期不一致。

(3) 月末要将生产费用采用适当方法在完工产品与在产品之间进行分配。在大量大批多步骤生产情况下,原材料不断投入,产品不断产出,而且其生产周期比单步骤生产长,月末通常都会有在产品,因此,必须按加工步骤将所归集的生产费用在完工产品与在产品之间进行分配。

### （二）分步法的种类

分步法按是否需要计算和结转各步骤半成品成本分为逐步结转分步法和平行结转分步法两种。逐步结转分步法指的是按各加工步骤归集生产费用,计算各加工步骤半成品成本,而且半成品成本随半成品实物转移在各加工步骤之间顺序结转,最后计算出产成品成本的一种成本计算方法;平行结转分步法指的是在各加工步骤中只计算本步骤发生的生产费用和这些生产费用中应计入产成品成本的份额,将相同产品各步骤计入产成品的份额平行结转、汇总,计算出产成品成本的一种方法。这种方法由于不计算各步骤所产半成品成本,也不计算各步骤所耗上一步骤半成品成本,所以也叫不计算半成品成本的分步法。

## 二、逐步结转分步法

### (一) 逐步结转分步法的计算程序

由于采用逐步法计算各步骤产品成本时,上一步骤所产半成品的成本,要随着半成品实物的转移从上一个步骤的成本计算单转入下一步骤相同产品成本计算单,因而其计算程序要受半成品实物流转程序的制约。半成品实物流转程序有两种,即半成品不通过仓库收发和通过仓库收发。现分述如下。

1. 半成品不通过仓库收发

在这种情况下,逐步结转分步法的产品成本计算程序是:首先计算第一步骤半成品成本,然后随半成品实物转移,将其成本转入第二步骤产品成本明细账,再加上第一步骤所发生的费用,计算第二步骤半成品成本,依次逐步累计结转,直到最后步骤计算出产成品成本为止。具体程序如图6-3所示。

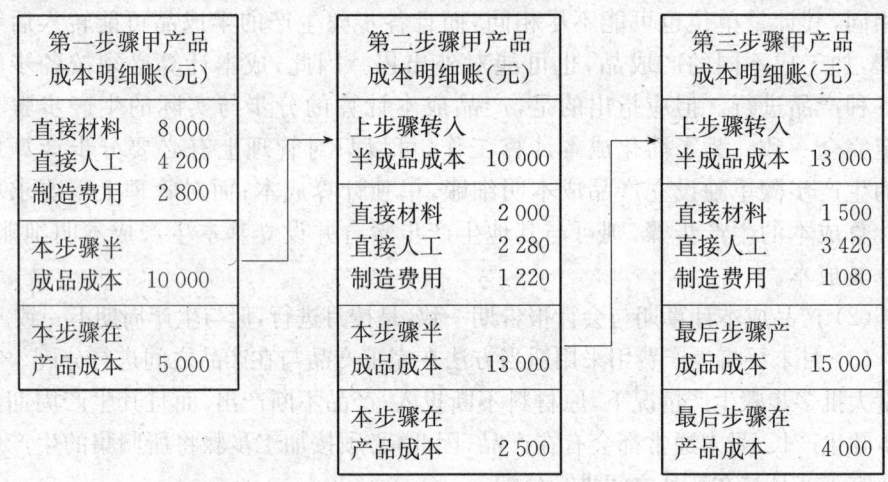

**图6-3 逐步结转法成本计算程序(不通过仓库收发)**

2. 半成品完工和领用通过仓库收发

在这种情况下,成本核算的基本步骤与上述半成品不通过仓库收发基本相同,唯一的差别是:在各步骤设立"自制半成品明细账"核算各步骤半成品的收、发、存情况。具体程序如图6-4所示。

从以上所述的成本结转计算程序可以看出,逐步结转分步法实际上就是品种法的多次连续应用。即在采用品种法计算上一步骤的半成品成本以后,按照下一步骤的耗用数量转入下一步骤成本;下一步骤再一次采用品种法归集所耗半成品的费用和本步骤其他费用,计算其半成品成本;如此逐步结转,直至最后一个步骤算出产成品成本。

逐步结转分步法,按照半成品成本在下一步骤成本明细账中的反映方法,又可

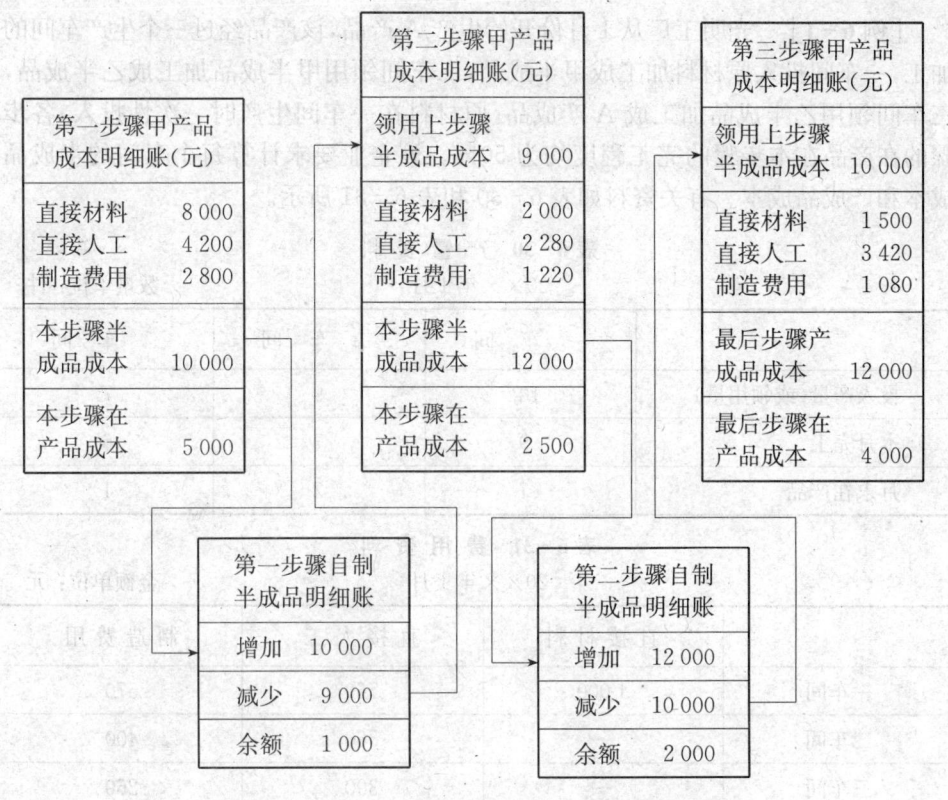

图6-4 逐步结转法成本计算程序(通过仓库收发)

分为综合结转和分项结转两种方法。

(二)半成品成本结转的方式

逐步结转分步法,按照半成品成本在下一步骤成本明细账中的反映方法不同,又可分为综合结转和分项结转两种方法。

1. 综合结转法

综合结转法是指将各生产步骤耗用上一步骤的半成品成本、不分直接材料、直接工资及制造费用等成本项目,而是以一个合计的金额综合记入各该步骤产品成本明细账中的"直接材料"或专设的"半成品"项目中,计算各步半成品和产成品成本的方法。半成品成本的综合结转可以按实际成本结转,也可以按计划成本结转。因此,综合结转法又可分为按实际成本综合结转和按计划成本综合结转两种。

(1)按实际成本综合结转法。采用这种方法结转时,各步骤所耗上一步骤的半成品费用,应根据所耗半成品的数量乘以半成品的实际单位成本计算。在通过仓库收发半成品的情况下,发出半成品的单位成本可用加权平均法、先进先出法或后进先出法等存货计价方法计算。下面举例说明。

[例6-1] 光明工厂从1月份开始生产A产品,该产品经过三个生产车间的加工,一车间投入原材料加工成甲半成品,二车间领用甲半成品加工成乙半成品,三车间领用乙半成品加工成A产成品,原材料在一车间生产时一次性投入,各步骤的在产品在本步骤的完工程度均为50%。该企业要求计算每个车间的半成品成本和产成品成本。有关资料如表6-30和表6-31所示。

表6-30 产量资料

20××年1月　　　　　　　　　　　　　　数量单位:件

| | 一车间 | 二车间 | 三车间 |
|---|---|---|---|
| 投入产量(或领用量) | 10 | 9 | 7 |
| 本月完工 | 9 | 7 | 6 |
| 月末在产品 | 1 | 2 | 1 |

表6-31 费用资料

20××年1月　　　　　　　　　　　　　　金额单位:元

| | 直接材料 | 直接人工 | 制造费用 |
|---|---|---|---|
| 一车间 | 1 000 | 760 | 570 |
| 二车间 | — | 560 | 400 |
| 三车间 | — | 390 | 260 |

各步骤成本计算程序和方法如表6-32、表6-33、表6-34所示的基本生产成本明细账(简化格式)。

表6-32 第一车间基本生产成本明细账

产品名称:甲半成品　　　　　20××年1月　　　　　　金额单位:元

| 项　目 | 直接材料 | 直接人工 | 制造费用 | 合　计 |
|---|---|---|---|---|
| 本月生产费用 | 1 000 | 760 | 570 | 2 330 |
| 单位产品成本 | 100① | 80② | 60③ | 240 |
| 完工半成品成本 | 900 | 720 | 540 | 2 160 |
| 月末在产品成本 | 100 | 40 | 30 | 170 |

注:① 直接材料单位成本 $= \dfrac{100}{10} = 100(元)$

② 直接人工单位成本 $= \dfrac{760}{9.5} = 80(元)$

③ 制造费用单位成本 $= \dfrac{570}{9.5} = 60(元)$

表 6-33 第二车间基本生产成本明细账

产品名称：乙半成品　　　　　20××年1月　　　　　金额单位：元

| 项　目 | 直接材料 | 直接人工 | 制造费用 | 合　计 |
|---|---|---|---|---|
| 本月生产费用 | 2 160 | 560 | 400 | 3 120 |
| 单位产品成本 | 240 | 70 | 50 | 360 |
| 完工半成品成本 | 1 680 | 490 | 350 | 2 520 |
| 月末在产品成本 | 480 | 70 | 50 | 600 |

表 6-34 第三车间基本生产成本明细账

产品名称：A产成品　　　　　20××年1月　　　　　金额单位：元

| 项　目 | 自制半成品 | 直接人工 | 制造费用 | 合　计 |
|---|---|---|---|---|
| 本月生产费用 | 2 520 | 390 | 260 | 3 170 |
| 单位产品成本 | 360 | 60 | 40 | 460 |
| 完工半成品成本 | 2 160 | 360 | 240 | 2 760 |
| 月末在产品成本 | 360 | 30 | 20 | 410 |

以上各步骤成本计算为没有月初在产品成本。下面再举一有月初在成本的例子说明其各步骤成本计算的例子。

[例 6-2] 仍以[例 6-1]为例，假定该厂 2 月份继续生产 A 产品，原材料在一车间生产时一次性投入，各步骤的在产品在本步骤的完工程度也均为 50%。20××年 2 月份有关资料如表 6-35 和表 6-36 所示。

表 6-35 产量资料

20××年2月　　　　　　　　　　　　　　金额单位：元

| 项　目 | 一车间 | 二车间 | 三车间 |
|---|---|---|---|
| 月初在产品 | 1 | 2 | 1 |
| 投入产量（或领用量） | 13 | 12 | 10 |
| 本月完工 | 12 | 10 | 9 |
| 月末在产品 | 2 | 4 | 2 |

表 6-36　费 用 资 料

20××年2月　　　　　　　　金额单位：元

| | 直接材料 | 直接人工 | 制造费用 |
|---|---|---|---|
| 一车间 | 1 300 | 1 000 | 750 |
| 二车间 | — | 770 | 550 |
| 三车间 | — | 570 | 380 |

根据上述资料，计算步骤的产品成本方法如表6-37、表6-38和表6-39所示。

表 6-37　第一车间基本生产成本明细账

产品名称：甲半成品　　　　20××年2月　　　　金额单位：元

| 项　　目 | 直接材料 | 直接人工 | 制造费用 | 合　　计 |
|---|---|---|---|---|
| 月初在产品成本 | 100 | 40 | 30 | 170 |
| 本月生产费用 | 1 300 | 1 000 | 750 | 3 050 |
| 合　　计 | 1 400 | 1 040 | 780 | 3 220 |
| 单位产品成本 | 100① | 80② | 60③ | 240 |
| 完工半成品成本 | 1 200 | 960 | 720 | 2 880 |
| 月末在产品成本 | 200 | 80 | 60 | 340 |

注：① 直接材料单位成本 $= \dfrac{1\,400}{12+2} = 100(元)$

② 直接人工单位成本 $= \dfrac{1\,040}{12+2\times 50\%} = 80(元)$

③ 制造费用单位成本 $= \dfrac{780}{12+2\times 50\%} = 60(元)$

表 6-38　第二车间基本生产成本明细账

产品名称：乙半成品　　　　20××年2月　　　　金额单位：元

| 项　　目 | 自制半成品 | 直接人工 | 制造费用 | 合　　计 |
|---|---|---|---|---|
| 月初在产品成本 | 480 | 70 | 50 | 600 |
| 本月生产费用 | 2 880 | 770 | 550 | 4 200 |
| 合　　计 | 3 360 | 840 | 600 | 4 800 |
| 单位产品成本 | 240 | 70 | 50 | 360 |

(续表)

| 项目 | 直接材料 | 直接人工 | 制造费用 | 合计 |
|---|---|---|---|---|
| 完工半成品成本 | 2 400 | 700 | 500 | 3 600 |
| 月末在产品成本 | 960 | 140 | 100 | 1 200 |

表 6-39 第三车间基本生产成本明细账

产品名称：A产成品　　　　　　20××年2月　　　　　　金额单位：元

| 项目 | 自制半成品 | 直接人工 | 制造费用 | 合计 |
|---|---|---|---|---|
| 月初在产品成本 | 360 | 30 | 20 | 410 |
| 本月生产费用 | 3 600 | 570 | 380 | 4 550 |
| 合计 | 3 960 | 600 | 400 | 4 960 |
| 单位产品成本 | 360 | 60 | 40 | 460 |
| 完工半成品成本 | 3 240 | 540 | 360 | 4 140 |
| 月末在产品成本 | 720 | 60 | 40 | 820 |

上述两个例子都是上一步骤生产的半成品直接转入下一加工步骤继续加工，没有通过半成品库，因而不需要编制半成品入库和从仓库领用的会计分录。如果每个步骤加工完成的半成品先入半成品仓库，然后再办理领料手续，领料用于下步骤生产，则要作两步会计分录，即：

半成品入库时：
　借：自制半成品
　　贷：基本生产成本——×车间——×产品
下一步骤领用半成品时：
　借：基本生产成本——×车间——×产品
　　贷：自制半成品

以上两个例子又都是上一步骤生产的半成品全部转为下一步骤生产耗用的，如下一步骤仅领用上一步骤部分半成品，那么各步骤成本计算方法与表 6-37、表 6-38 和表 6-39 基本相同。

[例 6-3] 现仍以光明工厂2月份的例子，但假定将表 6-35 中第二车间领用量改为 11 件，月末在产品改为 3 件，第三车间领用量改为 9 件，月末在产品改为 1 件，其余资料不变，则各步骤成本的计算如表 6-40、表 6-41、表 6-42 所示的基本生产成本明细账（简化格式）。

表 6-40　第一车间基本生产成本明细账

产品名称：甲半成品　　　　　20××年 2 月　　　　　　　金额单位：元

| 项　　　目 | 直接材料 | 直接人工 | 制造费用 | 合　　计 |
|---|---|---|---|---|
| 月初在产品成本 | 100 | 40 | 30 | 170 |
| 本月生产费用 | 1 300 | 1 000 | 750 | 3 050 |
| 合　　计 | 1 400 | 1 040 | 780 | 3 220 |
| 单位产品成本 | 100 | 80 | 60 | 240 |
| 完工半成品成本 | 1 200 | 960 | 720 | 2 880 |
| 月末在产品成本 | 200 | 80 | 60 | 340 |

表 6-41　第二车间基本生产成本明细账

产品名称：乙半成品　　　　　20××年 2 月　　　　　　　金额单位：元

| 项　　　目 | 自制半成品 | 直接人工 | 制造费用 | 合　　计 |
|---|---|---|---|---|
| 月初在产品成本 | 480 | 70 | 50 | 600 |
| 本月生产费用 | 2 640 | 770 | 550 | 3 960 |
| 合　　计 | 3 120 | 840 | 600 | 4 560 |
| 单位产品成本 | 240 | 73.04 | 52.17 | 365.21 |
| 完工半成品成本 | 2 400 | 730.40 | 521.70 | 3 652.10 |
| 月末在产品成本 | 720 | 109.60 | 78.30 | 907.90 |

表 6-42　第三车间基本生产成本明细账

产品名称：A 产成品　　　　　20××年 2 月　　　　　　　金额单位：元

| 项　　　目 | 自制半成品 | 直接人工 | 制造费用 | 合　　计 |
|---|---|---|---|---|
| 月初在产品成本 | 360 | 30 | 20 | 410 |
| 本月生产费用 | 3 286.89 | 570 | 380 | 4 236.89 |
| 合　　计 | 3 646.89 | 600 | 400 | 4 646.89 |
| 单位产品成本 | 364.69 | 63.16 | 42.10 | 469.95 |
| 完工半成品成本 | 3 282.21 | 568.44 | 378.90 | 4 229.55 |
| 月末在产品成本 | 364.68 | 31.56 | 21.10 | 417.34 |

## 【问题与思考6-3】

某种产品由三个生产步骤组成,采用逐步结转分步法计算成本。本月第一生产步骤转入第二生产步骤费用为 2 300 元,第二生产步骤转入第三生产步骤的生产费用为 4 100 元。本月第三生产步骤发生费用为 2 500 元(不包括上一生产步骤转入的费用),第三步骤月初在产品费用为 800 元,月末在产品费用为 600 元,则本月该种产品的产成品成本是多少?

(2) 按计划成本综合结转法。采用这种方法结转时,半成品的日常收、发均按计划单位成本计算,在半成品的实际成本算出以后,再计算出半成品成本差异率,调整半成品成本差异。具体来说,上一步骤生产的半成品入半成品库时,在自制半成品的明细账中既反映其计划成本,也反映其实际成本;下一步骤领用半成品继续加工时,按计划成本记入下一步骤的基本生产成本明细账,同时在基本生产明细账中还要反映实际成本和成本差异。

[例 6-4] 仍以[例 6-2]为例,采用按计划成本结转法计算各步骤产品成本(假定甲半成品的计划成本 250 元,乙半成品的计划成本 365 元,并假定入半成品库)。

(a) 第一车间甲半成品成本计算方法同上例表 6-37,这里略。

(b) 第一车间的甲半成品完工 12 件入库并假定本月份领用 12 件,半成品明细账的登记方法如表 6-43 所示。

表 6-43 自制半成品明细账

半成品名称:甲

数量单位:件
计划单位成本:250 元

| 月份 | 月初结存 | | | 本月增加 | | | 合计 | | | | | 本月减少 | | |
|---|---|---|---|---|---|---|---|---|---|---|---|---|---|---|
| | 数量 | 计划成本 | 实际成本 | 数量 | 计划成本 | 实际成本 | 数量 | 计划成本 | 实际成本 | 成本差异 | 差异率 | 数量 | 计划成本 | 实际成本 |
| | (1) | (2) | (3) | (4) | (5) | (6) | (7)=(1)+(4) | (8)=(2)+(5) | (9)=(3)+(6) | (10)=(9)-(8) | (11)=(10)÷(8) | (12) | (13) | (14)=(13)+(13)×(11) |
| 2 | | | | 12 | 3 000 | 2 880 | 12 | 3 000 | 2 880 | -120 | -4% | 12 | 3 000 | 2 880 |

(c) 第二车间乙半成品成本计算如表 6-44 所示。

(d) 第二车间完工乙半成品 10 件入库,第三车间假定领用 10 件,则乙半成品入库和领用在自制半成品明细账上的登记方法如表 6-45 所示。

表 6-44 第二车间基本生产成本

半成品名称：乙半成品　　　　　　　　　　　　　　　　　　本月完工数量：10 件
月末在产品数量：4 件　　　　　　　　　　　　　　　　　　金额单位：元

| 20××年 | | 凭证号数 | 摘要 | 半成品 | | | 直接人工 | 制造费用 | 合计 |
| --- | --- | --- | --- | --- | --- | --- | --- | --- | --- |
| 月 | 日 | | | 计划成本 | 成本差异 | 实际成本 | | | |
| 2 | 1 | 略 | 月初在产品 | 500 | −20 | 480 | 70 | 50 | 600 |
| 2 | 28 | | 本月生产费用 | 3 000 | −120 | 2 880 | 770 | 550 | 4 200 |
| 2 | 28 | | 合计 | 3 500 | −140 | 3 360 | 840 | 600 | 4 800 |
| 2 | 28 | | 分配率 | 250 | −10 | 240 | 70 | 50 | 360 |
| 2 | 28 | | 完工产品成本 | 2 500 | −100 | 2 400 | 700 | 500 | 3 600 |
| 2 | 28 | | 月末在产品成本 | 1 000 | −40 | 960 | 140 | 100 | 1 200 |

表 6-45 自制半成品明细账

半成品名称：乙　　　　　　　　　　　　　　　　　　　　　　数量单位：件
　　　　　　　　　　　　　　　　　　　　　　　　　　　　　计划单位成本：365 元
　　　　　　　　　　　　　　　　　　　　　　　　　　　　　金额单位：元

| 月份 | 月初结存 | | | 本月增加 | | | 合计 | | | | | 本月减少 | | |
| --- | --- | --- | --- | --- | --- | --- | --- | --- | --- | --- | --- | --- | --- | --- |
| | 数量 | 计划成本 | 实际成本 | 数量 | 计划成本 | 实际成本 | 数量 | 计划成本 | 实际成本 | 成本差异 | 差异率 | 数量 | 计划成本 | 实际成本 |
| 2 | 1 | 365 | 360 | 10 | 3 650 | 3 600 | 11 | 4 015 | 3 960 | −55 | −1.37% | 10 | 3 650 | 3 600 |

(e) 第三车间 A 产成品成本计算如表 6-46 所示。

表 6-46 第三车间基本生产成本明细账

产品名称：A 产品　　　　　　　　　　　　　　　　　　　　完工数量：9 件
月末在产品数量：2 件　　　　　　　　　　　　　　　　　　金额单位：元

| 20××年 | | 凭证号数 | 摘要 | 半成品 | | | 直接人工 | 制造费用 | 合计 |
| --- | --- | --- | --- | --- | --- | --- | --- | --- | --- |
| 月 | 日 | | | 计划成本 | 成本差异 | 实际成本 | | | |
| 2 | 1 | 略 | 月初在产品 | 365 | −5 | 360 | 30 | 20 | 410 |
| 2 | 28 | | 本月费用 | 3 650 | −50 | 3 600 | 570 | 380 | 4 550 |
| 2 | 28 | | 合计 | 4 015 | −55 | 3 960 | 600 | 400 | 4 960 |
| 2 | 28 | | 分配率 | 365 | −5 | 360 | 60 | 40 | 460 |
| 2 | 28 | | 完工产品成本 | 3 285 | −45 | 3 240 | 540 | 360 | 4 140 |
| 2 | 28 | | 月末在产品 | 730 | −10 | 720 | 60 | 40 | 820 |

由以上各例可知,各个生产步骤领用上一步骤的半成品,就相当于领用原材料。因此,综合结转半成品成本的核算就相当于各生产步骤领用原材料核算。按实际或计划成本综合结转半成品成本的核算原理与按材料实际或计划成本进行产品所耗原材料的核算原理基本相同。

(3) 综合结转法的成本还原。在综合结转法下,由于各步骤所耗上一步骤成本是以"半成品"或"原材料"项目综合反映的,因而最后一个步骤产成品的成本不能反映原始的成本项目构成数额。即:在产成品成本中,所耗费的前一步骤半成品成本包括所耗半成品经过前面步骤加工所发生的其他费用,这显然是不符合产成品成本项目构成实际的,因而不能据以从整个企业的角度来分析产品成本的构成和水平。例如,甲产品由三个步骤加工完成,上一步骤直接为下一生产步骤提供半成品直到第三步骤。其逐步结转的结果如表6-47所示。

表6-47 甲产品成本项目明细表(综合结转法) 金额单位:元

| 生产步骤\成本项目 | 半成品 | 直接材料 | 直接人工 | 制造费用 | 成本合计 |
| --- | --- | --- | --- | --- | --- |
| 第一步骤半成品成本 | | 50 000 | 11 400 | 8 600 | 70 000 |
| 第二步骤半成品成本 | 70 000 | | 5 700 | 4 300 | 80 000 |
| 第三步骤半成品成本 | 80 000 | | 3 420 | 2 580 | 86 000 |
| 实际的原始成本项目金额 | | 50 000 | 20 520 | 15 480 | 86 000 |

从表6-47可以看出,第一步骤完工的半成品成本70 000元转作第二步骤的半成品费用,第二步骤完工的半成品成本80 000元转作第三步骤的半成品费用。在第三步骤产品成本86 000元中,半成品费用80 000元占产品成本86 000元的93%还多,而工资及制造费用仅有6 000元,即仅占产品成本的7%不到,这与该产品成本的实际成本项目结构,即直接材料50 000元、直接人工20 520元、制造费用15 480元相差甚远。所以,如果管理上要求从整个企业角度分析和考核成本项目构成时,要将逐步综合结转算出的产成品进行还原,使其成为按原始成本项目反映的成本。

如果像表6-47例子所列,各步骤所耗的半成品反映恰好是上一步骤完工的半成品成本,即两者可以抵消,那么成本还原的方法很简单,即:将各步骤半成品反映略而不计,其余项目分别汇总即可。但在实际工作中,这种下一步骤半成品反映与上一步骤半成品成本正好相等的情况是很少的,因而成本还原就不能用上列简单方法进行,而需要采用别的方法进行专门的成本还原。通常采用的成本还原方法是:从最后一个步骤起,把各个步骤所耗上一步骤半成品的综合成本,按照上一步骤所产半成品成本的结构,逐步分解还原算出按原始成本项目反映的产成品

成本。其计算公式如下:

$$成本还原分配率 = \frac{本月产成品所耗上步骤半成品费用合计}{本月上一步骤所产的半成品成本合计}$$

$$\begin{matrix}应还原为上步骤\\某项成本项目金额\end{matrix} = \begin{matrix}上一步骤生产的半成品\\某个成本项目的成本\end{matrix} \times \begin{matrix}成本还原\\分配率\end{matrix}$$

仍以前举 A 产成品的例子(具体数据见表 6-40、表 6-41、表 6-42),从最后一个步骤起进行还原方法和步骤如下:

(a) 第一次还原:

还原分配率 $= \frac{3\,282.21}{3\,652.10} = 0.898\,72$

A 产成品所耗乙半成品费用中的直接材料 $= 2\,400 \times 0.898\,72 = 2\,156.93$(元)

A 产成品所耗乙半成品费用中的直接人工 $= 730.40 \times 0.898\,72 = 656.43$(元)

A 产成品所耗乙半成品费用中的制造费用 $= 3\,282.21 - 2\,156.93 - 656.43 = 468.85$(元)

(b) 第二次还原:

还原分配率 $= \frac{2\,156.93}{2\,880} = 0.748\,934$

乙半成品所耗甲半成品费用中的直接材料 $= 1\,200 \times 0.748\,934 = 898.72$(元)

乙半成品所耗甲半成品费用中的直接人工 $= 960 \times 0.748\,934 = 718.98$(元)

乙半成品所耗甲半成品费用中的制造费用 $= 720 \times 0.748\,934 = 539.23$(元)

成本还原一般是通过成本还原计算表进行的。根据表 6-40、表 6-41 和表 6-42 等资料编制 A 产成品的成本还原计算如表 6-48 所示。

表 6-48 产成品成本还原计算表

20××年×月　　　　　　　　金额单位:元

| 行次 | 项目 | 产量 | 还原分配率 | 半成品 | 直接材料 | 直接人工 | 制造费用 | 合计 |
|---|---|---|---|---|---|---|---|---|
| 1 | 还原前产成品成本 | 9 件 | | 3 282.21 | | 568.44 | 378.90 | 4 229.55 |
| 2 | 第二步骤半成品成本 | | | 2 400 | 730.40 | 521.70 | 3 652.10 | |
| 3 | 第一次成本还原 | | 0.898 72 | 2 156.93 | 656.43 | 468.85 | 3 282.21 | |

(续表)

| 行次 | 项　目 | 产量 | 还原分配率 | 半成品 | 直接材料 | 直接人工 | 制造费用 | 合　计 |
|---|---|---|---|---|---|---|---|---|
| 4 | 第一步骤甲半成品成本 | | | | 1 200 | 960 | 720 | 2 880 |
| 5 | 第二次成本还原 | | 0.748 934 | −2 156.93 | 898.72 | 718.98 | 539.23 | 2 156.93 |
| 6 | 还原后产成品总成本 | | | | 898.72 | 1 943.85 | 1 386.98 | 4 229.55 |
| 7 | 还原后产成品单位成本 | 9件 | | | 99.86 | 215.98 | 154.11 | 469.95 |

按照上述方法进行成本还原比较简单，但由于未考虑以前月份所产半成品成本结构的影响，在各月所产半成品的成本结构变化较大的情况下，采用这种方法进行成本还原会产生误差。如果企业有半成品的定额成本或计划成本并较准确，可以按半成品的定额成本或计划成本的成本结构进行还原。

采用综合结转法逐步结转半成品成本，便于分析和考核各步骤所耗半成品费用水平，以利于加强内部成本控制，努力降低成本。但还原工作量较大。因此，一般适用于管理上既要求单独计算各步骤所耗半成品费用又不要求成本还原的情况。

### 【问题与思考6-4】

某种产品某月部分成本资料如下：

| 成本项目 | 自制半成品 | 直接材料 | 直接人工 | 制造费用 | 成本合计 |
|---|---|---|---|---|---|
| 还原前产成品成本 | 6 048 | | 2 400 | 3 700 | 12 148 |
| 本月所产半成品成本 | 2 600 | 1 100 | 1 340 | | 5 040 |

请问：该产品按原始成本项目反映的产成品成本是多少？

#### 2. 分项结转法

分项结转法是将各生产步骤所耗上一步骤半成品费用，按照成本项目分项转入各该步骤产品成本明细账中相应的成本项目。如果半成品通过仓库收发，那么在自制半成品明细账中登记半成品成本时，也要按照成本项目分别登记。

分项结转可以按半成品实际单位成本结转，也可以按其计划成本结转。在按计划成本结转情况下，要分成本项目调整成本差异，因而计算工作量较大。实际工作中，一般按实际成本分项结转。分项结转法的基本原理与综合结转法基本相同，故这里不再举例说明,只列出其成本结转程序如图6-5所示。

| 第一步骤半成品成本明细账(元) | | | 第二步骤半成品成本明细账(元) | | | | 第三步骤半成品成本明细账(元) | | | |
|---|---|---|---|---|---|---|---|---|---|---|
| 生产成本 | 直接材料 | 8 000 | 上步骤转入 | 直接材料 | 6 200 | | 上步骤转入 | 直接材料 | 5 000 | |
| | 直接人工 | 4 200 | | 直接人工 | 3 500 | | | 直接人工 | 4 600 | |
| | 制造费用 | 2 800 | | 制造费用 | 2 300 | | | 制造费用 | 4 300 | |
| | 合　计 | 15 000 | | 合　计 | 12 000 | | | 合　计 | 13 900 | |
| 完工半成品成本 | 直接材料 | 6 200 | 本期发生 | 直接人工 | 1 600 | | 本期发生 | 直接人工 | 1 400 | |
| | 直接人工 | 3 500 | | 制造费用 | 2 400 | | | 制造费用 | 1 700 | |
| | 制造费用 | 2 300 | | 合　计 | 4 000 | | | 合　计 | 3 100 | |
| | 合　计 | 12 000 | 本步骤完工产品 | 直接材料 | 5 000 | | 本步骤完工产品 | 直接材料 | 4 500 | |
| 月末在产品 | 直接材料 | 1 800 | | 直接人工 | 4 600 | | | 直接人工 | 5 400 | |
| | 直接人工 | 700 | | 制造费用 | 4 300 | | | 制造费用 | 5 400 | |
| | 制造费用 | 500 | | 合　计 | 13 900 | | | 合　计 | 15 300 | |
| | 合　计 | 3 000 | 月末在产品 | 直接材料 | 500 | | 月末在产品 | 直接材料 | 500 | |
| | | | | 直接人工 | 500 | | | 直接人工 | 600 | |
| | | | | 制造费用 | 400 | | | 制造费用 | 600 | |
| | | | | 合　计 | 1 400 | | | 合　计 | 1 700 | |

图6-5 分项结转法成本计算程序

由以上成本计算程序图可以看出,采用分项结转法结转半成品成本可以直接正确地提供按原始成本项目反映企业产品成本资料,便于从整个企业的角度考核和分析产品成本计划的执行情况,不需要进行成本还原。但是,这种方法的成本结转工作比较复杂,而且在各步骤完工产品成本中不能专项反映所耗上一步骤的半成品成本,不利于对各步骤完工产品的成本进行分析。因而,这种方法一般适用于管理上不要求计算各步骤完工产品所耗半成品费用和本步骤加工费用,而要求按原始成本项目计算产品成本的企业。

【问题与思考6-5】

对于可口可乐公司的罐装可乐来说,所需的直接材料是糖浆、碳酸水和易拉罐。装瓶公司从可口可乐公司购买糖浆或加工成糖浆的浓缩液,生产过程的第一步骤将糖浆与碳酸水混合制成可装罐的液体。在这一步骤中,材料成本是碳酸水和糖浆的成本。另一独立的步骤是,空罐被送往工厂,在那里它们被检测及清洗,它们在第二步骤被装入可乐,这仅需要加工成本。第三步骤在罐上加盖,然后将已装罐的可乐包装成箱。至此整个生产流程结束了。请问:对于罐装可口可乐,哪种成本计算方法更合适?并说明理由。

### 三、平行结转分步法

**(一) 平行结转分步法的特点**

在采用分步法的大量大批多步骤生产的企业中,有的各生产步骤所产半成品的种类很多(如机械制造企业),又很少对外出售,因而管理上并不需要计算半成品成本。在这种情况下,为了简化和加速成本计算工作,在计算各步骤成本时,不计算各步骤所产半成品成本,也不计算各步骤所耗上一步骤的半成品成本,而只计算本步骤发生的各项其他费用以及这些费用中应计入产品成本的"份额"。将相同产品的各个生产步骤计入产成品成本的"份额"平行汇总,即可计算出该种产品的产成品成本。这种结转各步成本的方法,称为平行结转分步法,也称为不计算半成品成本分步法。它的主要特点表现在以下四个方面:

(1) 各步骤之间只进行实物转移,而不进行成本的结转,各步骤只汇集本步骤发生的费用。

(2) 半成品在各步骤之间转移,无论是否通过半成品库收发,均不通过"自制半成品"账户进行总分类核算。

(3) 将各生产步骤所归集的本步骤所发生的生产费用在完工产成品与广义在产品之间进行分配,计算各步骤应计入产成品成本的"份额",这里的广义在产品如前所述,它既包括本步骤加工中的在产品,又包括本步骤已经完工转入以后各步骤继续加工和入半成品库但尚未最后产成的半成品。

(4) 将各生产步骤确定的计入产成品的"份额"平行汇总,计算生产成品的总成本。

平行结转分步法的特点用程序图表示,如图 6-6 所示。

**(二) 各步骤应计入产成品成本"份额"的计算**

平行结转分步法的关键在于合理计算各步骤应计入产成品成本中的费用"份额"。各步骤应计入产成品成本的"份额",一般按下列公式计算:

$$\text{某步骤计入产成品成本份额} = \text{产成品数量} \times \frac{\text{单位产成品耗用}}{\text{该步骤半成品数量}} \times \text{该步骤半成品单位成本}$$

其中,"该步骤半成品单位成本"在实际计算时,要分成本项目进行确定,即分成本项目计算它的分配率。计算时可采用定额比例法或约当产量法求得。下面分别说明。

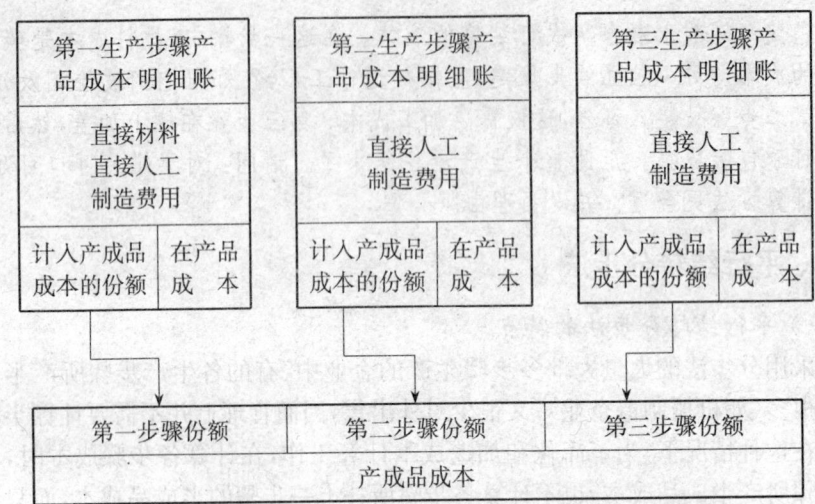

图6-6 平行结转法成本计算程序

1. 按定额比例法分配

在这种方法下,分配率的计算公式为:

$$\text{某步骤某项费用的分配率} = \frac{\text{该步骤该项目期初费用} + \text{该步骤该项目本月发生费用}}{\text{产成品定额消耗量(工时)或定额费用} + \text{月末广义在产品定额消耗量(工时)或定额费用}}$$

其中:

$$\text{月末广义在产品消耗量(工时)或定额费用} = \text{月初广义在产品定额消耗量(工时)或定额费用} + \text{本月投入的定额消耗量(工时)或定额费用} - \text{本月产成品定额消耗量(工时)或定额费用}$$

$$\text{本月产成品定额消耗量(工时)或定额费用} = \text{本月产成品数量} \times \text{单位产成品的消耗定额(工时)或费用定额}$$

$$\text{某步骤某项费用应计入产成品成本的份额} = \text{产成品定额消耗量(工时)或定额费用} \times \text{某步骤某项费用分配率}$$

下面用一简例说明它的基本计算原理。

[例6-5] 假定某产品本月产成品数量为40件。该产成品的工时定额100小时,其中第一步骤为30小时。第一步骤月初广义在产品的定额工时为3 200小时,本月投入定额工时为2 200小时。第一步骤月初广义在产品制造费用为38 000元,本月发生制造费用为16 000元,则第一步骤制造费用在产成品与广义在产品之间按定额比例法分配计算如下:

$$\text{第一步骤制造费用分配率} = \frac{38\,000 + 16\,000}{3\,200 + 2\,200} = 10(\text{元/件})$$

产成品第一步骤定额工时＝40×30＝1 200(小时)

月末广义在产品第一步骤定额工时＝3 200＋2 200－1 200＝4 200(小时)

第一步骤制造费用应计入产成品的份额＝1 200×10＝12 000(元)

第一步骤广义在产品应分配的制造费用＝4 200×10＝42 000(元)

2. 按约当产量法分配

在这种方法下，一般是首先以某产品的完工产成品和期末广义在产品为产量基数，计算各步骤各项费用计入产品成本单位费用分配率，然后按完工产品数量，计算各步骤各项费用计入产品成本的份额。计算公式如下：

$$\text{某步骤某项费用应计入产品成本单位费用分配率} = \frac{\text{该步骤该项费用期初在产品成本} + \text{本步骤该项费用本期发生额}}{\text{产成品数量} + \text{该步骤期末广义在产品约当产量}}$$

其中，期末广义在产品约当产量要分成本项目计算确定。

$$\text{某步骤分配材料费用的期末广义在产品约当产量} = \text{已经本步骤加工而留存以后各步骤(含半成品库)的月末半成品数量} + \text{本步骤期末在产品数量} \times \text{本步骤期末在产品投料程度}$$

$$\text{某步骤分配工资、制造费用的期末广义在产品约当产量} = \text{已经本步骤加工而留存以后各步骤(含半成品库)的月末半成品数量} + \text{本步骤期末在产品数量} \times \text{本步骤期末在产品加工程度}$$

$$\text{某步骤某项费用应计入产成品份额} = \text{产成品数量} \times \text{单位产成品需要该步骤半成品数量} \times \text{该步骤该项费用应计入产成品单位费用分配率}$$

$$\text{某步骤某项费用期末在产品成本} = \text{该步骤该项费用其实在产品成本} + \text{该步骤该项费用本期发生额} - \text{该步骤该项费用应计入产成品成本的份额}$$

▶【问题与思考6-6】

某企业甲产品经过第一、第二两个车间连续加工完成，所用原材料在生产开始时一次投入，各车间狭义在产品的完工程度均为50%，各步骤计入产成品成本的费用采用约当产量比例法计算。一车间产量分别为：月初结存50件、本月投入150件、本月完工半成品130件、月末结存为70件。二车间产量分别为：月初结存

70件、本月投入130件、本月完工产成品150件、月末结存为50件。一车间月初在产品成本为：直接材料19 500元、直接人工1 175元、制造费用2 550元。一车间本月生产费用为：直接材料34 500元、直接人工9 400元、制造费用11 550元。请问：完工产成品在一车间加工的费用是多少？

下面举例说明约当产量法的具体应用。

［例6-6］ 某企业生产的甲产品经过三个生产车间完成。原材料于生产开始时一次投入，各生产车间的在产品完工程度均为50%。由于该产品在各步骤的半成品不对外出售，管理上也不需要各步骤半成品生产成本，所以为简化核算，企业采用平行结转分步法计算产品成本，而且采用约当产量比例法计算各步骤应计入产成品成本份额。单位产成品均消耗各生产步骤的半成品2件。8月份有关资料如表6-49和表6-50所示。

表6-49 产品生产情况 数量单位：件

| 项目 | 一车间 | 二车间 | 三车间 | 产成品 |
| --- | --- | --- | --- | --- |
| 月初在产品数量 | 8 | 14 | 22 | |
| 本月投产或上车间转入数量 | 110 | 90 | 92 | |
| 本月完工或转入下车间数量 | 90 | 92 | 100 | 100 |
| 期末各车间在产品数量 | 28 | 12 | 14 | |
| 加工程度 | 50% | 50% | 50% | |

表6-50 生产费用情况 金额单位：元

| 项目 | | 直接材料 | 直接人工 | 制造费用 | 合计 |
| --- | --- | --- | --- | --- | --- |
| 一车间 | 月初在产品成本 | 5 030 | 1 880 | 960 | 7 870 |
| | 本月生产费用 | 25 000 | 5 680 | 3 240 | 33 920 |
| 二车间 | 月初在产品成本 | | 950 | 680 | 1 630 |
| | 本月生产费用 | | 4 330 | 3 520 | 7 850 |
| 三车间 | 月初在产品成本 | | 540 | 660 | 1 200 |
| | 本月生产费用 | | 4 810 | 3 941 | 8 751 |

根据上述资料，用约当产量法计算各生产车间应计入产品成本的份额程序如下：

（1）第一车间成本计算。

(a) 直接材料成本：

第一车间期末广义在产品约当产量 $= 28 \times 100\% + 12 + 14 = 54$(件)

材料费用分配率 $= \dfrac{5\,030 + 25\,000}{100 + 54} = 195$(元/件)

原材料费用应计入产成品成本份额 $= 100 \times 195 = 19\,500$(元)

期末广义在产品的原材料费用 $= 5\,030 + 25\,000 - 19\,500 = 10\,530$(元)

(b) 直接人工成本：

第一车间期末广义在产品约当产量 $= 28 \times 50\% + 12 + 14 = 40$(件)

人工费用分配率 $= \dfrac{1\,880 + 5\,680}{100 + 40} = 54$(元/件)

直接人工应计入产成品成本份额 $= 100 \times 54 = 5\,400$(元)

期末广义在产品直接工资费用 $= 1\,880 + 5\,680 - 5\,400 = 2\,160$(元)

(c) 制造费用成本：

制造费用分配率 $= \dfrac{960 + 3\,240}{100 + 40} = 30$(元/件)

制造费用应计入产成品成本份额 $= 100 \times 30 = 3\,000$(元)

期末广义在产品制造费用 $= 960 + 3\,240 - 3\,000 = 1\,200$(元)

将上述计算结果，列入基本生产成本明细账(用成本计算单替代)如表 6-51 所示。

表 6-51 第一车间成本计算单

产品名称：甲产品　　　　　　　　　　　　　　　　完工产成品产量：100 件

金额单位：元

| 月 | 日 | 摘　　要 | 直接材料 | 直接人工 | 制造费用 | 合　　计 |
|---|---|---|---|---|---|---|
| 8 | 1 | 月初在产品成本 | 5 030 | 1 880 | 960 | 7 870 |
| 8 | 31 | 本月发生生产费用 | 25 000 | 5 680 | 3 240 | 33 920 |
| 8 | 31 | 合　　计 | 30 030 | 7 560 | 4 200 | 41 790 |
| 8 | 31 | 单位费用分配率 | 195 | 54 | 30 | 279 |
| 8 | 31 | 应计入产成品成本份额 | 19 500 | 5 400 | 3 000 | 27 900 |
| 8 | 31 | 期末在产品成本 | 10 530 | 2 160 | 1 200 | 13 890 |

(2) 第二车间成本计算。

(a) 直接材料成本：

第二车间期末广义在产品约当产量 = 12×50% + 14 = 20(件)

(b) 直接人工成本：

$$人工费用分配率 = \frac{950 + 4\,330}{100 + 20} = 44(元/件)$$

人工费用应计入产成品成本份额 = 100×44 = 4 400(元)

期末广义在产品直接人工 = 20×44 = 880(元)

(c) 制造费用：

$$制造费用分配率 = \frac{680 + 3\,520}{100 + 20} = 35(元/件)$$

制造费用应计入产成品成本份额 = 100×35 = 3 500(元)

期末广义在产品制造费用 = 20×35 = 700(元)

将上述计算结果列入成本计算单如表 6-52 所示。

**表 6-52　第二车间成本计算单**

产品名称：甲产品　　　　　　　　　　　　　　　　　　　　完工产量：100 件
金额单位：元

| 月 | 日 | 摘　　要 | 直接材料 | 直接人工 | 制造费用 | 合　　计 |
|---|---|---|---|---|---|---|
| 8 | 1 | 月初在产品成本 |  | 950 | 680 | 1 630 |
| 8 | 31 | 本月发生生产费用 |  | 4 330 | 3 520 | 7 850 |
| 8 | 31 | 合　　计 |  | 5 280 | 4 200 | 9 480 |
| 8 | 31 | 单位费用分配率 |  | 44 | 35 | 79 |
| 8 | 31 | 应计入产成品成本份额 |  | 4 400 | 3 500 | 7 900 |
| 8 | 31 | 期末在产品成本 |  | 880 | 700 | 1 580 |

(3) 第三车间成本计算。

(a) 直接材料成本：

第三车间期末广义在产品约当产量 = 14×50% = 7(件)

(b) 直接人工成本：

$$人工费用率 = \frac{540 + 4\,810}{100 + 7} = 50(元/件)$$

人工费用应计入产成品成本份额 $= 100 \times 50 = 5\,000(元)$

期末在产品直接人工 $= 50 \times 7 = 350(元)$

(c) 制造费用:

$$制造费用分配率 = \frac{660 + 3\,941}{100 + 7} = 43(元/件)$$

制造费用应计入产成品成本份额 $= 100 \times 43 = 4\,300(元)$

期末在产品制造费用 $= 43 \times 7 = 301(元)$

将上述计算结果列入生产成本明细账如表 6-53 所示。

表 6-53 第三车间成本计算单

产品名称：甲产品　　　　　　　　　　　　　　　完工产成品产量：100 件
金额单位：元

| 月 | 日 | 摘　　要 | 直接材料 | 直接人工 | 制造费用 | 合　　计 |
|---|---|---|---|---|---|---|
| 8 | 1 | 月初在产品成本 |  | 540 | 660 | 1 200 |
| 8 | 31 | 本月发生生产费用 |  | 4 810 | 3 941 | 8 751 |
| 8 | 31 | 合　　计 |  | 5 350 | 4 601 | 9 951 |
| 8 | 31 | 单位费用分配率 |  | 50 | 43 | 93 |
| 8 | 31 | 应计入产成品成本份额 |  | 5 000 | 4 300 | 9 300 |
| 8 | 31 | 期末在产品成本 |  | 350 | 301 | 651 |

由上述举例可以看出，平行结转分步法由于不计算各步骤半成品成本，只是平行汇总各步骤应计入产成品成本的份额，因而能加速成本计算。另外，由于产成品成本是按原始成本项目直接平行汇总计算的，直接反映了产成品的原始成本构成，因而不需要成本还原，大大地简化了成本计算工作。但由于各步骤不计算和结转半成品成本，因而不能提供各步骤耗用前一步骤半成品成本资料，也不能正确反映各步骤在产品成本状况，不利于在产品的资金管理和实物管理，也不利于各步骤成本耗费水平的分析和考核工作。因而这种方法适用于半成品种类较多，管理上又不要求提供各步骤半成品成本资料的产品。

 拓展提高

## 零件工序法

零件工序法(part processing costing)是以零件、部件和产成品的名称、类别来归集直接材料成本,按工序来归集加工费用的一种成本计算方法。这种成本计算方法适用于平行加工式的大量生产。

产成品成本计算方法可采用顺序结转和平行结转两种。如果采用顺序结转方式,先计算各完工零件成本,将零件成本随同零件交自制半成品库而结转到自制半成品明细账,称为计列零件成本法。零件领用装配时,再将其成本结转到有关部件或整机产品成本明细账内。顺序结转方式在生产周期较长、自制半成品库内储存量比较大的情况下适用。如果采用平行结转方式,产成品成本是由下列成本计算而得:① 已被装配起来那些零件上所消耗的直接材料成本。② 这些零件所经过的一切工序上的加工成本。③ 部件和整机产品的装配成本。

各车间、各道工序的在产品要负担直接材料成本;如果加工费用是按车间归集,要将在产品折算成约当产量来分摊一部分加工费;如果加工费用是按车间、工序来归集,经过各道工序加工的零件,要负担各道工序的加工费,而正在各道工序上加工的在产品,不负担本工序的加工费用。

# 本 章 小 结

品种法是以产品品种作为成本计算对象来归集生产费用计算产品成本的一种方法。品种法的主要特点:一是成本计算对象是产品品种;二是成本计算期与会计报告期一致;三是月末一般要将生产费用在完工产品与在产品之间分配。品种法的成本计算程序等同于产品成本计算的一般程序。

分批法是以产品批别作为成本计算对象来归集生产费用计算产品成本的一种方法。实务中,由于一定量的批量生产往往是根据订单组织进行,因而分批法也称为订单法。分批法的特点:一是以产品批次作为成本计算对象;二是成本计算期与生产周期一致,但与会计报告期不一致;三是在月末一般不需要计算在产品成本。在小批或单件生产的企业,如在同一月份内投产的产品批数很多,为了简化各种间接费用在各批产品之间分配的工作量,也可以采用简化分批法计算产品成本,即:平时核算只是将每月发生的人工费用和制造费用等间接费用进行累加,直到

有完工产品那个月份才按照完工产品累计生产工时比例,将累加起来的间接费用在各批完工产品与在产品之间进行分配。

分步法是以产品的各生产步骤和最后阶段的产成品为成本计算对象,归集生产费用计算产品成本的一种方法。它的基本特点:一是成本计算对象为各加工步骤的各种产品;二是成本计算期与会计报告期一致;三是月末要将生产费用在完工产品与在产品之间分配。分步法按照是否要在各步骤之间结转半成品成本,分为逐步结转分步法和平行结转分步法两种。

逐步结转分步法的计算特点是按各加工步骤的产品归集生产费用并计算其半成品成本,然后随着半成品实物的转移,半成品成本也跟着转移,直到最后计算出完工产品成本。逐步结转分步法按照半成品成本在下一步骤成本明细账中反映方法,可分为综合结转法和分项结转法两种方法。这两种方法的区别在于,下一步骤耗用上一步骤的半成品,其成本在下一步骤产品成本明细账中是单设一个成本项目反映,还是分散在各有关成本项目中反映。综合结转法和分项结转法都既可以按实际成本结转,也可以按计划成本结转。逐步综合结转法下,由于各步骤所耗上一步骤产品成本是以"半成品"或"原材料"项目综合反映的,因而最后一个步骤产成品成本不能反映原始的成本项目数额。这就不利于从整个企业的角度来分析产品成本的构成和水平。因此,管理上如果要求从整个角度分析和考核成本项目构成时,要将逐步综合结转计算出的产成品成本进行还原,使其成为按原始成本项目反映的成本。

平行结转分步法的计算特点是:在计算各步骤成本时,不计算各步骤所产半成品成本,也不计算各步骤所耗上一步骤的半成品成本,而只计算本步骤所发生的各项费用以及这些费用中应计入产成品成本的"份额",从而计算出完工产成品的成本。由于这种方法只计算本步骤生产费用计入产成品成本的份额而不计算各步骤半成品的成本,因而与逐步结转法比较,不仅简化了成本计算工作,而且能直接反映产成品的原始成本构成。但也正因为不计算各步骤半成品成本,因而就不能反映各步骤产品成本情况,不利于在产品资金管理,也不利于各步骤成本耗费水平的分析和考核工作。

品种法、分批法和分步法是产品成本计算的基本方法,也是主要方法,其中品种法又是最基本的,是其他各种成本计算方法的基础。

# 复习思考题

1. 简要说明产品成本计算品种法的特点及计算程序。
2. 简要说明产品成本计算分批法的特点及计算程序。
3. 如何采用简化成本分批法进行成本核算,其适用条件如何?

4. 概述产品成本计算分步法的特点。

5. 试述逐步结转分步法和平行结转分步法的含义和计算程序。两者在核算上有什么区别？

6. 什么叫综合结转法和分项结转法？采用综合结转法时为什么要进行成本还原？如何进行成本还原？综合结转法和分项结转法各有什么优缺点？

# 案 例 讨 论 题

1. 张明是班上的成本会计课程课代表，在一天上讨论课的时候，张明对产品成本基本计算方法发表了如下见解：

品种法、分批法和分步法这三种成本计算方法，尽管成本计算对象不同，但基本计算程序、计算原理实际上是一样的，其整个成本计算过程，简单地说，都只需经过这样两个步骤：①将产品生产过程中发生的各种耗费采用一定的分配方法分配给有关产品，并记入各有关成本费用明细账。②月末将各产品成本明细账中归集的生产费用在完工产品和在产品之间进行适当分配，计算出完工产品成本和在产品成本。因此，在学习时，只要掌握了品种法的基本原理，并真正吃透了它的内涵，书上分批法和分步法的内容即使不看或稍微看一下，在遇到需要用分批法或分步法计算产品成本时也是能够按照要求解决问题的。你赞成张明的说法吗？为什么？

2. 某小型机械加工生产企业，主要根据有关企业的需要，常年生产一些机器设备的通用零配件，这些零配件都要经过多个生产步骤的加工才能完成。另外，该企业在保证满足有关企业生产零配件需要的同时，也生产一些这方面的通用件，通过自设的门市部对外销售，但最后步骤以前各步骤的产品不对外出售。某月份，一个客户希望该企业能为其生产一批零部件。考虑到批量不大，企业在保证正常任务完成的情况下尚有能力生产，加上加工程序和工艺与企业所生产的产品相类似，该企业决定接受这批订货的生产。该企业的成本会计方富对常年生产的产品采用的是品种法计算其成本，而对这批订货则采用分批法计算其成本。刚分来的大学生杨刚认为企业对常年生产的、需要经过多个步骤才能完成的零部件采用品种法核算不合适，而对这批订货，企业既然对其他产品一直采用品种法计算成本，那么根据该批订货的特点，也可以采用品种法计算，没有必要采用分批法。请你对杨刚的观点作出评价。

3. 某企业生产A产品要经过两个步骤加工完成，各步骤的产品都对外出售，企业要求反映各步骤成本构成，以便分析考核其成本耗费水平。原材料是在生产时一次投入，其他费用按完工程度比例发生而且均为50%，各步骤完工产品与月末在产品成本费用分配采用约当产量法。20××年11月份资料如表6-54、表6-55所示。

表6-54 A产品成本明细表　　　　　　　　　　　金额单位：元

| 成本项目 | 期初在产品成本 | | | 本期生产费用 | | |
|---|---|---|---|---|---|---|
| | 第一步骤 | 第二步骤 | 合计 | 第一步骤 | 第二步骤 | 合计 |
| 直接材料 | 37 670 | | 37 670 | 275 530 | | 275 530 |
| 直接人工 | 5 500 | 4 480 | 9 980 | 40 260 | 22 120 | 62 380 |
| 制造费用 | 2 100 | 1 340 | 3 440 | 17 140 | 14 810 | 31 950 |
| 合计 | 45 270 | 5 820 | 51 090 | 332 930 | 36 930 | 369 860 |

表6-55 各步骤产量投入、完成、转移情况　　　　　金额单位：元

| 摘要 | 第一步骤 | 第二步骤 |
|---|---|---|
| 期初在产品数量 | 60 | 80 |
| 本期投入生产数量 | 400 | 420 |
| 转移下一步骤数量 | 420 | 450 |
| 期末在产品数量 | 40 | 50 |

该企业成本会计汪晓芸为了简化成本计算用平行结转分步法计算了产品成本，具体内容见表6-56、表6-57的各步骤成本计算单。

表6-56 第一步骤产品成本计算单　　　　　　　金额单位：元

| | 成本项目 | 直接材料 | 直接人工 | 制造费用 | 合计 |
|---|---|---|---|---|---|
| 生产费用 | 期初在产品 | 37 670 | 5 500 | 2 100 | 45 270 |
| | 本期发生额 | 275 530 | 40 260 | 17 140 | 332 930 |
| | 合计 | 313 200 | 45 760 | 19 240 | 378 200 |
| 生产数量 | 产成品数量 | 450 | 450 | 450 | |
| | 本步骤完工存于后步骤半成品 | 50 | 25 | 25 | |
| | 期末本步骤在产品约当量 | 40 | 20 | 20 | |
| | 合计 | 540 | 495 | 495 | |
| 分配率 | | 580 | 92.44 | 38.87 | |
| 本步骤计入产成品份额 | | 261 000 | 41 598 | 17 490 | 320 088 |
| 期末在产品成本 | | 52 200 | 4 162 | 1 750 | 58 112 |

表6-57 第二步骤成本计算单　　　　　金额单位：元

| 成本项目 | | 直接材料 | 直接人工 | 制造费用 | 合　计 |
|---|---|---|---|---|---|
| 生产费用 | 期初在产品 | | 4 480 | 1 340 | 5 820 |
| | 本期发生额 | | 22 120 | 14 810 | 36 930 |
| | 合　计 | | 26 600 | 16 150 | 42 750 |
| 生产数量 | 产成品数量 | | 450 | 450 | |
| | 本步骤完工存于后步骤半成品 | | | | |
| | 期末本步骤在产品约当量 | | 25 | 25 | |
| | 合　计 | | 475 | 475 | |
| 分配率 | | | 56 | 34 | 90 |
| 计入产成品份额 | | | 25 200 | 15 340 | 40 500 |
| 期末在产品成本 | | | 1 400 | 810 | 2 250 |

请讨论并指出：

(1) 汪晓芸对该企业产品成本计算采用平行分步法妥否？请说明理由。

(2) 就平行结转分步法来说，汪晓芸的计算结果对否？如不对，请指出错在何处。正确数应是多少？

# 同步测试题

一、单项选择题

1. 采用简化的分批法，在产品完工之前，产品成本明细账（　　）。

   A. 不登记任何费用

   B. 只登记直接计入费用和生产工时

   C. 只登记原材料费用

   D. 登记间接计入费用，不登记直接计入费用

2. 下列方法中，属于不计算半成品成本的分步法是（　　）。

   A. 逐步结转法　　B. 综合结转法　　C. 分项结转法　　D. 平行结转法

3. 采用逐步结转分步法，按照半成品成本在下一步骤成本明细账中的反映方法，可以分为（　　）。

   A. 实际成本结转法和计划成本结转法

   B. 综合结转法和分项结转法

C. 平行结转法和分项结转法

D. 平行结转法和综合结转法

4. 成本还原的对象是( )。

A. 产成品成本

B. 各步骤半成品成本

C. 最后步骤的产成品成本

D. 各步骤所耗上一步骤半成品的综合成本

5. 在各种产品成本计算方法中,必须设置基本生产成本二级账的方法是( )。

A. 简化的分批法　　B. 分类法　　　　　C. 定额法　　　　　D. 平行结转分步法

二、多项选择题

1. 分批法适用于( )。

A. 小批生产

B. 分批轮番生产同一种产品

C. 单件生产

D. 大批、大量,管理上不要求分步计算成本的多步骤生产

2. 采用分步法计算各步骤半成品成本是( )。

A. 成本计算的需要

B. 对外销售的需要

C. 成本控制的需要

D. 全面考核和分析成本计划执行情况的要求

3. 按计划成本综合结转半成品成本的优点是( )。

A. 可以简化和加速半成品核算和产品成本计算工作

B. 便于各步骤进行成本的考核和分析

C. 便于从整个企业角度进行成本的考核和分析

D. 便于考核产品成本的构成和水平

4. 广义的在产品是指( )。

A. 尚在本步骤加工中的在产品

B. 转入各半成品库的半成品

C. 全部加工中的在产品和半成品

D. 已从半成品库转到以后各步骤进一步加工、尚未最后制成的半成品

5. 采用分步法时,作为成本计算对象的生产步骤可以( )。

A. 按生产车间设立　　　　　　　　　B. 按实际生产步骤设立

C. 在一个车间内按不同生产步骤设立　D. 将几个车间合并设立

## 三、判断题

1. 品种法只适用于单步骤生产的产品成本计算。（　）
2. 只要产品的品种、规格繁多，就可以采用分类法计算产品成本。（　）
3. 采用逐步结转分步法时，无论是综合结转还是分项结转，第一个生产步骤的产品成本明细账的登记方法相同。（　）
4. 在平行结转分步法下，如果半成品通过仓库收发，应设置"自制半成品"账户核算。（　）
5. 在平行结转分步法下，各步骤完工产品与在产品之间的费用分配，是指产成品与广义在产品之间的费用分配。（　）
6. 分批法适用于单件小批生产的企业或车间。（　）
7. 分批法下，由于成本计算期是不固定的，与生产周期一致，因此在任何情况下，月末不存在在完工产品与在产品之间分配费用的问题。（　）
8. 简化的分批法下，在各该批产品完工以前，产品成本明细账只需要按月登记直接费用。（　）
9. 产品成本需要进行成本还原的次数与其计算成本的生产步骤数相等。（　）
10. 产品成本计算的品种法是只分产品品种、不分产品批别和生产步骤计算成本的方法。（　）

## 四、核算题

[核算题1]　某企业生产甲、乙两种产品，有一个基本生产车间和一个供电车间。产品成本采用品种法计算。

20×8年8月份有关成本计算资料如下：

1. 基本生产车间本月发生原材料费用66 000元：甲产品耗用A材料20 000元，乙产品耗用B材料28 000元，甲、乙产品共同耗用C材料16 000元，车间一般耗用C材料2 000元。C材料定额消耗量：甲产品6 000千克，乙产品4 000千克。

2. 基本生产车间本月发生应付工资28 600元：基本车间生产工人工资24 000元，基本车间管理人员工资4 600元。基本生产车间产品生产工时：甲产品300小时，乙产品500小时。

3. 基本生产车间月初在用固定资产原值600 000元，固定资产月折旧率为2%。

4. 供电车间供电1 200度，计9 600元；提供给基本生产车间800度，其中，甲产品300度，乙产品400度，车间管理部门100度；提供给企业管理部门400度。

5. 甲产品完工200件，月末没有在产品。乙产品本月完工160件，月末在产品40件，完工程度为50%，原材料在生产开始时一次投入。甲产品月初在产品成本为12 000元,其中,直接材料5 000元,直接人工2 632元,其他直接支出368元,制造费用4 000元;乙产品月初在产品成本为25 000元,其中,直接材料14 000元,直接人工4 386元,其他直接支出614元,制造费用6 000元。

要求:按品种法计算产品成本,将计算的数据填入表6-58、表6-59和表6-60(其中,① C材料按定额消耗量比例分配。② 基本生产工人工资按产品生产工时比例分配。③ 按产品生产工时比例分配)。

表6-58 产品成本明细账

产品名称:甲产品　　　　　　20××年×月　　　　　　产量:200件

| 摘　要 | 直接材料 | 直接人工 | 其他直接支出 | 制造费用 | 合计 |
| --- | --- | --- | --- | --- | --- |
| 月初在产品成本 | | | | | |
| 分配材料费用 | | | | | |
| 分配工资费用 | | | | | |
| 分配福利费及动力费 | | | | | |
| 分配制造费用 | | | | | |
| 月　计 | | | | | |
| 累　计 | | | | | |
| 减:月末在产品成本 | | | | | |
| 完工产品成本 | | | | | |
| 单位成本 | | | | | |

表6-59 产品成本明细账

产品名称:乙产品　　　　　　20××年×月　　　　　　产量:160件

| 摘　要 | 直接材料 | 直接人工 | 其他直接支出 | 制造费用 | 合计 |
| --- | --- | --- | --- | --- | --- |
| 月初在产品成本 | | | | | |
| 分配材料费用 | | | | | |
| 分配工资费用 | | | | | |
| 分配福利费及动力费 | | | | | |
| 分配制造费用 | | | | | |

(续表)

| 摘 要 | 直接材料 | 直接人工 | 其他直接支出 | 制造费用 | 合计 |
|---|---|---|---|---|---|
| 月 计 | | | | | |
| 累 计 | | | | | |
| 减：月末在产品成本 | | | | | |
| 完工产品成本 | | | | | |
| 单位成本 | | | | | |

表6-60　完工产品成本汇总表

| 产品名称 | 产量（件） | 直接材料 | 直接人工 | 其他直接支出 | 制造费用 | 合计 | 单位成本 |
|---|---|---|---|---|---|---|---|
| 甲产品 | | | | | | | |
| 乙产品 | | | | | | | |
| 合　计 | — | | | | | | |

[核算题2]　A厂一车间属小批生产，产品批数多，该厂12月份的产品批号资料如下：9310批：甲产品10台，11月份投产，12月份完工；9311批：乙产品5台，11月份投产，12月份未完工；9312批：丙产品5台，12月份投产，12月份完工。该厂11月份、12月份的生产费用和生产工时资料如下。

（1）材料费用如表6-61所示。

表6-61　材料费用表　　　　　　金额单位：元

| 月　份 | 甲产品 | 乙产品 | 丙产品 |
|---|---|---|---|
| 11 | 13 500 | 7 600 | |
| 12 | 8 000 | 4 200 | 21 000 |

（2）工时资料如表6-62所示。

表6-62　工时资料表　　　　　　工时单位：小时

| 月　份 | 甲产品 | 乙产品 | 丙产品 | 合　计 |
|---|---|---|---|---|
| 11 | 5 400 | 3 500 | | 8 900 |
| 12 | 7 600 | 5 600 | 7 400 | 20 600 |

(3) 生产费用如表6-63所示。

表6-63 生产费用表　　　　　　　金额单位：元

| 月 | 日 | 摘　要 | 直接人工 | 制造费用 |
|---|---|---|---|---|
| 11 | 30 | 本月发生 | 10 680 | 8 010 |
| 12 | 31 | 本月发生 | 24 720 | 18 540 |

要求：

(1) 采用分批法计算产品成本并填入表6-64、表6-65和表6-66。
(2) 采用简化分批法计算产品成本并填入表6-67、表6-68、表6-69和表6-70。

表6-64　生产成本计算单

批号：9310　　　　　开工日期：20××年11月　　　　　完工数量：10台
产品名称：甲产品　　完工日期：20××年12月　　　　　金额单位：元

| 20××年 || 凭证号数 | 摘　要 | 直接材料 | 直接人工 | 制造费用 | 合　计 |
|---|---|---|---|---|---|---|---|
| 月 | 日 | | | | | | |
| 11 | 30 | 略 | | | | | |
| 12 | 31 | 略 | | | | | |
| | | | | | | | |
| | | | | | | | |

表6-65　生产成本计算单

批号：9311　　　　　开工日期：20××年11月　　　　　完工数量：5台
产品名称：乙产品　　完工日期：年末未完工　　　　　　金额单位：元

| 20××年 || 凭证号数 | 摘　要 | 直接材料 | 直接人工 | 制造费用 | 合　计 |
|---|---|---|---|---|---|---|---|
| 月 | 日 | | | | | | |
| 11 | 30 | 略 | | | | | |
| 12 | 31 | 略 | | | | | |
| | | | | | | | |
| | | | | | | | |

表 6-66　生产成本计算单

批号：9312　　　　　开工日期：20××年12月　　　　　完工数量：5 台
产品名称：丙产品　　完工日期：20××年12月　　　　　金额单位：元

| 20××年 | | 凭证号数 | 摘　要 | 直接材料 | 直接人工 | 制造费用 | 合　计 |
|---|---|---|---|---|---|---|---|
| 月 | 日 | | | | | | |
| 11 | 30 | 略 | | | | | |
| 12 | 31 | 略 | | | | | |
| | | | | | | | |
| | | | | | | | |

表 6-67　基本生产成本二级账　　　　　　　　　　　金额单位：元

| 20××年 | | 凭证号数 | 摘　要 | 生产工时 | 直接材料 | 直接人工 | 制造费用 | 合　计 |
|---|---|---|---|---|---|---|---|---|
| 月 | 日 | | | | | | | |
| 12 | 1 | 略 | 期初余额 | | | | | |
| 12 | 31 | 略 | 本月发生额 | | | | | |
| 12 | 31 | 略 | 累计 | | | | | |
| 12 | 31 | 略 | 间接费用累计分配率 | | | | | |
| 12 | 31 | | 完工转出 | | | | | |
| 12 | 31 | | 余额 | | | | | |

表 6-68　生产成本计算单

批号：9310　　　　　开工日期：20××年11月　　　　　完工数量：10 台
产品名称：甲产品　　完工日期：20××年12月　　　　　金额单位：元

| 20××年 | | 凭证号数 | 摘　要 | 生产工时 | 直接材料 | 直接人工 | 制造费用 | 合　计 |
|---|---|---|---|---|---|---|---|---|
| 月 | 日 | | | | | | | |
| 11 | 30 | 略 | 本月发生 | | | | | |
| 12 | 31 | 略 | 本月发生 | | | | | |
| 12 | 31 | 略 | 累计数及间接费用累计分配率 | | | | | |
| 12 | 31 | | 本月转出完工产品成本 | | | | | |
| | | | 完工产品单位成本 | | | | | |

表6-69 生产成本计算单

批号：9311　　　　　　　开工日期：20××年11月　　　　　完工数量：5台
产品名称：乙产品　　　　　完工日期：年末未完工　　　　　　金额单位：元

| 20××年 | | 凭证号数 | 摘　要 | 生产工时 | 直接材料 | 直接人工 | 制造费用 | 合　计 |
|---|---|---|---|---|---|---|---|---|
| 月 | 日 | | | | | | | |
| 11 | 30 | 略 | 本月发生 | | | | | |
| 12 | 31 | 略 | 本月发生 | | | | | |
| | | | | | | | | |

表6-70 生产成本计算单

批号：9312　　　　　　　开工日期：20××年12月　　　　　完工数量：5台
产品名称：丙产品　　　　　完工日期：20××年12月　　　　　金额单位：元

| 20××年 | | 凭证号数 | 摘　要 | 生产工时 | 直接材料 | 直接人工 | 制造费用 | 合　计 |
|---|---|---|---|---|---|---|---|---|
| 月 | 日 | | | | | | | |
| 12 | 31 | 略 | 本月发生 | | | | | |
| 12 | 31 | 略 | 累计数及间接费用累计分配率 | | | | | |
| 12 | 31 | | 本月转出完工产品成本 | | | | | |
| | | | 完工产品单位成本 | | | | | |

[核算题3]　某企业生产甲产品连续经过第一、第二两个步骤，第一步生产半成品，交半成品库验收，第二步按需要量向半成品库领用，半成品成本按全月一次加权平均法计价。各步骤完工产品与月末在产品之间费用的分配采用约当产量比例法。该企业材料在第一步生产开始时一次投入，各加工步骤在产品的完工程度均为50%。该企业20××年9月份有关成本计算资料如下。

(1) 产量资料如表6-71所示。

表6-71 甲产品产量资料　　　　　　　　　　　金额单位：元

| 项　目 | 月初在产品 | 本月投入 | 本月完工 | 月末在产品 |
|---|---|---|---|---|
| 第一步 | 180 | 420 | 500 | 100 |
| 第二步 | 200 | 700 | 600 | 300 |

(2) 月初在产品成本资料如表6-72所示。

表 6-72　甲产品月初在产品成本资料　　　　　　　金额单位：元

| 项目 | 直接材料 | 自制半成品 | 直接人工 | 制造费用 |
|---|---|---|---|---|
| 第一步 | 1 900 |  | 1 100 | 2 300 |
| 第二步 |  | 6 300 | 1 200 | 2 550 |

(3) 月初库存甲半成品 400 件，其实际成本为 10 300 元。

(4) 本月发生的费用如表 6-73 所示。

表 6-73　甲产品本月发生的费用　　　　　　　金额单位：元

| 项目 | 直接材料 | 直接人工 | 制造费用 | 合计 |
|---|---|---|---|---|
| 第一步 | 6 260 | 3 025 | 1 495 | 10 780 |
| 第二步 |  | 4 050 | 8 700 | 12 750 |

要求：

(1) 采用综合逐步结转分步法计算产品成本，并将计算结果填入表 6-74 和表 6-75。

(2) 对完工产品成本进行成本还原，并将计算结果填入表 6-76。

表 6-74　第一步骤生产成本计算单

产品名称：甲半成品　　　　　20××年9月　　　　　　　　金额单位：元

| 摘要 | 直接材料 | 直接人工 | 制造费用 | 合计 |
|---|---|---|---|---|
| 月初在产品成本 | 1 900 | 1 100 | 2 300 | 5 300 |
| 本月生产费用 |  |  |  |  |
| 合计 |  |  |  |  |
| 单位产品成本 |  |  |  |  |
| 完工半成品成本 |  |  |  |  |
| 月末在产品成本 |  |  |  |  |

表 6-75　第二步骤生产成本计算单

产品名称：甲产成品　　　　　20××年9月　　　　　　　　金额单位：元

| 摘要 | 自制半成品 | 直接人工 | 制造费用 | 合计 |
|---|---|---|---|---|
| 月初在产品成本 | 6 300 | 1 200 | 2 550 | 10 050 |
| 本月生产费用 |  |  |  |  |

(续表)

| 摘 要 | 自制半成品 | 直接人工 | 制造费用 | 合 计 |
|---|---|---|---|---|
| 合 计 | | | | |
| 单位产品成本 | | | | |
| 完工半成品成本 | | | | |
| 月末在产品成本 | | | | |

表6-76 甲产品成本项目明细表　　　　金额单位：元

| 生产步骤＼成本项目 | 半成品 | 直接材料 | 直接人工 | 制造费用 | 成本合计 |
|---|---|---|---|---|---|
| 第一步骤半成品成本 | | | | | |
| 第二步骤产成品成本 | | | | | |
| 实际的原始成本项目金额 | | | | | |

[核算题4] B厂生产的乙产品顺序经过第一、第二和第三基本生产车间的加工，材料在第一道工序生产开始时一次性投入，各车间直接人工和制造费用发生比较均衡。本月有关成本资料如下。

(1) 产量资料如表6-77所示。

表6-77 产量资料表　　　　数量单位：件

| 车间或部门 | 月初结存 | 本月投入 | 本月完工 | 月末结存 |
|---|---|---|---|---|
| 第一车间 | 10 | 110 | 100 | 20 |
| 第二车间 | 20 | 100 | 100 | 20 |
| 第三车间 | 40 | 100 | 110 | 30 |

(2) 月初在产品成本资料如表6-78所示。

表6-78 月初在产品成本表　　　　金额单位：元

| 项 目 | 直接材料 | 直接人工 | 制造费用 |
|---|---|---|---|
| 第一车间 | 140 000 | 65 000 | 52 000 |
| 第二车间 | — | 80 000 | 60 000 |
| 第三车间 | — | 16 000 | 12 000 |

(3) 本月生产费用资料如表6-79所示。

表6-79 本月生产费用表　　　　　　　　金额单位：元

| 项 目 | 直接材料 | 直接人工 | 制造费用 |
|---|---|---|---|
| 第一车间 | 220 000 | 105 000 | 84 000 |
| 第二车间 | — | 160 000 | 120 000 |
| 第三车间 | — | 168 000 | 126 000 |

（4）月末在产品完工程度。本月第一和第二车间月末狭义在产品完工程度均为50%。第三车间月末在产品中，有20件尚未开始加工，有10件完工程度为50%。在产品成本按约当产量法计算。

要求：采用平行结转分步法计算产品成本，并将计算结果填入表6-80、表6-81和表6-82。

表6-80 第一车间成本计算单

产品名称：乙产品　　　　　　　　　　　　完工产成品产量：110件

金额单位：元

| 摘 要 | 直接材料 | 直接人工 | 制造费用 | 合 计 |
|---|---|---|---|---|
| 月初在产品成本 | 140 000 | 65 000 | 52 000 | 257 000 |
| 本月发生生产费用 | | | | |
| 合 计 | | | | |
| 单位费用分配率 | | | | |
| 应计入产成品成本份额 | | | | |
| 期末在产品成本 | | | | |

表6-81 第二车间成本计算单

产品名称：乙产品　　　　　　　　　　　　完工产成品产量：110件

金额单位：元

| 摘 要 | 直接材料 | 直接人工 | 制造费用 | 合 计 |
|---|---|---|---|---|
| 月初在产品成本 | — | 80 000 | 60 000 | 140 000 |
| 本月发生生产费用 | | | | |
| 合 计 | | | | |
| 单位费用分配率 | | | | |
| 应计入产成品成本份额 | | | | |
| 期末在产品成本 | | | | |

表 6-82　第三车间成本计算单

产品名称：乙产品　　　　　　　　　　　　　　　完工产成品产量：110 件

金额单位：元

| 摘　　要 | 直接材料 | 直接人工 | 制造费用 | 合　　计 |
|---|---|---|---|---|
| 月初在产品成本 | — | 16 000 | 12 000 | 28 000 |
| 本月发生生产费用 | | | | |
| 合　　计 | | | | |
| 单位费用分配率 | | | | |
| 应计入产成品成本份额 | | | | |
| 期末在产品成本 | | | | |

# 第七章 产品成本计算的辅助方法

- 了解各辅助方法的含义及适用范围
- 理解分类法、定额法的特点
- 明确各辅助方法的计算程序
- 掌握分类法、定额法以及联产品和副产品的成本计算方法。

## 引 言

　　江林木材加工厂在加工圆木时,会生产出一等品木材、二等品木材和三等品木材,另外还有副产品锯末和木片。某年11月份,该企业共加工出一等品木材150立方米、二等品木材250立方米、三等品木材60立方米,并产生副产品锯末和木片10立方米。上述产品总成本为33万元,其中圆木成本25万元,加工成本8万元。但企业将上述产品按照市场上同类产品销售价格出售后,账上出现了奇怪现象,即只有一等品木材盈利而且利润率很高,二等品木材和三等品木材以及副产品都是亏损,而且单位产品的亏损额逐渐加大。何故?原来是企业将总成本按各种产品的数量平均分配给各产品的结果,即成本分配方法所致。那么,用何种分配方法合理呢?

　　上一章我们对产品成本计算的基本方法进行了阐述,三种基本方法是制造企业产品成本计算的常用方法,一般来说,所有工业生产企业的产品成本计算都要用到其中的一种或多种。但在实际工作中,由于企业情况复杂,管理基础和管理水平及要求不一,有的企业在采用前述三种基本方法基础上对

(续上)

有些产品还采取其他的一些成本计算方法。例如,在产品品种、规格繁多,但加工工艺基本相同的企业,为简化成本计算而采用的分类法;在定额管理工作较好的企业,为配合成本管理采用定额法等。由于这些方法从计算产品实际成本来说,并不是必不可少,因而一般称之为产品成本计算辅助方法。本章主要阐述几种辅助方法的成本计算原理,并配以简单的例子加以说明。

## 第一节 产品成本计算的分类法

### 一、分类法的概述

**(一)分类法的特点**

产品成本计算的分类法是为了简化某些特定企业成本计算工作,在产品成本基本计算方法基础上发展起来的一种方法。核算上,它是先按产品类别设立生产成本明细账归集生产费用计算出各类完工产品成本,然后再按一定标准分配计算各类产品中各种产品的成本。它适用于使用同样的原材料,通过基本相同的加工工艺过程,品种、规格、型号繁多的产品;可以按一定标准予以分类的生产企业或车间,如鞋厂、轧钢厂等。分类法的特点可概括为如下三个方面:

(1)以产品的类别作为成本计算对象,归集各类产品的生产费用。归集时,直接费用直接计入,间接费用采用一定的分配标准分配计入。

(2)成本计算期决定于生产特点及管理要求。如果是大批量生产,结合品种法或分步法进行成本计算,则应定期在月末进行成本计算;如果与分批法结合运用,成本计算期可不固定,而与生产周期一致。所以,分类法并不是一种独立的基本成本计算方法。

(3)月末一般要将各类产品生产费用总额在完工产品和月末在产品之间进行分配。

采用分类法可以适当减少成本计算对象,简化成本计算工作。

**(二)分类法计算产品成本的程序**

(1)按产品类别设立生产成本明细账。采用分类法计算产品成本,首先要将产品按照性质、结构、用途、生产工艺过程、耗用原材料的不同标志,划分若干类别。例如,鞋厂可以按照耗用的原材料不同,将产品分为塑料鞋、布鞋、皮鞋三个类别,然后以其类别作为成本计算对象设立成本计算单。

（2）按照规定的成本项目汇集生产费用，计算各类产品的总成本。

（3）采用适当的方法将各类完工产品成本在该类各种不同规格的产品中进行分配，计算类内各产品的总成本和单位成本。分配方法与计算原理同上章的成本基本计算方法。

### （三）类内各种产品成本的分配方法

分类法下各类别产品总成本在类内各种产品之间分配的方法是根据产品生产特点确定的。它可以采用产品的经济价值指标(计划成本、定额成本、销售单价)，也可以采用产品的技术性指标(重量、长度、体积、浓度、含量等)，还可以采用产品生产的各种定额消耗指标来作为分配标准。常用的分配方法有定额比例法和系数分配法两种。定额比例法原理前已述及，兹将系数分配法原理说明如下：

系数分配法是运用系数分配计算类内各规格产品成本的一种方法。这里的系数是指各种规格产品之间的比例关系。系数分配法的步骤如下：

（1）确定分配标准，即选择与耗用费用关系最密切的经济因素作为分配标准，如定额消耗量、定额成本、计划成本、售价或重量、体积和长度等。

（2）将分配标准折算成固定系数，其方法是，在同类产品中选择一种有代表性的产品，如产销量大、生产正常、售价稳定的产品作为标准产品，定其标准系数为"1"，并定出其他产品与标准产品的比率即系数。

（3）将类内各产品的产量按照系数折算出相当于标准产品的产量，计算公式为：该产品相当于标准产品的产量＝该产品的实际产量×该产品的系数。

（4）计算出全部产品相当于标准产品的总产量，以此为标准分配类内各种产品的成本。

### 【问题与思考7-1】

某企业采用分类法进行产品成本计算，A类产品分为甲、乙、丙三个品种，B为标准产品。类内费用分配的方法是原材料按定额费用系数为标准，其他费用按定额工时比例分配。甲类完工产品总成本为354 600元，其中直接材料为201 600元，直接工资为38 250元，制造费用为114 750元。产量及定额资料如下。请问：完工甲产品成本为多少？

| 品名 | 产量(件) | 单位产品直接材料费用定额(元) | 单位产品工时定额(元) |
| --- | --- | --- | --- |
| 甲 | 4 500 | 19.2 | 3.0 |
| 乙 | 6 000 | 16.0 | 3.5 |
| 丙 | 1 500 | 12.8 | 2.5 |

## 二、分类法举例

某厂的产品规格很多，成本计算采用分类法，按产品结构和工艺过程分为A、B

两大类,每类产品的月末在产品均按所耗直接材料定额成本计算,其他费用全部由完工产品负担。有关资料如表7-1、表7-2、表7-3所示;计算方法如表7-4、表7-5、表7-6、表7-7、表7-8、表7-9所示。

表7-1 直接材料定额成本表

20××年×月

| 产品类别 | 单位产品消耗定额(千克) | 计划单价 | 定额成本(元) |
|---|---|---|---|
| A类产品 | 10 | 0.7 | 7 |
| B类产品 | 8 | 2 | 16 |

表7-2 产量和单位定额成本表

20××年×月

| 产品类别 | 规格 | 产量(件) | 单位定额成本(元) |
|---|---|---|---|
| A类产品 | #1 | 100 | 9 |
| | #2 | 300 | 12 |
| | #3 | 200 | 14.16 |
| B类产品 | #4 | 300 | 20 |
| | #5 | 100 | 25 |
| | #6 | 50 | 32 |

表7-3 月初在产品成本及本月发生费用

20××年×月　　　　　　　　　　　　　　　金额单位:元

| 产品类别 | 月初在产品直接材料定额成本 | 本月发生费用 | | | |
|---|---|---|---|---|---|
| | | 直接材料 | 直接人工 | 制造费用 | 合计 |
| A | 210 | 4 340 | 2 280 | 2 685 | 9 305 |
| B | 160 | 7 040 | 3 420 | 1 719 | 12 179 |

表7-4 月末在产品直接材料定额成本计算表

20××年×月

| 产品类别 | 数量(件) | 单位定额成本 | 定额成本(元) |
|---|---|---|---|
| A类产品 | 50 | 7 | 350 |
| B类产品 | 20 | 16 | 320 |

表7-5　A类产品成本计算表

20××年×月　　　　　　　　　　　金额单位：元

| 项　目 | 直接材料 | 直接人工 | 制造费用 | 合　计 |
|---|---|---|---|---|
| 月初在产品成本 | 210 | | | 210 |
| 本月发生费用 | 4 340 | 2 280 | 2 685 | 9 305 |
| 合　计 | 4 550 | 2 280 | 2 685 | 9 515 |
| 本月完工产品成本 | 4 200 | 2 280 | 2 685 | 9 165 |
| 月末在产品成本 | 350 | | | 350 |

表7-6　B类产品成本计算表

20××年×月　　　　　　　　　　　金额单位：元

| 项　目 | 直接材料 | 直接人工 | 制造费用 | 合　计 |
|---|---|---|---|---|
| 月初在产品成本 | 160 | | | 160 |
| 本月发生费用 | 7 040 | 3 420 | 17 198 | 12 179 |
| 合　计 | 7 200 | 3 420 | 1 719 | 12 339 |
| 本月完工产品成本 | 6 880 | 3 420 | 1 719 | 12 019 |
| 月末在产品成本 | 320 | | | 320 |

表7-7　系数计算表

20××年×月

| 产品类别 | 规格 | 系　数 | 产品类别 | 规格 | 系　数 |
|---|---|---|---|---|---|
| A类产品 | ♯1 | 9÷12=0.75 | B类产品 | ♯4 | 1 |
| | ♯2 | 1 | | ♯5 | 25÷20=1.25 |
| | ♯3 | 14.16÷12=1.18 | | ♯6 | 32÷20=1.6 |

注：A类产品选择规格♯2为标准产品，其系数为1。
　　B类产品选择规格♯4为标准产品，其系数为1。

表 7-8　A类产品各种规格完工产品成本计算单

20××年×月　　　　　　　　　　　　　　　金额单位：元

| 产品规格 | 实际产量 | 系数 | 标准产量 | 完工产品总成本 | 标准产品单位成本 | 各规格产品总成本 | 各规格产品单位成本 |
|---|---|---|---|---|---|---|---|
| #1 | 100 | 0.75 | 75 |  |  | 1 125 | 11.25 |
| #2 | 300 | 1.00 | 300 |  |  | 4 500 | 15.00 |
| #3 | 200 | 1.18 | 236 |  |  | 3 540 | 17.70 |
| 合 计 |  |  | 611 | 9 165 | 15 | 9 165 |  |

表 7-9　B类产品各种规格完工产品成本计算单

20××年×月　　　　　　　　　　　　　　　金额单位：元

| 产品规格 | 实际产量 | 系数 | 标准产量 | 完工产品总成本 | 标准产品单位成本 | 各规格产品总成本 | 各规格产品单位成本 |
|---|---|---|---|---|---|---|---|
| #4 | 300 | 1.00 | 300 |  |  | 7 140 | 23.80 |
| #5 | 100 | 1.25 | 125 |  |  | 2 975 | 29.75 |
| #6 | 50 | 1.6 | 80 |  |  | 1 904 | 38.08 |
| 合 计 |  |  | 505 | 12 019 | 23.80 | 12 019 |  |

【问题与思考7-2】

某塑壳保温瓶生产企业有两个基本生产车间，第一车间为塑料车间，第二车间为装配车间。塑料车间从仓库领取材料，生产大、中、小三种不同规格的保温瓶塑料外壳和大、中、小三种不同规格的保温瓶塑料配件，塑料车间生产的产品需要验收入库，塑料车间的半成品有时需要对外直接销售。保温瓶内胆为外购材料。装配车间从仓库领取保温瓶的塑料外壳，各种塑料配件及保温瓶内胆生产出可出售的保温瓶。请问：该企业采用何种成本计算方法较合理？并说明理由。

## 第二节　联产品、副产品、等级品的成本计算

### 一、联产品的成本计算

（一）联产品的含义

联产品是指用同样的原材料，经过一道或一系列工序的加工，同时生产出几种地位相同但用途不同的主要产品。例如，煤油厂以原油为原料，经过一定的生产工

艺过程,加工成汽油、煤油、柴油等各种燃料油。联产品与同类产品不同,同类产品是指由在产品品种、规格繁多的企业或车间按照一定的标准来归类的产品。这样归类的目的是便于采用分类法简化产品成本计算工作。联产品的生产是联合生产,其特点是同一资源在同一生产过程中投入,分离出两种或两种以上的主要产品,其中个别产品的产出必然伴随联产品同时产出。

各种联产品的产出,有的要到生产过程终了时才分离出来,有的也可能从生产过程的某个步骤中先分离出来,有些产品分离后,还需继续加工。联产品在分离时的生产步骤称为"分离点"。分离点是联产品的联合生产程序结束,各种产品可以辨认的生产交界点。

(二) 联产品联合成本的分配方法

联合成本是指在联合生产过程中生产联产品所发生的总成本。如上所述,在分离点之前联产品中某一产品的生产,必须同时生产别的产品。因此,不可能分别每种产品归集生产费用并直接计算其产品成本。只能把分离点前联合生产过程发生的费用归集在一起,计算联产品分离前的联合成本。然后,在分离点,采用一定的分配方法,在各联产品之间分配联合成本,计算出各联产品的成本。至于有些联产品分离后继续加工发生的费用,可按分离后各联产品品种分别归集,计算出分离后成本。用分离后成本加上由联合成本分配给的成本,构成该种产品整个生产过程成本。

联产品成本计算同一般产品的成本计算有所不同,要分三个部分进行,即联产品分离点前成本计算、分离点的联合成本分配和分离点后加工成本的计算。分离点前联产品联合成本的计算和分离点后需继续加工的加工成本计算,都应根据生产类型和管理要求,选用前一章的基本成本计算方法计算。而分离点联产品之间联合成本的分配则要采用专门的方法进行。常用的分配方法有系数分配法、实物量分配法和相对销售收入分配法等。

1. 系数分配法

系数分配法是将各种联产品的实际产量乘以事先制定的各该联产品的系数,把实际产量换算成相对生产量,然后,按各联产品的相对生产量比例来分配联产品的联合成本。系数分配法的关键是系数的确定要合理。实践中系数的确定标准有的是用各联产品的技术特征(如重量、体积、质量性能、含量和加工难易程度等),也有的是采用各联产品的经济指标(如定额成本、售价等)。

2. 实物量分配法

实物量分配法是按分离点上各种联产品的重量、容积或其他实物量度比例来分配联合成本。采用这种方法计算出的单位成本各产品是一致的且是平均单位成本,因此,这种方法的优点是简便易行。但由于并非所有的成本发生都与实物量直接相关,容易造成成本与实际相脱节的情况,故此法一般适用于成本的发生与产量关系密切,而且各联产品销售价值较为均衡的联合成本的分配。

3. 相对销售收入分配法

相对销售收入分配法是指用各种联产品的销售收入比例来分配联合成本。这种分配法强调经济比值,认为既然联合生产过程的联产品是同时产出的,并不是只产出其中一种,因此,从销售中所获得的收益,理应在各种联产品之间按比例进行分配。也就是说,售价较高的联产品应该成比例地负担较高份额的联合成本,售价较低的联产品应该负担较低份额的联合成本,其结果是各种联产品的毛利率相同,这种方法克服了实物量分配法的不足,但其本身也存在着缺陷,其表现在:一方面,并非所有的成本都与售价有关,价格较高的产品不一定要负担较高的成本;另一方面,并非所有的联产品都具有同样的获利能力。这种方法一般适用于分离后不再加工,而且价格波动不大的联产品成本计算。

【问题与思考 7-3】

某公司是一家生产企业,生产 A、B、C 三种产品。这三种产品是联产品,分离后即可直接销售,本月发生联合生产成本 875 600 元。该公司采用售价法分配联合生产成本,已知 A、B、C 三种产品的销售量分别为 60 000 千克、40 000 千克和 50 000 千克,单位售价分别为 5 元、6 元和 8 元,则 A 产品应分配的联合生产成本为多少?

(三)联产品成本计算举例

某厂用某种原材料经过同一生产过程同时生产出甲、乙两种联产品。20××年×月共生产甲产品 2 000 千克,乙产品 1 000 千克。无期初、期末在产品。该月生产发生的联合成本分别为:原材料为 30 000 元,直接人工成本为 10 800 元,制造费用为 19 200 元。甲产品每千克的售价为 250 元,乙产品每千克的售价为 300 元,设全部产品均已售出。根据资料分别用系数分配法、实物量分配法、相对收入分配法计算甲、乙产品的成本如表 7-10、表 7-11 和表 7-12 所示。

表 7-10 联产品成本计算表(系数分配法)     金额单位:元

| 产品名称 | 产量(千克) | 系数 | 标准产量 | 分配比例 | 应负担的成本 ||||
|---|---|---|---|---|---|---|---|---|
| | | | | | 直接材料 | 直接人工 | 制造费用 | 合 计 |
| 甲 | 4 000 | 1.0① | 4 000 | 62.5 | 37 500 | 13 500 | 24 000 | 75 000 |
| 乙 | 2 000 | 1.2 | 2 400 | 37.5 | 22 500 | 8 100 | 14 400 | 45 000 |
| 合 计 | 6 000 | | 6 400 | 100.0 | 60 000 | 21 600 | 38 400 | 120 000 |

注:① 以售价为标准确定系数,选择甲产品为标准产品,其系数为 1,乙产品的系数为 300÷250=1.2。

表 7-11  联产品成本计算表(实物量分配法)　　　　金额单位：元

| 产品名称 | 产量(千克) | 联合成本 | | | | 应负担的成本 | | | |
|---|---|---|---|---|---|---|---|---|---|
| | | 直接材料 | 直接人工 | 制造费用 | 合计 | 直接材料 | 直接人工 | 制造费用 | 合计 |
| 分配率 | | 10 | 3.6 | 6.4 | | | | | |
| 甲 | 4 000 | | | | | 40 000 | 14 400 | 25 600 | 80 000 |
| 乙 | 2 000 | | | | | 20 000 | 7 200 | 12 800 | 40 000 |
| 合计 | 6 000 | 60 000 | 21 600 | 38 400 | 120 000 | 60 000① | 21 600② | 38 400③ | 120 000 |

注：① 直接材料分配率＝60 000÷6 000＝10
　　② 直接人工分配率＝21 600÷6 000＝3.6
　　③ 制造费用分配率＝38 400÷6 000＝6.4

表 7-12  联产品成本计算表(相对销售收入分配法)　　金额单位：元

| 产品名称 | 产量(千克) | 销售单价 | 销售价值 | 分配比例 | 应负担的成本 | | | |
|---|---|---|---|---|---|---|---|---|
| | | | | | 直接材料 | 直接人工 | 制造费用 | 合计 |
| 甲 | 4 000 | 500 | 2 000 000 | 62.5 | 37 500 | 13 500 | 24 000 | 75 000 |
| 乙 | 2 000 | 600 | 1 200 000 | 37.5 | 22 500 | 8 100 | 14 400 | 45 000 |
| 合计 | 6 000 | | 3 200 000 | 100.0 | 60 000 | 21 600 | 38 400 | 120 000 |

## 二、副产品成本计算

副产品是指使用同种原材料，在同一生产过程中，生产主要产品的同时，附带生产出一些非主要产品或利用生产中废料加工而成的产品，如肥皂厂生产出来的甘油，炼油厂在炼油中产出的渣油、石油焦等。

副产品不是企业生产的主要目的，其价值与主要产品相比较低，但是具有一定的经济价值，能满足社会某些方面的需要，而且客观上也发生耗费，因此，需要采取一定的成本计算方法求出其成本。副产品和联产品都是投入同一原材料，经过同一的生产过程同时生产出来的。但联产品全部是主要产品，而副产品则是伴随着主要产品生产出来的次要产品，其价值较低。当然，副产品与主要产品是相对而言的，随着生产技术的发展和综合利用，在一定条件下，副产品也能转为主要产品，同样，主要产品也会转为副产品。

由于副产品和主要产品是同一原材料经过同一生产过程生产出来的，所以，其成本与主要产品成本在分离步骤前是共同发生的，这也决定了副产品的成本计算就是确定其应负担分离点前的联合成本。又由于副产品的经济价值较小,在企业全部产品中所占的比重也较小,因此在计算成本时,可采用简单的计算方法,确定副产品的成本,然后从分离前联合成本中扣除,其余额就是主要产品成本。

副产品的成本计算方法通常有以下几种:

(1) 对分离后不再加工的副产品,若价值不大(与主要产品相比),可不负担分离前的联合成本,或以定额单位成本计算其成本。

(2) 对分离后不再加工但价值较高的副产品,往往以其销售价格作为计算的依据。按销售价格扣除销售税金、销售费用和一定的利润后即为副产品成本。

(3) 对于分离后仍需进一步加工才能出售的副产品,如果价值较低,可只计算归属成本;如果价值较高,则需同时负担可归属成本和分离前联合成本,以保证主要产品成本计算的合理性。

下面举一简例说明其计算方法。

假定某厂在生产甲产品过程中,附带生产出副产品乙和丙。20××年×月为生产该类产品所发生的费用资料见表7-13,并假定本月甲产品产量为200千克,乙产品80千克,丙产品40千克,乙产品的计划单价为20元,丙产品单位销售为75元。则各产品成本计算结果如表7-14所示。

表7-13 成本费用资料  金额单位:元

| 项　目 | 直接材料 | 直接人工 | 制造费用 | 合　计 |
|---|---|---|---|---|
| 月初在产品成本 | 1 600 | 400 | 1 200 | 3 200 |
| 本月费用 | 24 000 | 6 000 | 6 800 | 36 800 |

表7-14 甲、乙、丙产品的成本计算表  金额单位:元

| 项　目 | | 行　次 | 直接材料 | 直接人工 | 制造费用 | 合　计 |
|---|---|---|---|---|---|---|
| 总成本 | 月初在产品成本 | 1 | 1 600 | 400 | 1 200 | 3 200 |
| | 本月费用 | 2 | 24 000 | 6 000 | 6 800 | 36 800 |
| | 合　计 | 3 | 25 600 | 6 400 | 8 000 | 40 000 |
| 费用项目比重 | | 4 | 64% | 16% | 20% | 100% |
| 甲产品 | 总成本 | 5 | 22 656 | 5 664 | 7 080 | 35 400 |
| | 单位成本 | 6 | 113.28 | 28.32 | 35.40 | 177.00 |
| 乙产品 | 总成本 | 7 | 1 024 | 256 | 320 | 1 600 |
| | 单位成本 | 8 | 12.8 | 3.2 | 4.0 | 20.0 |

（续表）

| 项　目 | | 行　次 | 直接材料 | 直接人工 | 制造费用 | 合　计 |
|---|---|---|---|---|---|---|
| 丙产品 | 总成本 | 9 | 1 920 | 480 | 600 | 3 000 |
| | 单位成本 | 10 | 48 | 12 | 15 | 75 |

表 7-14 的计算过程如下：

乙产品总成本 = 80 × 20 = 1 600(元)

直接材料 = 1 600 × 64% = 1 024(元)

直接人工 = 1 600 × 16% = 256(元)

制造费用 = 1 600 × 20% = 320(元)

丙产品总成本 = 40 × 75 = 3 000(元)

直接材料 = 3 000 × 64% = 1 920(元)

直接人工 = 3 000 × 16% = 480(元)

制造费用 = 3 000 × 20% = 600(元)

甲产品总成本 = 40 000 - 1 600 - 3 000 = 35 400(元)

直接材料 = 25 600 - 1 024 - 1 920 = 22 656(元)

直接人工 = 6 400 - 256 - 480 = 5 664(元)

制造费用 = 8 000 - 320 - 600 = 7 080(元)

### 三、等级产品成本计算

等级产品是指使用同种原材料，经过相同加工过程生产出来的品种相同，但质量有所差别的产品，如纺织品、搪瓷器皿的生产常有等级品产生。等级产品与联产品、副产品相同之处在于都是使用同种原材料，经过同一生产过程而产生的。它们的不同之处在于：联产品、副产品之间性质、用途不同，属于不同种产品，而等级产品是性质、用途相同的同种产品；在每种联产品、副产品中，其质量可以比较一致，因而销售单价相同，而各等级产品质量存在差异，从而销售单价相应分为不同等级。

等级产品与非合格品是两个不同的概念。等级产品质量上的差异一般是在允许的设计范围之内，这些差异一般不影响产品的使用寿命。非合格品是指等级品以下的产品，其质量标准达不到设计的要求，属于废品范围。

等级产品应视造成等级品质量差别的原因确定成本计算方法。如果等级产品是由于工人操作不当、技术不熟练等主要原因造成的可以采用实物量分配法，以使各等级产品的单位成本相同。因为各产品虽然等级不同，但使用原材料、经过的生产过程都相同，所以各等级产品的单位成本理应没有差别。同时，低等级产品成本与正品成本一样，由于售价较低而使其毛利低于正品的差额，能够比较敏感地反映由于企业产品质量管理不善所导致的经济损失。

等级产品也可能是由于所用原材料的质量或受目前技术水平限制等原因不可避免而产生的，即客观原因造成的。例如，某些电子元件产品，由于目前生产技术水平限制，难以控制其产品质量，生产出售价差别较大的等级产品；对原煤进行洗煤加工，由于受原材料质量影响，洗出售价不同的等级煤。这些情况一般不能对各等级产品确定相同的单位成本，要采用系数分配法计算各等级产品成本。通常以单位售价比例定出系数，再按系数的比例计算出不同等级产品应负担的联合成本。这样不同等级产品具有不同的单位成本，等级高、售价高的产品负担的成本多，等级低、售价低的产品负担的成本少。这种做法更符合收入与成本费用配比的要求。

## 第三节　产品成本计算的定额法

### 一、定额法的特点

定额法是为了反映产品实际成本脱离定额成本的差异，配合企业加强定额管理和进行成本控制所采用的一种成本计算方法。其基本原理是：在实际费用发生时，将其划分为定额成本与定额差异两部分来归集，并分析产生差异的原因，及时反馈到管理部门，月终以产品定额成本为基础，加减所归集和分配的差异，以此求得产品实际成本。

成本计算采用定额法，其产品实际成本由定额成本、脱离定额差异、材料成本差异和定额变动差异四个因素组成。其计算公式如下：

产品实际成本＝按现行定额计算的产品定额成本±脱离现行定额差异±

材料成本差异±月初在产品定额变动差异

定额成本是指根据企业在一定时期所实行的各种消耗定额为基础计算的一种预计产品成本。

脱离定额差异是指生产费用脱离现行定额或预算的数额，它标志着各项生产费用支出的合理程度。

材料成本差异是在定额法下，材料或半成品的日常核算以计划成本计价而产生的材料(半成品)实际成本与计划成本的差异,它反映所耗材料或半成品的价差。

定额变动差异是由于修订消耗定额而产生的新、旧定额成本之间的差额。它与生产费用的超支或节约无关,是定额成本本身运用的结果。

定额法并非一种基本成本计算方法,它是在品种法、分步法、分批法的基础上,运用一种特殊汇集费用的技术,计算产品成本的方法。采用此方法计算产品成本,能及时揭示差异,提供有关成本形成动态的各种信息,有助于促使企业控制和节约费用。该方法一般适用于定额管理制度较健全,而且消耗定额比较准确、稳定的企业。

## 二、定额法计算产品成本的程序

(1) 按照企业生产工艺特点和管理要求,确定成本计算对象及成本计算的基本方法。

(2) 根据有关定额标准,计算各成本项目的定额费用,编制产品定额成本计算表。

(3) 生产费用发生时,将实际费用分为定额成本和定额成本差异两部分,分别编制凭证,予以汇总。

(4) 按确定的成本计算基本方法,汇集、结转各项费用的定额成本差异,并按一定标准在完工产品与在产品之间进行分配。

(5) 将产品定额成本加减所分得的差异,求得产品实际成本。

## 三、定额成本及其差异的计算

### (一) 产品定额成本的计算

定额成本一般是以产品现行的消耗定额和计划价格或费用的计划分配率为依据并分成本项目计算的。其具体计算公式如下:

直接材料定额成本=产品原材料消耗定额×原材料计划单位成本

直接人工定额成本=产品生产工时定额×计划小时工资率

制造费用定额成本=产品生产工时定额×计划小时费用率

计算时,如果产品的零、部件不多,一般先计算零件的定额成本,然后再汇总计算部件和产成品的定额成本。如果产品的零、部件较多,为了简化成本计算工作,也可以不计算零件定额成本,而根据列有零件材料消耗定额、工序计划、工时消耗定额的零件定额卡,以及材料计划单价、计划的工资率和费用率,计算部件定额成本,然后汇总计算产成品定额成本;或者根据零、部件的定额卡,直接计算产成品定额成本。零件定额卡、部件定额成本计算表及产品定额成本计算表的格式分别如表7-15、表7-16和表7-17所示。

表 7-15 零件定额卡

零件编号、名称：2007　　　　　　　　20××年×月

| 材料名称、编号 | 计量单位 | 材料消耗定额 |
|---|---|---|
| 9901 | 千克 | 6 |
| 工　序 | 工时定额（小时） | 累计工时定额 |
| 1 | 4 | 4 |
| 2 | 8 | 12 |
| 3 | 6 | 18 |

表 7-16 部件定额成本计算表

部件编号、名称：2000　　　　　　　　20××年×月

| 所用零件编号名称 | 零件数量 | 材料定额 ||||||| 工时定额（小时） |
|---|---|---|---|---|---|---|---|---|
| | | 9901 ||| 9902 ||| 金额合计 | |
| | | 数量 | 计划单价（元） | 金额（元） | 数量 | 计划单价（元） | 金额（元） | | |
| 2007 | 4 | 24 | 5 | 120 | | | | 120 | 72 |
| 2008 | 8 | | | | 40 | 5 | 200 | 200 | 48 |
| 装配 | | | | | | | | | 5 |
| 合计 | | | | 120 | | | 200 | 320 | 125 |

| 定额成本项目 |||||| 定额成本合计（元） |
|---|---|---|---|---|---|---|
| 直接材料 | 直接人工 ||| 制造费用 ||| |
| | 计划工资率 | 金额（元） | 计划费用率 | 金额（元） | | |
| 320 | 2 | 250 | 2.5 | 312.5 | | 882.5 |

表 7-17 产品定额成本计算表

部件编号、名称：2000　　　　　　　　20××年×月

| 所用部件编号名称 | 所用部件数量 | 材料定额 || 工时定额 ||
|---|---|---|---|---|---|
| | | 部件 | 产品 | 部件 | 产品 |
| 2000A | 2 | 320 | 640 | 125 | 250 |
| 2000B | 1 | 260 | 260 | 50 | 50 |

(续表)

| 所用部件编号名称 | 所用部件数量 | 材料定额 | | 工时定额 | |
|---|---|---|---|---|---|
| | | 部件 | 产品 | 部件 | 产品 |
| 装 配 | | | | | 10 |
| 合 计 | | | 900 | | 310 |

| 产品定额成本项目 | | | | | 产品定额成本合计 |
|---|---|---|---|---|---|
| 直接材料 | 直接人工 | | 制造费用 | | |
| | 计划工资率 | 金额(元) | 计划费用率 | 金额(元) | |
| 900 | 2.2 | 682 | 1 | 320 | 1 902 |

(二) 脱离定额差异的计算

脱离定额差异计算包括材料脱离定额差异计算、直接人工费用脱离定额差异计算和制造费用脱离定额差异计算。计算和分析脱离定额成本的差异是定额法的核心内容。

1. 直接材料脱离定额差异的计算

在各成本项目中,材料费用一般占有较大比重,而且属于直接计入费用,因而有必要也有可能在费用发生的当时就按产品种类来计算定额费用和脱离定额的差异来进行控制。直接材料定额差异的计算,一般有以下三种方法。

(1) 限额法。它运用限额领料单和限额领料卡来反映材料领用数量和实际耗用数量。符合定额的材料应根据限额领料单等定额凭证领发,如果增加产品产量或需要增加用料,必须办理追加额手续,然后根据定额凭证领发。由于其他原因需要超额领料或者领用代用材料,可以根据专设的超额材料领用单、代用材料领用单等差异凭证,经过一定的审批手续领发。超额领用的材料,全部是定额差异,而代用材料并不都是定额差异,要先计算出所领代用材料相当于原规定材料的数量,然后再计算出差异。

每月末应根据领料部门余料编制退料单,办理退料手续。退料单应视为差异凭证,退料单中所列的材料数额和限额领料单中原材料余额,都是材料脱离定额的节约差异。例如,某企业本月投产甲产品 500 件,单位产品 A 材料消耗定额 25 千克,每千克计划单位成本 4 元,超额领料单本月登记数量为 150 千克,则甲产品的 A 材料定额差异为:

甲产品 A 材料定额成本 = 500 × 25 × 4 = 50 000(元)

甲产品 A 材料脱离定额差异 = 150 × 4 = 600(元)

(2) 切割法。对于需要切割才能使用的材料(如板材、棒材等),通过材料切割核算单,核算用料差异,控制用料。这种核算单一般应按切割材料的批别开立,单中填明发交切割材料的种类、数量、消耗定额和应切割成的毛坯数量。切割完成后,再填写实际切割成的毛坯数量和材料的实际消耗量。根据实际切割成的毛坯数量和消耗定额,计算出材料定额消耗量,与材料实际消耗量相比较,可得出用料脱离定额的差异。例如,发出材料500千克,切割成A种零件(毛坯)150个,每个消耗定额为3.2千克,每千克材料计划单价为5元,则定额差异为:

定额耗用量:     $150 \times 3.2 = 480$(千克)

材料定额差异:    数量 $500 - 480 = 20$(千克)

         金额 $5 \times 20 = 100$(元)

采用材料切割核算单进行材料切割的核算,可以及时反映材料的耗用情况和发生差异的具体原因,加强对材料耗用的控制。

(3) 盘存法。对于不能采用切割核算的材料,为了更好地控制用料,可通过盘存的方法核算用料差异。其做法是:根据完工产品的数量和在产品盘存数量计算产品投产数量;将产品投产数量乘以材料消耗定额,计算出材料定额消耗量;根据限额领料单、超额领料单和退料单等凭证以及车间余料的盘存资料,算出材料实际消耗,最后以材料的定额消耗量与实际消耗量对比,确定材料脱离定额差异。

不论采用哪种方法核算原材料定额消耗量和脱离定额差异,都应分批或定期地将这些核算资料按照成本计算对象汇总,编制原材料定额费用和脱离定额差异汇总表(其格式见表7-18)。表中填明该批或该种产品所耗各种原材料的定额的消耗量、定额费用和脱离定额差异,并分析说明发生差异的主要原因。这种汇总表,既可用来汇总反映和分析原材料脱离定额差异,又可用来代替原材料费用分配表登记产品成本明细账,还可以报送管理当局或向职工公布,以便根据发生的原因采取措施,进一步挖掘降低材料费用的潜力。

表7-18 材料定额费用和脱离定额差异汇总表   金额单位:元

| 材料种类 | 材料编号 | 单位 | 计划单位成本 | 定额费用 | | 按计划价格计算的实际费用 | | 脱离定额差异 | | 差异原因分析 |
|---|---|---|---|---|---|---|---|---|---|---|
| | | | | 数量 | 金额 | 数量 | 金额 | 数量 | 金额 | |
| A材料 | 2001 | 千克 | 6 | 11 600 | 69 600 | 10 800 | 64 800 | -800 | -4 800 | 略 |
| B材料 | 2011 | 千克 | 4 | 9 200 | 36 800 | 9 600 | 38 400 | +400 | +1 600 | 略 |
| 合 计 | | | | | 106 400 | | 103 200 | | -3 200 | |

**2. 直接人工脱离定额差异的核算**

直接人工脱离定额差异的核算,因采用工资形式不同而有所区别。

在计件工资形式下,生产工人工资脱离定额差异的核算与原材料脱离定额差异的核算类似。其计算方法为:

$$直接人工定额费用 = 计件数量 \times 计件单价$$

$$计件单价 = \frac{计划单位工时的人工费用}{每工时产量定额}$$

在计时工资形式下,生产工人工资脱离定额的差异平时不能按产品直接计算,所以平时只以工时进行考核,在月末实际生产工人工资总额确定以后,才能按下式计算:

$$计划单位工时工资 = \frac{计划产量的定额生产工人工资总额}{计划产量的定额生产工时总数}$$

$$实际单位工时工资 = \frac{实际生产工人工资总额}{实际生产工时总数}$$

$$某产品定额工资 = 该产品实际产量的定额生产工时 \times 计划单位工时工资$$

$$该产品实际工资 = 该产品实际产量的实际生产工时 \times 实际单位工时工资$$

$$该产品实际工资脱离定额差异 = 该产品实际工资额 - 该产品定额工资额$$

无论采用哪种工资形式,都应根据核算资料,按照成本计算对象汇总编制"定额工资及脱离定额差异汇总表",表中汇总反映各种产品的定额工资、实际工资、工资差异以及产生差异的原因,并据此登记有关的产品成本计算单。

**3. 制造费用脱离定额差异的核算**

制造费用属于间接费用,即发生时先按发生地点进行归集,月末,才能直接或分配计入产品成本。所以,在日常核算中,不能按照产品直接核算费用脱离定额的差异,只能根据费用计划,按照费用项目核算费用脱离计划的差异,据以控制和监督费用的发生。各种产品应负担的定额制造费用和费用脱离定额的差异,在月末时可比照上述计时工资的计算方法确定。

**(三)材料成本差异的分配**

在定额法下,材料日常核算都是按计划成本进行,即材料定额成本和材料脱离定额差异都按材料的计划单位成本计算。因此,在月末计算产品实际成本时,还必须按照下列公式计算产品应负担的材料成本差异。

$$\begin{matrix}某产品应分配\\材料成本差异\end{matrix} = \left(\begin{matrix}该产品原材料\\定额成本\end{matrix} \pm \begin{matrix}原材料脱离\\定额差异\end{matrix}\right) \times 材料成本差异率$$

### （四）定额变动差异的核算

定额变动差异是指由于修订消耗定额而产生的新旧定额之间的差额。新定额一般在月初开始实行，当月投入的产品费用，都应按新定额来计算脱离定额差异，但在定额运用后，月初在产品的定额成本并未修订，仍然是按旧定额计算的。为了使按旧定额计算的月初在产品定额成本和按新定额计算的本月投入产品的定额，在新定额的同一基础上相加起来，以便计算产品的实际成本，必须计算月初在产品定额成本的运用差异，用以调整月初在产品按老定额计算的定额成本变为按新定额计算的定额成本。由此可见，定额变动差异主要是指月初在产品由于定额变动产生的差异。其计算方法为：

$$\text{月初在产品定额变动差异} = \text{月初在产品按原定额计算的定额成本} - \text{月初在产品按调整后的定额计算的定额成本}$$

对于计算出的定额变动差异，应分别不同情况予以处理，在消耗定额降低的情况下产生的差异，一方面应从月初在产品定额成本中扣除，另一方面还应将属于月初在产品生产费用实际支出的该项差异，列入本月产品成本中；相反，在消耗定额提高的情况下，月初在产品增值的差异应列入月初在产品定额成本之中，同时从本月产品成本中予以扣除。

月末，对计算出的定额成本、脱离定额差异、定额变动差异以及材料成本差异，应在完工产品和月末在产品之间按照定额成本比例进行分配。如果各种差异数额不大，或者差异虽然较大，但各月在产品数量比较均衡的情况下，月末在产品可按定额成本计价，即不负担差异，差异全部由产成品负担。

### 【问题与思考 7-4】

有人说在完工产品成本中，如果月初在产品定额变动差异是正数，说明定额提高了。请问：此观点对否？为什么？

## 四、定额法举例

某企业生产的甲产品，各项消耗定额比较准确，20××年9月份生产情况和定额资料如下：月初在产品30件，本月投产甲产品140件，本月完工150件，月末在产品20件，月末在产品完工程度为50%，材料系开工时一次投入，单位产成品直接材料消耗定额由上月的4.4千克降为4千克，工时定额为3小时，计划小时工资率为3元，计划小时制造费用率为4元，材料计划单位为5元，材料成本差异率为−2%。月初在产品成本及本月生产费用资料见表7-19、表7-20。产品成本计算结果如表7-21所示。

### 表7-19 月初在产品的成本

20××年9月　　　　　　　　　　　　　　　　　　　金额单位：元

| 项　　目 | 直接材料 | 直接人工 | 制造费用 |
|---|---|---|---|
| 月初在产品定额成本 | 660① | 135② | 180③ |
| 脱离定额差异 | －9 | 5 | 6 |

注：① 直接材料定额成本 = 30×4.4×5 = 660(元)
　　② 直接人工定额成本 = 30×50%×3×3 = 135(元)
　　③ 制造费用定额成本 = 30×50%×3×4 = 180(元)

### 表7-20 本月发生的费用

20××年9月　　　　　　　　　　　　　　　　　　　金额单位：元

| 项　　目 | 直接材料 | 直接人工 | 制造费用 |
|---|---|---|---|
| 产品的定额成本 | 2 800① | 1 305② | 1 704③ |
| 脱离定额差异 | 30 | 10 | 12 |

注：① 直接材料定额成本 = 140×4×5 = 2 800(元)
　　② 直接人工定额成本 = [140+(20－10)×50%]×3×3 = 1 305(元)
　　③ 制造费用定额成本 = [140+(20－10)×50%]×3×4 = 1 740(元)

### 表7-21 产品成本计算单

产品名称：甲产品　　　　　20××年9月　　　　　　　产量：150件
　　　　　　　　　　　　　　　　　　　　　　　　　　金额单位：元

| 项　　　目 | | 行次 | 直接材料 | 直接人工 | 制造费用 | 合　　计 |
|---|---|---|---|---|---|---|
| 月初在产品 | 定额成本 | 1 | 660 | 135 | 180 | 855 |
| | 脱离定额差异 | 2 | －9 | 5 | 6 | ＋2 |
| 月初在产品定额变动 | 定额成本调整 | 3 | －60① | | | －60 |
| | 定额变动差异 | 4 | 60 | | | 60 |
| 本月生产费用 | 定额成本 | 5 | 2 800 | 1 305 | 1 740 | 5 950 |
| | 脱离定额差异 | 6 | 30 | 8 | 12 | 50 |
| | 材料成本差异 | 7 | －56.6② | | | －56.6 |
| 生产成本合计 | 定额成本 | 8 | 3 400 | 1 440 | 1 920 | 6 760 |
| | 脱离定额差异 | 9 | 21 | 13 | 18 | 52 |
| | 材料成本差异 | 10 | －56.6 | | | －56.6 |
| | 定额变动差异 | 11 | 60 | | | 60 |

(续表)

| 项　　目 | | 行次 | 直接材料 | 直接人工 | 制造费用 | 合　　计 |
|---|---|---|---|---|---|---|
| 脱离定额差异分配率 | | 12 | 0.62%③ | 0.9% | 0.94% | — |
| 产成品成本 | 定额成本 | 13 | 3 000 | 1 350 | 1 800 | 6 150 |
| | 脱离定额差异 | 14 | 18.6④ | 12.2 | 16.9 | 47.7 |
| | 材料成本差异 | 15 | −56.6 | | | −56.6 |
| | 定额变动差异 | 16 | 60 | | | 60 |
| | 实际成本 | 17 | 3 022⑤ | 1 362.2 | 1 816.9 | 6 201.1 |
| 月末在产品成本 | 定额成本 | 18 | 400 | 90 | 120 | 610 |
| | 脱离定额差异 | 19 | 2.4 | 0.8 | 1.1 | 4.3 |

注：① 月初在产品定额调整 $= 30 \times (4.4 - 4) \times 5 = 60$（元）
② 材料成本差异 $= (2\,800 + 30) \times (-2\%) = -56.6$（元）
③ 直接材料脱离定额差异分配率 $= 21 \div 3\,400 \times 100\% = 0.62\%$
④ 产成品直接材料成本脱离定额差异 $= 3\,000 \times 0.62\% = 18.6$（元）
⑤ 第17行计算过程为：(17) = (13) + (14) + (15) + (16)

### 【问题与思考7-5】

某种产品采用定额法计算成本，其原材料费用如下：月初在产品：原材料定额费用1 800元，脱离定额差异−30元，月初在产品定额调整−200元。

本月发生：定额费用5 400元，脱离定额差异+100元；本月完工产品定额费用4 800元，本月原材料成本差异率为−2%，材料成本差异和定额变动差异均由完工产品成本负担，定额差异在完工产品与月末在产品之间按定额费用比例分配。计算本月完工产品原材料实际费用。

# 本 章 小 结

分类法是以产品的类别作为成本计算对象，按类归集生产费用先计算出各类完工产品成本，然后再按一定标准分配计算各类产品中各种产品成本的一种方法。分类法的特点：一是以产品类别作为成本计算对象；二是成本计算期决定于生产特点及管理要求；三是月末一般要将各类产品的生产成本在完工产品与在产品之间分配；四是分类法不是一种独立的成本计算方法，它要根据各类产品生产工艺特点和管理要求，结合品种法、分批法、分步法使用。

分类法的关键点：一是要合理确定产品类别，以准确计算各大类产品的成本；

二是要选用适当的方法分配类内各种产品应负担的成本。产品类别的确定一般可根据产品性质、结构、生产工艺过程、耗用原材料等的不同来划分;分配类内各种产品成本的标准选择主要是根据产品的生产工艺特点来确定,具体确定时既可以用价值指标,也可以用技术指标。分配方法则可以采用定额比例法或系数分配法。

联产品、副产品和等级品都是由同样原材料在同一生产过程中产生的产品,但它们的地位不一样。联产品是在同一生产过程中同时生产出几种性质和地位都相同的产品,都属于主产品的范围,仅仅是用途不同;副产品则是在同一生产过程中生产主产品的同时附带生产出的产品,它处于次要位置,价值也较低;而等级品与上述都不同,它与主产品没有主次之分,产品的品种与主产品的正常产品完全一样,只是质量上的差别,因此,它不是企业生产的目的,而是由生产中不利的主、客观因素造成的。联产品、副产品、等级品的成本计算不需要用别的专门方法,只需用简单的分配标准(方法)在其与主(正常)产品之间适当分配即可取得。

定额法是在产品成本计算过程中,将各项生产费用按照定额来进行归集和分配,同时反映各项费用定额与实际的差异以计算出产品的定额成本和实际成本的成本计算方法。成本计算采用定额法,产品实际成本在产品定额成本基础上加减生产费用脱离定额的差异计算得出。用定额法计算产品成本能及时揭示成本差异,提供有关成本形成动态的各种信息,有助于促使企业控制和节约费用。此法一般适用于定额管理制度比较健全,而且消耗定额比较准确稳定的企业。

## 复习思考题

1. 简述成本计算分类法的特点。
2. 说明系数分配法的计算步骤。
3. 什么是联产品、副产品和等级品?简单说明其联系和区别。
4. 什么叫联合成本?它有哪几种分配方法?说明它们的含义。
5. 简述定额法的特点。
6. 定额法下产品实际成本的组成要素有哪几个?各要素的数额如何计算?

## 案例讨论题

1. 华兴企业生产的甲类产品有三种规格。材料是生产开始时一次投入,月末在产品成本按年初在产品固定成本计价。4月份有关资料如表7-22和表7-23所示。

表 7-22 甲类产品产量及定额

20××年4月

| 产品 | 产量 | 单位产品材料定额(元) | 材料定额总成本(元) | 单位产品工时定额 | 定额总工时 |
|---|---|---|---|---|---|
| 甲1 | 3 000 | 60 | 180 000 | 2 | 6 000 |
| 甲2 | 4 000 | 72 | 288 000 | 3 | 12 000 |
| 甲3 | 1 000 | 90 | 90 000 | 4 | 4 000 |
| 合计 | | | 558 000 | | 22 000 |

表 7-23 甲类产品成本计算单

20××年4月　　　　　　　　　　　　　　　金额单位：元

| 项目 | 直接材料 | 直接人工 | 制造费用 | 合计 |
|---|---|---|---|---|
| 月初在产品成本 | 46 200 | 2 200 | 1 600 | 50 000 |
| 本月生产费用 | 613 800 | 30 800 | 26 400 | 671 000 |
| 合计 | 660 000 | 33 000 | 28 000 | 721 000 |
| 本月完工产品成本 | 613 800 | 30 800 | 26 400 | 671 000 |
| 月末在产品成本 | 46 200 | 2 200 | 1 600 | 50 000 |

该企业成本会计郝玉是刚参加工作的大学生,他在甲类三种产品之间分配成本时,用的是定额比例法,其分配结果如表 7-3 所示。

表 7-24 甲类各种产品成本计算表

（定额比例法）　　　　　　　　　　　　　　金额单位：元

| 项目 | 直接材料 | 直接人工 | 制造费用 | 合计 |
|---|---|---|---|---|
| 分配率 | 613 800÷558 000=1.1 | 30 800÷22 000=1.4 | 26 400÷22 000=1.2 | |
| 甲1 | 198 000 | 8 400 | 7 200 | 213 600 |
| 甲2 | 316 800 | 16 800 | 14 400 | 348 000 |
| 甲3 | 9 900 | 5 600 | 4 800 | 109 400 |
| 合计 | 613 800 | 30 800 | 26 400 | 671 000 |

记账会计田芹见到后对郝玉说:"不应用定额比例法,应该用系数分配法分配才合理且准确。"郝玉说:"没关系的,根据甲类产品的现有条件,完全可以用定额比例法,而且分配结果是与系数分配法一样。"请分析判定一下,他们俩谁说得对(采

用数据说明)。

2. 有人说,由于定额法是以产品定额成本为基础,加或减脱离定额的差异和定额变动差异等来计算实际成本的一种方法,所以它的适用范围非常广泛。不论什么类型的生产企业,只要定额管理制度比较健全,定额管理基础工作较好,消耗定额稳定,产品已经定型都可以采用定额法。对此观点,你赞成否?为什么?

# 同步测试题

一、单项选择题

1. 在计算副产品的成本时,将副产品的成本从总成本中扣除,一般是从( )中扣除。
   A. 直接人工成本项目　　　　B. 制造费用成本项目
   C. 原材料成本项目　　　　　D. 总成本

2. 分类法是在产品品种、规格繁多,但可按一定标准对产品进行分类的情况下,为了( )目的而采用的。
   A. 加强各类产品的成本管理　　B. 计算各种产品成本
   C. 简化成本计算工作　　　　　D. 计算各类产品成本

3. 系数法是( )的一种,系数一经确定,应相对稳定,不应任意变更。
   A. 分批法　　　　　　　　　　B. 分类法
   C. 定额法　　　　　　　　　　D. 分步法

4. 采用分类法的目的是( )。
   A. 分类计算产品成本　　　　　B. 简化各种产品的成本计算工作
   C. 简化种类产品成本计算工作　D. 准确计算各种产品的成本

5. 按照系数分配法分配同类产品中各种产品成本的方法( )。
   A. 是一种完工产品和月末在产品之间分配费用的方法
   B. 是一种单独的产品成本计算方法
   C. 是一种简化的分类法
   D. 是一种分配间接费用的方法

6. 定额成本是按( )制定的成本。
   A. 现行消耗额　　　　　　　　B. 计划期平均消耗定额
   C. 标准消耗定额　　　　　　　D. 实际消耗定额

7. 原材料脱离定额差异是( )。
   A. 数量差异　　　　　　　　　B. 原材料成本差异
   C. 价格差异　　　　　　　　　D. 定额变动差异

8. 采用定额法计算产品成本时,月初在产品定额变动差异是正数,说明( )。
   A. 定额降低了              B. 本月实际发生的生产成本增加了
   C. 定额成本提高了          D. 累计的实际生产成本增加了
9. 定额变动差异是指修复定额以后的、原定额成本与新的定额成本之间的差异,只有( )存在定额变动差异。
   A. 月初在产品              B. 月末在产品
   C. 本月投入产品            D. 本月完工产品
10. 在采用定额法下,为了有利于分析和考核材料消耗定额的执行情况。日常材料的核算都是按( )进行的。
   A. 计划成本                B. 实际成本
   C. 定额成本                D. 标准成本

二、多项选择题
1. 采用分类法,同类产品内各产品成本,可以按照( )分配确定。
   A. 定额消耗量              B. 定额费用
   C. 标准产品产量            D. 总系数
2. 采用系数法时,被选定作为标准产品的产品,应具备( )的条件。
   A. 产品较小                B. 产品较大
   C. 生产比较稳定            D. 规格适中
3. 采用分类法计算产品成本时,关键是( )的确定是否适当。
   A. 产品的分类              B. 产品的售价
   C. 分配标准                D. 系数
4. 分类法与同类产品内各种产品之间分配费用的标准有( )。
   A. 定额消耗量              B. 定额费用
   C. 售价                    D. 产品的体积
5. 下列计价方法中,属于副产品计价方法的有( )。
   A. 按实际成本计价          B. 按计划成本计价
   C. 按固定的价格计价        D. 按售价计价
6. 核算脱离定额差异的目的是( )。
   A. 简化产品成本计算
   B. 进行产品成本的日常分析和事中控制
   C. 为月末进行产品实际成本计算提供数据
   D. 为考核成本管理工作提供数据
7. 原材料脱离定额差异的计算方法有( )。

A. 限额法 B. 计划成本法
C. 系数法 D. 定期盘存法

8. 在脱离定额差异的核算中,与原材料脱离定额差异核算方法相同或类似的是( )。
A. 自制半成品 B. 计件工资形式的生产工人工资
C. 制造费用 D. 计时工资形式下生产工人工资

9. 在定额法下,产品实际成本等于( )之和。
A. 按现行定额计算的产品定额成本 B. 材料成本差异
C. 脱离现行定额的差异 D. 月初在产品定额变动差异

10. 定额法的优点有( )。
A. 有利于对成本的日常控制 B. 便于对产品成本进行定期分析
C. 有助于提高成本的定额管理工作 D. 能全面地解决产品计价问题

三、判断题

1. 只要产品的品种、规格繁多,就可以采用分类法计算产品成本。( )
2. 不同等级的产品应按各该产品的售价或以此为基础确定的系数为比例,采用分类法分配计算成本。( )
3. 用分类法计算出的类内各种产品的成本具有一定的假设性。( )
4. 副产品在与主产品分离以后还要进行加工的,应按其分离后的生产特点和管理要求计算成本。( )
5. 只要产品的品种、规格繁多,就可以采用分类法计算产品成本。( )
6. 分类法是以产品类别为成本计算对象的一种成本产品的基本方法。( )
7. 按照系数分配计算类内各种产品成本的方法是一种简化的分类法。( )
8. 主产品与副产品在分离前应合为一类产品计算成本。( )
9. 进行材料切割核算时,回收废料超过定额的差异可以冲减材料费用。( )
10. 原材料脱离定额的差异,是按计划单位成本反映的数量差异。( )
11. 产品的原材料定额成本与原材料脱离定额差异的代数和,乘以材料成本差异率的结果,是产品所耗原材料应负担的材料成本差异。( )
12. 在计算月初在产品定额变动差异时,如果定额提高,则定额变动差异为负。( )
13. 定额法是一种单纯计算产品实际成本的成本计算方法。( )
14. 在定额法下,如果月初在产品定额变动差异是负数,则说明旧的消耗定额

小于新的消耗定额。 ( )

15. 采用定额法可以简化成本计算工作。 ( )
16. 定额法可以不与基本方法结合应用。 ( )
17. 在定额法下,退料单是一种差异凭证。 ( )
18. 在定额法下,产品应负担的原材料成本差异为该产品的原材料定额费用与原材料成本差异的乘积。 ( )
19. 原材料脱离定额差异核算的限额法可以有效地控制用料,使之不超过定额。 ( )

四、核算题

[核算题1] 某企业生产的A、B、C、D、E五种产品耗用的原材料和产品的生产工艺过程比较接近,因而归为一类(甲类产品),采用分类法计算产品成本。6月份有关成本计算资料如表7-25、表7-26和表7-27所示。

表7-25 各种产品定额资料

| 产品 | 材料消耗定额 | 工时消耗定额 | 产品 | 材料消耗定额 | 工时消耗定额 |
|---|---|---|---|---|---|
| A | 15 | 9.6 | D | 9 | 7.6 |
| B | 12 | 8.8 | E | 8 | 7.2 |
| C | 10 | 8 | | | |

表7-26 本月各产品的实际产量　　　　　　　　产量单位:件

| | A | B | C | D | E |
|---|---|---|---|---|---|
| 产 量 | 200 | 240 | 480 | 360 | 300 |

表7-27 月初在产品成本和本月生产费用　　　　　　金额单位:元

| 摘 要 | 直接材料 | 直接人工 | 制造费用 | 合 计 |
|---|---|---|---|---|
| 月初在产品成本 | 20 000 | 30 000 | 18 800 | 68 800 |
| 本月生产费用 | 146 880 | 383 040 | 255 360 | 785 280 |

要求:

(1) 采用月末在产品成本按年初固定成本计算,计算本月完工产品成本(计算结果填入表7-28)。

(2) 采用系数分配法计算甲类产品内各种产品的成本(有关计算内容和结果填入表7-29和表7-30)。

表 7-28  各种产品系数计算表

| 产品 | 本月实际产量 | 材料消耗定额 | 材料系数 | 材料总系数 | 工时消耗定额 | 工时系数 | 工时总系数 |
|---|---|---|---|---|---|---|---|
|  |  |  |  |  |  |  |  |
|  |  |  |  |  |  |  |  |
|  |  |  |  |  |  |  |  |
| 合计 |  |  |  |  |  |  |  |

表 7-29  甲类产品成本计算单

| 摘　要 | 直接材料 | 直接人工 | 制造费用 | 合　计 |
|---|---|---|---|---|
| 月初在产品成本 |  |  |  |  |
| 本月生产费用 |  |  |  |  |
| 合　计 |  |  |  |  |
| 完工产品总成本 |  |  |  |  |
| 月末产品成本 |  |  |  |  |

表 7-30  甲类内各种产品成本计算表

| 产品 | 实际产量 | 总系数 | | 总　成　本 | | | 成本合计 | 单位成本 |
|---|---|---|---|---|---|---|---|---|
|  |  | 直接材料 | 加工费用 | 直接材料（分配率：90）| 直接人工（分配率：240）| 制造费用（分配率：160）| | |
|  |  |  |  |  |  |  |  |  |
|  |  |  |  |  |  |  |  |  |
|  |  |  |  |  |  |  |  |  |
|  |  |  |  |  |  |  |  |  |
|  |  |  |  |  |  |  |  |  |
| 合计 |  |  |  |  |  |  |  |  |

[核算题2] 乙产品采用定额法计算成本,其原材料费用如下:

月初在产品:原材料定额费用1 800元,脱离定额差异—30元,月初在产品定额调整—200元。

本月发生:定额费用5 400元,脱离定额差异+100元;本月完工产品定额费用4 800元。

本月原材料成本差异率为—2%,材料成本差异和定额变动差异均由完工产品成本负担,定额差异在完工产品与月末在产品之间按定额费用比例分配。

要求:
(1) 计算月末在产品原材料定额费用。
(2) 计算原材料脱离定额差异分配率。
(3) 计算本月原材料费用应分配的材料成本差异。
(4) 计算本月完工产品原材料实际费用。
(5) 计算月末在产品原材料实际费用。

[核算题3] 某企业大批生产甲产品,各项消耗定额比较准确,20××年10月份生产情况和定额资料如下:月初在产品20件,本月投产甲产品150件,本月完工160件,月末在产品10件,月末在产品完工程度为50%,材料系开工时一次投入,单位产成品直接材料消耗定额由上月的5.4千克,降为5千克,工时定额为5小时,计划小时工资率为4元,计划小时制造费用率为4.5元,材料计划单位成本为6元,材料成本差异率为—2%,月初在产品的成本资料如表7-31所示。

表7-31 月初在产品的成本　　　　　　　　　　金额单位:元

| | 直接材料 | 直接人工 | 制造费用 |
|---|---|---|---|
| 月初在产品定额成本 | 648 | 200 | 225 |
| 脱离定额差异 | —20 | 10 | 12 |

本月发生的费用资料如表7-32所示。

表7-32 本月生产费用　　　　　　　　　　金额单位:元

| | 直接材料 | 直接人工 | 制造费用 |
|---|---|---|---|
| 产品的定额成本 | 4 500 | 3 100 | 3 487 |
| 脱离定额差异 | 50 | 16 | 34 |

要求:计算完工产品和在产品的实际成本,并将计算结果填入表7-33。

表 7-33  产品成本计算单

产品名称：甲产品　　　　　　20××年 10 月　　　　　　　产量：160 件
　　　　　　　　　　　　　　　　　　　　　　　　　　　　金额单位：元

| 项　　目 | | 行次 | 直接材料 | 直接人工 | 制造费用 | 合　　计 |
|---|---|---|---|---|---|---|
| 月初在产品 | 定额成本 | 1 | | | | |
| | 脱离定额差异 | 2 | | | | |
| 月初在产品定额变动 | 定额成本调整 | 3 | | | | |
| | 定额变动差异 | 4 | | | | |
| 本月生产费用 | 定额成本 | 5 | | | | |
| | 脱离定额差异 | 6 | | | | |
| | 材料成本差异 | 7 | | | | |
| 生产成本合　　计 | 定额成本 | 8 | | | | |
| | 脱离定额差异 | 9 | | | | |
| | 材料成本差异 | 10 | | | | |
| | 定额变动差异 | 11 | | | | |
| 脱离定额差异分配率 | | 12 | | | | |
| 产成品成本 | 定额成本 | 13 | | | | |
| | 脱离定额差异 | 14 | | | | |
| | 材料成本差异 | 15 | | | | |
| | 定额变动差异 | 16 | | | | |
| | 实际成本 | 17 | | | | |
| 月末在产品成　　本 | 定额成本 | 18 | | | | |
| | 脱离定额差异 | 19 | | | | |

# 第八章 成本报表

- 了解企业编制成本报表的作用
- 明确成本报表的种类
- 熟悉成本报表编制的要求
- 掌握商品产品成本报表、主要产品单位成本报表编制方法以及制造费用明细表等主要成本报表的编制方法

## 引　言

　　江敏会计专业大学毕业后任职于一家民营生产企业的财务部,该企业设立甲、乙、丙三个生产车间,主要生产甲、乙、丙三种产品。20×8年1月16日上午,企业召开了全厂中层干部会议,主要议题是由财务部程晓敏汇报各车间产品成本情况。程晓敏在给各位参会人员列示了三种产品成本数据后指出,甲车间产品成本管理最好,产品成本降低率达到了21％,而乙车间排在最后,产品成本降低率只有8％。听到这样的结果后,乙车间主任认为程晓敏的结论不对,理由是厂里年初核定的乙产品单位成本为320元,而年终实际计算出的乙产品单位成本是280元,每件降低了40元,产品成本降低率应是12.5％。厂长王宜弘听后感到纳闷,怎么出来了两个数据?到底哪个正确?是都正确或都不正确?本章将对这些问题给出适合的答案。

　　会计报表是企业依据日常核算资料加以归集、汇总、加工而成的一个完

（续上）

整的报告体系。通过这一报告体系，可以反映企业一定时日的资产、负债和投资人权益的情况及其经营成果和财务状况信息。企业会计报表分为两大类：一类是为向外报送的会计报表，如资产负债表、利润表、现金流量表，其具体格式和编制说明，由会计制度作出规定；另一类为企业内部管理需要的报表，如成本报表等，其具体种类、格式由企业自行规定。成本报表是企业内部报表中的主要报表，本章主要阐述成本报表的种类与编制方法。

## 第一节　成本报表的作用和种类

### 一、成本报表的作用

（一）反映企业报告期内产品成本水平

产品成本是反映企业生产技术经营成果的一项综合性指标，企业在一定时期内的物质消耗、劳动效率、工艺水平、生产经营管理的水平，都会直接或间接地在产品成本中综合地体现出来。通过编制成本报表，能够及时地发现企业在生产、技术、质量、管理等方面取得的成绩和存在的问题，不断总结经验，从而提高企业经济效益。

（二）反映企业成本计划的完成情况

成本报表中所反映的各项产品成本指标，对掌握企业一定时期的成本水平，分析和考核产品成本计划完成情况及其加强成本管理具有重要作用。

（三）为制定成本计划提供依据

计划年度的成本计划是在报告年度产品成本实际水平的基础上，结合报告年度成本计划执行情况，考虑计划年度中可能出现的有利因素和不利因素而制定的，所以本期报表所提供的资料，是制定下期成本计划的重要参考依据，各管理部门还可以根据成本报表的资料对未来时期的成本进行预测，为企业制定正确的经营决策和加强成本控制，及时提供相关而有用的数据。

（四）为企业的成本决策提供信息

对成本报表进行分析，可以发现成本管理工作中存在的问题，查明产品成本升降情况，可以揭示成本差异对产品成本升降的影响程度，把注意力集中放在那些属于不正常、对成本有重要影响的关键性差异，查明原因和责任，以便采取有针对性的措施，促使成本水平的不断降低，为企业挖掘降低成本的潜力指明方向。

## 二、成本报表的分类

成本报表作为企业内部的报表，其格式、编报时间、报送对象等都由企业根据自身的特点和企业管理的具体要求而定。不仅企业之间各不相同，就是同一企业在不同时期也可能设置不同的内部成本报表。一般情况下，成本报表具有种类多、编报迅速、涉及面广、与企业生产工艺过程联系紧密等特点。

（一）按报表反映的内容分类

1. 反映成本计划执行情况的报表

这类报表主要有商品产品成本表、主要产品单位成本表、制造费用明细表。通过它们，可以揭示企业为生产一定产品所付出成本是否达到了预定的要求。在报表中，可将报告期实际成本水平与计划成本水平、历史成本水平以及同行业成本水平进行比较，以反映成本管理工作的成效，并为深入地进行成本分析、挖掘降低成本的潜力提供资料。

2. 反映费用支出情况的报表

这类报表主要有财务费用明细表、管理费用明细表、销售费用明细表。通过它们，可以了解到企业在一定时期内费用支出的总额及其构成的情况，了解到费用支出的合理程度和变动趋势，以便有利于企业管理部门正确制定费用预算，考核各项消耗和支出指标的完成情况，明确各有关部门和人员的经济责任。

3. 反映生产经营情况的报表

这类报表有生产情况表、材料耗用表、材料差异分析表等。这类报表属于专题报表，主要反映生产中影响产品生产成本的某些特定的、重要问题，一般依据实际需要灵活设置。

（二）按报表编制的时间分类

成本报表在报送内容上虽不像财务报表那样规范，尤其在报送时间上具有很大灵活性，但主要报表仍可按编报时间分为年报、季报、月报、旬报、周报、日报等报表。

### 道化学公司的实践

道（Dow）化学公司的主计长怀疑，他们为经理们提供了过量内容的会计信息，经理们无法有效地使用信息，每一层次的经理都会收到一套完整的月度会计报表。主计长意识到经理们把"过多"的时间用在了分析数据上，进而对过量分析产生了

(续上)

疑问,亦即信息流动加快是否有助于更好地制定决策?信息流转是否有效?

带着这个疑问,主计长与其下属对全公司经理进行了调查,以决定哪些信息是真正需要的。他们向经理们提出这样的问题:"谁需要信息?"和"怎样利用信息?"主计长的调查显示,他们提供了过多的报告使经理们使用大量的时间分析报告。因此主计长决定使用季度报告。月度报告的消除使公司获得了更大的信息和管理分析上的成本节约,而经理们也可以通过季度报告来更好地进行工作。

资料来源:Dennis Dankoski,"Dow opts for less-and gains," Management Accounting 67, no. 12, pp. 56-57。

## 第二节 成本报表的编制

### 一、成本报表编制概述

(一)成本报表的设置要求

成本报表一般根据企业生产的特点与管理的需要自行设置。并可随着情况的变化对报表的种类、格式进行调整。但在设置成本报表时应重点考虑以下几个方面。

1. 报表的专题性

成本报表有些反映企业成本全貌,有些则反映成本中的某一问题。成本报表设置对考虑其专题性是首要问题。专题性即指成本报表的设置要反映成本管理的某一方面需要,突出管理中的重点问题,要对成本形成影响大、费用发生集中的部门设置报表,使成本报表的编制能取得最好的效果。

2. 报表指标内容的实用性

成本报表指标的设置以适应企业内部管理的需要为基础,成本指标可按全部成本反映,也可以按变动成本反映,还可以考虑将成本指标与生产工艺规程及各项消耗定额进行对照,以便从最原始的资料入手,分析成本升降的原因,挖掘降低产品成本的潜力。

3. 报表格式的针对性

成本报表格式的设计要能针对某一具体业务的特点及其存在问题,重点突出,简明扼要。

(二)成本报表的编制要求

为了充分发挥成本报表在经济管理中的积极作用,企业应按照一定的要求正确编制各种成本报表。

1. 数字准确

数字准确是指报表中的各项数据必须真实可靠,不能任意估计,更不允许弄虚作假、篡改数字。因此,企业在编制报表前,应将所有的经济业务登记入账,应核对各种账簿之间的记录,做到账账相符,应认真清查财产、物资,做到账实相符,然后再依据有关账簿的记录编制报表。报表编制完毕后,还应检查各个报表中相关指标的数字是否一致。

2. 内容完整

内容完整是指主要报表种类应齐全,应填列的报表指标和文字说明必须全面,表内项目和表外补充资料,不论根据账簿资料直接填列,还是分析计算填列,都应当完整无缺,不得任意取舍。注意保持各成本报表计算口径一致,计算方法如有变动,应在附注中说明。对定期报送的主要成本报表,还应有分析说明生产成本和费用升降情况、原因、措施的文字材料。

3. 编报及时

成本报表有些定期编制,有些不定期编制,无论是定期编制或是不定期编制,都要求及时编制,及时反馈。所谓编报及时,是指根据企业管理部门的需要迅速提供各种成本报表。只有这样,才能及时地对企业成本完成情况进行检查和分析,从中发现问题,及时采取措施加以解决,以充分发挥成本报表的应有作用。要做到这一点,要求企业不仅要做好日常成本核算工作,还要注意整理收集有关的历史成本资料、同行业成本资料、统计资料以及成本计划资料、费用预算资料。

## 二、商品产品成本报表的编制

(一)商品产品成本报表的概念和作用

商品产品成本报表是反映企业在报告期内生产的全部商品产品(包括可比产品和不可比产品)的总成本和各主要商品产品的单位成本的会计报表。

编制商品产品成本报表是为了考核企业全部商品产品成本的执行情况以及可比产品成本降低任务的完成情况,以便分析成本增减变化的原因,指出进一步降低产品成本的途径。

(二)商品产品成本报表的结构和内容

商品产品成本报表按可比产品和不可比产品分别反映其单位成本和总成本。可比产品是指以前年度或上年度曾经生产过的产品。不可比产品是指以前年度或上年度未正常生产过的产品。对可比产品而言,因需要同上年度实际成本作比较,所以表中不仅要列示本期的计划成本和实际成本,而且还要列示按上年实际平均单位成本计算的总成本。对不可比产品而言,因没有上年的实际单位成本可比,所以只列示计划成本和实际成本。商品产品成本报表的格式如表8-1所示。

### 表8-1 商品产品成本表

20××年12月

金额单位：元

| 产品名称 | 计量单位 | 实际产量 | | 单位成本 | | | | 本月总成本 | | | 本年累计总成本 | | |
|---|---|---|---|---|---|---|---|---|---|---|---|---|---|
| | | 本月 | 本年累计 | 上年实际平均 | 本年计划 | 本月实际 | 本年累计实际平均 | 按上年实际平均单位成本计算 | 按本年计划单位成本计算 | 本月实际 | 按上年实际平均单位成本计算 | 按本年计划单位成本计算 | 本年实际 |
| | | | | | | (5)=(9)÷(1) | (6)=(12)÷(2) | (7)=(1)×(3) | (8)=(1)×(4) | | (10)=(2)×(3) | (11)=(2)×(4) | (12) |
| | | (1) | (2) | (3) | (4) | | | | | (9) | | | |
| 可比产品合计 | | | | | | 880 | 900 | 43 050 | 40 600 | 37 025 | 476 200 | 448 400 | 417 000 |
| 其中：甲 | 件 | 30 | 320 | 1 010 | 970 | 880 | 900 | 43 050 | 40 600 | 37 025 | 476 200 | 448 400 | 417 000 |
| 　　　乙 | 件 | 25 | 300 | 510 | 460 | 425 | 430 | 30 300 | 29 100 | 26 400 | 323 200 | 310 400 | 288 000 |
| | | | | | | | | 12 750 | 11 500 | 10 625 | 153 000 | 138 000 | 129 000 |
| 不可比产品合计 | | | | | | | | | | | | | |
| 其中：丙 | 件 | 18 | 170 | | 600 | 580 | 590 | | 10 800 | 10 440 | | 102 000 | 100 300 |
| | | | | | | | | | 10 800 | 10 440 | | 102 000 | 100 300 |
| 产品成本合计 | | | | | | | | | 51 400 | 47 465 | | 550 400 | 517 300 |

补充材料：1. 可比产品成本降低额 59 200 元。 2. 可比产品成本降低率 12.43%。
3. 计划成本降低额 33 100 元。 4. 计划成本降低率 6%。

### (三) 商品产品成本报表的编制方法

(1) "产品名称"栏按企业规定的主要商品产品的品种分别列示，每项注明各该品种的名称、规格和计量单位。

(2) "实际产量"栏数字应根据成本计算单等资料所记录的本月和从年初起到本月末止的各种主要商品产品实际产量填列。

(3) "单位成本"栏数字应按上年度或以前年度报表资料、本期成本计划资料和本期实际成本资料分别计算填列。

(4) "本月总成本"栏数字按本月商品产量分别乘以上年实际平均单位成本、本月计划单位成本和本月实际单位成本的积填列。

(5) "本年累计总成本"栏数字应按自年初到本月末止的本年累计产量分别乘以上年实际平均单位成本、本年计划单位成本和本年累计实际平均单位成本的积填列。

(6) 补充资料中，可根据计划、统计和会计等有关资料计算后填列。其中，可比产品的成本降低额和可比产品的成本降低率，可以按下列公式计算后填列。

$$可比产品成本降低额 = 按上年实际平均单位成本计算的可比产品总成本 - 本年可比产品实际总成本$$

$$可比产品成本降低率 = \frac{可比产品成本降低额}{按上年实际平均单位成本计算的可比产品成本} \times 100\%$$

根据表 8-1 的资料计算如下：

$$可比产品成本降低额 = 476\,200 - 417\,000 = 59\,200(元)$$

$$可比产品成本降低率 = 59\,200 \div 476\,200 \times 100\% = 12.43\%$$

### 【问题与思考 8-1】

某工业企业 20×8 年 12 月份产品生产成本表（按产品种类反映）所列全部可比产品的本年累计实际总成本为 455 000 元，按上年实际平均单位成本计算的本年累计总成本为 500 000 元，按本年计划单位成本计算的本年累计总成本为 458 000 元。请问：该企业 20×8 年可比产品成本的实际降低额和实际降低率是多少？

## 三、主要产品单位成本报表的编制

### (一) 主要产品单位成本报表的概念和作用

主要产品单位成本报表是反映企业一定时期内主要产品生产成本水平、变动情况及其构成情况的成本报表。由于商品产品成本报表中各主要产品的成本只列示总数，无法根据表格分析构成情况，因此要编制主要产品单位成本表作为商品产品成本报表的补充报表。

编制主要产品单位成本表是为了考核各种主要产品单位成本计划的执行情况,分析单位成本的构成,以及各个成本项目的变化及其原因,以便深入寻找差距,挖掘潜力,降低成本。

**(二) 主要产品单位成本表的结构和内容**

主要产品单位成本表的特点是按产品的成本项目分别反映产品单位成本及各成本项目的历史先进水平、上年实际平均、本年计划、本月实际和本年累计实际平均的成本资料。

通过该报表,可以反映出主要产品单位成本的变动,并可分析产品成本变动的原因。主要产品单位成本报表的格式如表 8-2 所示。

表 8-2  主要产品单位成本表

20××年×月                                          金额单位:元

| 产品名称 | 规格 | 计量单位 | 产量 | | 直接材料 | | | | 直接人工 | | | | 制造费用 | | | | 产品单位成本 | | | |
|---|---|---|---|---|---|---|---|---|---|---|---|---|---|---|---|---|---|---|---|---|
| | | | 本月实际 | 本年累计实际 | 历史先进水平 | 上年实际平均 | 本年计划 | 本月实际 | 本年累计实际平均 | 历史先进水平 | 上年实际平均 | 本年计划 | 本月实际 | 本年累计实际平均 | 历史先进水平 | 上年实际平均 | 本年计划 | 本月实际 | 本年累计实际平均 | 历史先进水平 | 上年实际平均 | 本年计划 | 本月实际 | 本年累计实际平均 |
| (1) | (2) | (3) | (4) | (5) | (6) | (7) | (8) | (9) | (10) | (11) | (12) | (13) | (14) | (15) | (16) | (17) | (18) | (19) | (20) | (21) | (22) | (23) | (24) | (25) |
| 甲 | | 件 | 30 | 320 | 60 | 70 | 66 | 61 | 62 | 10 | 13 | 12 | 10 | 11 | 12 | 18 | 19 | 16 | 17 | 82 | 101 | 97 | 87 | 90 |
| 乙 | | 件 | 20 | 200 | 79 | 82 | 81 | 80 | 81 | 32 | 35 | 34 | 34 | 34 | 19 | 21 | 20 | 20 | 20 | 130 | 138 | 135 | 134 | 135 |
| 丙 | | 件 | 18 | 150 | 40 | 43 | 42 | 41 | 41 | 68 | 72 | 70 | 70 | 71 | 18 | 20 | 20 | 21 | 20 | 126 | 135 | 132 | 132 | 132 |

**(三) 主要产品单位成本表的编制方法**

主要产品单位成本表的编制方法如下:

(1) 基本部分的产品名称、规格、计量单位、产量,根据有关产品成本计算单填列。

(2) 各成本项目的历史先进水平的数字,根据企业的成本历史资料填列。

(3) 各成本项目的上年实际平均单位成本的数字,根据上年度的成本资料填列。

(4) 各成本项目的本年计划单位成本的数字,根据本年计划资料填列。

(5) 各成本项目的本月实际单位成本的数字,根据实际成本资料填列。

(6) 各成本项目的本年累计实际平均单位成本的数字,根据本年各项目总成本除以累计产量后的商数填列。

### 四、制造费用明细表

（一）制造费用明细表的概念和作用

制造费用明细表是反映企业在一定时期内为组织和管理生产所发生的费用总额和各明细项目数额的报表。

利用制造费用明细表可以考核企业的制造费用的构成和变动情况，考核制造费用预算执行结果，以便进一步采取措施，降低费用，达到降低产品制造成本的目的。

（二）制造费用明细表的结构和内容

制造费用明细表按照其费用明细项目反映企业在本期内实际发生的各项费用。该表按费用项目分别以"上年实际""本年计划""本年实际"进行反映。通过"本年实际"与"上年实际"比较，可了解制造费用各项目的变动情况，从动态上研究其特征及发展规律。"本年实际"与"本年计划"比较，可以反映制造费用计划完成情况及节约或超支的原因。

制造费用明细表中费用明细项目的划分，可参照财政部有关制度的规定，也可根据企业的具体情况增减，但不宜经常更动，以保持各报告期之间相关数据的可比性。若本年度内对某些明细项目的划分作了修改使得计算结果与上年不一致时，应将上年度有关报表的对应明细项目按照本年度划分标准进行调整，并在表后的附注中以文字说明。

制造费用明细表的格式如表8-3所示。

表8-3 制造费用明细表

20××年度　　　　　　　　　　　　　　　　金额单位：元

| 项　目 | 行　次 | 上年实际 | 本年计划 | 本年实际 |
| --- | --- | --- | --- | --- |
| 职工薪酬 | 1 | 17 000 | 15 390 | 21 090 |
| 折旧费 | 2 | 20 000 | 20 000 | 22 500 |
| 修理费 | 3 | 11 000 | 12 900 | 10 850 |
| 办公费 | 4 | 1 400 | 1 800 | 1 360 |
| 水电费 | 5 | 7 000 | 7 000 | 7 200 |
| 机物料消耗 | 6 | 6 500 | 6 600 | 6 360 |
| 劳动保护费 | 7 | 30 000 | 30 000 | 27 900 |
| 季节性停工损失 | 8 | | | |

(续表)

| 项　目 | 行　次 | 上年实际 | 本年计划 | 本年实际 |
|---|---|---|---|---|
| 保险费 | 9 | | | |
| 其他 | 10 | | | |
| 合　计 | | 92 900 | 93 690 | 97 260 |

（三）制造费用明细表的编制方法
(1)"上年实际"栏则根据上年制造费用明细表的有关明细填列。
(2)"本年计划"栏应分别根据本年费用计划资料填列。
(3)"本年实际"栏应根据制造费用明细账中有关数字填列。

### 五、其他成本报表

企业除了编制上述各种成本报表外，还要根据企业成本管理的需要编制其他成本报表，这些报表主要包括责任成本报表、生产损失报告表等。其他成本报表视企业的具体需要而编制，因此这些报表具有形式灵活、种类繁多、强调时间的及时性和内容的针对性等特点。

（一）责任成本报表

责任成本报表是实行责任成本预算和核算的企业根据各成本责任中心的日常责任成本核算资料编制的，用以反映和考核责任成本预算执行情况的报表。

责任成本是指责任中心可控的成本。责任成本报表的内容通常按各成本中心的可控制成本列示其预算数、预算调整数、实际数、业务量差异和各种差异。责任成本报表内容的详细程度应服从于各级成本管理人员的信息需求，越低层次的责任成本报表越详细，越高层次的责任成本报表越概括。责任成本报表的核心是差异的揭示，如果预算数小于实际数，称为"不利差异"，表示可控成本的超支，通常用"+"或"U"表示；如果预算数大于实际数，称为"有利差异"，表示可控成本的节约，通常用"-"或"F"表示。

责任成本报表的一般格式如表 8-4 所示。

表 8-4　××基本生产车间责任成本报表

20××年×月　　　　　　　　　　　　　　　　　　金额单位：元

| 项　目 | 预　算 | 调整预算 | 实　际 | 业务量差异 | 耗费或效率差异 |
|---|---|---|---|---|---|
| | (1) | (2) | (3) | (4)=(2)-(1) | (5) |
| 直接材料：B 材料 | 20 000 | 25 000 | 22 000 | +5 000 | |
| 材料耗用量差异 | | | | | -3 000 |

(续表)

| 项 目 | 预 算 | 调整预算 | 实 际 | 业务量差异 | 耗费或效率差异 |
|---|---|---|---|---|---|
| | (1) | (2) | (3) | (4)=(2)-(1) | (5) |
| 直接人工: | 30 000 | 28 000 | 32 000 | -2 000 | |
| 　效率差异 | | | | | -1 000 |
| 　工资率差异 | | | | | +5 000 |
| 变动制造费用: | 36 000 | 39 600 | 30 800 | +3 600 | |
| 　效率差异 | | | | | -3 400 |
| 　耗用差异 | | | | | -5 400 |
| 变动成本合计 | 86 000 | 92 600 | 84 800 | +6 600 | -7 800 |
| 可控固定成本 | | | | | |
| 　管理人员工资 | 8 000 | 8 000 | 8 500 | | +500 |
| 　折旧 | 30 000 | 30 000 | 30 000 | | 0 |
| 　合　计 | 38 000 | 38 000 | 38 500 | | +500 |
| 车间可控成本合计 | 124 000 | 130 600 | 123 300 | +6 600 | -7 300 |

责任成本报表的编制方法:(1)栏直接根据各责任中心的责任成本预算填列。(2)栏以实际生产量、标准单耗和标准单价三者的乘积填列。(3)栏和(5)栏直接根据各责任中心的成本和有关差异账户的数据填列。

### (二) 生产损失报表

为了分析各项生产损失所产生的原因,企业需要有关部门编制"生产损失报表"。生产损失报表可直接根据"停工损失""废品损失"等账户的记录或其他的原始凭证填列。生产损失报表的一般格式如表8-5所示。

表8-5　　××车间生产损失报表

20××年×月　　　　　　　　　　　　　　　金额单位:元

| 项目 | 原因 | 数量 | 工时 | 报废净损失 | | | | | 修复费用 | | | | 备注 |
|---|---|---|---|---|---|---|---|---|---|---|---|---|---|
| | | | | 生产成本 | | | | 回收残值 | 净损失 | 直接材料 | 直接人工 | 制造费用 | 合计 | |
| | | | | 直接材料 | 直接人工 | 制造费用 | 合计 | | | | | | | |
| 废品损失 | 可修复 | | | | | | | | | | | | | |
| | 不可修复 | | | | | | | | | | | | | |

（续表）

| 项目 | | 原因 | 数量 | 工时 | 报废净损失 | | | | | 修复费用 | | | | 备注 |
|---|---|---|---|---|---|---|---|---|---|---|---|---|---|---|
| | | | | | 生产成本 | | | | 回收残值 | 净损失 | 直接材料 | 直接人工 | 制造费用 | 合计 | |
| | | | | | 直接材料 | 直接人工 | 制造费用 | 合计 | | | | | | | |
| 废品损失 | 合计 | | | | | | | | | | | | | | |
| 停工损失 | | 工资福利费 | | | 办公费 | | | 折旧费 | | | 其他 | | | 合计 | |

## 本章小结

  成本报表是通过表格的形式对企业发生的成本费用进行归纳和总结，为企业的内部管理提供所需的会计信息。通过成本报表，为企业制定成本计划提供依据，反映成本计划的完成情况，为企业降低成本指出方向。

  为了充分发挥成本报表在管理经济中的积极作用，编制成本报表时应做到数字准确、内容完整、编报及时。同时，在报表格式的设置和明细项目的设置方面，应将会计制度的要求与企业的实际需要相结合，充分考虑成本报表的专题性、指标的实用性和报表格式的针对性。

  成本是一个广义的概念，而产品成本核算是成本会计的核心内容，因而成本报表虽然具有种类多、涉及面广等特点，但为了揭示企业为生产一定产品所付出成本是否达到预定的要求，通常需要编制商品产品成本报表、主要产品单位成本报表和制造费用明细表等。这些报表通常是根据企业成本发生的实际资料和成本的计划资料进行编制的，以便通过对比揭示成本水平和成本差异，为企业的经济管理发挥重要的作用。

## 复习思考题

1. 什么是成本报表？简述成本报表的作用。
2. 试述编制成本报表的一般要求。
3. 企业成本报表有哪几种？各成本报表的目的是什么？

4. 主要产品单位成本报表主要说明什么问题？它与商品产品成本表有何不同？

## 案例讨论题

某厂20××年12月份全部产品成本资料如表8-6所示。

表8-6　全部产品成本资料　　　　　　　　　　金额单位：元

| 项　　目 | | 可比产品 | | 不可比产品（丙产品） |
|---|---|---|---|---|
| | | 甲产品 | 乙产品 | |
| 产量(件) | 本月 | 120 | 150 | 12 |
| | 本年累计 | 1 200 | 1 500 | 120 |
| 单位产品生产成本 | 上年实际 | 240 | 480 | |
| | 本年计划 | 235 | 460 | 600 |
| | 本月实际 | 220 | 465 | 590 |
| | 本年累计实际 | 216 | 468 | 596 |

李明同学计算出的可比产品成本降低率为4.64%，本年计划成本降低率为3.58%，而李强同学计算的结果是可比产品成本降低率为3.58%，本年计划成本降低率为4.64%。你认为谁的结果正确？请说明理由。

## 同步测试题

一、单项选择题

1. 企业成本报表是（　　）。
   A. 对外报表　　　　　　　　B. 对内报表
   C. 既是对外报表，也是对内报表　　D. 由企业自主决定对内还是对外报送
2. 成本责任中心的责任成本报表，一般只需要按该责任中心的（　　）列示。
   A. 产品成本　　　　　　　　B. 变动成本
   C. 可控成本　　　　　　　　D. 不可控成本
3. 成本报表属于内部报表，成本报表的种类、格式等由（　　）决定。
   A. 企业自行　　　　　　　　B. 国家统一
   C. 国家做原则性　　　　　　D. 上级主管部门

4. 商品产品成本报表是反映企业在报告期内生产(　　)。
   A. 全部商品产品总成本　　　　B. 主要商品产品总成本
   C. 主要商品的单位成本　　　　D. 全部商品的单位成本
5. 责任成本报表通常只反映各成本中心的(　　)。
   A. 可控成本　　B. 不可控成本　　C. 全部成本　　D. 单位成本

二、多项选择题
1. 成本报表的设置要求是(　　)。
   A. 专题性　　　B. 实用性　　　C. 针对性　　　D. 对外性
2. 成本报表的编制要求是(　　)。
   A. 数字准确　　B. 内容完整　　C. 编报及时　　D. 内容统一
3. 主要产品单位成本报表应列示以下(　　)等内容。
   A. 历史先进水平　　　　　　B. 上年实际平均水平
   C. 本年计划　　　　　　　　D. 标准成本
4. 以下说法中正确的有(　　)。
   A. 责任成本是指责任中心可控的成本
   B. 责任成本报表的核心是差异的揭示
   C. 责任成本报表的内容的详细程度应服从于各级成本管理人员的信息需求
   D. 责任成本报表用以反映和考核责任成本预算执行情况的报表
5. 下列关于制造费用明细表的说法中正确的有(　　)。
   A. 制造费用明细表中费用明细项目的划分有统一规定
   B. 通过本年实际与本年计划比较,可以反映制造费用计划完成情况及节约或超支的原因
   C. 利用制造费用明细表可以考核企业的制造费用的构成和变动情况
   D. 制造费用明细表的格式由企业自行决定

三、判断题
1. 成本报表是重要的对外报表。　　　　　　　　　　　　　　(　　)
2. 不同企业的成本报表可以存在差异。　　　　　　　　　　　(　　)
3. 由于成本指标的特殊性,成本报表只能定期编制和报送。　　(　　)
4. 成本报表一般根据企业生产的特点与管理的需要自行设置。　(　　)
5. 成本报表的数字准确是指报表中的各项数据必须真实可靠。　(　　)
6. 商品产品成本报表只反映可产品的有关情况。　　　　　　　(　　)
7. 商品产品成本报表中各主要产品的成本只列示总数。　　　　(　　)
8. 责任成本报表的核心是差异的揭示。　　　　　　　　　　　(　　)
9. 生产损失报表可直接根据"停工损失""废品损失"等账户的记录或其他的

原始凭证填列。                                            (   )

10. 主要产品单位成本表是按产品的成本项目分别反映产品单位成本资料。
                                                       (   )

四、核算题

宏达公司按产品种类反映的全部产品生产成本表如表 8-7 所示。

**表 8-7　全部产品生产成本表**

20××年×月　　　　　　　　　　　　　　　　金额单位：元

| 产品名称 | 计量单位 | 实际产量 | 单位成本 | | | 总成本 | | |
|---|---|---|---|---|---|---|---|---|
| | | | 上年实际平均 | 本年计划 | 本期实际 | 按上年实际平均单位成本计算 | 按本年计划单位成本计算 | 本期实际 |
| 可比产品合计 | | | | | | | | |
| 其中：甲产品 | 件 | 30 | 700 | 690 | 680 | | | |
| 　　　乙产品 | 件 | 35 | 900 | 850 | 830 | | | |
| 不可比产品合计 | | | | | | | | |
| 其中：丙产品 | 件 | 20 | | 400 | 460 | | | |
| 全部产品 | | | | | | | | |

要求：

(1) 计算并填列全部产品生产成本表中总成本各栏金额。

(2) 计算可比产品成本降低额和可比产品成本降低率。

# 第九章 成本分析

- 了解成本分析的意义
- 理解各种成本分析的方法
- 熟悉影响企业各项成本指标计划完成情况的原因
- 掌握商品产品成本计划完成情况分析和可比产品成本降低计划完成情况分析的方法，以及产品单位成本计划完成情况分析的内容和方法

## 引　言

当农历新年钟声敲响的时候，宏达钢铁公司仍然是一片紧张的生产景象，上班下班的职工们像平时一样认真地开起班前或班后成本分析会。

晚11时30分，宏达二炼钢厂转炉工段丁班的全体职工已换好工作服，戴上安全帽，"全副武装"地召开班前会。值班长张生认真考勤之后，作了简短的发言："昨天因为钢水温度偏低，我们班产量并不高，成本也没降多少。有人说这是客观原因造成的，但我觉得这和我们没有执行好操作程序有很大关系。今天一定要吸取教训，力争完成生产53炉钢的任务。"

这时转炉工段段长走进屋里给夜班工人拜年，并带来了一大袋花生和糖果。他说，去年这个班的经济效益在二炼钢厂排名第二，今年他们铆足了劲，在元月份已名列榜首。

晚1时55分，班前会结束。17名工人走出休息室，开始生产农历新年的第一炉钢。

(续上)

> 这时,下了班的二炼钢厂大板坯工段丙班的职工们开起成本分析会。
> "日核算、旬分析、月总结"是大板坯工段的"专利"。其内容是:对生产班组而言,每天要核算成本,每旬要分析成本,每月要写出书面成本总结,制定今后降低成本的措施。
> "今天又赚大了!"成本核算员李东完成成本核算与分析后,高兴得几乎跳了起来。
>
> 成本分析在企业管理活动中起着极其重要的作用。它不仅有利于企业揭示问题,找出差距,提高管理水平,而且还可以分清成本的经济责任,促进企业成本责任制度不断完善。本章主要阐述了成本分析的意义、成本分析的方法以及成本分析方法在全部商品产品成本计划完成情况分析和单位产品成本分析中的应用。

## 第一节 成本分析概述

### 一、成本分析的意义

成本分析是为了满足企业各管理层次了解成本状况及进行经营决策的需要,以成本核算资料为基础,结合其他有关的核算、计划和统计资料,采用一定的方法解剖成本变动的原因、经营管理问题及业绩的管理活动。

通过成本分析,可以考核企业成本计划的执行情况,评价企业过去的成本管理工作;可以揭示问题和差距,促使企业挖掘降低成本的潜力,寻求降低成本的途径和方法;可以认识和掌握成本变动的规律性,从中总结成本管理的经验和教训,提高企业经营管理的水平;可以为企业编制成本计划、预算和进行经营决策提供可靠的依据;可以检查企业成本管理行为的合理、合法性,从而促进企业更好地贯彻执行有关成本管理的法规和制度;通过成本分析,可以划清成本管理的经济责任,了解各项成本管理责任制度是否健全,促进企业完善成本管理责任。

### 二、成本分析的方法

成本分析方法是进行成本分析的重要手段,运用得当将对成本分析的整个过程带来有利的影响。

### （一）比较分析法

比较分析法是将分析期的实际数同某些选定的基准数进行对比来揭示实际数与基准数之间的差异，借以了解成本管理中的成绩和问题的一种分析方法。

比较的基数由于分析的目的不同而有所不同，一般有计划数、定额数、前期实际数、以往年度同期实际数以及本企业的历史先进水平和国内外同行业的先进水平等。

将实际数与计划数或定额数对比，可以揭示计划或定额的执行情况，但在分析时还应检查计划或定额本身是否既先进又切实可行，因为实际数与计划数或定额数之间的差异，除了实际工作的原因以外，还可能是由于计划或定额太保守或不切实际；将本期实际数与前期实际数或以往年度同期实际数对比，可以考究成本的发展变化情况；将本期实际数与本企业的历史先进水平对比，将本企业实际数与国内外同行业的先进水平对比，可以发现与先进水平之间的差距，从而学习先进，赶上和超过先进。

在运用比较分析法时，必须注意指标的内容、计划标准、时间长短和计算方法的可比性，考虑所处的环境、客观条件。

### （二）比率分析法

比率分析法是通过计算各项指标之间的相对数，即比率，借以考察成本活动的相对效益的一种分析方法。比率分析法主要有相关指标比率分析法和结构比率分析法两种。

1. 相关指标比率分析法

它是计算两个性质不同而又相关的指标的比率进行数量分析的方法。在实际工作中，由于企业规模不同等原因，单纯对比销售收入或利润等绝对数的多少，不能说明各个企业经济效益的好坏，如果计算成本与销售收入或利润相比的相对数，即销售收入成本率或成本利润率，就可以反映各个企业经济效益的好坏。

销售收入成本率高的企业经济效益差，比率低的企业经济效益好。成本利润率则反之，即比率高的企业经济效益好，比率低的企业经济效益差。

2. 结构比率分析法

它又称比重分析法，或称构成比率分析法。它主要是通过计算某项成本指标的各个组成部分占总体的比重来分析其内容构成的变化。例如，把构成产品制造成本的各个成本项目（直接材料、直接人工、制造费用）与产品制造成本比较，计算占总成本的比重，然后把不同时期同样产品的成本构成相比较，观察产品成本构成的变化与提高生产技术水平和加强经营管理的关系，就能为进一步降低成本潜力指明方向。

（三）因素分析法

以上两个方法，只能揭示实际数与其基数之间的差异，揭示差距，但难以揭示影响的原因。因为一个经济指标的完成，往往是由多种因素影响的结果，只有把这种综合性的指标分解为它的各种构成，从而找出主要因素，分清责任，才能了解指标完成好坏的真正原因。这种把综合性指标分解为各个因素的方法，称之为因素分析法。

由于构成各因素之间相互关系的复杂性不同，因素分析法又可分为定量因素分析法和定性因素分析法。

1. 定量因素分析法

定量因素分析法又称连环替代法。它是用来分析引起某个经济指标变动的各个因素影响程度的一种数量分析方法。

运用因素分析法的一般程序是：① 确定某项指标是由哪几个因素构成。② 确定各个因素与该指标的关系，是加减关系还是乘除关系。③ 采用适当方法分解因素。④ 计算确定各个因素影响的数额。

[例 9-1] 某企业 20×7 年原材料费用实际为 5 610 元，计划为 5 400 元，实际比计划增加了 210 元，其原材料消耗情况如表 9-1 所示。

表 9-1 原材料消耗情况表

| 项 目 | 单 位 | 计划数 | 实际数 | 差 异 |
|---|---|---|---|---|
| 产量 | 件 | 100 | 102 | +2 |
| 单位产品原材料消耗 | 千克 | 9 | 10 | +1 |
| 材料单价 | 元 | 6 | 5.5 | -0.5 |
| 原材料费用总额 | 元 | 5 400 | 5 610 | +210 |

从表 9-1 可知，原材料费用实际比计划多 210 元，是由于产量、单耗、材料价格所致，用连环替代法分析各因素的影响程度，计算如下：

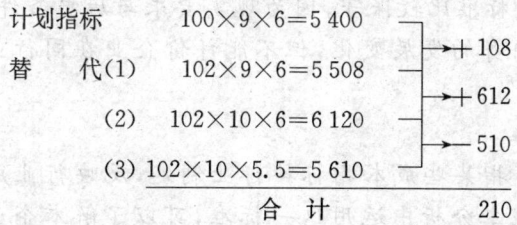

分析结果告知，由于产量增加使原材料费用增加 108 元，单耗提高使原材料费用实际比计划增加 612 元，材料价格下降使实际比计划下降 510 元，因此全部因素

的影响为210元(108+612-510)。

应用连环替代法时,应注意这一方法是假定各个因素依照一定的顺序发生变动而进行替代计算的,因而,计算的结果具有一定程度的假定性。换言之,它与连锁替代的顺序有很大关系,顺序改变了,各个因素的数值也将不同,分析的顺序替代应该根据指标的经济性质,各个组成因素的内在联系和分析的具体要求而定。

2. 定性因素分析法

连环替代法是从数量上说明影响程度,但还有很多具体因素是无法用数量来加以说明的,如影响原材料费用的有单耗因素等,单耗因素使原材料费用上升612元,但影响单位产品消耗量的因素还有很多,如工人的技术水平、机器设备的先进水平、材料的质量、管理水平等都将影响单耗。为此,应在此基础上结合实际情况查明影响该项指标变动的具体原因。

## 成本分析的评价标准

正确确定成本分析评价标准,对于发现问题、找出差距、正确评价至关重要。因为不同的成本分析评价标准,可能会对同一分析对象得出截然不同的分析结论。成本分析评价标准主要有历史标准、行业标准和预算(计划)标准。

1. 历史标准

历史标准是指以企业过去一段时间的实际业绩为标准。在实践中,历史标准可以是企业上年同期的成本水平,也可以是企业以前正常条件下的成本水平或企业的历史最好水平。采用历史标准的好处:一是具有较高的可比性,二是较为可靠,三是能够看出自身的发展变化趋势。它的不足:一是这种标准比较保守,因为现实要求与历史条件可能不同;二是只能说明企业自身的发展变化,但不能评价企业在同行业中的地位和竞争能力。

2. 行业标准

行业标准是指某些成本指标按行业制定,反映行业成本状况的基本水平。企业在成本分析中运用这一标准,可以了解本企业在行业中所处的地位和水平。当然,也可以采用同行业某一比较先进企业的成本水平作为标准。

(续上)

3. 预算(计划)标准

预算标准是指根据本企业经营条件和状况制定的成本标准。该标准主要用于内部分析，用来作为企业某些方面经营活动的奋斗目标，用于考核和评价企业各级、各部门经营者的经营业绩。但该标准的确定受人为因素影响，因而缺乏客观依据。

## 第二节 成本计划完成情况分析

成本计划完成情况分析是指对商品产品成本计划以及可比产品成本计划完成情况进行总的分析和评价。

### 一、商品产品成本计划完成情况分析

企业商品产品包括可比产品和不可比产品。可比产品是指企业以前正式生产过的、有历史成本资料的产品；不可比产品指企业以前从未生产过的、没有历史成本资料的产品。由于不可比产品没有历史成本资料，所以，商品产品成本的分析，不能用实际总成本与上年成本比较，只能用实际总成本同计划总成本对比。

实际总成本是以实际产量乘以实际单位成本计算的，而计划总成本是以计划产量乘以计划单位成本计算的，总成本的升降受到单位成本变动的影响，而且还受到产量的影响。为了使成本对比指标具有可比性，在分析商品产品成本计划完成情况时，应剔除产量变动对成本计划完成情况的影响，实际总成本、计划总成本一律按实际产量来计算。

商品产品成本计划完成情况的分析，是一种总括性的分析，可以从以下三个角度进行分析：

第一，按产品种类分析商品产品成本计划的完成情况。
第二，按成本项目分析商品产品成本计划的完成情况。
第三，按成本性态分析商品产品成本计划的完成情况。

(一) 按产品种类分析商品产品成本计划的完成情况

此项分析是将全部商品产品成本按产品品种汇总，将实际成本与计划成本对比，确定每种产品的成本降低情况。现以榕江公司为例进行商品产品成本的分析如表9-2所示。

**表 9-2　商品产品成本表**

编制单位：榕江公司　　　　　　　　　　20××年度　　　　　　　　　　金额单位：万元

| 产品名称 | 计量单位 | 产量 | | 单位成本 | | | 计划总成本（计划产量） | | 本年总成本（实际产量） | | |
|---|---|---|---|---|---|---|---|---|---|---|---|
| | | 计划 | 实际 | 上年实际 | 本年计划 | 本年实际 | 按上年实际平均单位成本计算 | 按本年实际单位成本计算 | 按上年实际平均单位成本计算 | 按本年实际单位成本计算 | 实际成本 |
| | | (1) | (2) | (3) | (4) | (5) | (6) | (7) | (8) | (9) | (10) |
| 一、可比产品 | | | | | | | | | | | |
| 甲产品 | 件 | 140 | 140 | 23.68 | 23 | 22.32 | 3 315.2 | 3 220 | 3 315.2 | 3 220 | 3 124.8 |
| 乙产品 | 件 | 90 | 100 | 50.52 | 50.52 | 54.76 | 4 548.6 | 4 546.8 | 5 054 | 5 052 | 5 476 |
| 小　　计 | | | | | | | 7 863.8 | 7 766.8 | 8 369.2 | 8 272 | 8 600.8 |
| 二、不可比产品 | | | | | | | | | | | |
| 丙产品 | 件 | 70 | 280 | | 1.74 | 1.75 | | 121.8 | | 487.2 | 490 |
| 全部商品产品成本 | | | | | | | | 7 888.6 | | 8 759.2 | 9 090.8 |

根据表 9-2 资料编制分析表，详见表 9-3。

**表 9-3　商品产品生产成本分析表**　　　　　　　　　　金额单位：万元

| 产品名称 | 计划总成本 | 实际总成本 | 降低额 | 降低率(%) |
|---|---|---|---|---|
| 一、可比产品 | | | | |
| 其中：甲 | 3 220 | 3 124.8 | +95.2 | +2.96 |
| 乙 | 5 052 | 5 476 | −424 | −8.39 |
| 二、不可比产品 | | | | |
| 其中：丙 | 487.2 | 490 | −2.8 | −0.57 |
| 全部商品产品成本 | 8 759.2 | 9 090.8 | −331.6 | −3.79 |

从表 9-3 可以看出，该企业全部商品产品总成本实际比计划增加了 331.6 万元，上升了 3.79%，说明了企业全部商品产品成本计划完成得相当不好。除甲产品的成本有一定下降外，乙产品和丙产品的成本都较计划上升，特别是乙产品较计划上升了 424 万元，上升了 8.39%，为此，应进一步分析乙产品成本上升的主要原因。

## （二）按成本项目分析商品产品成本计划完成情况

此项分析是将全部商品产品的总成本按成本项目汇总，将实际总成本与计划总成本对比，确定每个成本项目的降低额和降低率。

现以榕江公司为例进行分析，如表9-4所示。

表9-4　商品产品成本分析表　　　　金额单位：万元

| 成本项目 | 商品产品成本 | | 降低指标 | |
|---|---|---|---|---|
| | 计划 | 实际 | 降低额 | 降低率(%) |
| 直接材料 | 4 554.78 | 5 039.8 | −485.02 | −10.65 |
| 直接人工 | 2 277.39 | 2 250.4 | +26.99 | +1.19 |
| 制造费用 | 1 927.03 | 1 800.6 | +126.43 | +6.56 |
| 制造成本 | 8 759.2 | 9 090.8 | −311.6 | −3.79 |

从表9-4可以看出，总成本实际比计划上升了331.6万元，上升了3.79%，但从三个成本项目中可以看出直接工资实际比计划下降了1.19%，制造费用下降了6.56%。但直接材料比计划上升了485.02万元，上升了10.65%，说明总成本比计划上升是由于直接材料成本上升所致，为此，下一步应重点分析直接材料上升的原因。

## （三）按成本性态分析商品产品成本计划完成情况

此项分析是将商品产品成本按成本习性（性态）划分为变动成本和固定成本，确定变动成本和固定成本的降低额和降低率。

现以榕江公司为例进行分析，如表9-5所示。

表9-5　商品产品成本分析表　　　　金额单位：万元

| 成本构成 | 商品产品成本 | | 降低指标 | |
|---|---|---|---|---|
| | 计划 | 实际 | 降低额 | 降低率(%) |
| 变动成本： | | | | |
| 直接材料 | 4 554.78 | 5 039.8 | −485.02 | −10.65 |
| 直接人工 | 2 277.39 | 2 250.4 | +26.99 | +1.19 |
| 变动制造费用 | 793.94 | 820.7 | −26.76 | −3.37 |
| 固定成本： | | | | |
| 固定制造费用 | 1 133.09 | 979.9 | +153.19 | +13.52 |
| 制造成本 | 8 759.2 | 9 090.8 | −331.6 | −3.79 |

从表9-5可以看出,该公司实际成本比计划上升,主要是由于变动成本上升所造成的,变动成本中又主要是由于直接材料和变动制造费用上升所致;同时,还可看出,实际制造费用虽比计划下降,但其中的变动制造费用却上升了26.76万元,上升了3.37%,应引起重视,进一步分析其上升的原因。

## 二、可比产品成本计划完成情况分析

在全部商品产品成本中,可比产品成本一般都占有相当大的比重,因此,在分析商品产品总成本之后,还必须对可比产品成本进行分析。

### (一)可比产品成本降低计划完成情况分析

可比产品成本降低计划是以上年实际平均单位成本为依据确定的,具体包括降低额和降低率两个指标,可比产品成本降低计划完成情况分析,就是将可比产品的实际降低额(按实际产量计算)、降低率与计划降低额(按计划产量计算)和降低率进行比较,来检查是否完成成本降低任务。

现根据表9-2资料计算降低额和降低率,并填入可比产品成本降低计划分析表,分析表如表9-6所示。

表9-6 可比产品成本降低计划完成情况分析表　　金额单位:万元

| 可比产品名称 | 计划成本降低任务 | | 实际成本降低情况 | |
| :---: | :---: | :---: | :---: | :---: |
| | 降 低 额 | 降低率(%) | 降 低 额 | 降低率(%) |
| 甲 | 95.2 | 2.87 | 190.4 | 5.74 |
| 乙 | 1.8 | 0.26 | −422 | −8.35 |
| 合　计 | 97 | 1.23 | −231.6 | −2.77 |

表中有关数据计算如下:

计划降低额 = $\sum$[计划产量×(上年实际单位成本−本年计划单位成本)] =

140×(23.68−23)+90×(50.54−50.52) =

97(万元)

计划降低率 = $\dfrac{\text{计划成本降低额}}{\sum(\text{计划产量}\times\text{上年实际单位成本})} \times 100\%$ =

$\dfrac{97}{140\times23.68+90\times50.54} = 1.2335\%$

实际降低额 = $\sum$[实际产量×(上年实际单位成本−本年实际单位成本)] =

$$140 \times (23.68 - 22.32) + 100 \times (50.54 - 54.76) =$$
$$-231.6(万元)$$

$$实际降低率 = \frac{实际成本降低额}{\sum(实际产量 \times 上年实际单位成本)} \times 100\% =$$

$$\frac{-231.6}{140 \times 23.68 + 100 \times 50.54} = -2.77\%$$

从表9-6可知,该公司可比产品成本降低任务完成情况相当不好,实际成本降低额为-231.6万元,不但未完成计划降低额,而且还有很大的上升,分品种来看,甲产品实际降低额、降低率超额完成了计划,但乙产品的实际降低额和降低率都未完成计划,成本还有较大的上升,应进一步分析其原因。

▶ 【问题与思考9-1】

某企业生产可比产品甲、乙,甲、乙产品的计划产量分别为100件和200件,甲、乙产品的实际产量分别为400件和200件,甲、乙产品的上年实际单位成本分别为100元和50元,甲、乙产品的本年实际单位成本分别为94元和44元,甲、乙产品的本年计划单位成本分别为95元和45元。请问:可比产品的实际降低额和降低率、计划降低额和降低率分别是多少?

(二) 可比产品成本降低计划完成情况的因素分析

影响可比产品成本降低计划完成情况的因素主要有产量、品种结构和单位成本。

1. 产量因素

产量变动必然会直接影响成本降低额。但当产品品种结构和产品单位成本不变时,产量变动不会影响成本降低率,因为当品种结构不变时,说明各种产品的产量计划完成率都相同,在计算成本降低率时,因分子、分母都具有相同的产量增减比例而不变。产品产量变动对成本降低额影响的计算公式如下:

$$产量变动对成本降低额的影响 = [\sum(实际产量 \times 上年实际单位成本) -$$
$$\sum(计划产量 \times 上年实际单位成本)] \times$$
$$计划成本降低率$$

根据表9-2资料计算如下:

$$产量变动对成本降低额的影响 = [(140 \times 23.68 + 100 \times 50.54) - (140 \times 23.68 + 90 \times 50.54)] \times 1.2335\% = 6.23(万元)$$

### 2. 品种结构因素

由于各种产品成本降低率不同,当产品产量不是同比例增长时,就会使降低额和降低率同时发生变动。如果提高成本降低率大的产品在全部可比产品中的比重,就会使成本降低额绝对值增大,并使成本降低率相对值增大;相反,则会减少成本降低额的绝对额和降低率的相对值。产品品种结构变动对成本降低额和降低率的影响的计算公式如下:

$$产品品种结构变动对成本降低额的影响 = \sum(实际产量 \times 上年实际单位成本) - \sum(实际产量 \times 计划单位成本) - \sum(实际产量 \times 上年实际单位成本) \times 计划成本降低率$$

$$产品品种结构变动对成本降低率的影响 = \frac{品种结构变动对成本降低额的影响数}{\sum\left(实际产量 \times 上年实际单位成本\right)} \times 100\%$$

根据表9-2资料计算如下:

$$品种结构变动对成本降低额的影响 = (140 \times 23.68 + 100 \times 50.54) - (140 \times 23 + 100 \times 50.52) - (140 \times 23.68 + 100 \times 50.54) \times 1.2335\% = -6.03(万元)$$

$$产品品种结构变动对成本降低率的影响 = \frac{-6.03}{8369.2} = -0.07\%$$

### 3. 单位成本因素

可比产品成本降低计划和实际完成情况都是以上年单位成本为基础计算的。这样,各种产品单位成本实际比计划降低或升高,必然引起成本降低额和降低率实际比计划相应地降低或升高。产品单位成本的变动与成本降低额和降低率呈反方向变动。计算公式如下:

$$产品单位成本变动对成本降低额的影响 = \sum\left[实际产量 \times \left(计划单位成本 - 实际单位成本\right)\right]$$

$$\text{产品单位成本变动对成本降低率的影响} = \frac{\text{单位成本变动对成本降低额的影响数}}{\sum\left(\text{实际产量} \times \text{上年实际单位成本}\right)} \times 100\%$$

根据表 9-2 资料计算如下：

产品单位成本变动对成本降低额的影响 $= 140 \times (23 - 22.32) + 100 \times (50.52 - 54.76) = -328.8(\text{万元})$

产品单位成本变动对成本降低率的影响 $= \dfrac{-328.8}{8369.2} \times 100\% = -3.93\%$

从以上计算可知，该公司未完成成本降低任务的主要原因是单位成本上升所致，由于单位成本上升，使成本上升了 328.8 万元，因此，公司应进一步分析影响单位成本的因素。

拓展提高

### 五十铃汽车公司的"拆卸法"成本分析法

五十铃汽车公司对其竞争对手的汽车部件进行详细的比较研究，为其汽车部件制定出目标成本。为了更清楚地解释被普遍称之为"拆卸法"的成本分析法，五十铃的成本管理专家吉彦里有条不紊地拆卸了三种不同型号的铅笔，将其不同组成部分摆在一个茶几上，然后告诉来访者，"这就是我们用来研究竞争对手的产品的方法，……我们首先研究制造某种产品的原材料制作方法，然后分析组装工序，采用这种拆卸法，我们就能弄清这种产品的大至成本"。最后，五十铃就会采用竞争对手同类产品中的最低成本作为自己部件的目标成本。例如，五十铃的汽车驾驶装置的目标成本是以其对丰田的同类部件的成本分析为基础，而其挡泥板的目标成本则基于对日产的这类部件进行成本分析。

## 第三节 主要产品单位成本分析

产品单位成本分析通常是选择最主要的或成本水平升降幅度较大的产品，深入研究其单位成本以及各个成本项目的计划完成情况，寻求进一步降低成本的具体途径和方法。

## 一、主要产品单位成本计划完成情况分析

产品单位成本计划完成情况分析应采用比较分析法,计算单位成本实际比计划、比上期、比历史先进水平的升降情况,然后着重对某些产品进一步按成本项目对比研究其成本变动情况,查明影响单位成本升降的原因。

从商品产品成本计划完成情况表(见表9-2)和可比产品成本计划完成情况分析中可以看出,乙产品单位成本实际比计划有较大的上升,可作为深入分析的重点。现以榕江公司为例,对乙产品单位成本进行分析,如表9-7所示。

表9-7 乙产品单位成本表

编制单位:榕江公司　　　　　　　　20××年度　　　　　　　　金额单位:万元

| 成 本 项 目 | 历史先进水平 | 上年实际平均 | 本年计划 | 本期实际 | 本年累计实际平均 |
|---|---|---|---|---|---|
| 直接材料 | 29.75 | 36.51 | 36.70 | 40.80 | 40.92 |
| 直接人工 | 6.96 | 7.8 | 7.8 | 7.81 | 7.81 |
| 制造费用 | 5.82 | 6.23 | 6.02 | 6.01 | 6.03 |
| 产品生产成本 | 42.53 | 50.54 | 50.52 | 54.71 | 54.76 |
| 主要技术经济指标 | 用量 | 用量 | 用量 | 用量 | 用量 |

从表9-7可以看出,榕江公司乙产品的单位成本较计划、较上年、较历史先进水平都有上升,且上升幅度较大,乙产品的单位成本较计划增长了4.24万元,增长了8.39%,较上年增长了4.22万元,增长了8.35%,乙产品单位成本上升的主要原因是直接材料上升所致。因此公司应对材料上升的原因进行因素分析,看其是单位产品材料消耗量上升所致,还是材料采购价格上升或是其他原因。

## 二、主要产品单位成本的成本项目分析

为了进一步分析单位成本升降的原因,还必须按成本项目进行分析。

### (一)直接材料费用的分析

从表9-7可以看出,乙产品的原材料费用超过了本年计划、上年平均、历史先进水平,因此应作重点分析。

影响单位产品材料费用的因素有产量、单位产品的材料消耗和材料单价,可用因素分析法计算三个因素变动对直接材料费用的影响,具体分析可参见本章第一节因素分析法中的例子。

在对直接材料进行综合分析之后,还必须进一步分析材料消耗量变动和价格变动的影响因素,只有这样,才能揭示直接材料发生差异的原因。

1. 影响直接材料消耗量的原因分析

影响直接材料用量变动的原因较多,主要有:① 产品设计的改进。在保证或提高产品功能的前提下,改进产品设计能减少材料的消耗量。② 材料质量的变化。质量高的材料,可以减少材料消耗量;反之,会增加材料的消耗量。③ 加工操作技术的变化。加工操作技术高,可以充分利用材料的边角余料,从而减少材料消耗量。④ 代用材料的变化。以单价低廉的材料代替昂贵的材料,以国产材料代替进口材料,是减少材料用量、节约材料费用的有效措施。⑤ 加强材料管理,回收利用废料,避免材料损失浪费也能相对地减少材料用量。⑥ 材料的配比。

2. 影响直接材料价格变动的原因分析

影响直接材料价格的原因主要有:① 采购价格。② 运输费用,如运输距离的远近、运输方式的不同。③ 运输途中的损耗。④ 采购部门的管理水平。⑤ 有关税金。⑥ 材料采购批量的大小。

(二) 直接工资费用分析

直接工资费用的分析必须结合工资制度来进行,因为工资制度的不同,会导致影响直接工资的因素不同。

在计件工资制度下,影响单位成本中工资费用的因素是计件单价。在计时工资制度下,产品单位成本中的费用受工时数和小时工资率变动的影响。现以榕江公司为例分析有关资料,如表9-8所示。

表9-8 工资分析资料表

| 项 目 | 计 划 | 实 际 | 差 异 |
| --- | --- | --- | --- |
| 单位产品耗用工时 | 400 | 410 | +10 |
| 小时工资单价(元/小计) | 0.60 | 0.50 | -0.10 |
| 单位产品的工资费用(元) | 240 | 205 | -35 |

根据表9-8的资料,可以计算单位产品工时数量变动和小时工资单价变动对工资费用的影响程度:

单位产品工时数量变动影响=(实际工时数量-计划工时数量)×计划小时工资单价=
$$(410-400) \times 0.6 = +6(元)$$

小时工资单价变动影响=(实际小时工资单价-计划小时工资单价)×实际工时数量=
$$(0.50-0.60) \times 410 = -41(元)$$

单位产品工资费用变动合计＝单位产品工时数量变动影响＋小时工资单价变动影响＝
6＋(－41)＝－35(元)

从上面计算中可以看出,甲产品单位成本中工资费用实际比计划降低35元,主要是由于小时工资单价降低的结果。

在以上分析的基础上,还应该进一步分析影响工时数量变动和生产工人工资总额变动的原因。

1. 影响工时变动的原因分析

影响工时变动的原因主要有:① 生产组织,企业生产调度合理对节约能力提高劳动生产率减少工时有很大的影响。② 材料的质量和规格。③ 生产工艺和操作方法。④ 生产工作质量。⑤ 设备性能和保养。⑥ 工人技术熟练程度和劳动态度。

2. 影响生产工人工资总额变动的原因分析

生产工人工资总额的高低直接影响了小时工作率的高低,影响生产工人工资变动的原因主要有:① 企业的工资制度、奖励制度。② 企业产品特点。③ 企业的物质技术条件、企业工人的素质、企业的管理水平。

### (三) 制造费用分析

产品单位成本中制造费用的分析,通常与计时工资制度下直接人工费用的分析相类似,先要分析单位产品所耗工时变动和每小时制造费用变动两因素对制造费用变动的影响,然后查明这两个因素变动的具体原因。

对影响每小时制造费用的原因分析,主要是通过分析制造费用总额对比实际数和计划数来进行。现以榕江公司为例,说明制造费用总额的分析,如表9-9所示。

表9-9 制造费用明细表

编制单位:榕江公司　　　　　　　20××年　　　　　　　金额单位:万元

| 项　目 | 本年实际 | 本年计划 | 降低额 | 降低率 |
|---|---|---|---|---|
| 1. 职工薪酬 | 668.07 | 651.95 | | |
| 2. 折旧费 | 80.42 | 30.80 | | |
| 3. 修理费 | 38.97 | 28.97 | | |
| 4. 办公费 | 50.51 | 40.72 | | |
| 5. 水电费 | 282.89 | 261.72 | | |
| 6. 机物料消耗 | 60.18 | 68.92 | | |
| 7. 劳动保护费 | 22.51 | 20.40 | | |

(续表)

| 项　　目 | 本年实际 | 本年计划 | 降低额 | 降低率 |
| --- | --- | --- | --- | --- |
| 8. 租赁费 | 25.81 | 34.64 | | |
| 9. 差旅费 | | | | |
| 10. 保险费 | 7.24 | 7.02 | | |
| 11. 其他 | 42.48 | 40.81 | | |
| 制造费用合计 | 1 279.08 | 1 185.95 | 93.13 | 7.85% |

从表9-9可以看出,榕江公司制造费用本年较上年增长了93.13万元,增长了7.8%,应结合产量的增长加以分析,看其是否合理。此外,从各费用项目来看,公司各项费用都有一定的上升。其中,人工费、办公费、水电费、修理费等所占数额较大,公司应重点加以关注。

# 本 章 小 结

产品成本分析对成本管理具有重大的意义,通过成本分析,可以揭示成本差异,分析成本升降的原因,挖掘成本升降的原因。

成本分析的方法通常有比较分析法、比率分析法、因素分析法等,通过比较分析,可揭示成本的差异,挖掘成本升降的原因。

成本分析的内容包括全部商品产品成本计划完成情况的分析、可比产品成本降低任务完成情况的分析、主要产品单位成本的分析。

全部商品产品成本计划完成情况分析是从企业的全局上看其生产的所有产品实际成本是否达到计划的水平,可以分别按产品类别、成本项目和成本性态三方面进行分析,为进一步地深入分析指明方向。

可比产品成本降低计划完成情况的分析主要是检查其计划降低指标是否完成,分析影响计划降低指标完成的原因。影响可比产品成本计划降低指标的原因主要有产量因素、品种结构因素、单位成本因素,其中产量因素不影响降低率。

主要单位产品成本的分析是成本分析工作的逐步深化,首先可从总的方面来研究产品单位成本的实际比计划、比上期、比历史先进水平的升降情况;然后着重对某些产品进一步按成本项目对比研究其增减变动情况,查明造成单位成本升降的原因;还要根据企业的具体情况分析产品单位成本的各个项目。

# 复习思考题

1. 进行成本分析的主要目的是什么？
2. 应从哪些角度去分析商品产品成本的计划完成情况？从这些角度去分析有何不同的意义？
3. 降低直接材料消耗量和直接材料价格的措施有哪些？
4. 成本分析的常用方法有哪几种？这些方法的特点是什么？
5. 影响商品产品成本计划完成情况的因素有哪些？
6. 成本降低额和成本降低率是如何计算的？

# 案例讨论题

东山公司是一家实力雄厚的股份有限公司，20×8年生产甲、乙、丙三种产品，20×8年的利润较20×7年有较大幅度下降，公司准备在20×9年采取措施，努力降低成本。为此，决定对公司的成本情况进行分析，找出差距，寻求降低成本的方向。

根据以下有关成本资料（见表9-10、表9-11、表9-12、表9-13、表9-14），你认为该公司是否有降低成本的潜力？潜力具体表现在哪些方面？该公司成本管理方面存在哪些问题？

表9-10　商品产品成本表

编制单位：东山公司　　　　　　　　　20××年　　　　　　　　　金额单位：万元

| 产品名称 | 计量单位 | 产量 | | 单位成本 | | | 计划总成本（计划产量） | | 本年总成本（实际产量） | | |
|---|---|---|---|---|---|---|---|---|---|---|---|
| | | 计划 | 实际 | 上年实际 | 本年计划 | 本年实际 | 按上年实际平均单位计算 | 按本年实际单位成本计算 | 按上年实际平均单位计算 | 按本年实际单位成本计算 | 实际成本 |
| | | (1) | (2) | (3) | (4) | (5) | (6) | (7) | (8) | (9) | (10) |
| 一、可比产品 | | | | | | | | | | | |
| 甲产品 | 吨 | 200 | 210 | 20.5 | 19.6 | 21.2 | 4 100 | 3 920 | 4 305 | 4 116 | 314 452 |
| 乙产品 | 吨 | 95 | 100 | 40.86 | 40.3 | 40.4 | 3 881.7 | 3 828.5 | 4 086 | 4 030 | 4 040 |
| 小　计 | | | | | | | 7 981.7 | 7 748.5 | 8 391 | 8 146 | 8 492 |

(续表)

| 产品名称 | 计量单位 | 产量 | | 单位成本 | | | 计划总成本（计划产量） | | 本年总成本（实际产量） | | |
|---|---|---|---|---|---|---|---|---|---|---|---|
| | | 计划 | 实际 | 上年实际 | 本年计划 | 本年实际 | 按上年实际平均单位成本计算 | 按本年实际单位成本计算 | 按上年实际平均单位成本计算 | 按本年实际单位成本计算 | 实际成本 |
| | | (1) | (2) | (3) | (4) | (5) | (6) | (7) | (8) | (9) | (10) |
| 二、不可比产品 | | | | | | | | | | | |
| 丙产品 | 吨 | 1 000 | 1 000 | | 5.7 | 5.72 | | 5 700 | | 6 270 | 6 292 |
| 全部商品产品成本 | | | | | | | | 13 448.5 | | 14 416 | 14 784 |

表9-11 甲产品单位成本表

编制单位：东山公司　　　　　　20××年　　　　　　金额单位：万元

| 成本项目 | 历史先进水平 | 上年实际平均 | 本年计划 | 本年累计实际平均 |
|---|---|---|---|---|
| 直接材料 | 9.12 | 10.51 | 9.83 | 10.96 |
| 直接人工 | 2.66 | 3.82 | 3.72 | 3.73 |
| 制造费用 | 5.72 | 6.17 | 6.05 | 6.51 |
| 产品生产成本 | 17.5 | 20.5 | 19.6 | 21.2 |
| 技术经济指标 | 用量 | 用量 | 用量 | 用量 |
| A材料消耗量(吨) | 1.13 | 1.236 | 1.15 | 1.241 |
| A材料单价 | 8.07 | 8.5 | 8.55 | 8.83 |

表9-12　成本项目表

20××年　　　　　　金额单位：万元

| 成本项目 | 商品产品成本 | |
|---|---|---|
| | 计划 | 实际 |
| 直接材料 | 7 670.8 | 7 911.1 |
| 直接人工 | 2 190.2 | 2 000.9 |
| 制造费用 | 4 555 | 4 872 |
| 生产成本 | 14 416 | 14 784 |

表 9-13 制造费用明细表

20××年　　　　　　　　　　　　　　金额单位：万元

| 项　　目 | 本年实际 | 本年计划 | 项　　目 | 本年实际 | 本年计划 |
|---|---|---|---|---|---|
| 职工薪酬 | 1 238.09 | 1 521.09 | 劳动保护费 | 189.67 | 166.53 |
| 折旧费 | 1 006.79 | 1 011.48 | 租赁费 | 85.61 | 85.61 |
| 修理费 | 246.97 | 259.15 | 保险费 | 105.29 | 67.75 |
| 办公费 | 350.46 | 458.51 | 其他 | 80.11 | 50.19 |
| 水电费 | 1 082.89 | 1 370.92 | 制造费用合计 | 4 555 | 4 872 |
| 机物料消耗 | 169.12 | 150.77 | | | |

表 9-14 乙产品单位成本表

编制单位：东山公司　　　　　　20××年　　　　　　　　金额单位：万元

| 成本项目 | 历史先进水平 | 上年实际平均 | 本年计划 | 实际平均 |
|---|---|---|---|---|
| 直接材料 | 20.07 | 21.04 | 20.98 | 20.96 |
| 直接人工 | 5.61 | 6.12 | 6.11 | 6.1 |
| 制造费用 | 12.82 | 13.7 | 13.21 | 13.34 |
| 产品生产成本 | 38.5 | 40.86 | 40.3 | 40.4 |
| 技术经济指标 | 用量 | 用量 | 用量 | 用量 |
| B材料消耗量（吨） | 1.87 | 1.811 | 1.81 | 1.8 |
| B材料单价 | 11.27 | 11.62 | 11.59 | 11.64 |

# 同步测试题

一、单项选择题

1. 比较分析法是指通过指标对比，从（　　）上确定差异的一种分析方法。

A. 质量　　　　B. 价值量　　　　C. 数量　　　　D. 劳动量

2. 将两个性质不同但又相关的指标对比求出的比率，称为（　　）。

A. 构成比率　　　　　　　　B. 相关指标比率

C. 动态比率　　　　　　　　D. 效益比率

3. 连环替代法是用来计算几个相互联系的，对综合经济指标变动（　　）的一种分析方法。

A. 影响原因　　B. 影响数量　　C. 影响程度　　D. 影响金额

4. 可比产品成本降低额是指可比产品累计实际总成本比按（　　）计算的累计总成本降低的数额。

A. 本年计划单位成本　　　　　　B. 上年实际平均单位成本
C. 上年计划单位成本　　　　　　D. 国内同类产品实际平均单位成本

5. 在可变产品成本降低计划执行情况分析中，（　　）因素的变化，不会引起成本降低率的变化。

A. 产品单位成本　　　　　　　　B. 产品的品种结构
C. 产品的产量　　　　　　　　　D. 产品的产量和品种结构

二、多项选择题

1. 成本报表常用的分析方法有（　　）。

A. 比较分析法　B. 比率分析法　C. 差额计算法　D. 连环替代法

2. 影响可比产品成本降低额变动的因素有（　　）。

A. 产品产量　　　　　　　　　　B. 产品售价
C. 产品品种结构　　　　　　　　D. 产品单位成本

3. 影响可比产品成本降低率变动的因素有（　　）。

A. 产品产量　　　　　　　　　　B. 产品单位成本
C. 产品售价　　　　　　　　　　D. 产品品种结构

4. 主要产品单位成本表反映的单位成本，包括（　　）单位成本。

A. 本月实际　　　　　　　　　　B. 同行业同类产品实际
C. 本年计划　　　　　　　　　　D. 上年实际平均

5. 单纯产品产量变动对可比产品成本降低计划完成情况的影响是（　　）。

A. 使成本降低额增加或减少　　　B. 成本降低额不变
C. 使成本降低率升高或降低　　　D. 成本降低率不变

三、判断题

1. 比较分析法只适用于同质指标的数量对比。（　　）

2. 影响可比产品成本降低率指标的因素有产品产量、产品品种结构和产品单位成本。（　　）

3. 不管采用传统方法分析还是采用成本性态方法分析，产品产量变动都会影响可比产品成本降低率。（　　）

4. 比率分析法是比较分析法的一种表现形式，因素分析法是比较分析的延伸。（　　）

5. 因素分析法又可具体划分为连环替代法和差额分析法。（　　）

6. 可比产品成本可能会出现这样的情况：各种产品均完成了降低率计划，但

却没有完成总的成本降低率计划。( )

7. 产量变动之所以影响产品单位成本,是由于在产品全部成本中包括了一部分变动费用。( )

8. 假定产品品种构成和产品单位成本不变,单纯产量变动,只影响可比产品成本降低额,而不影响可比产品成本降低率。( )

9. 比较分析法的主要作用在于揭示客观上存在的差距,并为进一步分析指出方向。( )

10. 采用比率分析法,先要把对比的数值变成相对数,求出比率,然后再进行对比分析。( )

四、核算题

[核算题1] 宏达公司生产甲、乙、丙三种产品,本年实际产量分别为1 250件、500件和500件,实际平均单位成本分别为2 896元、2 455元和2 650元;本年计划单位成本分别为2 910元、2 450元和2 775元。丙产品为本年新生产产品,甲、乙两种产品上年实际平均单位成本分别为3 000元和2 500元。

要求:根据资料分析全部产品成本计划完成情况,并填列表9-15。

表9-15 商品产品成本表

编制单位:宏达公司 　　　　　　20××年度 　　　　　　金额单位:元

| 产品名称 | 计量单位 | 产量 | | 单位成本 | | | 计划总成本（计划产量） | | 本年总成本（实际产量） | | 实际成本 |
|---|---|---|---|---|---|---|---|---|---|---|---|
| | | 计划 | 实际 | 上年实际 | 本年计划 | 本年实际 | 按上年实际平均单位成本计算 | 按本年实际单位成本计算 | 按上年实际平均单位成本计算 | 按本年实际单位成本计算 | |
| | | (1) | (2) | (3) | (4) | (5) | (6) | (7) | (8) | (9) | (10) |
| 一、可比产品 | | | | | | | | | | | |
| 甲产品 | 件 | | | | | | | | | | |
| 乙产品 | 件 | | | | | | | | | | |
| 小　计 | | | | | | | | | | | |
| 二、不可比产品 | | | | | | | | | | | |
| 丙产品 | 件 | | | | | | | | | | |
| 全部商品产品成本 | | | | | | | | | | | |

[核算题 2] 某企业 20××年 12 月份有关可比产品成本资料如表 9-16 所示。

表 9-16 成本资料

| 可比产品 | 计划产量 | 单位成本 | | 总成本 | |
|---|---|---|---|---|---|
| | | 上年 | 计划 | 按上年单位成本 | 按本年计划成本 |
| 甲产品 | 10 | 10 | 9 | 100 | 90 |
| 乙产品 | 4 | 20 | 16 | 80 | 64 |
| 合计 | | | | 180 | 154 |

要求：
(1) 计算可比产品成本计划降低额和计划降低率。
(2) 计算可比产品成本实际降低额与实际降低率。
(3) 分析影响可比产品成本降低计划完成情况的各因素的影响。

# 第十章　成本预测、成本决策和成本计划

- 了解成本预测、决策和计划的内容
- 掌握成本预测、成本决策的基本方法和成本计划编制的基本方法

## 引　言

　　日本企业在20世纪80年代成为举世瞩目的成功典范。日本公司成本管理最显著的特点是在新产品的设计之前就事先制定出目标成本,而这一目标成本成为产品从设计到推向市场的各阶段所有成本确定的基础。负责将一项新产品的设想变为现实的成本计划人员制定目标成本时,是以最有可能吸引潜在消费者的水平为基础,其他一切环节都以这一关键判断为中心。从预测销售价格中扣除期望利润额后,成本计划人员开始预算构成产品成本的每一个因素,包括设计、工程、制造、销售等环节的成本,然后将这些因素又进一步分解,以便估算每一个部件的成本。

　　日本公司的这种方法是将某种新产品的成本或售价定为 X 元,然后回头去努力实现这一目标,日本公司的这一体系是一种动态体系,不断推动产品设计人员去改进产品,降低成本。

　　现代管理理论认为:管理的重点在经营;经营的中心是决策。成本决策是在成本预测的基础上,根据内部潜力,制定优化成本的多种可行性方案,从中选择最优方案的过程。而成本计划是企业成本管理中的重要内容。它是以货币形式规定企业在一定时期内完成生产任务所需耗费的生产费用额。

# 第一节 成本预测

## 一、成本预测程序

成本预测是依据成本的有关数据、可能发生的环境变化以及可能采取的措施,利用一定的科学方法,对未来成本水平及其变动趋势作出预计。成本预测涉及宏观经济和微观经济两个方面内容,但人们通常讲的成本预测仅指微观经济方面的内容,即企业成本预测方面的内容。企业成本预测主要包括产品结构和生产工艺设计或改革的成本预测以及生产过程中的成本计划制定和实施阶段的成本预测两个方面。但由于产品结构和生产工艺设计或改革通常与投资项目成本决策同时进行,所以企业成本预测一般以生产过程中的成本计划制定和实施阶段的产品成本预测为主。此种内容下的成本预测程序一般为:

(1) 确定预测对象和目标。预测对象,即预测什么;预测目标,即预测所要达到的目的。有明确的预测对象和目标,才能有目的的收集资料并选择恰当的预测方法,从而使预测结果符合未来的成本变化趋势。

(2) 收集和分析资料。有效地收集和分析资料是进行成功预测的基础。一般来说,成本预测数据资料的来源主要有三种,即现存的会计统计记录、原始数据和已公开发表的数据。对于收集到的各种资料要分析,并进行鉴别、取舍、加工、归纳,最终形成具有稳定结构的系列性资料。

(3) 提出假设,建立数学模型。数学模型是用数学方程式表示的预测对象(在此指成本)与各个影响因素或相关事件之间数量依存关系的公式。根据经过分析整理的资料,研究成本变化的规律,建立相应的成本预测的数学模型。

(4) 选择预测方法进行预测。选择恰当的成本预测方法,确定有关的数值代入数学模型中求得成本预测值。

(5) 分析预测误差,检验假设。对每项预测结果要与实际结果进行比较,以发现和确定误差大小。所有预测报告都应当定期且不断地用最新的数据资料去复核,检验所作假设是否可靠。若发现误差大,假设不可靠,就应变更假设,完善数学模型,改进预测方法;若检验表明误差很小,假设成立,则可进行下一步。

(6) 纠正预测结果。由于假设的存在,数学模型往往舍去了一些影响因素或事件,因此要运用定性预测方法对定量预测结果进行修正,以保证预测目标顺利实现。此外,由于预测本身需要一定时间,在此期间,若内部和外部发生了不同于过去的影响因素或重大事件,就必须据以调整已有的预测结果。

## 二、成本预测方法

成本预测方法一般可分为定性预测和定量预测两大类。

### (一) 定性预测方法

定性预测是指成本预测人员根据专业知识和实践经验,对产品成本的形成、发展趋势和可能达到的水平所作的分析和推断。也就是说,由熟悉情况和业务的专家根据过去的经验进行分析、判断,提出预测意见,或者通过实地调查的形式来了解成本耗用的实际情况,然后再通过一定形式(如座谈会、函询、调查征集意见等)进行综合,作为预测未来的主要依据。这种方法主要是在没有历史资料(如新产品成本)或主客观条件有了很大的改变并且不可能根据历史资料来判断的情况下进行应用。

### (二) 定量预测方法

定量预测方法主要是利用历史成本以及成本与影响因素之间的数量关系,运用一定的数学方法进行科学的加工处理,借以充分揭示有关变量之间规律性的联系,作为预测的依据。

常用的成本定量预测方法有以下三种类型。

1. 因果关系模型

利用数学方法描述预测目标与影响因素之间的函数关系,也就是建立成本 $Y$ 与影响因素 $X$ 之间的某种函数关系 $Y=F(X)$。根据收集的统计资料,对函数 $Y=F(X)$ 中的参数进行估计和检验,从而得到与统计资料发展趋势大体相符的成本预测模型。常用的模型为一元线性回归分析模型、多元线性回归分析模型、非线性回归分析模型等。

2. 时间关系模型

利用数学方法描述预测目标与时间过程之间的演变关系,也就是建立成本 $Y$ 与时间变量 $T$ 之间的某种函数关系 $Y=F(t)$。通过趋势的外推,预测成本。常用的时间关系模型有移动平均模型、趋势外推模型及回归模型。

3. 结构关系模型

通过因素之间相互依存的结构比例变化,预测成本的数值。常用的模型是高低点法分析模型。

定性分析方法与定量分析方法可以相互补充,结合使用。因为任何数学方法的应用都是以过去的资料为基础来预测未来,因此,还要对预测期一些有较大影响的因素的变化进行修正。

### 三、成本预测方法的应用

（一）高低点法

高低点法是指以历史成本资料中产量最高和最低两个时期的成本数据为依据，借以推算成本的固定部分和变动部分，用来预测计划期内产量变化条件下的总成本水平。其数学模型为：

$$Y = a + bX$$
$$b = (Y_{高} - Y_{低}) \div (X_{高} - X_{低})$$
$$a = Y_{高} - bX_{高} = Y_{低} - bX_{低}$$

其中：$Y$ 为总成本；$X$ 为产品产量；$a$ 为固定成本总额；$b$ 为单位变动成本；$Y_{高}$ 为高点产量的成本；$Y_{低}$ 为低点产量的成本；$X_{高}$ 为高点产量；$X_{低}$ 为低点产量。

采用高低点法一般有三个步骤：

（1）通过最高和最低两个时期产量变动差额与成本变动差额的比较，来确定单位产品的变动成本。

（2）根据所求得的单位产品变动成本计算固定成本总额。

（3）根据已知变动成本和固定成本总额和计划期的产品产量，来预测该产品计划期的总成本数额。

采用高低点法的前提是企业产品成本的变动趋势较为稳定。如果企业各期成本变动幅度较大，采用此法可能会造成较大的误差。

[例 10-1] 汇丰公司只产销一种甲产品，该公司 20×× 年上半年的产量与成本的有关资料如表 10-1 所示，企业该年的 7 月份计划甲产品的产销为 850 件。试利用高低点法预测该年 7 月份的甲产品总成本。

表 10-1 产量与成本

| 月份 | 产量(件) | 总成本(元) | 月份 | 产量(件) | 总成本(元) |
|---|---|---|---|---|---|
| 1 | 400 | 15 000 | 4 | 650 | 23 000 |
| 2 | 500 | 20 000 | 5 | 750 | 24 000 |
| 3 | 900 | 26 500 | 6 | 800 | 25 000 |

$$\text{单位变动成本}(b) = \frac{26\,500 - 15\,000}{900 - 400} = 23(元)$$

$$\text{固定成本}(a) = 26\,500 - 23 \times 900 = 5\,800(元) =$$
$$15\,000 - 23 \times 400 = 5\,800(元)$$

20××年7月份的总成本$(Y) = a + bX = 5\,800 + 23 \times 8\,500 = 201\,300$(元)

## (二)回归分析法

回归分析法是研究变量之间相互关系的一种数理统计方法。它先从变量的资料中,找出变量之间的内在联系,加以模型化,形成经验公式,即回归方程。运用这个方程,根据自变量的变化来预测变量的数值。

回归分析法按照回归方程所含变量的多少,可分为一元回归分析、二元回归分析和多元回归分析;按照回归线的性质,可分为线性回归分析和非线性回归分析。在经济预测中,常用的是一元线性回归分析,即处理一个自变量 $X$ 和一个因变量 $Y$ 之间线性关系的方法。其数学模型为:

$$Y = a + bX$$

其中:$Y$ 为因变量;$X$ 为自变量;$a$ 为常数;$b$ 为常数(回归直线的斜率)。

在实际工作中,以成本总额为因变量 $Y$,以业务量为自变量 $X$,并假定成本变化趋势可以近似地用一条直线 $Y = a + bX$ 来描述。从数学观点看,全部观测数据点与该直线的误差平方和最小的直线为最合理的成本直线。数学上把误差平方和最小的直线称为"回归直线"。

直线方程 $Y = a + bX$ 中的两个常数 $a, b$ 可以用下列公式计算:

$$a = \left(\sum Y - b \sum X\right) \div n$$

$$b = \left(n \sum XY - \sum X \sum Y\right) \div \left[n \sum X^2 - \left(\sum X\right)^2\right]$$

[例10-2] 光明机械厂是一家小型机器生产厂,该厂产销一种饲料加工机器,20××年1~5月份该产品的产量和单位成本如表10-2所示,该年的6月份计划生产 40 台,试利用回归分析法预测 6 月份该产品的总成本和单位成本。

表10-2 产量与成本

| 月 份 | 产量(件) | 总成本(元) | 月 份 | 产量(件) | 总成本(元) |
| --- | --- | --- | --- | --- | --- |
| 1 | 10 | 6 000 | 4 | 20 | 11 000 |
| 2 | 40 | 12 000 | 5 | 50 | 20 000 |
| 3 | 30 | 13 500 | | | |

根据上述资料按照公式计算过程如表10-3所示。

表 10-3　回归分析法的计算表

| 月　份 | 产量(台) | 总成本($Y$) | $XY$ | $X^2$ |
|---|---|---|---|---|
| 1 | 10 | 6 000 | 60 000 | 100 |
| 2 | 40 | 12 000 | 480 000 | 1 600 |
| 3 | 30 | 13 500 | 405 000 | 900 |
| 4 | 20 | 11 000 | 220 000 | 400 |
| 5 | 50 | 20 000 | 1 000 000 | 2 500 |
| $n=5$ | $\sum X = 150$ | $\sum Y = 62\,500$ | $\sum XY = 2\,165\,000$ | $\sum X^2 = 5\,500$ |

将表 10-3 的有关数据代入上述回归分析法计算公式，分别计算 $b$ 和 $a$ 的值：

$$b = (n\sum XY - \sum X \sum Y) \div [n\sum X^2 - (\sum X)^2] = 290(元)$$

$$a = (\sum Y - b\sum X) \div n = 3\,800(元)$$

20××年6月份该产品的总成本$(Y) = a + bX = 3\,800 + 290 \times 40 = 15\,400(元)$

20××年6月份该产品的单位成本 $= \dfrac{15\,400}{40} = 385(元)$

### （三）趋势预测分析法

趋势预测分析法是根据积累的历史资料，分析有关指标过去的发展过程及其规律性，并且估计这种规律性在将来仍然起作用，据此预测有关指标在将来一定时期的数值。趋势预测分析法主要有加权平均法、指数平滑法和移动平均趋势法。

1. 加权平均法

当企业具备比较详细的成本资料，并且已经详知固定成本总额和单位变动成本的资料时，可利用加权平均法来预测企业未来期的产品总成本。其计算公式如下：

$$y(预测未来期总成本) = \dfrac{\sum af}{\sum f} + \dfrac{\sum bf}{\sum f} x$$

其中：$y$ 为预测未来期总成本；$a$ 为固定成本总额；$b$ 为单位变动成本；$f$ 为权数；$x$ 为产量。

2. 指数平滑法

指数平滑法是根据本期的实际数和以前对本期的预测数来确定下期预测数的

一种方法,它是以过去的发展规律来反映未来的变化趋势。其计算公式如下:

$$F_t = F_{t-1} + a(A_{t-1} - F_{t-1}) = aA_{t-1} + (1-a)F_{t-1}$$

其中:$F_t$ 为下期成本预测值;$F_{t-1}$ 为本期成本预测值;$a$ 为加权因子或平滑系数,取值范围在 $0 < a < 1$;$A_{t-1}$ 为本期实际成本值。

从上述的计算公式中可以看出,$F_t$ 表示第 $t$ 期的指数平滑值,$a$ 为平滑系数。同理:

$$F_{t-1} = aA_{t-2} + (1-a)F_{t-2}$$

所以:
$$\begin{aligned}F_t &= aA_{t-1} + (1-a)F_{t-1} = \\ &aA_{t-1} + (1-a)[aA_{t-2} + (1-a)F_{t-2}] = \\ &aA_{t-1} + a(1-a)A_{t-2} + (1-a)^2 F_{t-2} = \\ &aA_{t-1} + a(1-a)A_{t-2} + a(1-a)^2 A_{t-3} + \\ &a(1-a)^3 A_{t-4} + \cdots + (1-a)^t F_0\end{aligned}$$

各项系数之和:$a + a(1-a) + \cdots + a(1-a)^{t-1} + (1-a)^t = 1$。

上式说明,各期的数据离本期实际成本值越远,它的系数就越小,因而,它对预测值的影响也越小,说明指数平滑法这种预测方法所考虑的近期数据影响较远期数据影响来得大,这正是指数平滑的意义所在。

加权因子 $a$ 的取值范围一般要根据经验确定,通常采用较小的平滑系数,可以反映出预测值变动的长远趋势;而采用较大的平滑系,则能反映近期预测值的变化趋势。$a = 1$,说明下期成本预测值与本期实际成本相等;$a = 0$,说明下期成本预测值等于本期成本预测值。例如,某企业在 20××年4月的实际成本为 500 万元,3月份对 4 月份预测的成本值为 480 万元。假定 $a = 0.3$,则 20××年5月的成本预测值为:

$$F_5 = 0.3 \times 500 + (1 - 0.4) \times 480 = 438(万元)$$

这种方法的主要优点是:连续预测时,只需储存最低限度的数据,只要有了本期的实际数据及预测值,就可以推算出下期的预测值。

3. 移动平均趋势法

移动平均趋势法就是将过去的历史资料移动平均,并且假定预测期的有关指标与它相连续时期的数值最为接近,以此为基础,运用一定的数学方法来预测未来期成本值和变化趋势。

[例 10-3] 某厂 20×1 年全年 12 个月的成本资料如表 10-4 所示,要求按移动平均趋势法预测该厂 20×2 年 1 月份的成本。

表10-4　某企业20×2年成本资料　　　　　金额单位：万元

| 月　份 | 总 成 本 | 五期移动平均 | 变化趋势 | 三期趋势移动平均值 |
|---|---|---|---|---|
| 1 | 100 | — | — | — |
| 2 | 110 | — | — | — |
| 3 | 130 | 126 | — | — |
| 4 | 150 | 130 | 4 | — |
| 5 | 140 | 140 | 10 | 7.33 |
| 6 | 120 | 148 | 8 | 8.67 |
| 7 | 160 | 156 | 8 | 10.67 |
| 8 | 170 | 172 | 16 | 13.33 |
| 9 | 190 | 188 | 16 | 14.00 |
| 10 | 220 | 198 | 10 | — |
| 11 | 200 | — | — | — |
| 12 | 260 | — | — | — |

表10-4数据的计算方法是：

首先，按连续5个月的成本计算出5期成本的平均值。例如，3月份的5期成本平均值等于1月、2月、3月、4月、5月成本之和除以5，即：(100+110+130+150+140)÷5=126万元，其余以此类推计算。

其次，计算出相邻两期平均值的变动趋势。例如，4月份所对应的变动趋势值为4月份的5期平均值减去3月份的5期平均值，即4万元(130-126)，其余类推计算。

再次，求出连续3期变动趋势值。例如，5月份所对应的3期变动趋势值为4月、5月、6月所对应的变动趋势值之平均值，即7.33万元[(4+10+8)÷3]，其余计算同理。

在完成上列计算后，就可预测20×2年1月份的成本。我们可以看到，离20×2年1月份最近的3期平均趋势值为14万元。在20×2年9月份，其间相隔4个月，故该厂20×2年1月份的成本预测值为244万元(188+14×4)。

# 第二节 成本决策

## 一、成本决策中的成本概念

### (一) 付现成本与沉没成本

付现成本是指那些由于某项未来决策所引起的需要在将来运用现金支付的费用。当企业在经营决策中碰到本身的货币资金比较拮据,而筹措资金又有困难时,对付现成本的考虑往往比对总成本的考虑更为重视,并会选择付现成本最小的方案来代替总成本最低的方案。例如,宏大公司计划生产甲产品需要购进电解铜20吨,但在计划期间该公司的货币资金十分缺乏,并预计在短期内无应收账款可以收回,而市场上银行非常紧张,贷款利率高达15%以上,在这种情况下,有两种采购方案可供选择:

第一方案:甲公司可提供全部20吨电解铜,开价每吨3 200元,共计64 000元,但货款必须立即全部付现。

第二方案:乙公司提供全部电解铜,开价每吨3 500元,共计70 000元,货款只需先付现4 000元,即:可取得全部材料,其余分12个月偿清,每月付5 500元。

根据上述情况,宏大公司的管理当局决定选择第二方案是比较合理的。因为该方案所需支付的总成本虽较第一方案要多6 000元(70 000−64 000),但近期的付现成本则远较第一方案为低。这样,第二方案多支付的总成本可以及早投入生产所取得的销售收入中,从而得到补偿。

沉没成本是指那些由于过去的决策所引起并已经支付过款项的成本,它实质上与"历史成本"是同义语。这类成本是无法由现在或将来的任何决策所能变更的成本,因此在决策时不需考虑。例如,某公司7年前购置一台机床原价60 000元,历年的累计折旧为39 200元。随着科学技术的进步,这台机床已经完全过时,需要处理。在这种情况下,该机床的账面折余价值20 800元就属于沉没成本。

### (二) 差量成本与边际成本

差量成本是指一个备选方案的预期成本与另一个备选方案的预期成本之间的差额数,也作差别成本或差额成本。不同方案的经济效益一般可通过差量成本的计算明显地反映出来,因此,计算不同方案的差量成本有助于我们进行决策分析,确定最优方案。例如,某公司的甲零件若自制,其预期的单位成本(包括直接材料、直接人工和制造费用)为48元;若向市场采购,预期单位购价为52元,自制方案较外购方案优越,因为它有差量成本4元。

边际成本是指成本对于产量无限小变化的部分。在实际活动中,产量无限小变化,最小只能小到一个单位。边际成本的实际计量,就是产量增加一个单位所引起的成本变动。在决策分析中,边际成本可用来判断增减产量在经济上是否合算。当企业的生产能量有富裕时,任何增加产量的销售单价只要略高于单位边际成本,就能增加企业的利润。

### (三) 机会成本与估算成本

机会成本是指在决策中,选择某个方案而放弃其他方案所丧失的潜在利益。由于每项资产往往会有多种使用的机会,用在某一方面,就不能同时用在另一方面。在某一方面的所得,正是因为放弃另一方面的机会而产生的。因此,在决策中,必须把已放弃的方案可能获得的潜在收益,作为被选用方案的机会成本,才能正确判断被选方案是否真正最优。尽管机会成本不构成企业的实际支出,也无须记入账簿中,但它终究是进行决策分析必须认真加以考虑的现实因素。忽视了机会成本,往往造成决策的失误。

估算成本是指与某项经济活动有关联、需要通过估计和推算才能确定的机会成本,也作为"假计成本"。由于一般的机会成本比较容易计量,一眼可以看出;而估算成本则需要进行比较复杂的估计、推算,故属于机会成本的特种形态。例如,企业用货币资金购进商品,它的成本通常只应包括购价、运输费用、仓储费等;由于货币资金如投放到其他方面,就可产生利息,因此不论其资金是自有的或是外借的,都必须把利息视同机会成本进行估算。

### (四) 专属成本与共同成本

专属成本是指可以明确归属于某种、某批或某个部门的成本。例如,专门为生产某种零件、某批产品而专用的机床的折旧费用、保险费等。

共同成本是指那些需由几种、几批或有关部门共同分担的成本。例如,企业管理人员职工薪酬,车间的照明费用,以及需由各联产品共同负担的联合成本等都是属于共同成本。

### (五) 可避免成本与不可避免成本

可避免成本是指通过管理当局的决策行动可改变其数额的成本。例如,某企业需要的 A 零件可采用自制也可外购,自制时需要发生直接材料、直接人工和制造费用,而外购时需要发生外购成本;当管理当局决定放弃自制采用外购时,自制的直接材料、直接人工等成本就不会发生,因而属于可避免成本。

不可避免成本是指通过管理当局的行动很难改变其数额的成本。例如,企业有一台固定资产可用于生产 A 产品,也可用于生产 B 产品,对于管理当局来说,不论该固定资产生产 A 产品或是 B 产品,固定资产的折旧费是不可避免要发生的。

### (六) 相关成本与非相关成本

相关成本是指与决策有关联的成本,也就是在决策分析时必须认真加以考虑的各种形式的未来成本,如差量成本、机会成本、估算成本、可避免成本等。

非相关成本是指过去已经发生,或虽未发生但对未来决策没有影响的成本,也就是在决策分析时可予舍弃、无须加以考虑的成本,如不可避免成本、沉没成本等。

## 二、成本决策的程序

成本决策是在取得大量有关信息资料的基础上,借助一定的手段、方法进行计算和判断,比较各种可行方案的不同成本,从中选定一个技术先进、经济合理的最佳方案的过程。成本决策的程序可分为以下几个方面。

1. 提出决策的目标

成本预测是对成本发展趋势的预见,回答未来成本发展趋势可能是什么情况的问题。成本决策是对成本管理方案的选择,回答"怎么办"的问题。这当中首先要明确对什么问题"怎么办",即首先必须明确对什么进行决策和达到什么目标。

2. 提出决策的备选方案

通过收集大量与问题(或目标)有关的技术经济资料,采用科学的方法制定可供选择的多种方案。

3. 决策分析和评价

对备选方案进行分析和研究,以技术和经济两方面论证备选方案所能达到的成本水平和经济效益,为决策的实施提供依据。

4. 进行成本决策

成本决策是在备选方案中选出最优方案,作出最优化的决策,并按照最优方案实施生产和经营。

## 三、成本决策方法的应用

各种成本决策的目的不同,其应用的具体方法也各异。下面介绍几种最基本的决策方法的应用。

(一)差量成本分析

在成本会计中,不同备选方案成本之间的差别称之为"差量成本"。不同备选方案成本优劣,通常能够通过其"差量成本"比较出来,从而可以确定最优的成本方案。

[例10-4] 某产品由甲、乙、丙三个部件装配而成,装配费用为5 000元,这三种部件均可选用自制、外购、委托加工等方式。其有关资料如下:如果自制:总成本30 000元,其中甲部件为12 000元,乙部件为9 750元,丙部件为8 250元;如果外购:总成本为28 500元,其中甲部件为12 750元,乙部件为9 750元,丙部件为6 000元;如果委托加工:总成本31 500元,其中甲部件为13 500元,乙部件为

9 300元,丙部件为8 700元。试根据上述资料作出成本决策。如表10-5所示。

表10-5 差量分析表　　　　　　　　金额单位:元

| 部件名称 | 备选方案成本 | | | 决策 | |
|---|---|---|---|---|---|
| | 自制 | 外购 | 委托加工 | 最优方案 | 成本 |
| A部件 | 12 000 | 12 750 | 13 500 | 自制 | 12 000 |
| B部件 | 9 750 | 9 750 | 9 300 | 委托加工 | 9 300 |
| C部件 | 8 250 | 6 000 | 8 700 | 外购 | 6 000 |
| ∑ | 30 000 | 28 500 | 31 500 | | 27 300 |

最优方案＝12 000＋9 300＋6 000＝27 300(元)

产品决策成本＝最优方案部件成本＋装配成本＝

27 300＋5 000＝32 300(元)

由表10-5可知,其产品三种部件应分别采用甲自制、乙委托加工、丙外购为宜,然后再加上装配成本即为该产品的最优方案的决策成本。运用这种成本决策方法必须具备明确、肯定的成本决策条件,才能进行各种数值的直接对比。

(二)决策表分析

决策表分析就是将各种自然状态所分别采取的不同方案以表格的形式列示,然后从中选取最优成本方案的决策方法。常用的有"大中取小"法。

大中取小法是根据支出情况进行决策的,即在计算各种方案支出基础上,确定每个行动方案碰到的各种支出时,根据稳健性原则,应以各种方案的最大支出为选择对象,最大支出中选取最小者作为行动方案的成本决策方法。

[例10-5] 某企业在火车站储存石灰1 000包,每包30元,共计30 000元,存放30天后运走,如果露天存放,则遇到下雨损失70%,下大雨损失90%;如果租赁篷布每天租金250元,则遇到下小雨损失10%,下大雨损失30%;若用临时敞棚,需投资15 000元,下小雨不受损失,下大雨损失5%,当地30天内天气情况不明。试问企业应当如何决策?

在分析计算支出(损失)值时,要考虑两个方面的问题:一是该备选方案的支出;二是该备选方案可能带来的损失。据此编制决策表10-6。

运用这种方法是在未来自然状态的概率都为未知的情况下进行的,所以要特别慎重。

表 10-6 决 策 表　　　　　　　　金额单位：元

| 备选方案 | 支出价值 | | | 最大支出（损失） |
|---|---|---|---|---|
| | 不下雨 | 下小雨 | 下大雨 | |
| 露天存放 | — | 21 000 | 27 000 | 27 000 |
| 租用篷布 | 7 500 | 10 500 | 16 500 | 16 500 |
| 搭建敞棚 | 15 000 | 15 000 | 18 000 | 18 000 |
| 最大支出中最小值 | | | | 16 500 |
| 最优方案 | | | | 租用篷布 |

在这种决策表法中，是以"最不利"的情况作为必然出现的自然情况来对待的；在具体的决策上，却是从"最不利"的情况中选取支出（损失）最小的"最有利"的方案。所以决策表分析是一种稳健的成本决策方法。

（三）最优生产批量的成本决策分析

在成批生产的企业里，经常会遇到究竟每批生产多少数量，全年分几批生产最为经济的问题，对这类问题分析决策，主要应考虑两个成本因素，即调整准备成本和储存成本。至于制造费用、直接材料、直接人工成本，则与此决策无关，无需在决策时加以考虑。

调整准备成本是指在每批产品投产前，需要进行一些调整准备工作（如调整机器、清理现场、准备工卡模具、布置生产线、下达派工单、领取原材料等）而发生的成本。这种成本与每批数量的多少没有直接的联系，但与生产批数成正比，具有固定成本的性质。

储存成本是指单位产品（或零部件）在储存过程中所发生的费用（如仓储费、搬运费、保险费、占用资金的利息费、仓库房屋的折旧费、通风费用等）。

成批生产的全年产量一般是固定的，每批产量越大，全年生产的批量就越小；反之，批量越小，全年的批数就越多。而与最优生产批量有关的成本就是每批投产前的调整准备成本和随储存量变动而变动的平均储存成本。这两类成本是相互矛盾的，因为调整准备成本与批量无关，但与批数成正比；若要降低全年的调整准备成本，则应减少批数。但是减少批数，就要增大批量，从而提高全年的平均储存成本。

最优生产批量的决策就是要确定一个适当的生产批量，使其全年的调整准备成本与全年平均储存成本之和为最低。因此，最优生产批量也可称为经济生产批量。

最优生产批量的计算公式是：

$$Q^2 = \frac{2AS}{C \times \left(1 - \frac{d}{p}\right)}$$

其中,Q 为每批产量;A 为全年总产量;p 为生产周期内每日产量;d 为每日领用量;S 为每批投产的调整准备成本;C 为单位产品全年平均储存成本。

[例 10-6] 某机械厂全年需用甲零件 36 000 个,专门生产甲零件的设备每天能生产 150 个,每天一般领用 120 个。每批高速准备成本为 200 元,单位零件全年的平均储存成本为 1 元。要求计算最优生产批量。

将本例有关的数据代入上述计算公式,得:

$$Q^2 = \frac{2 \times 36\,000 \times 200}{1 \times \left(1 - \frac{120}{150}\right)}$$

所以： $Q = 8\,485.28(件)$

## 成本决策分析的点横撇捺

成本决策涉及企业供产销、生产经营和资本运作等各个领域,可以说凡是发生成本费用支出的各项经济活动,都有一个成本决策问题。有效的成本决策,对于企业增强市场竞争优势、达到预算目标具有十分重要的作用。

存货成本决策应抓住两个关键量：一个是确定存货的最低存量。预算年度生产经营规模和存货周转速度是影响存货存量的两个因素,一般可以参照历史和行业先进水平进行测算。另一个是控制存货订购的经济批量(EOQ)。影响存货经济批量的因素有三个：其一,采购成本,指材料物资的买价和运杂费；其二,订货成本,指采购部门因订货业务而发生的费用支出,如差旅费、业务活动费、办公费等；其三,储存成本,指存货的仓储费、搬运费、保险费及占用资金支付的利息等。三者之间存在着此消彼长的关系。存货成本决策分析就是通过控制存货的经济批量来确定存货的最低存量。

（四）零部件是自制还是外购的决策分析

企业在生产经营活动中经常遇到部件是自制还是外购的成本决策问题。由于自制或外购决策所依据的情况各异,决策所用的分析方法也不尽相同。现就外购不减少固定成本,自制增加固定成本和外购时有租金收入三种情况,来研究其成本决策。

1. 外购不减少固定成本

[例 10-7] 某公司每年需用某种铸件 4 000 吨,自制时每吨成本为 800 元,其中单位变动成本为 600 元,单位固定成本为 200 元,而外购价格只有 700 元,该公司某设备若不用于自制该铸件,也别无他用。要求作出该铸件是自制还是外购的成本决策。

因为单位变动成本 600 元小于 700 元,所以自制比较有利。如果改为外购,原来这部分铸件负担的固定成本照样发生,每年将使公司损失掉 400 000 元[(700－600)×4 000]。

2. 自制增加固定成本

[例 10-8] 某公司需用某种零件 400 个,一直依靠外购,购买价格为每个 10 元。现公司有不能移作他用的剩余生产能力可以用于生产这种零件,每年将增加固定成本 600 元。自制的单位变动成本为 7 元。要求作出是自制还是外购的成本决策。

设 $x$ 为年零件需要量,则:

$$外购成本 = 10x$$

$$自制成本 = 600 + 7x$$

计算两种成本相等时的年需要量,亦即成本分界点:$10x = 600 + 7x$,$x = 200$(个),如图 10-1 所示。

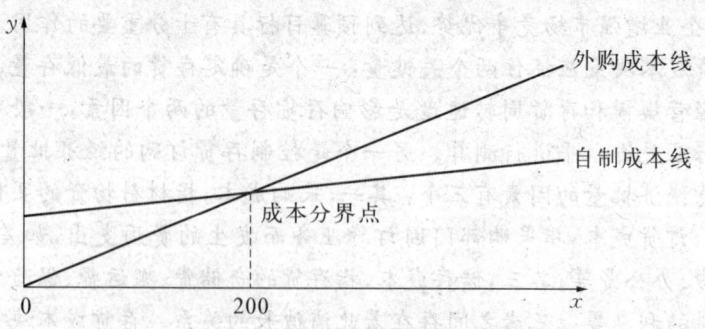

图 10-1 自制或外购成本决策

所以,在 200 个以内,应该外购;超过 200 个应该自制。本例年需要量为 350 个,所以应该自制。

3. 外购有租金收入

[例 10-9] 某公司每年需用某种零件 1 000 只,自制单位变动成本为 4 元,

外购价格为6元,外购时出租设备的租金收入为2 500元。要求作出是自制还是外购的成本决策。

根据上述资料,编制差量分析表10-7。

表10-7 差量分析表　　　　　　　　　　金额单位:元

| 项　　　目 | 自制成本 | 外购成本 |
|---|---|---|
| 外购成本(6×1 000) |  | 6 000 |
| 自制变动成本(4×1 000) | 4 000 |  |
| 机会成本(外购租金收入) | 2 500 |  |
| 合　　　计 | 6 500 | 6 000 |
| 差量成本 | 500 |  |

由表10-7不难看出,该项成本决策以外购有利。

(五) 半成品是进一步加工还是直接出售的成本决策分析

在某些企业里,经常会面临出售已经部分完成的半成品,或是进一步加工后再出售完工产品的选择问题,这类问题的决策,可采用差量成本法。但应注意的是:半成品在进一步加工前所发生的成本,不论是变动成本或固定成本,在决策分析中均属于无半成本,不必加以考虑。问题的关键,在于分析研究半成品需加工后所增加的收入是否超过进一步加工过程中所追加的成本。如果前者大于后者,则以进一步加工的方案较优;反之,则以出售半成品的方案为较优。

[例10-10] 某公司每年生产甲产品2 000件,每件单位变动成本4元,售价为6元。如果把甲产品进一步加工为乙产品,售价可提高到10元,但需追加单位变动成本3元,不需要增加任何固定成本。要求作出是直接出售还是进一步加工的成本决策。

采用差量成本法进行分析。

其一,差量收入=(10-6)×2 000=8 000元;

其二,差量成本=3×2 000=6 000元;

其三,8 000-6 000>0,说明进一步加工是合算的。

(六) 不同工艺进行加工的成本决策分析

企业的同一种产品或零件,按不同的工艺方案进行加工生产,其成本往往相差较大。采用先进的工艺方案,产量与质量当然会大大提高,但它需要使用高级的专用设备,单位变动成本较低,而固定成本则较高。采用一般的工艺方案,往往只需用普通的简易设备,单位变动成本可能较高,但固定成本较低。由此可见,不同工艺方案的选择必须同产品加工的批量和大小联系起来进行分析研究,才能作出比较正确的决策。

[例 10-11] 某企业决定生产甲产品,现将该产品的加工任务交给某生产部门。经调查,该部门有 A、B、C 三种型号的生产设备都可加工某种产品,有关资料如表 10-8 所示。

要求作出某产品应由哪种型号的设备进行加工的成本决策。

表 10-8 产品有关资料　　　　　　　　　　金额单位:元

| 摘 要 | 每次调整准备费 | 每件产品加工费 |
| --- | --- | --- |
| A 型机床 | 50 | 2.0 |
| B 型机床 | 100 | 1.2 |
| C 型机床 | 300 | 0.4 |

假设采用 A、B、C 型机床加工的成本分别为 $y_a$、$y_b$、$y_c$,又设甲产品每批的需要量为 $X$,则:

$$\begin{cases} y_a = 50 + 2x \\ y_b = 100 + 100 + 1.2x \\ y_c = 300 + 0.4x \end{cases}$$

解该方程,得:

$$x = 62.5(件) \quad \text{或} \quad 156.25(件) \quad \text{或} \quad 250(件)$$

以上计算结果表明:甲产品的加工批量若在 62.5 件以下,用 A 型机床加工较为有利;加工批量若在 62.5 件以上、250 件以下,则用 B 型机床加工较为有利;加工批量若在 250 件以上,则用 C 型机床加工较为有利。

(七) 产品组合成本决策

如何将有限的生产资源加以充分利用,并在各种产品之间作有利分配,是企业成本决策的一项重要内容。企业在生产中经常会遇到设备能力、原材料来源、动力供应、熟练劳动力等方面的限制,最优的产品组合就成为需要研究的主要课题。

[例 10-12] 某厂生产甲、乙两种产品一批,产量分别为 150 件和 200 件;所用原材料 A、B 两种规格的金属板,A 金属板每张 27 元,可裁制甲产品 2 件和乙产品 4 件;B 金属板每张 45 元,可裁制甲、乙产品各 5 件。根据上述资料,作出使这批产品材料成本最低的成本决策。

设领用 A 规格的金属板 $x$ 张,B 规格的金属板 $y$ 张,则可制成甲产品 $(2x+5y)$ 件,乙产品 $(4x+5y)$ 件。这批产品的材料成本为 $(27x+45y)$ 元。

现在,既要保证完成生产任务,又要使材料成本最低。那么,在

$$\begin{cases} 2x+5y \geqslant 150 \\ 4x+5y \geqslant 200 \\ x > 10 \\ y > 10 \end{cases}$$

的条件下，求 $x$、$y$ 的值，使材料成本 $C_{\min} = 27x + 45y$ 为最小。

将有关资料绘入图 10-2 的平面直角坐标上。即将组成约束条件的前两个方程化为等式，在平面直角坐标系中作直线 $L_1$ 和 $L_2$，使

$$L_1: 2x + 5y = 150$$

$$L_2: 4x + 5y = 200$$

则 $L_1$ 和 $L_2$ 的交点 $D$ 的坐标：$x = 25$、$y = 20$，即为满足约束条件下的最低材料成本。

$$C_{\min} = 27 \times 25 + 45 \times 20 = 1\,575(元)$$

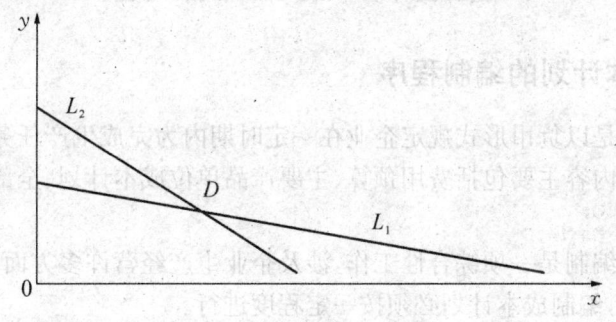

图 10-2　最低材料成本

### 【问题与思考 10-1】

成本是企业在一定时期内为生产产品而耗费的生产费用，从成本与产量的关系来看，成本可以分为变动成本和固定成本。在一般情况下，比较方案中的固定成本和变动成本是不同的，我们把需要比较的方案归纳为以下两种类型，如表 10-9 所示。

表 10-9　成本方案类型

| | | | |
|---|---|---|---|
| 固定成本 | $F_1 < F_2$ | 或 | $F_1 > F_2$ |
| 单位变动成本 | $V_1 > V_2$ | | $V_1 < V_2$ |

成本重合点可按下式计算：$C_1 = C_2$，$F_1 + V_1 X_1 = F_2 + V_2 X_1$（$X_1$ 为成本重合点的产量）。因为 $X = \dfrac{F_2 - F_1}{V_1 - V_2}$（成本重合点公式），成本重合点是一个分界点，若产

品产量在分界点以下,则选择固定成本小的方案;若产品产量在分界点以上,则选择固定成本大的方案。这种方法可以应用到很多方面,如不同生产方法的选择、不同设备的选择、企业自制零件与外购零件的选择、半成品出售或进一步加工的选择等,都可以根据这一原则进行分析选择。

要求:
(1) 举例验证以上选择方案的标准。
(2) 如果是三个方案比较,则可能有几个成本重合点,请说明此时选择方案的标准。
(3) 如果是 $n(n>3)$ 个方案比较,则成本重合点可能有多少个?请说明理由。

资料来源:中国会计学会编:《中国会计研究文献摘编:成本与管理会计卷》,东北财经大学出版社 2002 年版,第 346 页。

## 第三节　成　本　计　划

### 一、成本计划的编制程序

成本计划是以货币形式规定企业在一定时期内为完成生产任务所应达到的成本水平。它的内容主要包括费用预算、主要产品单位成本计划、全部商品产品成本计划等。

成本计划编制是一项综合性工作,涉及企业生产经营许多方面,又具有较强的技术性。因此,编制成本计划必须按一定程度进行。

(一) 搜集和整理资料

搜集和整理资料是编制成本计划的基础工作,应搜集的资料主要包括:
(1) 可比产品上期成本计划执行情况及其分析资料。
(2) 计划期各种直接材料、直接人工消耗定额和工时定额。
(3) 企业降低成本的要求以及企业测算的目标成本。
(4) 与成本计划有关的其他生产经营计划资料。
(5) 同类企业、同类产品成本水平资料。

(二) 预计分析上年成本计划执行情况

编制当期成本计划之前,在预测分析上年成本计划执行情况的基础上,总结经验,发现问题,找出差距,发动职工提出降低成本的措施。

(三) 进行成本降低指标的试算平衡

在对上年成本执行情况进行分析的基础上,根据各项成本降低措施,测算计划期成本可能降低的数据和幅度,再结合计划期内各种因素的变化和准备采取的各种增产节约措施,进行修订、测算和平衡。

### （四）正式编制成本计划

在成本降低指标试算平衡后，财务部门可以在其他部门配合下，正式编制企业的成本计划，并经企业领导批准后，组织实施。

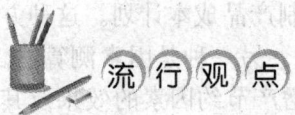

## 关于计划与预算

美国人哈罗德与海因茨所著的《管理学》将预算与计划定义为："计划就是预先决定要去做什么，如何做，何时做和由谁做。它分为总目标或使命、一定时期的目标、策略、政策、规则、程序、规划和预算等几类。预算，作为一种计划，是以数字表示预期结果的一种说明书，它也可称为'数字化'的计划。"①

许毅、杨纪琬等主编的《现代管理会计手册》将预算定义为："经营决策所确定的目标或计划，通过有关数据用货币金额具体地、系统地反映出来。简言之，预算是经营决策的具体化。""严格地说，计划与预算是有区别的：计划是完成企业决策目标的方法，它可以用实物计量单位或货币计量单位表示；预算是完成目标方法的货币表现，主要是用货币计量单位反映。""有时，预算与计划不是十分严格区别，财务预算也称为财务计划。"②，显然，许毅和杨纪琬先生认为预算是计划的货币表现。

马洪、孙尚清主编的《经济与管理大辞典》将计划定义为："对未来事件、工作的预计和筹划。是进行未来生产和工作的尺度、准则和目标。"③将预算定义为："经法定程度批准的政府、机关、团体和事业单位在一定时期内的财政收支计划。"④这里，预算是对收支的计划，属于计划的一个方面。

李天民编著的《管理会计学概论》对预算与计划的论述为："西方企业的规划，通常包括两个部分：一部分是用文字加以说明的，叫做'计划'（plan）；另一部分则是用数字和表格加以反映的，叫做'预算'（budget）。因此，预算就是计划的数量说明（不只是金额的反映），计划是预算的文字说明。"⑤

---

① 哈罗德、海因茨著：《管理学》，中国社会科学出版社 1987 年版，第 182 页。
② 许毅、杨纪琬等：《现代管理会计手册》，辽宁人民出版社 1992 年版，第 281~282 页。
③ 马洪、孙尚清：《经济与管理大辞典》，中国社会科学出版社 1985 年版，第 144 页。
④ 马洪、孙尚清：《经济与管理大辞典》，中国社会科学出版社 1985 年版，第 288 页。
⑤ 李天民编著：《管理会计学概论》，立信会计出版社 1993 年版，第 235 页。

## 二、成本计划的编制方法

编制成本计划的方法,因各企业的情况而异,主要分为两种:一种是直接计算法。它是根据各项消耗定额、费用预算等资料,按照成本组成项目,采用一定的成本计算方法,详细计算各种产品的计划成本,然后汇总编制产品成本计划。这种方法适用于企业的各项消耗定额和计划资料较齐全的情况。另一种是因素测算法。它是根据各项增产节约措施计划,通过分析测算出各项增产节约因素的效果及其对降低成本的影响,然后据以调节上年成本,编制成本计划。这种方法在企业各项资料和各项消耗定额不齐全的情况下采用。

(一)直接计算法编制成本计划

直接计算法按企业核算分级方式又可分为集中编制法和分级编制法两种。

1. 集中编制法

小型企业一般实行一级成本核算,可由财会部门按一级核算的要求直接编制企业成本计划。首先财务部门根据各项消耗定额及有关资料,直接编制单位产品成本计划,然后再编制商品产品成本计划。

(1)单位产品成本计划的编制。对单位产品成本计划进行编制,是通过按成本项目分项具体结合各项资料及定额成本编制,各成本项目内容的计划数相加,即为单位产品计划成本。

(2)商品产品成本计划的编制。商品产品成本计划是根据单位产品成本计划和生产计划计算编制的,是在计算可比产品与不可比产品单位成本的基础上,计算其各种产品的总成本及可比产品成本的降低额和降低率。

集中编制法的程序如图10-3所示。

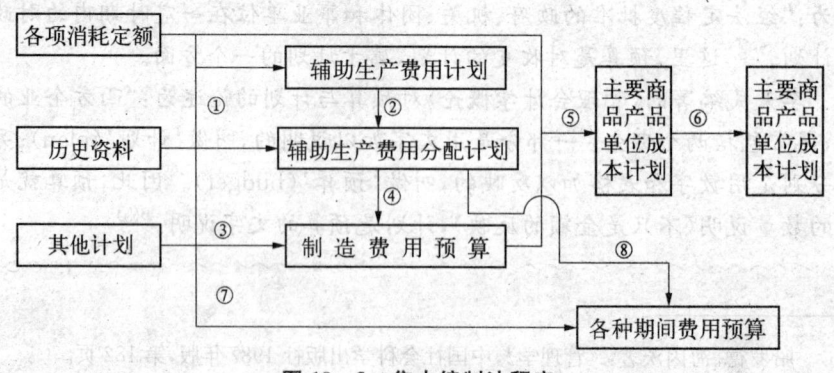

图10-3 集中编制法程序

2. 分级编制法

大中型企业一般实行分级核算,在编制成本计划时,一般由各车间根据财务部门下达的控制数字,编制车间成本计划,再由财务部门汇总编制全厂成本计划。

分级编制法的程序如图10-4所示。

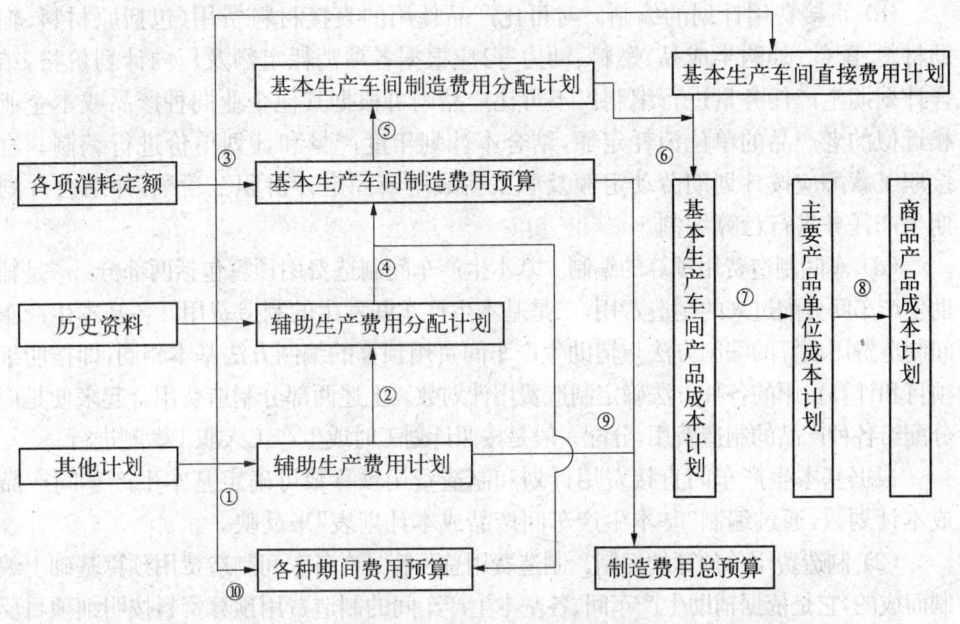

**图10-4 分级编制法的程序**

(1) 车间成本计划的编制。车间成本计划包括辅助生产车间成本计划和基本生产车间成本计划两种。

(a) 辅助生产车间成本计划的编制。辅助生产费用预算的编制,是为了适应编制全厂制造费用预算的需要,各项费用一般按成本项目编制,同时还需要按费用要素来反映。对于有消耗定额的费用项目,可按计划期的计划产量、单位产品(劳务)消耗定额和计划单位计算,如原材料、燃料、动力等直接材料费用以及直接人工费用。辅助生产车间的制造费用是综合性费用,内容比较复杂。如果没有消耗定额和开支标准,可根据上年资料和计划年度节约费用的要求进行匡算;如果有规定开支标准,则按有关标准计算编制。辅助生产车间耗用其他辅助生产车间提供的劳务或产品,其数额可以根据计划耗用量和内部结算价格计算确定。

辅助生产车间费用预算编制完后,应把全部费用分配给各有关受益单位。分配方法是先计算辅助生产车间所提供的产品或劳务的计划单位成本,再根据各受益单位的基本生产车间、部门需要的计划产品或劳务数量,计算各受益单位应分配的辅助生产车间的辅助生产费用。

(b) 基本生产车间成本计划的编制。基本生产成本计划要分别各车间来编制。各基本生产车间在编制成本计划时,应先将直接费用按产品类别编制直接费用计划,再将制造费用按费用项目编制制造费用预算,并按一定标准(如定额工时、直接人工等)在各产品之间进行分配,然后编制车间产品成本计划。

(c) 直接费用计划的编制。对可比产品耗用的直接材料费用(包括原材料、辅助材料、配件、外购半成品、燃料、动力等)应根据各项消耗定额及厂内计划价格,结合计划期生产任务量进行编制。不可比产品则可根据其他企业同种产品或本企业相近似的老产品的单位消耗定额,结合本计划年度产量和计划单价进行编制。直接职工薪酬应按计划期劳动定额及职工薪酬率或固定计价职工薪酬,并结合计划期生产任务进行计算编制。

(d) 车间制造费用预算的编制。基本生产车间制造费用预算包括两部分:一是辅助生产车间分配过来的制造费用,二是基本生产车间发生的制造费用。各基本生产车间制造费用预算的编制方法与辅助生产车间费用预算的编制方法基本相同,即按明细项目和计算费用的各种方法确定制造费用计划数。上述两部分制造费用合起来便是应分配给各种产品的制造费用,分配一般是按照计划工时或生产工人职工薪酬进行。

根据基本生产车间直接费用计划和制造费用预算数可确定基本生产车间产品成本计划数,通过编制"基本生产车间产品成本计划表"来反映。

(2) 制造费用总预算的编制。制造费用总预算是在各车间制造费用预算基础上编制而成的,它是依据辅助生产车间、各基本生产车间的制造费用预算资料按明细项目反映的数额进行分项汇总列示。在汇总编制时应注意扣除内部转账部分,即各车间相互分配重复计算的部分。扣除内部转账部分有两种方法:一是各车间制造费用预算数中增设分配费用一栏,用来登记其他车间分配来的费用,汇总时不包括该栏费用;二是在制造费用总预算表中设置"减:内部转账"栏,根据有关费用分配表数字分析填列。

通过编制制造费用总预算,可作为控制和监督制造费用未来发生数的标准,将实际制造费用与制造费用预算数额进行比较,可以评价制造费用实际支出情况,查明超支或节约的原因。

(3) 全厂成本计划的编制。全厂成本计划是在各车间成本计划编制的基础上编制的,由企业财务部门负责编制,包括主要产品单位成本计划、全部商品产品成本计划。

主要产品单位成本计划是根据各基本生产车间成本计划,分产品和成本项目加以汇总编制。在采用逐步结转分步法时,最后一个基本生产车间产品的计划单位成本即为该产品的计划单位成本。如果需要按原始成本项目反映产品成本,则要将最后一个车间的计划成本中的"自制半成品"项目逐步分解后再编制。在采用平行结转分步法时,将各基本生产车间同一产品的单位成本的相同项目相加即为该产品的计划单位成本。

全部商品产品成本计划的编制,通常有两种方法:一是按照"主要产品单位成本计划表"的内容按成本项目进行编制,可以反映企业产品成本的构成及各成本项目的增减变动情况;二是按产品类别进行编制,可以反映各种产品成本计划数及可比产品较上年成本升降情况。

[例10-13] 汇丰公司有两个基本生产车间和一个机修辅助生产车间。该公司生产甲产品和乙产品,原材料在每个车间生产开始时一次投入,甲产品需要顺序经过基本生产一车间和基本生产二车间加工后得到完工产成品,每个车间在产品完工程度均按50%计算,乙产品只需经过基本生产一车间加工完成。该公司甲产品的成本计算采用平行结转分步法,间接费用按生产工时比例分配。现在公司拟编制下一年度的成本计划,下一计划年度有关资料如下:

计划年度公司继续生产甲产品和乙产品,各产品的计划产量如表10-10所示,各产品消耗定额及计划单价如表10-11所示,期初在产品成本资料如表10-12所示。

表10-10 各产品计划产量表

20××年　　　　　　　　　　　　　　　　　　　　　　　　　　　单位:件

| 车间名称 | 产品名称 | 期初在产品 | | 本期投入 | | 本期完工 | 期末在产品 | |
|---|---|---|---|---|---|---|---|---|
| | | 投料产量 | 约当产量 | 投料产量 | 约当产量 | | 投料产量 | 约当产量 |
| 一车间 | 甲产品 | 100 | 50 | 450 | 500 | 550 | 0 | 0 |
| | 乙产品 | | | 200 | | 200 | | |
| 二车间 | 甲产品 | | | 550 | | 550 | | |

注:本期投入人工和制造费用的约当产量为:500件=(550-100×50%)。

表10-11 各产品消耗定额及计划单价

20××年

| 项　目 | 单　位 | 计划单价 | 单位消耗定额 | | | |
|---|---|---|---|---|---|---|
| | | | 甲 产 品 | | | 乙产品 |
| | | | 一车间 | 二车间 | 合　计 | 一车间 |
| 直接材料 | | | | | | |
| A材料 | 千克 | 5 | | 1 | 1 | |
| B材料 | 千克 | 2 | 3 | | 3 | |
| C材料 | 千克 | 3 | | | | 2 |
| 直接人工 | 工时 | | 2 | 3 | 5 | 3 |

注:一车间和二车间计划每小时职工薪酬率为2美元和1美元。

表 10-12　期初在产品成本资料

20××年

| 车间 | 产品 | 数量 | 成本项目 | 单位 | 单件消耗量 | 金额(元) |
|---|---|---|---|---|---|---|
| 一车间 | 甲产品 | 100 | 直接材料(B材料) | 千克 | 3.275 | 655 |
| | | | 直接人工 | 工时 | 2.55 | 255 |
| | | | 制造费用 | | | 300 |
| | | | 合　计 | | | 1 210 |

根据上述资料采用分级编制法编制计划年度成本计划。

(1) 车间成本计划的编制。

(a) 辅助生产车间成本计划编制。该公司机修车间主要任务是为全公司内部各部门进行设备、仪器的修理。本年度机修车间生产费用计划数为 6 000 元,计划规定为第一车间服务 1 500 小时,为第二车间服务 900 小时,为行政管理部门服务 600 小时。辅助生产车间成本计划如表 10-13 所示。

表 10-13　辅助生产车间成本计划

车间名称：机修车间　　　　20××年　　　　　　　　金额单位：元

| 费用项目 | 计划数额 | 辅助生产费用分配 | | | |
|---|---|---|---|---|---|
| | | 受益单位 | 修理工时 | 分配率 | 金　额 |
| 直接材料 | 2 000 | 基本生产一车间 | 1 500 | | 3 000 |
| 直接人工 | 2 000 | 基本生产二车间 | 900 | | 1 800 |
| 制造费用 | | 行政管理部门 | 600 | | 1 200 |
| 1. 职工薪酬 | 600 | | 3 000 | 2 | 6 000 |
| 2. 劳动保护费 | 100 | | | | |
| 3. 折旧 | 1 000 | | | | |
| 4. 低值易耗品 | 100 | 计划单位成本=$\frac{费用计划数额}{修理工时计划数}$ | | | |
| 5. 办公费 | 200 | 某部分应承担的费用=耗用修理工时数×计划单位成本 | | | |
| 合　计 | 6 000 | | | | |

(b) 基本生产车间成本计划的编制。首先编制各车间直接费用计划；然后,编制各车间的制造费用预算,并在各产品之间进行分配；最后编制各车间的产品成本计划。

一车间生产成本计划如表 10-14、表 10-15、表 10-16、表 10-17 和表 10-18 所示。

表 10-14 基本生产一车间直接费用计划

产品：甲产品　　　　　　　　　　　　　　　　　　　金额单位：元

| 项目 | 计量单位 | 期初在产品 | | | 单价 | 本期生产费用 | | | | | 完工产成品 | | | | | 期末在产品 | | |
|---|---|---|---|---|---|---|---|---|---|---|---|---|---|---|---|---|---|---|
| | | | | | | 单位成本 | | 生产费用总额 | | | | 总成本 | | 单位成本 | | | | |
| | | 产量 | 消耗量 | 金额 | | 消耗量 | 金额 | 产量 | 消耗量 | 金额 | 产量 | 消耗量 | 金额 | 消耗量 | 金额 | 约当产量 | 消耗量 | 金额 |
| 栏次 | | (1) | (2) | (3) | (4) | (5) | (6) | (7) | (8) | (9) | (10) | (11) | (12) | (13) | (14) | (15) | (16) | (17)(18) |
| 直接材料 | | | | | | | | | | | | | | | | | | |
| B材料 | 千克 | 100 | 327.5 | 655 | 2 | 3 | 6 | 450 | 1 350 | 2 700 | 550 | 1 677.5 | 3 355 | 3.05 | 6.1 | | | |
| 直接人工 | 工时 | 100 | 100 | 255 | 2 | 2 | 4 | 500 | 1 000 | 2 000 | 550 | 1 100 | 2 255 | 2 | 4.1 | | | |
| 合　计 | | | | 910 | | | 10 | | | 4 700 | | | 5 610 | | 10.2 | | | |

表 10-15 基本生产一车间直接费用计划

产品：乙产品　　　　　　　　20××年　　　　　　　　金额单位：元

| 项目 | 计量单位 | 单价 | 单位成本 | | 总成本 | | |
|---|---|---|---|---|---|---|---|
| | | | 消耗量 | 金额 | 产量 | 消耗量 | 金额 |
| | | (1) | (2) | (3)=(1)×(2) | (4) | (5)=(4)×(2) | (6)=(5)×(1) |
| 直接材料 | | | | | | | |
| C材料 | 千克 | 3 | 2 | 6 | 200 | 400 | 1 200 |
| 直接人工 | 工时 | 2 | 3 | 6 | 200 | 600 | 1 200 |
| 合　计 | | | | 10 | | | 2 400 |

表 10-16 基本生产一车间制造费用预算表

20××年　　　　　　　　　　　　　　金额单位：元

| 明细项目 | 职工薪酬 | 办公费 | 折旧费 | 修理费 | 检验费 | 消耗材料 | 其他 | 合计 |
|---|---|---|---|---|---|---|---|---|
| 金　额 | 1 000 | 200 | 1 000 | 3 000 | 200 | 500 | 100 | 6 000 |

表 10-17 基本生产一车间制造费用分配表

20××年　　　　　　　　　　　　　　　　　金额单位：元

| 产品名称 | 本期生产工时消耗 | 分配率 | 制造费用 | | | 约当产量 | | | 分配率 | 制造费用分配 | |
| --- | --- | --- | --- | --- | --- | --- | --- | --- | --- | --- | --- |
| | | | 本期数 | 期初数 | 合计 | 完工产品 | 期末在产品 | 合计 | | 完工产品 | 期末在产品 |
| | (1) | (2) | (3) | (4) | (5) | (6) | (7) | (8) | (9) | (10) | (11) |
| 甲产品 | 1 000 | | 3 000 | 300 | 3 300 | 550 | | | 6 | 3 300 | |
| 乙产品 | 1 000 | | 3 000 | | 3 000 | 200 | | | 15 | 3 000 | |
| 合计 | 2 000 | 3 | 6 000 | | | | | | | | |

表 10-18 基本生产一车间产品成本计划

20××年　　　　　　　　　　　　　　　　　金额单位：元

| 项目 | 甲产品 计划产量 550 件 | | 乙产品 计划产量 200 件 | | 计划总成本 |
| --- | --- | --- | --- | --- | --- |
| | 单位成本 | 总成本 | 单位成本 | 总成本 | |
| 直接材料 | 6.1 | 3 355 | 6 | 1 200 | 4 555 |
| 直接人工 | 4.1 | 2 255 | 6 | 1 200 | 3 455 |
| 制造费用 | 6 | 3 300 | 15 | 3 000 | 6 300 |
| 合计 | 16.2 | 8 910 | 27 | 5 400 | 14 310 |

第二车间生产成本计划如表 10-19、表 10-20 和表 10-21 所示。

表 10-19 基本生产二车间直接费用计划

产品：甲产品　　　　　　　20××年　　　　　　　　金额单位：元

| 项目 | 计量单位 | 单价 | 单位成本 | | 总成本 | | |
| --- | --- | --- | --- | --- | --- | --- | --- |
| | | | 消耗量 | 金额 | 产量 | 消耗量 | 金额 |
| | | (1) | (2) | (3)=(1)×(2) | (4) | (5)=(4)×(2) | (6)=(5)×(1) |
| 直接材料 | | | | | | | |
| A 材料 | 千克 | 5 | 1 | 5 | 550 | 550 | 2 750 |
| 直接人工 | 工时 | 1 | 3 | 3 | 550 | 1 650 | 1 650 |
| 合计 | | | | 8 | | | 4 400 |

表 10-20　基本生产二车间制造费用预算表

20××年　　　　　　　　　　　　　　　　　　　　　　金额单位：元

| 明细项目 | 职工薪酬 | 办公费 | 折旧费 | 修理费 | 检验费 | 消耗材料 | 其他 | 合计 |
|---|---|---|---|---|---|---|---|---|
| 金　额 | 500 | 100 | 800 | 1 800 | 100 | 500 | 50 | 3 850 |

表 10-21　基本生产二车间产品成本计划

20×4年　　　　　　　　　　　　　　　　　　　　　金额单位：元

| 项　目 | 甲产品 计划产量 550 件 | | 计划总成本 |
|---|---|---|---|
|  | 单位成本 | 总成本 |  |
| 直接材料 | 5 | 2 750 | 2 750 |
| 直接人工 | 3 | 1 650 | 1 650 |
| 制造费用 | 7 | 3 850 | 3 850 |
| 合　计 | 15 | 8 250 | 8 250 |

(2) 制造费用总预算的编制。制造费用总预算如表 10-22 所示。

表 10-22　制造费用总预算表

20××年　　　　　　　　　　　　　　　　　　　金额单位：元

| 明细项目 | 辅助生产车间 | 一车间 | 二车间 | 减内部转账 | 合计 |
|---|---|---|---|---|---|
| 职工薪酬 | 600 | 1 000 | 500 |  | 2 100 |
| 劳动保护费 | 100 |  |  |  | 100 |
| 折旧 | 1 000 | 1 000 | 800 |  | 2 800 |
| 低值易耗品 | 100 |  |  |  | 100 |
| 办公费 | 200 | 200 | 100 |  | 500 |
| 修理费 |  | 3 000 | 1 800 | 4 800 | 0 |
| 检验费 |  | 200 | 100 |  | 300 |
| 消耗材料 |  | 500 | 500 |  | 1 000 |
| 其他 |  | 100 | 50 |  | 150 |
| 合　计 | 2 000 | 6 000 | 3 850 | 4 800 | 7 050 |

(3) 全厂成本计划的编制。全厂成本计划包括主要产品单位成本计划和商品产品成本计划。财会部门对各车间编制的成本计划进行审查后,综合编制全厂成本计划。

主要产品成本计划是根据各基本生产车间的产品成本计划汇总编制的。各主要产品成本计划如表 10-23 和表 10-24 所示。

表 10-23 主要产品单位成本计划

产品名称:甲产品
计划产量:550 件　　　　　　　　　　20××年　　　　　　　　　　金额单位:元

| 成本项目 | 行次 | 单位成本 | | 降低额 | 降低率(%) |
| --- | --- | --- | --- | --- | --- |
| | | 上年预计平均 | 本年计划 | | |
| 直接材料 | 1 | 13 | 11.1 | 1.9 | 14.62 |
| 直接人工 | 2 | 8 | 7.1 | 0.9 | 11.25 |
| 制造费用 | 3 | 15 | 13.0 | 2.0 | 13.33 |
| 制造成本 | 4 | 36 | 31.2 | 4.8 | 13.33 |

表 10-24 主要产品单位成本计划

产品名称:乙产品
计划产量:200 件　　　　　　　　　　20××年　　　　　　　　　　金额单位:元

| 成本项目 | 行次 | 单位成本 | | 降低额 | 降低率(%) |
| --- | --- | --- | --- | --- | --- |
| | | 上年预计平均 | 本年计划 | | |
| 直接材料 | 1 | 7 | 6 | 1 | 14.29 |
| 直接人工 | 2 | 8 | 6 | 2 | 25 |
| 制造费用 | 3 | 16 | 15 | 1 | 6.25 |
| 制造成本 | 4 | 31 | 27 | 4 | 12.9 |

商品产品成本计划是根据各种产品单位成本计划,结合计划产量而编制的。既可按成本项目类别编制,也可按产品类别编制。可比产品需要根据上年平均单位成本和计划年度计划单位成本,计算可比产品的计划成本降低额和降低率指标。商品产品成本计划如表 10-25 所示。

表 10-25　商品产品成本计划(按产品类别)

20××年　　　　　　　　　　　　　　　　　　金额单位：元

| 产品名称 | 计划产量 | 单位成本 | | 总成本 | | | |
|---|---|---|---|---|---|---|---|
| | | 上年预计平均 | 本年计划 | 按上年预计平均单位计算 | 按本年计划单位成本计算 | 降低额 | 降低率(%) |
| | (1) | (2) | (3) | (4)=(2)×(1) | (5)=(3)×(1) | (6)=(4)-(5) | (7)=(6)÷(4) |
| 可比产品 | | | | | | | |
| 其中：甲产品 | 550 | 36 | 31.2 | 19 800 | 17 160 | 2 640 | 13.33 |
| 乙产品 | 200 | 31 | 27.0 | 6 200 | 5 400 | 800 | 12.90 |
| 不可比产品 | | | | | | | |
| 全部商品产品成本 | | | | 26 000 | 22 560 | | |

### (二) 因素测算法编制计划

因素测算法亦称"概算法"。它是根据企业各项增产节约措施计划，通过分析测算出各项增产节约措施对成本降低幅度的影响程序及其相应的经济效果，再据以调整上年实际(或预计)成本，编制成本计划。

因素测算法的步骤如下：

(1) 提出降低产品成本计划的要求。财会部门根据企业确定的成本指标或目标成本向各车间和部门提出降低产品成本的计划要求，各车间和部门向所属各基层单位(班组、工段)提出要求，以保证实现降低产品成本的要求。

(2) 编制基层单位降低成本的计划。各车间和部门根据有关部门和班组提出的增产节约措施，制定本单位的措施计划。

(3) 编制全厂产品成本计划。财务部门根据各基层单位上报的增产节约方案，企业上年度产品实际成本资料和本期的计划节约额，分成本项目调整计划，确定计划年度分成本项目的计划总成本、单位成本，同时确定可比产品成本计划降低额和降低率，汇总编制全厂产品成本计划。

**【经典案例】**

邯郸钢铁公司作为一家基础条件并不好的企业，能在激烈竞争的钢铁市场中脱颖而出，其成功经验主要采用"模拟市场核算，实行成本否决"的成本计

（续上）

划管理模式。自1991年起，邯郸钢铁公司在全公司推行"模拟市场核算，实行成本否决"的管理机制。其基本做法是：按市场能够接受的价格确定产品成本，采取"倒推"的办法，从后向前，通过和先进对比，挖掘潜力，测算出每道工序的目标成本，然后层层否决落实，直到每个职工。推行这一制度后，企业成本连年下降。邯钢的成本管理模式的中心内容是模拟市场和成本否决。所谓"模拟市场核算"，就是从产品在市场上被承认能接受的价格开始，一个工序一个工序剖析其潜在效益，从后向前核算，直到原材料采购。这里的核定，就是指确定各工序先进合理的消耗定额，旨在提高各工序的作业完成质量和效率。"成本否决"包括层层分解和否决两个内容。层层分解是指邯钢在目标成本制定后，二级厂把总厂下达的成本指标按成本构成要素逐项分解到有关科室、工段、班组及岗位个人，形成下一级保上一级的宝塔形指标体系，使全厂每个职工都要承担一定的成本指标，实行全员全过程的成本管理。它贯穿了成品的设计、生产、销售等过程，涉及设计、供应、生产、销售等部门。否决是指完不成成本指标，即使其他指标完成得再好，当月奖金全部否决，连续完不成成本指标，还要否决内部升级（职工薪酬）。邯钢通过"模拟市场，成本否决"，把市场压力和风险变成对内部各个环节和每个职工的压力和动力，全员参与市场竞争。

**案例讨论：**

(1) 说明邯钢的成本计划管理运用了目标成本管理的哪些原则。

(2) 通过邯钢的成本计划管理，讨论企业成本计划的意义。

# 本 章 小 结

预测是指人们用科学的方法预计、推测事物发展的趋势。而成本预测是根据企业现有的经济、技术条件和今后的发展前景，通过对影响成本变动的有关因素的分析测算，预计企业在未来一定期间内的成本水平和成本趋势。成本预测的方法一般分为定性预测和定量预测。定性预测是根据经验，对产品成本的形成、发展趋势、可能达到的成本水平所作的分析和推断；定量预测是根据过去的比较完备的历史资料，运用一定的数学方法进行科学的加工处理，借以充分揭示有关变量之间的规律性的联系。本章主要对定量预测方法作了介绍，它主要包括高低点法、回归分析法、趋势预测分析法。

现代管理理论认为，管理的重点在经营，经营的中心是决策。成本决策是企业经营决策的重要组成部分。成本决策是在成本预测的基础上，根据内部潜力,制定优化成本的多种可行性方案,运用决策理论和方法,对多种方案进行比较分析,从中选择最优方案的过程。各种决策的目的不同,应用的具体方法也不同,常用的方法有差量成本分析、决策表分析、最优生产批量的成本决策分析等。

成本计划是企业生产经营计划的一部分,它是企业成本管理中的重要内容;它是以货币形式规定企业在一定时期内完成生产任务所需耗费的生产费用额。成本计划一经确定,对各车间与部门便具有约束力。成本是企业对生产耗费进行控制和考核的重要依据。同时成本计划是编制企业其他有关生产经营计划的基础。本章主要介绍了直接计算法编制成本计划和因素测算法编制成本计划。

## 复习思考题

1. 什么是成本预测?其程序怎样?
2. 成本预测的方法有哪些?
3. 什么是成本决策?其程序怎样?
4. 什么是成本计划?编制成本计划的程序怎样?
5. 成本计划的编制方法分几种?

## 案例讨论题

北京机床厂专门制造镗床,其中某项零件过去都是自制,全年需要量为6 400个。现在有某外商愿意提供该项零件,索价每个25元。公司要求财会部门就此项零件编制最近1年的实际成本表,以便决定取舍。成本表的数据如表10-26所示。

表10-26 成 本 表　　　　　　　金额单位:元

| 成 本 项 目 | 金 额 | 成 本 项 目 | 金 额 |
|---|---|---|---|
| 直接材料 | 9 | 其中:专属固定费用 | 3 |
| 直接人工 | 7 | 共同固定费用 | 5 |
| 变动性制造费用 | 4 | 单位成本 | 28 |
| 固定性制造费用 | | | |

要求:
(1)假定北京机床厂停止生产该项零件,生产该零件的有关生产设备别无其

他用途,那么该厂应否向外商购入该项零件?请用数据加以证明。

(2) 假定该厂停止生产该项零件,其有关生产设备可用于生产另一新产品,每年可提供毛利 15 800 元(毛利是指收入减去变动费用包括直接材料、直接人工和变动制造费用),那么,北京机床厂应否向外商购入该项零件?请说明理由。

(3) 假定某公司每年需要甲种零件,由一台设备分批生产,有关资料如表10-27 所示。

表 10-27 数量及成本资料

| 摘 要 | 甲零件 | 摘 要 | 甲零件 |
| --- | --- | --- | --- |
| 全年需要量 | 36 000 个 | 每日产量 | 300 个 |
| 每批调整准备成本 | 200 元 | 每日领用量 | 100 个 |
| 每个零件全年平均储存成本 | 3 元 | | |

要求:

(1) 确定甲零件的最优生产批量。

(2) 推导出计算甲零件全年调整准备成本和储存成本最低的计算公式,确定甲零件全年的最低成本。

# 同步测试题

一、单项选择题

1. 采用高低点法的前提是( )。
A. 企业产品成本的变动趋势较为稳定的情况下
B. 企业各期成本变动幅度较大的情况下
C. 没有限制条件
D. 适用小企业

2. ( )是根据本期的实际数和以前对本期的预测数来确定下期预测数的一种方法,是以过去的发展规律来反映未来的变化趋势。
A. 指数平滑法  B. 加权平均法
C. 移动平均趋势预测  D. 回归分析法

3. ( )是指一个备选方案的预期成本与另一个备选方案的预期成本之间的差额数。
A. 差量成本  B. 边际成本  C. 机会成本  D. 相关成本

4. 成本计划的集中编制法适用于( )。

A. 小型分级核算的企业　　　　B. 大型分级核算的企业
C. 小型集中核算的企业　　　　D. 都可以采用
5. 不同方案的经济利益，一般可以通过计算其（　）明显地反映出来。
A. 机会成本　　B. 沉没成本　　C. 边际成本　　D. 差量成本

二、多项选择题
1. 成本预测的方法可分为（　）。
A. 定性预测方法　　　　　　　B. 调查判断法
C. 分析判断法　　　　　　　　D. 定量预测方法
2. 常用于定量成本预测的数学模型有（　）。
A. 因果关系模型　　　　　　　B. 时间关系模型
C. 结构关系模型　　　　　　　D. 回归分析模型
3. 相关成本是进行成本决策时必须考虑的各种形式的未来成本，如（　）。
A. 机会成本　　　　　　　　　B. 估算成本
C. 沉没成本　　　　　　　　　D. 差量成本
4. 在最优生产批量的决策中，主要应考虑的成本因素有（　）。
A. 调整准备成本　　　　　　　B. 变动成本
C. 储存成本　　　　　　　　　D. 固定成本
5. 成本计划的编制方法有（　）。
A. 直接计算法　　　　　　　　B. 因素测算法
C. 集中编制法　　　　　　　　D. 分级编制法

三、判断题
1. 成本变动趋势预测方法有高低点法、加权平均法、回归分析法等。（　）
2. 最优生产批量决策是要使调整准备成本和储存成本达到最低。（　）
3. 高低点法是指以历史成本资料中成本最高和最低两个时期的成本数据为依据。（　）
4. 指数平滑法是以过去的发展规律来反映未来的变化趋势。（　）
5. 沉没成本是无法由现在或将来的任何决策所能变更的成本。（　）
6. 沉没成本属于相关成本。（　）
7. 因素测算法在企业各项资料和各项消耗定额不齐全的情况下采用。
（　）
8. 辅助生产车间费用预算编制完后，应把全部费用分配给各有关受益单位。
（　）
9. 调整准备成本与每批生产量的多少有直接的联系。（　）
10. 可避免成本是指通过管理当局的决策行动可改变其数额的成本。（　）

## 四、业务题

1. 某企业20×8年7~12月甲产品产量和总成本资料如表10-28所示。

表10-28 甲产品产量和总成本资料

| 月 份 | 产量(件) | 总成本(元) | 月 份 | 产量(件) | 总成本(元) |
|---|---|---|---|---|---|
| 7 | 300 | 300 000 | 10 | 335 | 332 000 |
| 8 | 315 | 310 000 | 11 | 345 | 340 000 |
| 9 | 330 | 320 000 | 12 | 360 | 354 000 |

要求:

(1) 采用高低点法确定甲产品总成本方程,并测算次年1月份生产甲产品500件的总成本和单位成本。

(2) 采用回归分析法确定甲产品总成本方程,并测算500件甲产品的总成本。

2. 某企业每年需要甲零件500件,如果从市场购入,每件进价40元。如果由企业剩余生产能力自行生产,则每件需要耗用直接材料20元,直接人工10元,变动制造费用8元。

要求:

(1) 依据以上资料作出是自制还是外购的成本决策。

(2) 假设企业自制甲零件每年需要增加专属固定成本为1 000元。请作出自制或是外购的成本决策。

(3) 假设企业将设备对外出租,每年可取得租金收入2 000元。请作出自制或外购的成本决策。

3. 成本是企业在一定时期内为生产产品而耗费的生产费用。从成本与产量的关系来看,成本可以分为变动成本和固定成本。在一般情况下,比较方案中的固定成本和变动成本是不同的,我们把需要比较的方案归纳为以下两种类型,如表10-29所示。

表10-29 成本资料表

| | | |
|---|---|---|
| 固定成本 | $F_1 < F_2$ | $F_1 > F_2$ |
| 单位变动成本 | $V_1 > V_2$ | $V_1 < V_2$ |

成本重合点可按下式计算:$C_1 = C_2$,$F_1 + V_1 X_1 = F_2 + V_2 X_1$($X_1$ 为成本重合点的产量)。因为 $X = \dfrac{F_2 - F_1}{V_1 - V_2}$(成本重合点公式),成本重合点是一个分界点,如果产品产量在分界点以下,则选择固定成本小的方案;如果产品产量在分界点以上,

则选择固定成本大的方案。这种方法可以应用到很多方面,如不同生产方法的选择、不同设备的选择、企业自制零件与外购零件的选择、半成品出售或进一步加工的选择等,都可以根据这一原则进行分析选择。

要求:

(1) 举例验证以上选择方案的标准。

(2) 如果是三个方案比较,则可能有几个成本重合点。请说明此时选择方案的标准。

(3) 如果是 $n(n>3)$ 个方案比较,则成本重合点可能有多少个? 请说明理由。

4. Huron 公司计划年度生产可比的甲产品和新品种的乙产品,公司有两个基本生产车间和一个辅助生产车间。甲产品需经过基本生产一车间和基本生产二车间加工就可完成,直接材料在一车间生产开始时一次投入,乙只需经过基本生产二车间的加工就可完工。该公司采用分级编制法编制成本计划,产品成本计算采用平行计算产品成本法。有关资料如表 10-30、表 10-31、表 10-32、表 10-33 和表 10-34 所示。

(1) 产量资料。

表 10-30 产 量 资 料

| 车间名称 | 产品名称 | 期初在产品 | | 本期投入 | | 本期完工 | 期末在产品 | |
|---|---|---|---|---|---|---|---|---|
| | | 投料产量 | 约当产量 | 投料产量 | 约当产量 | | 投料产量 | 约当产量 |
| 一车间 | 甲产品 | 40 | 20 | 200 | 190 | 180 | 60 | 30 |
| | 乙产品 | | | 80 | 80 | 80 | | |
| 二车间 | 甲产品 | | | 180 | 200 | 180 | | |

(2) 单位产品的消耗定额资料。

表 10-31 单位产品消耗定额

| 项 目 | 单 位 | 计划单价 | 单位消耗定额 | | | |
|---|---|---|---|---|---|---|
| | | | 甲产品 | | | 乙产品 |
| | | | 一车间 | 二车间 | 合 计 | 一车间 |
| 直接材料 | | | | | | |
| A 材料 | 千克 | 10 | 50 | | 50 | |

(续表)

| 项目 | 单位 | 计划单价 | 单位消耗定额 | | | |
|---|---|---|---|---|---|---|
| | | | 甲产品 | | | 乙产品 |
| | | | 一车间 | 二车间 | 合计 | 一车间 |
| B材料 | 千克 | 20 | | 20 | 20 | |
| C材料 | 千克 | 40 | | | | 10 |
| 直接人工 | 工时 | | 40 | 50 | 90 | 20 |

注：一车间和二车间计划每小时职工薪酬率为2美元和3美元。

（3）期初在产品成本资料。

表10-32 期初在产品成本

| 车间 | 产品 | 数量 | 成本项目 | 单位 | 单件消耗量 | 金额（元） |
|---|---|---|---|---|---|---|
| 一车间 | 甲产品 | 40 | 直接材料（A材料） | 千克 | 50 | 20 000 |
| | | | 直接人工 | 工时 | 40 | 1 600 |
| | | | 制造费用 | | | 1 590 |
| | | | 合 计 | | | 23 190 |

（4）辅助生产车间的费用预算及劳务供应资料。

表10-33 辅助生产车间的资料

| 费用项目 | 计划数额 | 辅助生产费用分配 | |
|---|---|---|---|
| | | 受益单位 | 修理工时 |
| 直接材料 | 1 000 | 基本生产一车间 | 2 000 |
| 直接人工 | 1 000 | 基本生产二车间 | 1 500 |
| 制造费用 | | 行政管理部门 | 500 |
| 1. 职工薪酬 | 800 | | |
| 2. 劳动保护费 | 100 | | |
| 3. 折旧 | 800 | | |
| 4. 低值易耗品 | 200 | | |

(续表)

| 费用项目 | 计划数额 | 辅助生产费用分配 ||
| --- | --- | --- | --- |
| | | 受益单位 | 修理工时 |
| 5. 办公费 | 100 | | |
| 合　计 | 4 000 | 合　计 | 4 000 |

(5) 基本生产车间制造费用预算。

表 10-34　制造费用预算

| 车间 | 职工薪酬 | 办公费 | 折旧费 | 修理费 | 检验费 | 消耗材料 | 其他 | 合计 |
| --- | --- | --- | --- | --- | --- | --- | --- | --- |
| 一车间 | 5 000 | 1 000 | 3 000 | 2 000 | 500 | 1 500 | 920 | 13 920 |
| 二车间 | 3 000 | 1 000 | 2 000 | 1 500 | 500 | 500 | 500 | 9 000 |

(6) 可比的甲产品预计上年平均单位成本为 1 400 元。

要求：假如你是公司的主计长，请编制公司以下成本计划：

(a) 编制辅助生产车间费用分配表。
(b) 编制基本生产车间直接费用计划。
(c) 编制基本生产车间制造费用预算。
(d) 编制车间产品成本计划。
(e) 编制全公司制造费用预算。
(f) 编制商品产品成本计划。

# 第十一章 成本控制与考核

- 了解成本控制的内容
- 掌握成本控制的程序,以及直接材料的价格差异与数量差异和直接人工的工资率差异与效率差异区别与计算
- 理解并计算变动制造费用和固定制造费用的差异
- 能熟练地应用标准成本法的基本原理解决企业的成本控制,并能依据企业的不同环境选择适合企业的成本控制方法

## 引　言

　　美国钢管公司是一家生产乐器的制造商,多年来一直为初中和高中的音乐爱好者制造各种型号的短号、长号和低音大号。在庆祝该公司50华诞时,有人问该公司的创始人乔治·分尼先生成功的秘密是什么,他简洁地回答说:

　　"质量控制和成本控制。"

　　"我们紧缩银根,产品具有极高的质量、极低的缺陷率并进行严密的成本控制。"

　　"我们的企业与当今其他企业一样面临高度激烈的竞争。我们以合理的成本生产了高质量的产品。我们通过监控生产来确保质量,并充分地利用我们的生产空间。我们用非常完善的标准成本法控制成本。"

　　分尼先生继续说道:"我们为每件事情制定标准。如材料数量和价格、人工效率和工资率以及间接费用。我们的主计长不断提供详细的成本报告,告

(续上)

> 诉我们标准成本和实际成本有无差异。若差异是一种偶然因素所致,我们则忽略这种情况。"
>
> 分尼先生补充说:"标准成本法不用于惩罚。我们从不用它过分地要求人们。它仅仅是一件诊断的工具。它帮助我们记录生产过程的财务情况。"[①]

## 第一节 成本控制

从企业管理的角度来看,控制就是企业在动态的环境中检查、监督、调节、纠正各项活动,以保证它们按计划进行的过程。成本控制就是在成本形成过程(可能性空间)中,对各项成本活动进行监控,及时发现偏差,采取纠正措施,保证成本目标的实现。成本控制有广义和狭义之分。

狭义成本控制亦称日常成本控制或过程控制,它是指在成本形成过程中,按预定的成本目标,对生产耗费进行严格的计量、监督和指导,并对发生的偏差及时分析原因,加以纠正和控制,所以狭义的成本控制仅指成本的过程控制。

广义成本控制包括事前成本控制、事中成本控制和事后成本控制。事中成本控制即日常成本控制或过程控制。事前成本控制是在产品投产之前,进行产品成本的规划,通过成本决策,选择最佳成本方案,规划未来期的目标成本,编制成本预算,以利成本控制。事后成本控制是对产品成本形成之后的综合分析与考核。其目的是对实际成本脱离目标成本的原因进行深入的分析,查明其差异的主客观原因,并为下一成本循环提出积极改进意见。

### 一、成本控制的基本程序

(1) 制定成本控制标准。制定成本控制标准是成本控制的起点。成本的控制标准一般按直接材料费、直接人工费和制造费用分别制定。每一项控制标准的制定都要考虑到数量和单价两个基本要素。

(2) 执行成本控制标准。根据成本指标,审核费用开支和资源的消耗,监督成

---

[①] 罗纳德 W. 希尔顿(Ronald W. Hilton)著,耿建新等译:《管理会计》,机械工业出版社2000年版,第332页。

本的形成过程。

（3）确定成本差异。将实际发生的费用与制定的标准进行比较，分析成本差异的程度和性质，确定成本差异形成原因和责任归属。差异的计算与分析通常分为直接材料、直接人工和制造费用三个项目进行。对例外情况应及时上报，并作进一步分析，找出出现差异的原因和责任者，从而进行处理。

（4）成本反馈。成本控制中，成本差异的情况要及时反馈到有关部门，便于挖掘潜力，提出降低成本的措施或修订成本标准的建议。

### 【问题与思考 11-1】

标杆——当今的企业界显然已不陌生了，在 20 年前，即日本开始在 20 世纪 70 年代生产世界品牌产品（反过来造成竞争）时，标杆还是一个鲜为人知的商业术语与习语，自那之后，它在当今企业界发挥着关键作用。以施乐公司为例，1979 年，佳能以低于 1 万美元的价格推出了一种中型的复印机，施乐推断佳能为挤占市场而将价格定在公允价值以下，因而佳能不可能生产出更好的产品。结果相反，施乐很快知晓佳能实际生产出一种低成本、高质量的产品。请问：佳能是如何生产的？施乐的反应又如何呢？

资料来源：Beg, borrow and benchmark, Business Week, November 30, 1992; Quality, Business Week, November 30, 1992。

## 二、成本控制方法

这里所讲的成本控制方法，是指对日常生产成本的控制方法，并不是指广义的成本控制方法。日常生产成本控制方法有两种：一是用定额法进行成本控制，二是采用标准成本法进行成本控制。定额法在前面已经讲述，这里仅对标准成本法进行简要阐述。

标准成本法亦称为"标准成本制度"。它是在泰勒的生产过程标准化思想影响下，于 20 世纪 20 年代在美国产生的，是泰勒科学管理思想在成本会计中的具体体现。它开始只是一种比较简单的统计分析方法，即通过对生产工人动作行为和时间标准的研究分析，确定标准工时，来提高劳动生产率。与泰勒同时代的管理学家埃蒙森改革了劳动工资制度，创造了标准人工成本法。管理学家甘特又将标准人工成本法引申推广到材料和制造费用的成本管理中，至此标准成本法初步形成。

标准成本法是一个成本控制系统，作为控制系统有三个要件：标准绩效水平、实际绩效度量和实际绩效的比较。正如温度控制器这个大家非常熟悉的控制系统一样，首先它要有预定的或标准的温度。若你想要房间温度在 26 ℃，则你可将温度控制器的标准温度定为 26 ℃。其次，它要有温度计，用它来测量房间的实际温度。最后,它应能够比较标准温度和房间的实际温度。若实际温度高于或低于标准温度,则温度控制器激活降温或加热装置。标准成本法包括标准成本的制定、计算和分析成本差异、处理成本差异三个环节。

(一) 标准成本的类型

高尔夫球员在局中用标准杆数作为业绩的计量尺度。标准杆数是球员期望完成一局使用的击打数目,它是高尔夫球员努力达到的标准。海尔集团应耗费多少才能生产出一台"小小神童"洗衣机?上海华联应花费多少售出一台洗衣机?海尔集团、上海华联为他们的活动预定的成本,就是标准成本。标准成本是企业为开展一项业务活动或达到一项具体目标而发生的预算开支,它是企业完成某项任务发生的花费的期望。企业在生产或服务过程中的不同期望水平导致不同的标准成本类型。

1. 理想标准成本

理想标准成本是以现有生产技术和经营管理处于最佳状态为基础所确定的标准成本。所谓最佳状态,是指最好的生产条件与最好的生产组织。最好的生产条件包括最好的生产设备、最低的原料价格、最经济的消耗、最合理的工资、最高的产量与销量,最好的生产组织即指生产中无任何浪费、无废料、废品、无停工、损坏等。这种标准不考虑现实可能性,一般难以达到,在实际工作中也很少采用。

2. 基本标准成本

基本标准成本是以某一时期正常的耗用水平、正常的价格和正常的生产经营能力利用程度而制定的标准成本,即根据以往一段时期实际成本的平均值,剔除其中生产经营活动中的异常因素,并考虑今后的变动趋势而制定的标准成本。这是一种经过努力可以达到的成本,而且在生产技术和经营管理条件没有较大变动的情况下,可以不必修订而继续使用。

3. 现实标准成本

现实标准成本是在现有生产技术条件下和有效经营管理的基础上制定的标准成本。在制定这种标准成本时,把生产经营中一般不可避免的损耗和低效率等情况也计算在内。这意味着它的实现并非轻而易举,但也不是高不可攀,它既有严格的要求,同时经过努力又是可以达到的,也称为可达到的标准成本。由于这种标准成本包括管理层认为一时还不能避免的某些低效、失误和超量,因此它最切实可行,最接近实际成本。

(二) 标准成本的制定

产品的生产成本包括产品在生产中耗用的直接材料、直接人工和制造费用三大部分。与此相适应,制定标准成本也按直接材料、直接人工和制造费用三大项分别进行。其基本形式是以"数量"标准乘以"价格"标准求得。其基本公式为:

$$标准成本 = 标准消耗量 \times 标准价格$$

其中,"数量"标准是由工程技术部门研究确定,"价格"标准是由会计部门会同采购、人事等责任部门研究确定。当然,标准的制定是集体努力的结晶,它包括管理部门、产品设计人员、会计人员、生产监督人员、采购部、人事部以及受标准影响的员工。在标准的制定过程中,应尽可能让他们在不同的关键点参与进来,使制定出来的标准尽可能符合实际情况。

1. 直接材料标准成本的制定

直接材料的标准成本等于产品的各种材料耗用量标准和各种材料价格标准的乘积之和。其中,直接材料耗用量标准的确定以正常生产条件下形成产品实体的材料数量与在正常范围内允许发生的损耗及不可避免的废品所耗费的材料数量为依据;直接材料价格标准是指取得某种材料所应支付的单位材料价格,包括买价和采购费用。

直接材料标准成本计算如下:

某产品直接材料标准成本＝直接材料标准数量×直接材料标准价格

在制定产品直接材料的标准成本时,不仅应关注直接材料的数量和价格,同时应当关注直接材料的质量。直接材料的质量通常影响到生产过程中所需直接材料的数量,以及价格、加工时间与生产过程监管的内容与频率。企业通常要在价格较高、质量较好地与价格较低、质量稍差的直接材料之间进行抉择。工程技术部门、生产部门与管理者需要事先确定产品直接材料的质量。

2. 直接人工标准成本的制定

在计件工资形式下,直接人工的标准成本就是计件单价。在计时工资形式下,直接人工的标准成本等于产品单位工作时间耗用量标准与工资率标准的乘积。其中,直接人工数量标准是在现有生产技术条件下生产单位需用的工作时间,包括工艺过程的时间与必要的间歇或停工时间及不可避免的废品损失时间;直接人工价格(工资率)标准是指按现行的工资福利标准确定的每一单位工作时间的工资率。

直接人工标准成本计算公式如下:

某产品直接人工标准成本＝直接人工标准工时×标准工资率

3. 制造费用标准成本的制定

制造费用标准成本等于生产单位产品的直接人工小时数乘以制造费用分配率标准。其中,生产单位产品的直接人工小时为"数量"标准,制造费用分配率标准为"价格"标准,它取决于生产量标准和制造费用预算。生产量是指企业在充分利用现有生产能力的情况下可能达到的最高生产量。因多数企业不止生产一种产品,计量单位不统一,因此,生产量标准通常是用直接人工工时标准表示。制造费用预算额又分为固定费用预算和变动费用预算两部分。有关计算如下：

固定性制造费用标准分配率＝固定性制造费用预算÷标准总工时

变动性制造费用标准分配率＝变动性制造费用预算÷标准总工时

单位产品固定性制造费用标准成本＝固定性制造费用分配率×单位产品标准工时

单位产品变动性制造费用标准成本＝变动性制造费用分配率×单位产品标准工时

制造费用标准成本的计算可列表进行，其基本格式如表11-1所示。

表11-1 制造费用标准成本计算表

| 项目 | 固定部分 | 变动部分 | 合计 |
| --- | --- | --- | --- |
| 制造费用预算额（元） | 5 000 | 10 500 | 15 500 |
| 标准加工总工时（小时） |  | 10 000 |  |
| 制造费用分配率（元/小时） | 0.50 | 1.05 | 1.55 |
| 单位产品标准工时（小时） |  | 6 |  |
| 单位产品制造费用标准成本（元） | 3 | 6.3 | 9.3 |

**4. 单位产品的标准成本制定**

单位产品的标准成本是在直接材料标准成本、直接人工标准成本、制造费用标准成本的基础上汇总而成的。计算公式如下：

单位产品标准成本＝直接材料标准成本＋直接人工标准成本＋制造费用标准成本

[例11-1] 某企业计划期生产量标准为10 000小时，直接人工工资总额为8 000元，工厂间接费用总额为10 000元（其中变动费用预算总额为4 500元）。假定制造每件产品的直接人工的定额工时为40，直接材料的消耗定额为20千克，每千克标准单价为10元，则甲产品的标准成本计算如表11-2所示。

表11-2 单位产品标准成本计算表

产品名称：甲产品

| 成本项目 | 标准单位 | 标准数量 | 标准成本 |
| --- | --- | --- | --- |
| 直接材料 | 10元/千克 | 20千克 | 200元 |
| 直接人工 | 0.8元/小时 | 40小时 | 32元 |

（续表）

| 成本项目 | 标准单位 | 标准数量 | 标准成本 |
|---|---|---|---|
| 制造费用 | | | |
| 其中： | | | |
| 变动费用 | 0.45 元/工时 | 40 工时 | 18 元 |
| 固定费用 | 0.55 元/工时 | 40 工时 | 22 元 |
| 标准单位成本 | | | 272 元 |

其中：

工资标准单价 = 8 000 ÷ 10 000 = 0.8(元/小时)

变动费用标准单价 = 4 500 ÷ 10 000 = 0.45(元/小时)

固定费用标准单价 = 5 500 ÷ 10 000 = 0.55(元/小时)

## 标 准 之 源

企业通常通过多条途径来决定经营活动的适当标准。这些途径有历史数据分析、作业分析、其他同类企业标准(即标杆)。管理者在制定成本标准时，常综合应用历史数据分析、作业分析以及标杆等。

尽管历史成本数据在制定成本标准时具有相关性，但管理者必须警惕过分依赖历史数据。作业分析会提供确定标准的精确资料，但作业分析耗时，且花费较大。标杆的优点在于企业可以各地最好业绩作为标准。使用这样的标准，有助于企业在当今全球竞争中保持较强竞争力。当然，企业应注意其他企业的标准可能不完全适用于本企业的特定经营环境。

### （三）标准成本差异的计算与分析

标准成本制度下，对成本的事中控制是通过成本差异的计算和分析来进行的。在实际生产经营活动过程中，由于受各种因素的影响，实际成本与标准成本往往不同，会产生差异。即实际成本与标准成本之间的差额，又称标准成本差异。实际成本高于标准成本的差异为超支差异，也称为不利差异，用正数表示；实际成本低于标准成本的差异为节约差异,也称为有利差异,用负数表示。由于成本是根据消耗的数量与价格两个基本因素计算而成,因而差异的分析,也要从消耗数量与价格两个因素入手。

1. 直接材料成本差异的计算与分析

直接材料成本差异是指产品的直接材料实际成本与标准成本之间的差额。计算公式如下:

$$直接材料成本差异 = 直接材料实际成本 - 直接材料标准成本 =$$
$$实际用量 \times 实际价格 - 标准用量 \times 标准价格$$

公式中的标准用量为实际用量乘以材料耗用量标准。

在总差异确定后,即可对差异额进行分析,差异额的分析通常有双因素分析和三因素分析两种。

(1) 双因素分析。直接材料成本差异按双因素分析时,直接材料成本差异是由材料用量差异和材料价格差异构成。

(a) 直接材料数量差异。直接材料数量差异是直接材料实际耗用量同标准耗用量之间的差异。其计算公式如下:

$$直接材料数量差异 = \sum (实际数量 - 标准数量) \times 标准价格$$

(b) 直接材料价格差异。直接材料价格差异是指直接材料的实际价格同标准价格之间的差异。其计算公式如下:

$$直接材料价格差异 = \sum (实际价格 - 标准价格) \times 实际数量$$

(2) 三因素分析。直接材料成本差异按三因素分析时,直接材料成本差异是由材料产出差异、材料结构差异和材料价格差异构成。

在纺织、化学、钢铁等制造企业中,通常需要按一定比例混合使用几种材料。在这种情况下,材料标准成本的计算按预定的比例计算,如果实际的混合比例与预定的混合比例不同,就会产生差异,这种差异叫材料结构差异,也就是耗用材料品种结构变动所引起的差异。实际混合材料投入后的产出量与预定的混合材料投入的产出量的差异叫材料产出差异。材料的结构差异和材料的产出差异均为材料数量差异的表现形式。三因素分析的计算公式如下:

$$材料数量差异 = 材料结构差异 + 材料产出差异$$

$$材料结构差异 = \left( \begin{array}{c} 以实际混合比例计 \\ 算的平均标准价格 \end{array} - \begin{array}{c} 以预定混合比例计 \\ 算的平均标准价格 \end{array} \right) \times 实际数量$$

$$材料产出差异 = \left( \begin{array}{c} 实际产出 \\ 的实际用量 \end{array} - \begin{array}{c} 实际产出 \\ 的标准用量 \end{array} \right) \times \begin{array}{c} 以预定混合比例计 \\ 算的平均标准价格 \end{array}$$

$$价格差异 = \left(\begin{array}{c}\text{以实际混合比例计}\\\text{算的平均实际价格}\end{array} - \begin{array}{c}\text{以实际混合比例计}\\\text{算的平均标准价格}\end{array}\right) \times \text{实际数量} =$$

$$\sum(\text{实际价格} - \text{标准价格}) \times \text{实际数量}$$

[**例 11 - 2**] 某公司生产甲产品,其单位产品预定材料混合成本资料如表 11 - 3 所示,该公司本月投入 C 材料 1 100 千克,D 材料 900 千克,实际产量为 975 件。

表 11 - 3 材料成本资料

| 材料名称 | 预定数量(千克/件) | 标准价格(元/千克) | 实际价格(元/千克) |
|---|---|---|---|
| C 材料 | 1 | 15 | 18 |
| D 材料 | 1 | 12 | 10 |
| 合 计 | 2 | | |

$$材料结构差异 = \left(\frac{15 \times 1\ 100 + 12 \times 900}{1\ 100 + 900} - \frac{15 \times 1 + 12 \times 1}{1 + 1}\right) \times$$

$$(1\ 100 + 900) = 300(元)$$

$$材料产出差异 = [(1\ 100 + 900) - 975 \times 2] \times \frac{15 \times 1 + 12 \times 1}{1 + 1} = 675(元)$$

$$价格差异 = (18 - 15) \times 1\ 100 + (10 - 12) \times 900 = 1\ 500(元)$$

材料价格差异形成的原因主要有:① 供应单位和供应价格发生变动。② 材料运输方式和运输线路发生变动。③ 材料采购批量发生变动。④ 材料质量发生变化。⑤ 使用代用材料等。

材料数量差异形成的原因主要有:① 产品设计和工艺的变更。② 工人技术操作水平和责任心的变化。③ 材料质量的变化。④ 废、次品数量的变化。⑤ 加工设备的变化等。

对于产生的差异,要进一步落实责任归属。材料的数量差异主要由生产部门负责。但如因材料质量低劣而增加了废品,或因材料的规格不符合要求而大材小用等原因引起材料数量的超支差异,应由采购部门负责。因材料仓储保管不善造成材料的损坏变质,则应由仓储部门负责。材料的价格差异,应由采购部门负责,但因市场供求变动引起材料供应价格的变动,超出了采购部门的控制范围;或因生产上的临时需要而进行小批量采购或紧急采购,因不能享受折扣或由改变运输方式而引起价格的超支差异,不应由采购部门负责,而应由造成这种临时需要的生产部门负责。

2. 直接人工差异的计算与分析

直接人工成本差异是指产品的直接人工实际成本与标准成本之间的差额。

$$直接人工成本差异 = 实际工资 - 标准工资 =$$
$$实际工时 \times 实际工资率 - 标准工时 \times 标准工资率$$

公式中的标准工时为单位产品工时耗用量标准乘以产品的实际产量。

对直接人工成本差异的分析通常有两种方式：双因素分析和三因素分析。

(1) 双因素分析。所谓双因素分析，即对直接人工从人工效率差异和工资率差异两方面进行分析。

(a) 直接人工效率差异。

直接人工效率差异是直接人工实际工作时数同其标准工作时数之间的差异。其计算公式如下：

$$直接人工效率差异 = \sum (实际工时 - 标准工时) \times 标准工资率$$

(b) 直接人工工资率差异。直接人工工资率差异是直接人工实际工资与标准工资率之间的差异。其计算公式如下：

$$直接人工工资率差异 = \sum (实际工资率 - 标准工资率) \times 实际工时$$

(2) 三因素分析。在实际生产中，一种产品的生产可能要由不同工资等级的工人来完成，而不同工资等级的工人的小时工资率是不同的，在这种情况下，将人工的效率差异分为人工结构差异和人工产出差异两种。在一定量的总工时中，不同等级的人工完成的工时所占比重的变动而产生的差异叫人工结构差异。实际混合工时投入后的产出量与预定的混合工时投入的产出量的差异叫人工产出差异。

$$人工结构差异 = \left( \begin{array}{c} 以实际混合比例计 \\ 算的平均标准工资率 \end{array} - \begin{array}{c} 以预定混合比例计 \\ 算的平均标准工资率 \end{array} \right) \times 实际工时$$

$$人工产出差异 = \left( \begin{array}{c} 实际产出 \\ 的实际工时 \end{array} - \begin{array}{c} 实际产出 \\ 的标准工时 \end{array} \right) \times \begin{array}{c} 以预定混合比例计 \\ 算的平均标准工资率 \end{array}$$

$$工资率差异 = \left( \begin{array}{c} 以实际混合比例计 \\ 算的平均实际工资率 \end{array} - \begin{array}{c} 以实际混合比例计 \\ 算的平均标准工资率 \end{array} \right) \times 实际工时 =$$
$$\sum (实际工资率 - 标准工资率) \times 实际工时$$

[例 11-3] 某公司生产丙产品，本期实际生产丙产品100件，单件丙产品的直接人工标准成本如表 11-4 所示，Ⅰ级工人和Ⅱ级工人实际发生的工时分别为 270 小时和 280 小时，Ⅰ级工人和Ⅱ级工人实际小时工资率分别为 11 元和 8 元。

表 11-4　直接人工标准成本

| 工人等级 | 单位产品的标准工时 | 标准小时工资率 | 标准人工成本 |
|---|---|---|---|
| Ⅰ级工 | 3 小时 | 10元/小时 | 30元 |
| Ⅱ级工 | 2 小时 | 9元/小时 | 18元 |

人工结构差异 $= \left( \dfrac{9 \times 280 + 10 \times 270}{270 + 280} - \dfrac{9 \times 2 + 10 \times 3}{2 + 3} \right) \times (270 + 280) = -60.5(元)$

人工产出差异 $= [(270 + 280) - (2 \times 100 + 3 \times 100)] \times \dfrac{9 \times 2 + 10 \times 3}{2 + 3} = 480(元)$

工资率差异 $= (11 - 10) \times 270 + (8 - 9) \times 280 = -10(元)$

产生人工效率差异的原因主要有：① 企业劳动组织和人员配备情况。② 工人的技术熟练程度和责任感。③ 机器设备的运转情况。④ 工具配备情况。⑤ 动力供应情况。⑥ 材料的质量、规格和供应的及时性等。

产生人工工资率差异的原因有许多方面，但主要有：① 企业工资的调整、工资等级的变更。② 奖金和津贴的变更。③ 对工人安排、使用的变化。④ 工人的技术等级与工作要求的技术等级的变化等。

根据差异产生的具体原因，最后应落实差异的责任归属。人工效率差异基本上应由生产部门负责，也可能有一部分应由其他部门负责。工资率差异，通常由负责安排工人工作的劳动人事部门或生产部门负责。

## 【问题与思考 11-2】

某种产品的标准成本资料如下：

| 项　目 | 标准价格 | 用量标准 | 每件标准成本 |
|---|---|---|---|
| 直接材料 | 4 元 | 30 千克 | 120 元 |
| 直接人工 | 3 元 | 50 工时 | 150 元 |

本月份该产品实际产量为 60 件，实际领用材料 1 650 千克，实际金额为 6 930 元，实际耗用为 3 100 工时，实际支付直接工资为 8 680 元。请问：该产品的材料费的数量差异和价格差异、直接工资的效率差异和工资率差异各是多少？

### 3. 制造费用差异的计算与分析

制造费用差异是制造费用的实际发生额与标准发生额之间的差额。制造费用一部分与当期生产量发生联系，而大部分则与企业的生产规模发生联系。因此，对其差异要按变动性制造费用与固定性制造费用进行计算与分析。

(1) 变动性制造费用差异计算与分析。变动性制造费用包含耗用差异与效率差异两部分。其计算公式如下：

$$\text{变动性制造费用耗用差异} = \text{变动性制造费用实际发生额} - \text{按实际工时计算的变动性制造费用预算数} =$$

$$\left(\text{变动性制造费用的实际分配率} - \text{变动性制造费用的标准分配率}\right) \times \text{实际工时}$$

$$\text{变动性制造费用效率差异} = \text{按实际工时计算的变动性制造费用预算数} - \text{按标准工时计算的变动性制造费用预算数} =$$

$$(\text{实际工时} - \text{标准工时}) \times \text{变动性制造费用标准分配率}$$

[例 11-4] 某企业生产某产品，某期间变动性制造费用预算数为 12 500 元，标准总工时为 12 500 小时，本期实际产量为 5 000 件，实际耗用工时为 10 000 小时，实际发生的变动性制造费用为 14 000 元。

变动制造费用总差异 = 14 000 - 12 500 = 1 500(元)

变动性制造费用耗用差异 = (1.4 - 1) × 10 000 = 4 000(元)

变动性制造费用效率差异 = (10 000 - 12 500) × 1 = -2 500(元)

(2) 固定性制造费用差异。由于固定性制造费用数额大小一般与一定的生产规模相联系，故对固定性制造费用差异的分析通常分为三种，即耗用差异、效率差异、生产能力利用差异。其中，生产能力利用差异是指实际工作工时与预算工时之间的差异造成的固定制造费用的差异。因为实际工时与预算工时之间的差异，实质上反映了实际生产能力利用程度与预算规定的水平的差异。其计算公式如下：

$$\text{固定性制造费用耗用差异} = \text{固定性制造费用实际发生额} - \text{固定性制造费用预算额}$$

$$\text{固定性制造费用效率差异} = \text{按实际工时计算的标准固定性制造费用} - \text{按标准工时计算的标准固定性制造费用}$$

$$\text{固定性制造费用生产能力利用差异} = \text{固定性制造费用预算数} - \text{按实际工时计算的标准固定性制造费用}$$

[例 11-5] 某企业生产甲产品，本期实际产量为 2 000 件，标准工时为 12 500 小时，实际耗用工时为 13 000 小时，该企业正常生产能力 15 000 小时，该企业本期固定性制造费用预算及实际发生额如表 11-5 所示。

表 11-5　固定性制造费用预算及实际发生额　　金额单位：元

| 预算数 | 管理人员工资及福利 | 5 000 | 实际数 | 管理人员工资及福利 | 5 500 |
|---|---|---|---|---|---|
| | 固定资产折旧 | 10 000 | | 固定资产折旧 | 11 000 |
| | 其他费用 | 3 000 | | 其他费用 | 3 000 |
| | 合　　　计 | 18 000 | | 合　　　计 | 19 500 |

固定性制造费用差异分析如下：

固定性制造费用标准分配率 = 18 000 ÷ 15 000 = 1.2

固定性制造费用耗用差异 = 19 500 − 18 000 = 1 500(元)

固定性制造费用效率差异 = 13 000 × 1.2 − 12 500 × 1.2 = 600(元)

固定性制造费用生产能力利用差异 = 18 000 − 13 000 × 1.2 = 2 400(元)

固定性制造费用总差异 = 1 500 + 600 + 2 400 = 4 500(元)

固定性制造费用的耗费差异产生的原因主要有：工资率等资源价格的变动，资源数量比预算数量的增减变化，广告费、职工培训等费用因管理上的新决策而发生变动。固定性制造费用的效率差异的形成原因与直接人工效率差异的原因相同。固定性制造费用的能力利用差异主要是产品定价过高、材料供应不足等原因影响了产销量而造成。不论哪一种差异，均应具体情况具体分析，才能正确地落实责任归属。

## 制造费用差异计算

西方成本会计教材介绍制造费用差异的分析方法多种多样，主要有以下几种：

第一种情况，制造费用的预算和核算没有划分为变动制造费用和固定制造费用的分析。这种方法把影响制造费用的因素归结为工时（效率）和费用率（价格）两个因素，采用连环替代法进行分析。其计算公式如下：

$$\text{制造费用差异} = \text{实际制造费用} - \text{实际产量标准工时} \times \text{制造费用预算分配率}$$

$$\text{效率差异} = (\text{实际工时} - \text{标准工时}) \times \text{制造费用预算分配率}$$

(续上)

$$费用率差异 = \left(\begin{array}{c}制造费用\\实际分配率\end{array} - \begin{array}{c}制造费用\\预算分配率\end{array}\right) \times \begin{array}{c}实际\\工时\end{array}$$

这一分析方法的唯一优点是简便,但其费用率(价格)差异并不是由费用率(价格)变动所导致,还包含了工时变动的因素。由于逻辑上的这一错误,这种最为简单的分析方法几乎没有得到使用。

第二种情况,制造费用的预算和核算将制造费用分为变动制造和固定制造费用的分析。制造费用差异分为变动制造费用差异和固定制造费用差异两方面。

变动制造费用差异分为效率差异和分配率差异(也称耗费差异或预算差异)。其计算公式如下:

$$效率差异 = \left(\begin{array}{c}实际\\工时\end{array} - \begin{array}{c}标准\\工时\end{array}\right) \times \begin{array}{c}变动制造费用\\预算分配率\end{array}$$

$$耗费差异 = \begin{array}{c}实际变动\\制造费用\end{array} - \left(\begin{array}{c}实际\\工时\end{array} \times \begin{array}{c}变动制造费用\\预算分配率\end{array}\right)$$

固定制造费用差异分析,有三因素差异分析法和二因素差异分析法。

三因素差异分析法是将固定制造费用差异分为效率差异、生产能力差异和耗费差异。其计算公式如下:

$$效率差异 = \left(\begin{array}{c}实际\\工时\end{array} - \begin{array}{c}标准\\工时\end{array}\right) \times \begin{array}{c}固定制造费用\\预算分配率\end{array}$$

$$\begin{array}{c}生产能力\\利用差异\end{array} = \left(\begin{array}{c}预算\\工时\end{array} - \begin{array}{c}实际\\工时\end{array}\right) \times \begin{array}{c}固定制造费用\\预算分配率\end{array}$$

$$\begin{array}{c}耗费\\差异\end{array} = \begin{array}{c}实际固定\\制造费用\end{array} - \begin{array}{c}预算固定\\制造费用\end{array}$$

二因素差异分析法是将固定制造费用差异分为产量差异和耗费差异两个方面。其计算公式如下:

$$\begin{array}{c}产量\\差异\end{array} = \left(\begin{array}{c}预算\\工时\end{array} - \begin{array}{c}标准\\工时\end{array}\right) \times \begin{array}{c}固定制造费用\\预算分配率\end{array}$$

$$\begin{array}{c}耗费\\差异\end{array} = \begin{array}{c}实际固定\\制造费用\end{array} - \begin{array}{c}预算固定\\制造费用\end{array}$$

这里产量差异反映了预算产量的标准工时(预算工时)和实际产量的标准工时之间的差异,它把三因素差异分析中的效率差异和生产能力利用差异二因素综合为一个因素。

提出两种因素差异分析法的人认为,固定制造费用和变动制造费用不一

（续上）

样，它同效率因素没有直接联系，只要从产量差异和耗费差异两方面分析即可。

第三种情况，制造费用预算分为变动制造费用和固定制造费用，但制造费用核算没有分为变动制造费用和固定制造费用两类分析。在这种情况下，根据分析要求的不同，有三种因素差异分析法和两种因素差异分析法。其中，三种因素差异分析又分为Ⅰ式和Ⅱ式两种。

三种因素分析法Ⅰ式将制造费用差异分为效率差异、生产能力利用差异和耗费差异。其计算公式如下：

$$效率差异 = \left(实际工时 - 标准工时\right) \times 制造费用预算分配率$$

$$生产能力利用差异 = \left(预算工时 - 实际工时\right) \times 制造费用预算分配率$$

$$耗费差异 = 实际制造费用 - \left(预算固定制造费用 + 实际工时 \times 变动制造费用预算分配率\right)$$

三种因素分析法Ⅱ式将制造费用差异分为变动制造费用效率差异、固定制造费用产量差异和制造费用耗费差异。其计算公式如下：

$$变动制造费用效率差异 = \left(实际工时 - 标准工时\right) \times 变动制造费用预算分配率$$

$$固定制造费用产量差异 = \left(预算工时 - 标准工时\right) \times 固定制造费用预算分配率$$

$$制造费用耗费差异 = 实际制造费用 - \left(预算固定制造费用 + 实际工时 \times 变动制造费用预算分配率\right)$$

提出三种差异分析法Ⅱ式的人认为，固定制造费用同效率没有直接关系，而三种差异分析法Ⅰ式分析法中求得的效率差异影响数中包括了固定制造费用的因素，因此应将三因素明确为变动制造费用效率差异、固定制造费用产量差异和制造费用耗费差异。

### （四）定额法与标准成本控制的比较

标准成本制度与定额法实施的目的都是为了实现成本控制及业绩的考评。采用标准成本制度或定额法时，各项成本在生产过程中的转移，均以标准成本或定额成本为依据，同时进行成本差异的归集分配，达到计算产品成本、控制成本费用发生以及业绩考评的目的。因此，标准成本制度与定额法没有本质的区别。这两种方法都要事先制定成本的控制标准，都要在核算中按照成本要素将实际耗用与控制标准相比较,及时揭示实际与标准(或定额)之间的差异,并对产生差异的原因进行分析和采取控制措施。

标准成本制度和定额法在具体运用上还是存在着一些差异,主要表现在:定额法要设置差异凭证,通过每一次领料揭示差异,工作量大。标准成本制度不设置差异凭证,它是通过对实际消耗和定期汇总来揭示差异,工作量较小;标准成本把成本分为变动成本与固定成本,并对每一成本要素的差异都区分数量差异与价格(费用率)差异,这有利于从成本性态和成本责任上对成本加以控制;标准成本制度下,成本计算只反映标准成本,不计算实际成本。而定额法下计算的仍是产品的实际成本,只不过在成本计算单中将定额成本、脱离定额差异、定额变动差异加以分别反映。

流行观点

### 关于在标准成本制度下怎样计算产品的实际成本

在西方国家,实行标准成本制度的企业,一般不计算产品的实际成本。我国企业实行标准成本制度是否计算各种产品的实际成本,理论界的观点不一,企业的做法也不一样。

有些学者认为,我国企业实施西方的标准成本制度,不应计算产品的实际成本。其理由是标准成本制度的重点不是为了计算各产品的实际成本,而主要是为了实行成本预防性管理,更好地实现成本控制;标准成本差异的核算应侧重于与责任单位结合起来,以利于查明差异的原因,提出责任者。另外,在市场经济条件下,产品的定价并非以产品实际成本为依据,计算各种产品实际成本意义不大。

也有些学者认为,尽管企业成本核算的主要目的是改善企业的经营管理,但是还必须为宏观经济管理服务。同时为满足同行业间产品成本水平的比较,必须计算每种产品的实际成本。这与我国企业既是相对独立的商品生产者,又要接受国家的统一管理的要求是一致的。

目前,在实行标准制度的实践中,有些企业由于产品品种较多,生产工艺复杂,一般不计算各种产品的实际成本;但产品品种不多,生产工艺较简单的企业,通常计算各种产品的实际成本。而如何处理各种成本差异,这是标准成本制度在我国应用中需要探讨的一个重要问题。这里介绍三种处理方式:

第一种方式,各成本责任单位的各种成本差异不必在各产品之间摊配,可将差异平行结转到厂部财会部门,经财会部门汇总后,按各种完工产品的标准

(续上)

成本比例进行分配。

第二种方式,各成本责任单位的成本差异,凡是可以直接按产品划分的,就直接计入各种产品成本;不能直接按产品品种划分的,如原材料、半成品数量差异,可按各产品实际产量的原材料、半成品的标准成本比例进行分配;其余成本项目的成本差异,不必在各产品之间进行分配。月末,各成本责任单位应将各种产品的成本差异以及其他不按品种划分的成本差异结转到厂部财会部门。财会部门对产品划分的差异按产品的品种汇总,其他不分产品的成本差异,可分别项目按各种产品完工产量的该成本项目的标准成本比例进行分配,计算已完工产品的实际成本。

第三种方式,对于各成本责任单位的成本差异,凡是能直接按产品品种划分的,就直接计入各种产品成本;不能直接按产品品种划分的,则应按各种实际产量的该成本项目的标准成本比例进行分配。月末,应将各产品成本差异结转到厂部财会部门,财会部门可按以上第二种方式来处理成本差异,以计算各完工产品的实际成本。

## 第二节 成本考核

成本考核是指在财务报告期结束时,通过把报告期成本完成数额与计划指标、定额指标、预算指标进行对比,来评价成本管理工作成绩及成本管理水平的一项工作。成本考核是成本管理的最后一个环节,也是检验成本管理目标是否达到的一个重要环节。

对成本进行考核,通常是将成本指标分解落实到各个责任部门后,以责任成本的形式对成本进行考核,以此来贯彻经济责任制,明确各级管理人员的成本目标。

通过责任成本来落实企业经济责任制,要具备两个前提:一是企业的日常决策要不断下放,从而达到决策的有效性,真正做到企业以分权管理的现代模式来运作;二是设立各责任中心,使各责任部门在享有充分的经营决策权的同时,责、权、利能够做到有机统一,让各责任部门责任人的业绩与利益机制联系起来,从而调动全体管理人员和职工的工作热情和责任感,促进企业不断降低产品成本,提高经济效益。

### 一、责任成本

(一)责任成本的特点

责任成本是按照谁负责谁承担的原则,以责任单位为计算对象而归集的成本,它所反映的是责任单位与各种生产耗费的关系。这种责任单位承担着与其经营决策权相适应的经济责任,也称为"责任中心"。

责任成本的特点是同产品成本相比较而体现出来的。归纳起来有这样几点:

(1) 责任成本是根据企业内部责任原则来核算,产品成本是按统一核算原则进行核算。

(2) 责任成本的核算对象是成本责任单位,产品成本的核算对象是产品。

(3) 责任成本核算的目的是为了与厂部、车间、班组以及供应、销售、分支公司的经济责任挂钩,从而对这些部门的工作进行考核,而产品成本核算是为了计算利润、定价。

(4) 责任成本主要核算可控费用,而产品成本核算全部费用。

(二) 责任成本的内容

责任成本的内容取决于企业的生产特点。不同的企业有各自的生产特点,因而不同企业的责任中心的责任成本不相同。但责任成本的内容主要有:① 技术部门的责任成本,包括由于产品工艺问题而造成的损失、浪费和产品设计不合理在生产中造成的损失、浪费及其他原因造成的损失等。② 供应部门的责任成本,包括扣除客观因素后,材料采购的成本差异;因材料(物资)供应不上或质量问题造成停工或废品损失;由于超储积压而发生的材料损失及超储费用等。③ 生产部门的责任成本,包括按内部转移价格计算的材料费用,生产工人工资,扣除客观因素(如采用加速折旧法)后的各项制造费用,自身原因造成的各项损失等。④ 销售部门的责任成本,包括因销售组织问题而增加的坏账损失,因销售合同问题而发生的销售纠纷费用,因销售不及时而造成产品积压所发生的费用等。

(三) 责任成本的计算

责任成本是成本考核的一种成本形式,它是由各责任中心直接控制和调节的"可控成本"组成。在计算责任成本前还必须将成本划分为"可控成本"与"不可控成本"。确定可控成本的条件有:一是可以预计,二是可以控制的成本,三是可以计量的成本。否则均为不可控成本。属于某成本中心的各项可控成本之和,即构成该中心的责任成本。

某责任单位的责任成本计算公式如下:

$$某责任单位责任成本 = 该责任单位生产成本 - 该单位不可控成本 + 其他单位转来的责任成本$$

责任成本考核,一般采用逐级汇总的做法,通常按班组、车间、厂部逐级汇总。先由班组汇总到车间,再汇总到厂部,计算出全厂责任成本。班组的责任成本由班组长负责,每月编制班组的实绩报告交送车间主任,实绩报告中要列举该班组可控成本的实际数、预算数;车间责任成本由车间主任负责,每月编制本车间的实绩报告交给工厂厂长,实绩报告中要汇总本车间所属各班组的责任成本,再加上直接属于车间的可控成本,如车间管理人员工资、固定资产的折旧费用等。实绩报告中还要列举车间可控成本的实际数、预算数。工厂的责任成本由工厂厂长负责,每月编制一份全厂的实绩报告汇总本厂所属各车间的责任成本,再加上工厂的可控间接成本,并列举该厂可控成本的实际数、预算数。各层次责任成本计算公式如下:

$$班组责任成本 = 可控直接材料成本 + 可控直接人工成本 + 可控制造费用成本$$

车间责任成本 = 各班组责任成本 + 车间可控间接费用成本

工厂责任成本 = 各车间的责任成本之和 + 工厂的可控间接费用成本

责任成本计算用表列示,其格式如表 11-6 所示。

表 11-6 责任成本计算　　　　　　　　金额单位:元

| 成本中心 | | 预算 | 实际 | 差异 |
|---|---|---|---|---|
| 甲班组责任成本 | 实绩报告: | | | |
| | 直接材料 | 4 500 | 4 700 | +200 |
| | 直接人工 | 2 000 | 2 100 | +100 |
| | 制造费用 | 1 600 | 1 500 | -100 |
| | 合计 | 8 100 | 8 300 | +200 |
| 车间责任成本 | 实绩报告: | | | |
| | 甲班组责任成本 | 8 100 | 8 300 | +200 |
| | 乙班组责任成本 | 8 000 | 7 800 | -200 |
| | A车间可控成本 | 2 000 | 2 200 | +200 |
| | 合计 | 18 100 | 18 300 | +200 |
| 胜利工厂责任成本 | 实绩报告: | | | |
| | A车间责任成本 | 18 100 | 18 300 | +200 |
| | B车间责任成本 | 19 800 | 21 000 | +1 200 |
| | 胜利工厂可控成本 | 4 500 | 5 000 | +500 |
| | 成本合计 | 42 400 | 44 300 | +1 900 |

## 二、责任成本考核

责任成本考核的目的是为了促进各责任中心控制和降低各种耗费,借以控制和降低各种产品的生产成本。责任成本考核工作通常分为如下三步。

（一）编制和修订责任成本预算

责任成本预算是各责任中心业绩控制和考核的重要依据。它通常按预定的生产量、生产消耗标准和成本标准，运用弹性预算方法，编制各责任中心的预算责任成本。按预定的业务量标准编制好责任成本预算后，还需要按实际的业务量进行调整。

（二）确定成本考核指标

用于成本考核的指标有两种：一种是目标成本节约额，另一种是目标成本节约率。

目标成本节约额计算公式如下：

$$目标成本节约额 = 预算成本 - 实际成本$$

目标成本节约率计算公式如下：

$$目标成本节约率 = 目标成本节约额 \div 目标成本 \times 100\%$$

当预算成本大于实际成本时，表示为目标成本的节约；反之，则表示目标成本超支。

[例11-6] 某企业生产 A、B、C 三种产品，每种产品需经过甲、乙、丙三个生产部门加工，20××年×月份整个企业在生产过程中发生直接材料消耗 180 000 元，直接人工费用 80 000 元，制造费用 100 000 元，根据料、工、费耗用的原始凭证及有关的分配表，各责任中心和各产品该月成本计算，如表 11-7 所示。

表 11-7 责任成本和产品成本计算表　　　　　　　金额单位：元

| 成本项目 | 合　计 | 责　任　成　本 | | | 产　品　成　本 | | |
|---|---|---|---|---|---|---|---|
| | | 甲 | 乙 | 丙 | A | B | C |
| 直接材料 | 180 000 | 90 000 | 50 000 | 40 000 | 43 000 | 77 000 | 60 000 |
| 直接人工 | 80 000 | 30 000 | 20 000 | 30 000 | 20 000 | 30 000 | 30 000 |
| 制造费用 | 100 000 | 40 000 | 30 000 | 30 000 | 30 000 | 40 000 | 30 000 |
| 总 成 本 | 360 000 | 160 000 | 100 000 | 100 000 | 93 000 | 147 000 | 120 000 |

如果甲、乙、丙三个责任中心的责任成本预算分别为 150 000 元、80 000 元和 110 000 元，则甲、乙、丙三个责任中心的目标成本节约额如下：

$$目标成本节约额(甲) = 150\ 000 - 160\ 000 = -10\ 000(元)$$

$$目标成本节约额(乙) = 80\ 000 - 100\ 000 = -20\ 000(元)$$

目标成本节约额(丙) = 110 000 - 100 000 = 10 000(元)

目标成本节约率(甲) = -10 000 ÷ 150 000 × 100% = -6.7%

目标成本节约率(乙) = -20 000 ÷ 80 000 × 100% = -25%

目标成本节约率(丙) = 10 000 ÷ 110 000 × 100% = 9.1%

### (三) 业绩评价

评价一个责任中心的业绩,要同时考核目标成本节约额和目标成本节约率两个指标,综合考核各个方面因素的影响,合理、公正地进行业绩评价。

## 【经典案例】

Edney 公司的 Electric 分厂为顾客生产一种小型电器产品。分厂生产主管 Ricker 几天前收到了 20×× 年 10 月份的分厂的生产报告,内容如表 11-8 所示。

表 11-8  20×× 年 10 月份 Electric 分厂的生产报告    金额单位:美元

| 成本项目 | 标准 | 实际 | 差异 |
|---|---|---|---|
| 直接材料 | 160 000 | 161 000 | 1 000 |
| 直接人工 | 240 000 | 242 000 | 2 000 |
| 变动制造费用 | 100 000 | 107 100 | 7 100 |
| 固定制造费用 | 100 000 | 103 000 | 3 000 |

由于 Ricker 和他的同事非常努力地提高生产率,因此这些不利差异让他感到非常不安。他立即与公司总经理 Johnson 进行了面谈,总经理建议 Ricker 与公司主计长 Talbot 会谈,以便对生产中存在的问题作进一步了解。主计长为 Ricker 提供了一些其他信息,如表 11-9、表 11-10 所示。

表 11-9  20×× 年 Electric 分厂的变动制造费用开支    金额单位:美元

| 项目 | 年度预算 | 10 月份实际数 |
|---|---|---|
| 间接材料 | 450 000 | 36 000 |
| 间接人工 | 300 000 | 33 700 |
| 设备维修 | 200 000 | 16 400 |
| 设备动力 | 50 000 | 21 000 |
| 合计 | 1 000 000 | 107 100 |

表 11-10　20××年 Electric 分厂的固定制造费用支出　金额单位：美元

| 项　　目 | 年度预算 | 10月份实际数 |
|---|---|---|
| 管理人员工资 | 260 000 | 22 000 |
| 折旧费 | 350 000 | 29 500 |
| 办公费 | 210 000 | 21 600 |
| 财产税 | 280 000 | 29 900 |
| 合　计 | 1 100 000 | 103 000 |

另外，分厂全年预算直接人工总工时为 250 000 小时，10 月份实际发生生产工时 25 500 小时。

**案例讨论：**
（1）分析制造费用的各项差异。
（2）说明制造费用各项差异产生的可能原因。
（3）说明上述分析结果可能对生产主管 Ricker 的行为造成何种影响。

# 本 章 小 结

成本控制就是在成本形成过程（可能性空间）中，对各项成本活动进行监控，及时发现偏差，采取纠正措施，保证成本目标的实现。成本控制有广义和狭义之分。狭义的成本控制是指"日常成本控制"，即在成本形成过程中，按预定的成本目标，对生产耗费进行严格的计量、监督和指导，并对发生的偏差及时分析原因，加以纠正和控制，所以狭义的成本控制仅指成本的过程控制。广义的成本控制除了"日常成本控制"外，还包括"事前成本控制"和"事后成本控制"。

成本控制有如下程序：一是制定成本控制，二是执行成本控制标准，三是确定成本差异，四是成本反馈。日常生产成本控制的方法通常有标准成本控制和定额法。本章介绍的是标准成本控制，内容主要包括标准成本的制定，差异的计算与分析。在分析时通常按产品成本项目分别直接材料、直接人工和制造费用进行。

成本考核是在财务报告期结束时，通过把报告期成本完成数额与计划指标、定额指标、预算指标进行对比，来评价成本管理工作成绩的一项工作，它是成本管理的最后一个环节，也是检验成本管理目标是否达到的一个重要环节。对成本进行考核，通常是采用将成本指标分解落实到每一个责任部门后（即责任中心），以责任成本的形式对每一个责任中心进行成本考核。本章重点介绍了责任成本的计算以及成本考核的具体方法。

# 复习思考题

1. 狭义成本控制与广义成本控制有什么区别？怎样才能充分发挥成本控制的作用？
2. 成本控制应遵循怎样的程序？
3. 什么是责任成本？其内容有哪些？
4. 责任成本如何计算？
5. 如何进行成本考核？

# 案例讨论题

1. 在一次成本控制专项座谈会中，有一位管理人员提出"材料价格应由采购部门负责，材料用量差异应由生产部门负责"，你认为这种成本控制的方法对吗？请说明你的理由。
2. 请说明在标准成本制度中，直接材料、直接人工、变动制造费用和固定制造费用的各种差异产生的可能原因。

# 同步测试题

一、单项选择题

1. 在实际工作中广泛应用的最切实可行的标准成本种类是(　　)。
   A. 理想标准成本　　　　　　B. 现实标准成本
   C. 基本标准成本　　　　　　D. 平均标准成本

2. 直接人工效率差异是一种(　　)。
   A. 数量差异　　B. 价格差异　　C. 质量差异　　D. 综合差异

3. 责任成本是由各个责任中心可以直接控制和调节的(　　)。
   A. 实际成本　　B. 定额成本　　C. 标准成本　　D. 可控成本

4. 对成本差异控制的重点在于(　　)。
   A. 可控差异　　B. 不可控差异　　C. 有利差异　　D. 不利差异

5. 以下关于直接人工结构差异的计算公式中正确的是(　　)。
   A. $\left(\begin{array}{c}\text{以实际混合比例计}\\\text{算的平均标准工资率}\end{array} - \begin{array}{c}\text{以预定混合比例计}\\\text{算的平均标准工资率}\end{array}\right) \times \text{实际工时}$

B. $\left(\begin{array}{c}\text{实际产出}\\ \text{的实际工时}\end{array} - \begin{array}{c}\text{实际产出}\\ \text{的标准工时}\end{array}\right) \times \begin{array}{c}\text{以预定混合比例计}\\ \text{算的平均标准工资率}\end{array}$

C. $\left(\begin{array}{c}\text{以实际混合比例计}\\ \text{算的平均实际工资率}\end{array} - \begin{array}{c}\text{以实际混合比例计}\\ \text{算的平均标准工资率}\end{array}\right) \times \text{实际工时}$

D. $\sum(\text{实际工资率} - \text{标准工资率}) \times \text{实际工时}$

## 二、多项选择题

1. 下列项目中属于价格差异的有（　　）。
   A. 人工效率差异　　　　　　B. 材料价格差异
   C. 工资率差异　　　　　　　D. 变动制造费用耗用差异
2. 标准成本制度包括（　　）等环节。
   A. 标准成本制定　　　　　　B. 成本差异的计算分析
   C. 成本差异的处理　　　　　D. 产品成本计算方法的选择
3. 广义成本控制包括（　　）等方面。
   A. 事前成本控制　　　　　　B. 过程成本控制
   C. 事后成本控制　　　　　　D. 反馈控制
4. 固定制造费用的成本差异包括（　　）。
   A. 效率差异　　B. 耗用差异　　C. 能力差异　　D. 价格差异
5. 成本控制的基本程序是（　　）。
   A. 制定控制标准　　　　　　B. 编制成本计划
   C. 确定成本差异　　　　　　D. 进行成本反馈

## 三、判断题

1. 成本控制有广义和狭义之分。广义成本控制是指日常成本控制。（　）
2. 变动性制造费用的差异分为预算差异、效率差异和能力差异。（　）
3. 责任成本与产品成本既有联系又有区别，两者的性质相同、核算原则相同，但核算对象、内容和目的不同。（　）
4. 成本中心的负责人应对其管辖区内发生的一切成本费用负责。（　）
5. 成本中心发生的直接材料都是可控成本。（　）
6. 企业在生产或服务过程中的不同期望水平导致企业制定不同的标准成本。（　）
7. 材料结构差异是指实际材料混合比例与预定的混合比例不同而产生差异。（　）
8. 责任成本的核算对象就是企业产品的成本计算对象。（　）
9. 在计算责任成本前还必须将成本划分为"可控成本"与"不可控成本"。（　）
10. 成本考核的指标有目标成本节约额和目标成本节约率两种。（　）

## 四、核算题

**[核算题1]** Beta公司甲产品需要耗用A材料和B材料,单位标准成本资料如表11-11所示。该公司10月份共生产甲产品4 200件,实际消耗A材料和B材料为39 000千克和11 000千克。

表11-11 单位标准成本表

| 材料名称 | 预定数量(千克/件) | 标准价格(元/千克) | 实际价格(元/千克) |
| --- | --- | --- | --- |
| A材料 | 4 | 13 | 12.4 |
| B材料 | 1 | 8.5 | 8.7 |
| 合计 | 2 | | |

要求:计算该月直接材料的产出差异、材料结构差异和材料价格差异。

**[核算题2]** 某公司预算固定制造费用为40 800元,实际固定制造费用为48 000元;预算工时为6 800小时,实际工时为6 000小时;预计完成产量为3 400件,实际产量为3 000件。

要求:计算并分析固定制造费用的各项差异。

**[核算题3]** 蓝天服装厂对各项产品均建立标准成本制度,本年度男式衬衫每件的标准成本及实际成本资料如表11-12所示。该厂在本会计年度共生产男式衬衫4 800件,其标准总成本88 704元,实际总成本为89 280元,两者的差异为576元。该企业固定制造费用不存在差异。

表11-12 标准成本及实际成本资料表

| 成本项目 | 数量 | 价格 | 标准成本(元) | 实际成本(元) |
| --- | --- | --- | --- | --- |
| 直接材料 | | | 8.4 | 8.8 |
| 标准 | 4米 | 2.1元/米 | | |
| 实际 | 4.4米 | 2元/米 | | |
| 直接人工 | | | 7.2 | 6.79 |
| 标准 | 1.6工时 | 4.5元/工时 | | |
| 实际 | 1.4工时 | 4.85元/工时 | | |
| 变动制造费用 | | | 2.88 | 3.01 |
| 标准 | 1.6工时 | 1.8元/工时 | | |
| 实际 | 1.4工时 | 2.15元/工时 | | |

要求:分析上述成本差异产生的原因,并说明各影响因素产生的影响大小。

# 第十二章 作业成本法

学习目标

- 了解作业成本法是如何运作的
- 理解传统的产品成本计算和作业成本计算的区别
- 理解为什么传统的、以数量为基础的成本计算法会扭曲产品成本
- 了解作业管理概念和管理原理,理解作业成本计算与作业管理的关系
- 掌握作业预算差异的分析方法

## 引　言

Valport公司(以下简称公司)是一家专业化很强的电子公司,现在公司的Ⅰ号和Ⅱ号产品面临着来自其他公司的强烈竞争。公司的竞争对手一直在压低Ⅰ号产品的价格。而该公司的Ⅰ号产品比其他所有竞争对手的产量都高,并且是公司生产效率最高的产品。公司的总经理一直在思考:为什么其他公司的这种产品的价格远远比他们的价格低。不过,让公司总经理高兴的是:公司新开发的Ⅲ号产品虽然生产工艺复杂,产量远不及公司生产的Ⅰ号和Ⅱ号产品的产量。但由于专业化程度非常高,其他竞争对手不想涉足这种产品生产,所公司几次提高Ⅲ号产品的售价,客户仍是源源不断。

公司主管会计采用作业成本法做了一项先期研究。结果发现,公司采用的传统成本计算方法高估了产量高、工艺简单的Ⅰ号产品和Ⅱ产品的成本,并且大大地低估了Ⅲ号产品的成本。

新的产品成本计算方法使公司的管理当局为Ⅰ号产品制订了与公司竞争对手们非常有竞争力的价格,同时为了弥补Ⅲ号产品成本,公司大幅提高了Ⅲ号产品价格。

## 第一节 作业成本计算概述

### 一、作业成本法的产生与发展

作业成本法(Activity Based Costing,简称为ABC)是一种以"成本驱动因素"理论为基本依据,根据产品或企业经营过程中发生和形成的产品与作业、作业链与价值链的关系,对成本发生的动因加以分析,选择"作业"为成本计算对象,归集和分配间接费用的一种成本核算方法和成本管理制度。

作业成本法的产生,最早可以追溯到20世纪杰出的会计大师——美国人埃里克·科勒教授。科勒教授曾任教于美国的西北大学、俄亥俄州立大学和明尼苏达大学,并担任《会计评论》主编达15年之久。从1938年开始,他以咨询会计师的身份直接参与由政府管制的大型公司的管理工作,其中1938—1941年担任田纳西河谷管理局(TVA)的主计长,1948—1949年担任经济协调管理局(ECA)的主计长,科勒的作业会计思想正是在田纳西河谷管理局和经济协调管理局担任主计长和审计师时形成和发展起来的。

科勒教授最早于1941年《会计论坛》上使用"作业"这一概念,他认为"作业"是一个组织、单位对一项工程、一个大型建设项目、一项计划及一项重要经营的各个具体活动所做出的贡献。科勒教授的作业会计思想主要是为了适应会计预算和控制的发展要求,在当时的实际工作中没有得到认可。后来,科勒教授在1952年编著的《会计师词典》中首次提出了"作业账户"(Activity Account)的概念。科勒教授对"作业账户"的解释是:"作业账户是指某交易事项的收入或费用账户,该交易事项的作业主管人履行职责,施行控制。交易事项包括材料和各种服务,但属于他人责任范围的费用及其他事项不在该账户范围之内。"

1971年,美国乔治·斯托布斯教授在《作业成本计算和投入产出会计》中对"作业""成本""作业会计""作业投入产出系统"等概念作了全面系统的讨论,这是理论上研究作业会计最宝贵的文献之一。斯托布斯认为"作业会计"(Activity Accounting)是一种和决策有用性目标相联系的会计模式。尽管理论界对此持冷淡态度,实务界也未采纳,但在作业会计理论框架形成中占有重要的地位。1988年,集斯托布斯全部观点的新著《服务于决策的作业成本计算——决策有用性框架中的成本会计》问世,引起了学术界的广泛关注。该书除收录了1971年的《作业成本计算和投入产出会计》之外,还收录他在20世纪80年代对作业成本计算的几篇论述。学者们评价该书是成本理论的经典文献之一。

20世纪80年代初期、中期,大批会计学者开始对传统的成本会计系统进行全面反思。尽管学者们已经注意到成本会计和管理会计面临的挑战,但他们并未对作业成本法给予清楚的说明。最早对 ABC 给予明确解释的是哈佛大学的青年学者罗宾·库珀和哈佛大学教授罗伯特·卡普兰。

1988 年,库珀在夏季号《成本管理》杂志上发表了《一论作业成本计算的兴起:什么是作业成本系统》。文章指出:产品成本就是制造和运送产品所需全部作业的成本总和,成本计算对象是作业。产品耗用作业,作业耗用资源,这是作业成本计算的基本原则,也是作业成本计算赖以生存的基础。同年,库珀又在秋季号和冬季号《成本管理》杂志上发表了《二论 ABC 的兴起:何时需要 ABC 系统》和《三论 ABC 的兴起:需要多少成本动因并如何选择之》。1989 年春,库珀又发表了《四论 ABC 的兴起》。从 1988—1989 年,库珀通过讨论 ABC 的兴起的四篇文章以及和卡普兰的合作,基本上对 ABC 的现实需要、运行程序、成本动因的选择、成本库的建立等作了全面的分析,从而使这些论文成为研究现代作业成本会计必须参考的重要文献。因此,库珀和卡普兰被称为作业成本会计研究的急先锋。

1991 年詹姆斯·布林逊在《作业会计:作业基础成本计算法》一书中提出了增值成本、不增值成本,同质成本以及适时制造成本等新概念,在理论和研究上将作业会计向前推进了一大步。另外,波特兰大学教授彼得·特尼(Peter B. B. Turmey)在 1991 年编写的专著《ABC 的功效:怎样成功的推行作业成本计算》中系统研究了作业会计的核心概念——作业和成本动因,并首次将作业成本计算与企业管理联系起来。

1992 年库珀和卡普兰与他人合作共同撰写了《推行作业基础成本管理:从分析到行动》一书。这是一部具有实地研究特色的书,旨在回答"推选 ABC 要经过哪些步骤,会遇到什么问题?""设计 ABC 系统时最关键的决策是什么""设计和推选 ABC 时,有哪些潜在的或未料到的危险""ABC 的真正价值表现在哪?""组织中的非财务经理怎样享有 ABC 带来的利益""ABC 对股东的价值是什么?""应该采取什么样的行动?"等问题。该书从实践上进一步论证了作业成本会计的先进性和科学性。

## 二、作业成本法的基本概念

作业成本法涉及下列概念:作业和作业链;与作业链相关的价值链;与作业链相关的成本动因等。

1. 作业和作业链

科勒教授认为"作业是一个组织、单位对一项工程、一个大型建设项目、一项计划及一项重要经营的各个具体活动所做出的贡献。"

詹姆斯·布林逊认为"作业是企业为提供一定量的产品或劳务所消耗的人力、技术、原材料、方法和环境等的集合体。"

综合起来，可以认为：作业是指相关的一系列任务的总和，或指组织内为了某种目的而进行的消耗资源的活动。

作业有三个基本特征：其一是作业是投入产出因果连动的实体，即作业是一种资源的投入和另一种效果的产出的过程，如产品设计，投入的是智慧、技术、工具等，产出的是产品设计图案；其二是作业活动贯穿于公司经营的全过程，产品从设计到最终销售出去是由各种作业的行使而完成的；其三是作业是可量化的，即作业可以采用一定的计量标准计量。作业是计算成本过程中的一个元素，同时又是计算成本的客观依据，必须具有可量化性。

作业成本法的基本思想是在资源和产品之间引入一个中介即作业。把企业看作是为满足顾客需要而设计的作业集合体。从产品设计到产品售出的整个生产经营过程，由一系列前后有序的作业构成，将它们由此及彼、由内到外连接起来，就形成一条作业链。作业链(Activity Chain)是指企业为了满足顾客需要而建立的、一系列前后有序的作业集合体。作业链如图 12-1 所示：

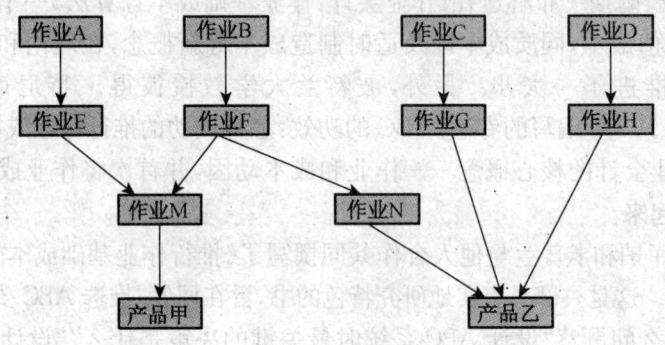

图 12-1　作业链

2. 价值链

在作业链上，存在这样一种关系：资源→作业→产品，即产品耗用作业，作业耗用资源，于是就有下述关系：每完成一项作业就要消耗一定量的资源，同时又有一定价值量的产出转移到下一项作业，照此逐步结转下去，直至最后一个步骤形成产品提供给顾客。作业的转移同时伴随着价值的转移，最终产品是全部作业的集合，同时也表现为全部有关作业的价值的集合。因此，价值在作业链上各作业之间的转移就形成一条价值链。

价值链(Value Chain)的概念是一位杰出的公司战略研究专家迈克尔·波特于 1985 年提出。它是分析企业竞争优势的根本思路，它紧紧地与服务于顾客需求的作业链相联系，是作业链的货币表现。对价值链的分析，可以从产品环节一直追查到产品设计环节，其目的在于两个方面：第一是筛选作业，即发现和消除对价链无所贡献的作业。例如消除存货积压;第二是改善作业,即提高作业环节的工作效率。例如改善顾客服务质量。因此,对价值链进行分析,可以为企业改善成本管理指明方向,是企业挖掘降低成本潜力,加强全面质量管理,减少资源浪费的有效途径。

3. 成本动因

成本动因(Cost drivers)是指引起成本发生的动机或原因,也称为成本驱动因素,如采购订单是采购作业的成本动因。成本动因可以是一个事件、一项活动或要求,它支配成本行为,决定成本的产生。正如迈克尔·波特所说:成本动因是构成成本结构的决定性因素。

成本动因这一概念存在"质"与"量"的双重表现,在质上表现为"成本发生因子"或"成本驱动因子"的因果关系,即以搬运这类质的形态反映的诱导成本发生的原因;在量上表现为计量作业的尺度,即以搬运距离等量的形态表述的成本计量尺度。

通常根据成本动因在资源流动中所处的不同位置可将成本动因区分为资源成本动因和作业成本动因。

资源成本动因是指资源被各种作业消耗的方式或原因。体现了资源消耗量与作业之间的关系。资源成本动因作为一种分配基础,它是将资源耗费分配到作业成本库的标准,反映了作业对有关资源的耗费情况。通过分析资源成本动因,促使企业合理配置资源,寻求降低作业成本的途径。

作业成本动因是指各项作业被最终产品或劳务消耗的方式或原因,体现了作业消耗量与最终产出之间的关系。它是将作业成本分配到产品或劳务的标准。作业成本动因也是资源消耗与最终产品相沟通的中介。通过分析作业成本动因,可帮助企业发现和减少不增值的作业,寻求降低整体成本的途径。

资源成本动因与作业成本动因关系如图 12-2 所示。

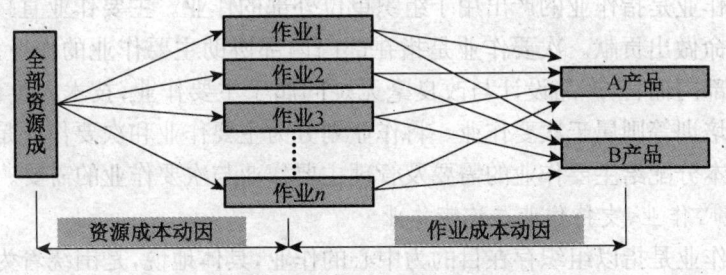

图 12-2 资源成本动因与作业成本动因关系

成本动因按其性质不同可以分为积极性成本动因和消极性成本动因。

积极性成本动因是能够产生收入、产品或利润的作业,如销售订单、生产通知单等。

消极性成本动因是引起不必要的工作和利润减少的作业,如重复运送产品等。

4. 作业中心和成本库

作业中心是一系列相互联系、能够实现某种特定功能的作业集合。例如,原材料采购作业中,材料采购、材料检验、材料入库、材料仓储保管等都是相互联系的,并且都可以归于材料处理作业中心。

成本库是指由若干个同一(同质)成本动因导致的费用项目归集在一起的特定的集合体。成本库的建立把间接费用的分配与产生这些费用的原因——成本动因联系起来。如质量控制部门可按"外购材料的检验""在产品的检验"和"产成品的检验"三个成本库进行划分,并分别以"材料订购次数""设备调整与准备次数"和"销售产品数量"作为其成本动因,以它们作为分配标准,对各个成本库所汇集的成本、费用进行分配。在作业成本法下,通过设置各种各样的成本库,并按多样化的成本动因对间接费用进行分配,使成本计算的过程大大明细化,同时,也使成本计算的正确性和成本的有效性大大提高。

### 三、作业的分类

划分作业的方法有着不同的选择标准,尽管这些标准的划分在形式上略有不同,但在思想上可以说是基本一致的。

1. 增值作业和非增值作业

增值作业是指给顾客带来附加价值,因而能为企业带来利润的作业,如,采购订单的获得、在产品的加工以及完工产品的包装等均为增值作业。非增值作业是指不能给顾客带来附加价值的作业,如原材料、在产品、产成品的存储作业为非增值作业。这种划分方法是根据作业是否起"增值"作用来区分。增值作业与非增值作业的判别标准是如果把作业去除,能否为顾客提供与以前同样的效果。

2. 主要作业和次要作业

主要作业是指作业的产出用于组织单位外部的作业。主要作业直接为部门或组织的使命做出贡献。次要作业是指在部门内部协助主要作业的作业。例如,就工厂技术部门而言,产品设计与改良毫无疑问属于主要作业;技术人员参加会议、接受专业培训等则属于次要作业。将作业划分为主要作业和次要作业是出于将次要作业成本分配给主要作业的需要及管理主要作业与次要作业的需要。

3. 核心作业、支持作业与连带作业

核心作业是指以组织存在目的为中心的作业,具体地说,是围绕着为组织内部或外部的顾客提供服务的作业。一般而言,这种作业与形成企业竞争优势的能力相关。例如,对营销部门而言,缔结销售合约就属于核心作业。

支持作业是指实现核心作业所必须的作业。例如,营销部门接待客户并洽谈属于支持作业。

连带作业是指由于组织或部门内部的缺陷连带造成的作业。例如,客户对已发售的产品在性能质量、售后服务等方面存在不满,销售人员不得不耐心听取客户的抱怨。连带作业尽管难以彻底根除,但应采取措施尽可能抑制其发生。

4. 单位作业、批别作业、产品别作业和过程作业

单位作业是指使单位产品或劳务受益的作业,此类作业是重复进行的,每生产一个单位产品就需要作业一次,其所耗的成本与产品的产量成比例变动。例如直接材料和直接人工等。

批别作业是指使一批产品受益的作业。这种作业的成本与产品批数成比例变动,是该批产品所有单位产品的固定(或共同)成本。例如机器从生产某批产品,转向生产另一批产品时,就需要对机器进行准备。当生产批数愈多时,机器准备成本就愈多,但与产量多少无关。

产品别作业即品种别作业,是指为各种产品的生产而从事的作业,这种作业的目的是服务各种产品的生产与销售。例如对一种产品进行工艺设计、编制数控程序、处理工程变更、测试线路等。这种作业的成本与产品产量和批数无关,但与生产产品的品种成比例变动。

过程作业也称为管理级作业,是指为了维持和管理生产经营活动而从事的作业,例如工厂管理。这种作业的成本是企业所生产所有产品的共同成本。它与产量、批次、品种数无关,而取决于组织规模和结构。

## 第二节 作业成本计算过程

### 一、作业成本计算应遵循的原则

现代企业是一个由一系列作业组成的作业链,企业每完成一项作业均要消耗一定的资源,产品成本实际上就是制造和运送产品所需全部作业所消耗的资源的成本之和。在进行作业成本计算时,应遵循以下两条原则:

其一是作业消耗资源,产品消耗作业。

其二是生产导致作业的发生,作业导致间接费用或间接成本的发生。

这两条原则既说明了产品和间接资源的关系,也说明了产品和间接成本相联系的中介是作业。

### 二、作业成本计算的原理

作业成本计算的理论核心是成本动因理论,即企业的间接费用的发生是企业产品生产所必需的各种作业所驱动的,其发生多少与企业产品生产量无关,而只与驱动其发生的作业的数量相关。因此,在作业成本计算中,发生的成本按作业的消耗量进行分配,如维修成本引发的动因是维修这一作业,其成本就按产品所消耗的

维修作业量进行分配。

作业成本计算的理论基础是：企业的成本和价值不是孤立存在的，它们以作业为中介联系在一起。成本的发生是消耗各种资源的作业引起的，而产品的成本取决于各自对作业的需求量。作业成本计算与传统的成本计算最大的不同在于它不是以成本论成本，而是把着眼点放在成本发生的前因后果上，从而进行全方位的索本求源，实现成本计算与控制的结合。

作业成本计算涉及两个阶段的费用分配过程：第一阶段，把资源的消耗所发生的费用归集到作业中心，形成作业成本；第二阶段，通过作业动因把作业成本库中归集的成本分配到产品中去，最终计算出产品成本。

作业成本计算的原理：在计算产品成本时，不是把资源一步越过作业分配到产品，而是通过作业链分析，找出相应的作业和作业链，寻找出作业与资源、产品与作业的关系，进而恰当地进行成本费用的分配。其基本原理如图12-3所示，图中实线表示成本计算和形成过程，虚线表示资源的消耗过程。

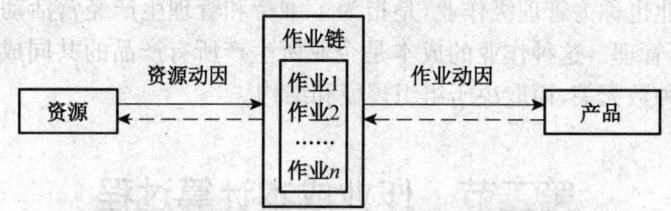

图12-3　作业成本计算的基本原理

### 【问题与思考】

请简要说明作业成本法的理论基础及其基本原理。

## 三、作业成本计算的基本过程

产品成本是制造产品所需全部作业所消耗的资源耗费之和，而产品耗用作业，作业耗用资源，因此，资源耗费应按一定的资源动因归集到作业成本库里，形成作业成本，然后将作业成本库的成本按作业动因分配到产品中。作业成本计算的基本过程如图12-4所示。

## 四、作业成本法的计算程序

1. 确认和计量各类资源的耗费

资源被消耗后，应当按照一定的范围，对其进行分类归集，这样既可以从总体上反映各类资源的耗用情况，也可以为各类资源的耗费价值向作业库的分配创造条件。

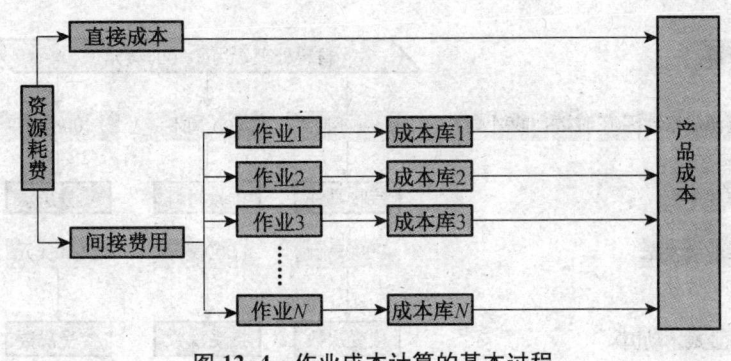

图 12-4　作业成本计算的基本过程

2. 确认作业和作业中心，并建立作业成本库

通过对企业生产经营过程的全面详尽的分析，将企业描述为一个相互关联的作业链，并确定各项作业的成本动因，按照作业成本动因建立作业成本库。作业成本库建立之后，关键在于如何将各类资源的价值耗费分配计入各作业成本库中。作业消耗资源，作业量的多少决定着资源的耗费量，故分配资源价值耗费的基础是反映资源消耗量与作业量之间的资源成本动因。

确认资源成本动因的原则：第一，若某项资源耗费可直接确认其是为某一特定的产品所消耗，则直接将其计入该产品成本。此时资源成本动因也就是作业成本动因，该动因可以认为是最终耗费，如，直接材料费用的分配适用于该原则。第二，某项资源耗费可以从发生区域上划分为各作业所耗，则可直接计入各作业成本库。第三，若某项资源耗费从最初消耗上呈混合性耗费状态，则需要选择合适的量化依据将资源消耗分解到各作业中，这个量化的依据就是资源成本动因。

3. 确定作业成本动因，并确定各成本动因的分配率

作业成本动因是将作业成本库的成本分配到产品或劳务中去的标准，在各作业成本库建立后，从作业成本库的多个作业动因中选择恰当的作业动因为该成本库的代表成本动因，并计算成本动因的分配率。

4. 分配作业成本，并计算汇总各成本目标的成本

根据各种产品所耗用的成本动因单位数和成本动因分配率将作业成本库的成本分配到各成本目标(产品或劳务)中。

图 12-5 简要反映了上述的计算程序。

## 五、作业成本法与传统成本计算方法的比较

1. 作业成本法与传统成本计算方法的区别

1) 成本计算对象不同

传统成本计算方法都是以企业最终产出的各种产品作为成本计算对象。作业

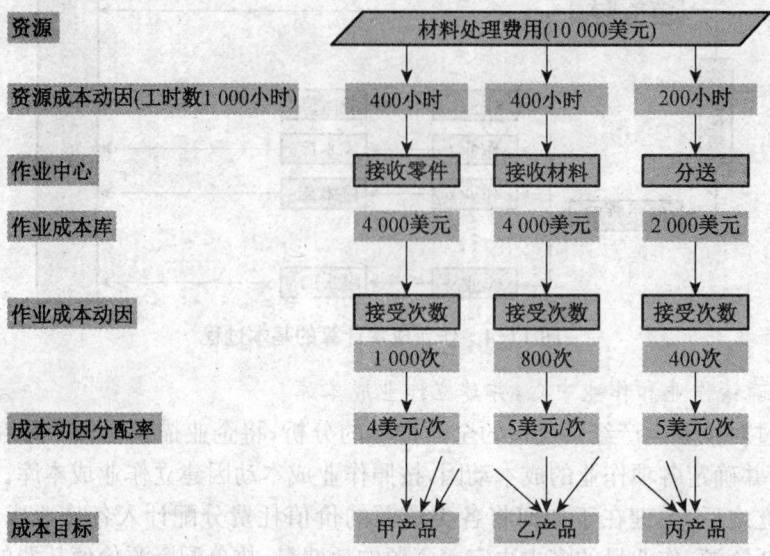

图 12-5 作业成本分配

成本法,则不仅关注产品成本,而且更多关注产品成本产生的原因及其形成的全过程。因而,它的成本计算对象是多层次的,不但把最终产出的各种产品作为成本计算对象,而且把资源、作业作为成本计算对象。

2) 间接费用归集和分配的理论基础不同

传统成本计算方法的理论基础是:企业的产品按照其耗费的生产时间或按照其产量线性地消耗各项间接费用。在这种理论支持下,传统成本计算将间接费用按与"产量关联"的标准分配间接费用,如材料耗用量、直接工时等。因而成本计算程序如下所示:

资源──→成本──→产品

在传统成本计算方法下,将资源归集在统一的成本库里,然后按照某一分配标准把成本分配到产品成本中。

作业成本法的理论基础是"成本驱动因素论",即产品耗用作业,作业耗用资源。作业成本法的程序如下所示:

资源──→作业──→产品

在作业成本法下,将资源按一定的资源动因,归集在作业库里,形成作业成本,然后将作业成本库的成本按作业动因分配到产品成本中。作业成本法通过选择多样化的分配标准分配间接费用,从而使成本的可归属性大大提高,并将按人为标准分配间接费用、计算产品成本的比重缩减到最低限度,从而提高了成本信息的准确性。

3) 成本计算的侧重点不同

传统成本计算方法以产品为成本计算对象,成本计算过程中侧重点自然放在了能构成产品成本的直接材料和直接人工成本上,而对于制造费用只是笼统计算。作业成本法以作业为成本计算对象,以作业成本为侧重点。由于制造费用在作业成本法下同样要以作业形式存在,加之制造费用的作业数量众多,因此制造费用就成为作业成本法成本计算的侧重点。

4) 成本内涵不同

传统成本计算方法认为,成本是企业生产经营过程中所耗资金的对象化。这一观点尽管对成本的经济实质进行了概括,但没有揭示成本在管理方面的内涵。而作业成本法将成本定义为资源的耗费,而不是为获得资源而发生的支出。在作业观念下,把作业作为费用发生与成本形成的中介,成本是一个与作业相关的多层次的概念。

5) 对成本经济内容的认识不同

在传统成本计算方法下,产品成本是指产品的制造成本,只包括与生产产品直接相关的费用(直接材料、直接人工、制造费用等)。在作业成本法下,作业成本只强调费用的合理性、有效性,而不论费用是否与生产产品有直接关联。因此,与产品生产没有直接关系的一些合理、有效的费用(如:采购人员工资、质量检验费、物料搬运费等)同样要计入产品成本。

6) 成本信息资料的详细程度不同

传统成本计算方法只是按产品提供最终成本信息。而作业成本法的成本信息资料除包括产品成本外,还可报告各作业的成本,包括各作业的资源投入与产出状况等。显然作业成本法的成本资料报告了产品生产各个环节的成本形成过程,其详细程度高于传统成本计算法。

7) 适用环境不同

传统成本计算方法适用于与传统推进式生产管理系统相结合的手工制造系统和固定自动制造系统的经营环境。它应用在大批量生产和产品品种少、寿命周期长、工艺不复杂、制造费用比重较低的企业中。作业成本法则适用于适时生产系统与高度自动化制造系统相结合的经营环境。它应用在小批量、多品种、技术复杂、高度自动化生产,制造费用比重相对较高的现代企业中。

2. 作业成本法与传统成本计算方法的联系

1) 目的相同

两者都是计算最终产品成本。传统成本计算方法是将各项费用在各成本计算对象之间进行分配,计算出产品成本;而作业成本法是将各项费用先在各作业中心之间分配,再按照各种产品耗用作业的数量,把各作业成本计入各种产品成本,计算出产品成本的方法。

2) 对直接费用的确认和分配相同

两者都依据受益性原则，对发生的直接费用予以确认。

3) 性质相同

作业成本法与传统成本计算方法都是成本计算系统。它们的功能都是将企业一定期间所发生的与生产有关系的资源耗用信息加工整理为企业成本信息，最终输出给管理者。从性质上来说，它们都是成本信息系统。

## 第三节 作业成本计算举例

Best Blend 咖啡公司（以下简称 BBCC 公司）是一家咖啡加工商。公司从世界各地购买咖啡豆，进行加工，然后包装出售。目前 BBCC 公司生产两种袋装咖啡产品分别为 Hawaian 和 Kenyan，并按每袋 1 磅出售给咖啡店。原材料是其主要成本，然而在高度自动化的加工过程中会发生大量的间接费用。BBCC 公司直接人工成本相对较小。20×8 年 3 月份生产 Hawaian 为 60 000 磅，Kenyan 为 4 000 磅，生产过程中耗用直接材料和直接人工的有关资料如表 12-1 所示。间接费用各项作业资源耗费及成本动因资料如表 12-2 所示。BBCC 公司对间接费用分设成本库，然后按作业动因进行分配。有关核算程序如图 12-6 所示。

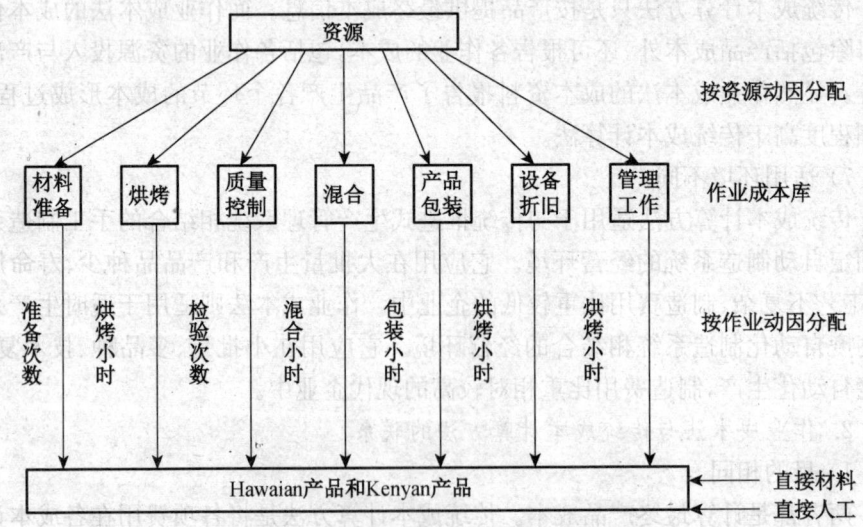

图 12-6　BBCC 公司作业成本核算模型

表 12-1　直接材料和直接人工　　　　　　　　　　　单位:美元

| 资　源 | Hawaian | Kenyan | 合　计 |
|---|---|---|---|
| 直接材料 | 110 000 | 10 000 | 120 000 |
| 直接人工 | 8 500 | 5 000 | 13 500 |
| 合　计 | 118 500 | 15 000 | 133 500 |

表 12-2　间接费用各项作业成本及成本动因　　　　　单位:美元

| 制造费用作业项目 | 作业成本 | 作业成本动因 |
|---|---|---|
| 材料准备 | 4 000 | 准备次数 |
| 烘　烤 | 17 000 | 烘烤小时 |
| 质量控制 | 60 000 | 检验次数 |
| 混　合 | 30 000 | 混合小时 |
| 产品包装 | 63 600 | 包装小时 |
| 设备折旧 | 51 000 | 烘烤小时 |
| 管理工作 | 25 500 | 烘烤小时 |
| 合　计 | 251 100 | |

第一步,确认和计量有关资源耗费,如表 12-1 和表 12-2 所示。

第二步,组织会计、工艺和管理等专业人员进行作业分析,建立作业成本库,如图 12-6 所示。

第三步,对各项作业进行作业成本动因分析,导致成本发生的因素如下：

(1) Hawaian 和 Kenyan 的材料准备次数分别为:15 次和 5 次。

(2) Hawaian 和 Kenyan 的烘烤小时分别为 1 500 小时和 200 小时。

(3) Hawaian 和 Kenyan 的混合小时分别为 100 小时和 50 小时。

(4) Hawaian 和 Kenyan 的检验数分别为:20 次和 5 次。

(5) Hawaian 和 Kenyan 的包装小时分别为 80 小时和 20 小时。

第四步,在作业成本动因分析的基础上,确定各作业成本的分配率并分配作业成本。

(1) 材料准备。材料准备成本以材料准备次数为基础分配,计算过程如表 12-3 所示。

表 12-3  作业成本计算表

作业项目:材料准备

| 产品名称 | 作业成本动因 准备次数 | 成本动因分配率 | 分配额(美元) |
| --- | --- | --- | --- |
| Hawaian | 15 | 200 | 3 000 |
| Kenyan | 5 | 200 | 1 000 |
| 合 计 | 20 |  | 4 000 |

(2)烘烤。烘烤成本根据烘烤小时为基准进行分配,计算过程如表 12-4 所示。

表 12-4  作业成本计算表

作业:烘烤

| 产品名称 | 作业成本动因 烘烤小时 | 成本动因分配率 | 分配额(美元) |
| --- | --- | --- | --- |
| Hawaian | 1 500 | 10 | 15 000 |
| Kenyan | 200 | 10 | 2 000 |
| 合 计 | 1 700 |  | 17 000 |

(3)质量控制。质量控制费用按生产产品时检验次数作为分配基础,计算过程如表 12-5 所示。

表 12-5  作业成本计算表

作业:质量控制

| 产品名称 | 作业成本动因 检验次数 | 成本动因分配率 | 分配额(美元) |
| --- | --- | --- | --- |
| Hawaian | 20 | 2 400 | 48 000 |
| Kenyan | 5 | 2 400 | 12 000 |
| 合 计 | 25 |  | 60 000 |

(4)混合。混合费用按 Hawaian 和 Kenyan 混合小时数作为分配的基础,计算过程如表 12-6 所示。

表 12-6　作业成本计算表

作业:混合

| 产品名称 | 作业成本动因 混合小时 | 成本动因分配率 | 分配额(美元) |
| --- | --- | --- | --- |
| Hawaian | 100 | 200 | 20 000 |
| Kenyan | 50 | 200 | 10 000 |
| 合　计 | 150 | | 30 000 |

(5) 产品包装。Hawaian 和 Kenyan 的产品包装成本按产品包装小时作为分配基础进行分配,计算过程如表 12-7 所示。

表 12-7　作业成本计算表

作业:产品包装

| 产品名称 | 作业成本动因 包装小时 | 成本动因分配率 | 分配额(美元) |
| --- | --- | --- | --- |
| Hawaian | 80 | 636 | 50 880 |
| Kenyan | 20 | 636 | 12 720 |
| 合　计 | 100 | | 63 600 |

(6) 设备折旧。设备折旧的成本以烘烤小时为基础分配,计算过程如表 12-8 所示。

表 12-8　作业成本计算表

作业:设备折旧

| 产品名称 | 作业成本动因 烘烤小时 | 成本动因分配率 | 分配额(美元) |
| --- | --- | --- | --- |
| Hawaian | 1 500 | 30 | 45 000 |
| Kenyan | 200 | 30 | 6 000 |
| 合　计 | 1 700 | | 51 000 |

(7) 管理工作。管理工作发生的成本按烘烤小时数作为分配的基础,计算过程如表 12-9 所示。

表12-9 作业成本计算表

作业：管理工作

| 产品名称 | 作业成本动因 烘烤小时 | 成本动因分配率 | 分配额（美元） |
|---|---|---|---|
| Hawaian | 1 500 | 15 | 22 500 |
| Kenyan | 200 | 15 | 3 000 |
| 合计 | 1 700 | | 25 500 |

第五步，汇总各成本目标的成本。作业成本的分配汇总如表12-10所示。

表12-10 作业成本分配汇总表　　　　　　　　单位：美元

| 作业项目 | Hawaian | Kenyan | 合计 |
|---|---|---|---|
| 材料准备 | 3 000 | 1 000 | 4 000 |
| 烘 烤 | 15 000 | 2 000 | 17 000 |
| 质量控制 | 48 000 | 12 000 | 60 000 |
| 混 合 | 20 000 | 10 000 | 30 000 |
| 产品包装 | 50 880 | 12 720 | 63 600 |
| 设备折旧 | 45 000 | 6 000 | 51 000 |
| 管理工作 | 22 500 | 3 000 | 25 500 |
| 合 计 | 204 380 | 46 720 | 251 100 |

产品成本汇总如表12-11所示，表中直接材料和直接人工是按产品直接归集的。

表12-11 产品成本汇总表

201×年3月　　　　　　　　　　　　　　　　单位：美元

| 产品名称 | 直接材料 | 直接人工 | 制造费用 | 总成本 | 单位成本 |
|---|---|---|---|---|---|
| Hawaian | 110 000 | 85 000 | 204 380 | 399 380 | 6.66 |
| Kenyan | 10 000 | 5 000 | 46 720 | 61 720 | 15.43 |
| 合 计 | 120 000 | 13 500 | 254 100 | 461 100 | |

## 第四节 作业管理与作业预算

### 一、作业管理

作业管理(Activity Based Cost Management,简称 ABCM 或 ABM)是指把管理重心深入到作业层次,以作业作为企业管理的起点和核心的一种新的管理方法。它通过对作业链进行分析,尽可能消除不增值作业,改进增值作业,优化作业链和价值链,最终增加顾客价值和企业价值。目的是不断地改善工作,降低成本。

1. 作业管理的原理

作业管理视企业是一个为最终满足顾客需要而设计的一系列作业的集合体。每一个作业成为其他作业的顾客,各种作业之间互为顾客,彼此连成一个整体,形成顾客链,最终为企业外部顾客服务。企业根据市场需求,以顾客订单为起点,采取"倒挤法"从后向前确定相关作业,核定作业消耗量、作业成本,揭示资源动因、作业动因,并进行成本动因管理、作业管理,以消除不增值作业,减少供产销各环节的存货积压、资金占用,提高公司经营效益。作业管理是一种面向制造过程、面向全过程、体现全面质量管理的全面成本控制方法。

作业管理的特点如下:首先,作业管理是把管理深入到作业层次,以作业为核心进行作业分析的价值链持续改善和优化的过程。作业管理的主要目标是尽量通过作业为顾客提供更多的价值,并从为顾客提供的价值中获取更多的利润。然而,并不是所有的作业都能增加顾客和企业的价值。企业只有通过作业分析,溯本求源,消除不增值作业,把有限的资源用于能增加顾客价值的作业上,并不断改善顾客价值,促进企业价值链的优化。其次,作业管理以作业成本计算为中介。作业管理是依靠作业成本计算的信息来改进经营管理和消除不增值成本。作业成本计算从纵横两个方面(成本分配观和过程分析观)为企业改进和完善作业链,减少作业耗费提供信息。

2. 作业管理与作业成本法的关系

作业成本法以作业为中心,不仅能提供相对准确的成本信息,而且还能提供改善经营管理的非财务信息。作业成本法是一个"二维"的观念:成本分配观和成本过程观,如图 12-7 所示。图中的纵轴代表一个作业成本计算系统的成本分配观,从成本分配的角度来看,作业成本计算系统采用两阶段成本分配将资源的成本分配到公司成本对象。成本分配观说明产品引起作业的需求,而作业的需求又引起资源的需求。这是成本分配观的"资源流动"。成本分配与"资源流动"恰好相反,它从资源到作业,而后从作业到产品。在作业成本系统中,成本分配观体现为作业成本计算。成本分配观从"成本流动"与"资源流动"两个侧面全面地提供有关资源、作业和产品的成本信息。它满足了企业组织各种决策的信息需要。图12-7中的水平轴代表作业成本计算系统的过程观。这里强调的是活动本身,即完成工作的各种过程。图12-7的左侧为作业分析,是对企业所执行的作业的详细确认与描述。作业分析不仅包括确认作业,而且要确认它们形成的根本原因、作业动机及作业间的链接关系。图12-7右侧是对业绩计量过程的作业评价。正是这些作业分析与评价过程组成了作业管理。作业成本法为企业从纵横两方面改进作业链、减少作业耗费、提高作业产品所提供的有用信息。

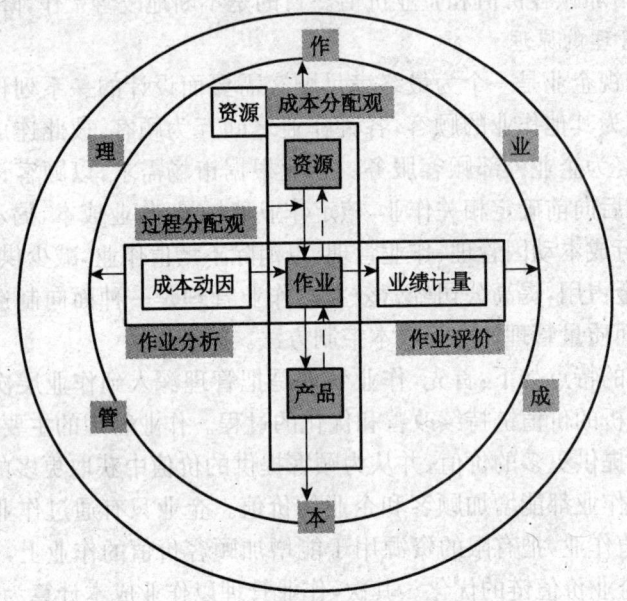

图12-7 作业管理与作业成本计算

3. 作业管理的程序

第一步:建立作业中心,认定增值作业,消除不增值作业。在熟悉企业生产经营的基础上,进行作业分析,建立作业中心,认定增值作业和不增值作业,减少不增值作业,节约资源,降低不增值作业成本。

第二步:建立作业成本控制标准。作业成本控制标准是指企业在作业过程中应该发生的成本水平,这一标准要求消除不增值作业,同时要求提高增值作业的效率,使增值作业有一个最优的产出水平。

第三步:计算实际作业成本。实际作业成本是指一定期间内作业中心(或作业)归集的实际资源耗费总额,它是企业全部作业成本之和,它包括企业发生的增值作业成本和不增值作业成本。

第四步：作业成本差异计算与分析。作业成本差异是指实际作业成本与作业成本控制标准之间的差额。通过作业成本差异的计算和分析，企业可以找到差异产生的原因、判断企业发生的浪费和低效率，进而找到改进的方法，减少企业资源耗费，降低产品成本，提高企业经济效益。

第五步：业绩评价、持续改善。通过不断计量所有作业的绩效，将绩效与基准比较，使管理当局的注意力集中在不必要或无效作业上，采取措施不断降低不增值作业成本。

4. 作业管理的内容

1) 作业分析

作业管理的主要目标是：第一，尽量通过作业为顾客提供更多的价值；第二，尽量从顾客提供的价值中获取更多的利润。这些目标的实现，要求企业必须深入到作业水平，进行作业分析。作业分析的具体步骤如下：

第一步，辨别不必要作业。如果某项作业能增加顾客的价值，那么它对顾客而言是必要的，属于必要作业；如果某项作业对企业而言是必要的，那么该作业也是必要的。相反，那些不能增加顾客价值的作业，也就是不能为最终产品增加价值的作业，或者对企业组织功能的发挥没有用的作业，都是不必要的作业。辨别不必要作业的目的是在成本产生之初就消除不必要的作业，消除不必要的成本。通常可采用如图12-8所示流程辨别不必要作业。

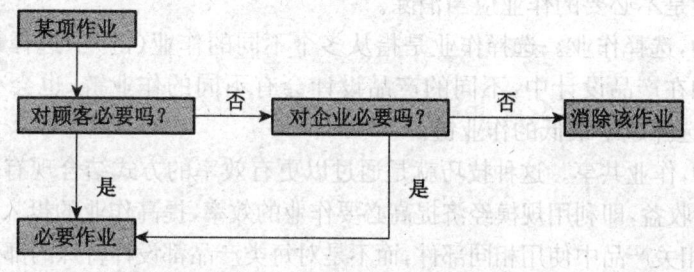

图12-8 不必要作业的辨别

第二步，对重点的增值作业进行分析。根据成本效益原则和重要性原则，对那些相对于顾客或企业组织而言比较重要的作业进行分析。一般而言，企业的绝大部分成本是由20%的作业引起的，将作业按其成本额的大小排列，排列在前面的那些作业通常就是重点作业。

第三步，将作业与先进作业水平进行比较即分析作业的有效性。通常是通过与其他企业先进水平的作业进行比较，判断某项作业或整个作业链是否有效，寻找改进的机会。例如，产品设计作业是一个增值作业，某企业采用手工方式进行图纸设计，而其他企业却采用能快速提供服务的计算机辅助设计。通过比较，某企业的手工图纸设计显然效率太低,存在改进的余地。

第四步,分析作业之间的联系。各种作业相互联系,形成作业链。理想的作业链应当是作业与作业之间环环相扣,而且每次必要的作业只在最短的时间内出现一次。

2) 作业成本计算

作业成本计算是作业管理的基础和中介,并贯穿作业管理的始终。企业要进行作业管理,优化作业链和价值链,要先明确作业链中的各种作业耗费,作业管理正是应用作业成本计算所提供的信息改进企业的作业链,从而优化企业价值链,使企业改进和完善作业,减少作业耗费,降低作业成本,提高企业效益。

3) 业绩计量和评价,持续改善

业绩计量描述了作业所做的工作和作业所取得的结果。它们能提供有关作业实际消耗情况,也能提供作业是如何满足内外顾客需要的信息。业绩评价是将作业的实际耗费与作业预算进行比较。通过业绩计量和评价,使企业的各方面的生产经营活动置于不断改善的状态中。

5. 作业管理中降低成本的技术

作业管理通常采用下列 4 种方法降低成本:

第一种,减少作业。这项技术主要是通过减少投入的时间或其他资源来缩减作业。

第二种,消除作业。消除作业是指消除不必要的作业,通过消除不必要的作业来降低成本。例如购入材料的检验作业,在选择高质量原料的供应商情况下,材料的检验作业是不必要的作业应当消除。

第三种,选择作业。选择作业是指从多个不同的作业(链)中选择最佳的作业(链)。例如在产品设计中,不同的产品设计会有不同的作业链,也会有不同的成本,因此要选择成本最低的作业链。

第四种,作业共享。这种技巧就是通过以更有效率的方式结合现有作业的职能取得更大的收益,即利用规模经济提高必要作业的效率,提高作业的投入产出比。例如,在几类相关产品中使用相同部件,而不是对每类产品都设计特殊的部件。

【问题与思考】

请简要说明作业成本法的理论基础及其基本原理?

## 二、作业预算

简单地说预算是企业为了达成经营目标而制订的计划,它详细说明了企业在某一特定期间内如何获得和使用资源。从成本控制角度,预算是成本控制的标准;从资源配置的角度,预算是预先制订的资源优化配置计划。作业预算(Activity Based Budgeting,简称为 ABB)是以每个作业中心为起点和核心,根据成本动因数量为每个作业中心某一特定期间设定的成本控制标准总额和资源配置计划。作业预算系统包括：预算的编制、预算执行结果的分析评价。

1. 作业预算的编制

作业预算的编制方法通常是根据投入的作业量及每个作业投入的资源消费金额来编制预算，常见的作业预算是弹性作业预算。弹性作业预算是指在不能准确预测成本动因数量的情况下，根据作业成本性态分析的资源费用与成本动因的关系，依据不同的成本动因数量编制的一套有伸缩性的预算。

弹性作业预算的基础：弹性作业预算根据资源费用与成本动因的关系即作业成本性态，将作业成本分为变动性作业成本和维持性作业成本。变动性作业成本是指作业成本总额与作业量正相关的作业成本。维持性作业成本是指企业为管理作业及提供服务而建立的必要基本生产能力的成本。维持性作业成本与作业能力的利用程度无关，也就是说，维持性作业成本是相对固定的作业成本。维持性作业成本按其利用程度可区分为已利用作业能力成本和未利用作业能力成本两种。

弹性作业预算的编制程序：第一步，预测为确保年度计划的实行各作业中心需要哪些必要作业，各自的数量是多少以及作业中心的单位变动性作业成本和单位维持性作业成本；第二步，根据计划期作业中心的作业量，选择某一增减比例确定一系列不同的预期作业量；第三步，根据预期作业量和单位变动性作业成本和单位维持性作业成本确定作业预算额。

弹性作业预算的特点：第一，弹性作业预算是按一系列成本动因数量编制的，企业根据不同作业的具体情况，选择不同的成本动因系列，无论实际成本动因量达到何种水平，都有可以适用的一套成本数据发挥控制作用。第二，弹性作业预算是按作业而不是按产品编制预算，它能够指出预算与实绩的差异发生原因在于哪个作业，对于解决问题非常有效，因而弹性作业预算使预算执行情况的评价和考核更科学、更合理。

2. 作业预算差异分析

作业预算差异分析分为变动性作业成本差异分析和维持性作业成本差异分析两部分。变动性作业成本差异分为耗费差异和效率差异。维持性作业成本差异分为预算差异、作业量偏离差异和实际生产能力利用不足差异。

(1) 变动性作业成本差异分析的相关公式如下：

实际作业的变动成本＝实际作业单位变动成本×实际作业量

标准作业的变动成本＝标准作业单位变动成本×标准作业量

耗费差异＝(实际作业单位变动成本－标准作业单位变动成本)×实际作业量

效率差异＝(实际作业数量－标准作业数量)×标准作业单位变动成本

这里实际作业单位变动成本是单位成本动因消耗的资源费用，标准作业单位变动成本是单位成本动因消耗的标准资源费用。通常将大于零的差异称为不利差异，用 U 表示，小于零的差异称为有利差异，用 F 表示。

变动性作业成本的价格差异又可称为价格差异，它反映了某一期间的耗费水平脱离标准所导致的超支或节约的数额。差异形成的主要原因是各项变动性资源费用的超支或降低造成的差异。

变动性作业成本的数量差异又可称为数量差异，它反映了某一期间实际作业量脱离标准作业量造成的超支或节约的数额。差异形成的主要原因有工作环境、工人工作经验、劳动情绪、设备故障、作业计划安排等因素。

(2) 维持性作业成本差异分析的相关公式如下：

预算差异＝维持性作业成本实际数－维持性作业预算数
作业量偏离差异＝(实际作业量－标准作业量)×单位标准维持性作业成本
实际生产能力利用不足差异＝维持性作业预算数－实际作业量×
单位标准维持性作业成本

这里维持性作业预算数是基于正常生产能力的维持性作业预算支出，单位标准维持性作业成本是指维持性作业预算支出数与预算作业量之比。

[例 12-1] Better Bagels 公司生产各种饼干，20×8 年 3 月设备调试作业的有关预算和实际执行情况如表 12.12 所示。

表 12-12 设备调试作业

Better Bagels 公司
设备调试作业情况
（设备调试作业的成本动因为：设备调试小时） 金额单位：美元

| 指　标 | 预　算 | 实　际 |
| --- | --- | --- |
| 作业量（小时） | 1 000 | 900 |
| 成本总额 | 50 000 | 44 000 |
| 变动性作业成本 | 30 000 | 27 900 |
| 维持性作业成本 | 20 000 | 16 100 |
| 设备调试的标准作业单位变动成本 | 30 | |
| 标准作业量（小时） | 850 | |

标准作业量是指某期间内已决定的生产计划前提下要求的设备调试小时数。

Better Bagels 公司 20×8 年 3 月设备调试作业差异分析如表 12-13 所示。

表 12-13 设备调试作业差异分析

Better Bagels 公司
设备调试作业预算差异分析报告
(设备调试作业的成本动因为:设备调试小时)　　　　金额单位:元

| 项目 | 实际支出 | 标准支出 | 耗费差异 | 效率差异 |
|---|---|---|---|---|
| 变动性调试作业成本 | 27 900 | 25 500 | 900 | 1 500 |
| | 实际支出 | 预算支出 | 预算差异 | 作业量偏离差异 | 生产能力利用不足差异 |
| 维持性调试作业成本 | 16 100 | 20 000 | −3 900 | 1 000 | 2 000 |

上表中的各项差异计算过程如下:

标准支出 = 850 × 30 = 25 500(美元)

耗费差异 = $(\frac{27\ 900}{900} - 30) \times 900 = 900$(美元)

效率差异 = (900 − 850) × 30 = 1 500(美元)

预算差异 = 16 100 − 20 000 = −3 900(美元)

作业量偏离差异 = $(900 - 850) \times \frac{20\ 000}{1\ 000} = 1\ 000$(美元)

生产能力利用不足差异 = $20\ 000 - 900 \times \frac{20\ 000}{1\ 000} = 2\ 000$(美元)

作业预算较之传统预算更为精密,作业预算能够指出预算与实绩之间的差异发生原因在于哪个作业。但预算差异分析一旦转到作业上,就不会像传统预算只有单一产量基准那样简单。应当指出的是作业预算差异分析存在多种观点。

库珀和卡普兰指出作业预算差异分析存在两个重要方面:一是为了提高成本信息必须认识"未利用生产能力"这一概念;二是大部分企业资源的经营支出短期而言并不随作业量及作业组合的变动而变动,短期看提供资源的成本是固定的,每一个期间使用资源的量则是随着为生产产品的各种作业量的变动而变动的。

库珀和卡普兰的观点可表示为以下两个等式:

(1) 从作业的角度看:可能利用的作业量 = 利用的作业量 + 未利用生产能力

(2) 从财务信息的角度看:可能利用的作业成本 = 利用的作业成本 + 未利用的作业成本

马克和罗洸认为作业成本既有固定性的,也有变动性的,同时也有混合性的。如 Better Bagels 公司在设备的调试作业中,调试作业耗用的备用件及机物料的成本与调试时间呈线性变动关系,属于变动性的作业成本,而人员工资从短期看是固定性的作业成本。马克和罗洸认为,即使短期而言,作业成本也应分为固定性的和变动性的,变动部分的差异分为价格差异和效率差异,固定部分分为预算差异与生产能力差异。

马克和罗洸的观点可用上面 Better Bagels 公司 20×8 年 3 月设备调试作业的有关预算和实际执行情况的有关资料进行分析,分析结果如表 12-14 所示。

表 12-14  马克和罗洸预算差异分析

Better Bagels 公司
设备调试作业预算差异分析报告
(设备调试作业的成本动因为:设备调试小时)    单位:美元

| 项目 | 实际支出 | 标准支出 | 价格差异 | 效率差异 |
|---|---|---|---|---|
| 变动性调试作业成本 | 27 900 | 25 500 | 900 | 1 500 |
| | 实际支出 | 预算支出 | 预算差异 | 生产能力差异 |
| 固定性调试作业成本 | 16 100 | 20 000 | −3 900 | 3 000 |

上表中的各项差异计算过程如下:

价格差异 $=(\frac{27900}{900}-30)\times 900=900$(美元)

效率差异 $=(900-850)\times 30$ 元 $=1\ 500$(美元)

预算差异 $=16\ 100-20\ 000=-3\ 900$(美元)

生产能力差异 $=20\ 000-850\times \frac{20\ 000}{1\ 000}=3\ 000$(美元)

麦考姆提出了独特的"粘着成本"概念。粘着成本是指作业量减少时,这种块状的成本仍旧粘着不变。粘着成本的属性在某种程度上可以说是不变成本。例如,验收材料作业,即使生产量下降,却不能马上解雇负责材料验收业务的员工。麦考姆认为管理人员只须对与粘着成本的差异负责。依据麦考姆的观点企业只须注意变动作业成本预算差异。麦考姆将变动作业成本预算差异划分为价格差异与数量差异两种。

麦考姆的观点可用上面 Better Bagels 公司 20×8 年 3 月设备调试作业的有关预算和实际执行情况的有关资料进行分析,分析结果如表 12-15 所示。

表 12-15  麦考姆的预算差异分析

Better Bagels 公司<br>
设备调试作业预算差异分析报告<br>
（设备调试作业的成本动因为：设备调试小时）　　　　　单位：美元

| 项目 | 实际支出 | 标准支出 | 价格差异 | 数量差异 |
|---|---|---|---|---|
| 变动性调试作业成本 | 27 900 | 25 500 | 900 | 1 500 |

上表中的各项差异计算过程如下：

$$价格差异 = (\frac{27\ 900}{900} - 30) \times 900 = 900(美元)$$

$$数量差异 = (900 - 850) \times 30\ 元 = 1\ 500(美元)$$

3. 作业业绩的评价

作业中心是成本责任中心，作业业绩评价的对象是作业中心。作业中心业绩评价主要通过一定期间实际发生的作业成本与作业中心相对应的预算作业成本进行对比，找出差异、分析差异原因，并编制作业中心业绩报告来实现。

# 复习思考题

1. 简述作业成本法的计算原理。
2. 比较传统成本计算方法与作业成本法。
3. 简述作业管理的基本内容。

# 案例讨论题

1. 美国《管理会计》（1997 年 3 月版）发表了一篇题为《ABC 能带来混合效果吗》的文章，该文阐述了惠普公司 Colorado Springs 厂应用作业成本计算的经过，说明了误用 ABC 的情况，并提出正确应用作业成本计算的方法。以下是该文列出的惠普公司在应用 ABC 过程中出现的部分错误：

（1）成本动因数量太多。
（2）不适当的管理。
（3）过分强调成本库的同质性。

要求：简要说明你从该公司失败中吸取的教训是什么。

2. 延用本章"引言"中的案例背景。在 Valport 公司采用作业成本法之前，公司的定价策略为将目标价格设定为产品制造成本的110%，产品制造成本所包括的间接费用即制造费用依据直接人工工时分配。由于公司的Ⅰ号产品的竞争对手一直在压低Ⅰ号产品的价格。结果公司Ⅰ号产品的销售价格已降到了75美元以下。

在20×3年公司年未总结会上，公司总经理问主计长："George，为什么我们的产品竞争不过其他公司的产品？他们的Ⅰ号产品仅售69美元，那比我们的Ⅰ号产品成本还要少1美元。这是怎么回事？"

"我认为是我们的过时的产品成本计算方法造成的。"George说，"也许你还记得，我刚来公司时，采用作业成本法做了一项先期研究。结果发现，公司采用的传统制造成本计算法高估了产量高工艺简单的Ⅰ号产品成本，并且大大地低估了Ⅲ号产品的成本。对此我曾提出过警告，但公司仍保持原有的方法。"

"好的，"总经理说"你下午给我提供用作业成本法计算的有关数据。"

George回到办公室后，整理了公司20×3年末会计系统提供的有关数据，并列出了公司20×3年末产品成本和年度销售数据如表12-16所示。

表12-16　20×3年末产品成本和年度销售数据　　金额单位：美元

| 指标 | Ⅰ号产品 | Ⅱ号产品 | Ⅲ号产品 |
| --- | --- | --- | --- |
| 年销售量（件） | 100 000 | 50 000 | 10 000 |
| 单位产品成本 | 70 | 71 | 160 |
| 其中：直接材料 | 10 | 25 | 40 |
| 直接人工 | 10 | 6 | 20 |
| 制造费用 | 50 | 30 | 100 |
| 直接人工工时（小时） | 50 000 | 15 000 | 10 000 |
| 制造费用明细 | 金额 | | |
| 机器维修 | 1 500 000 | | |
| 机器折旧 | 3 000 000 | | |
| 产品检测 | 1 500 000 | | |
| 机器准备 | 500 000 | | |
| 材料处理 | 500 000 | | |
| 产品包装 | 500 000 | | |
| 总　计 | 7 500 000 | | |

可计算得出：

$$\text{制造费用分配率} = \frac{7\ 500\ 000}{50\ 000 + 15\ 000 + 10\ 000} = 100(\text{美元/小时})$$

George 也列出了作业成本法下,三种产品作业成本分摊比例如表 12-17 所示。

表 12-17　三种产品作业成本分摊比例

| 作业成本库 | 成本动因 | Ⅰ号产品比例 | Ⅱ号产品比例 | Ⅲ号产品比例 |
| --- | --- | --- | --- | --- |
| 机器维修 | 机器小时 | 50% | 30% | 20% |
| 机器折旧 | 机器小时 | 40% | 20% | 40% |
| 产品检测 | 检测次数 | 50% | 20% | 30% |
| 机器准备 | 准备次数 | 45% | 30% | 25% |
| 材料处理 | 材料订单数量 | 45% | 35% | 20% |
| 产品包装 | 包装小时 | 50% | 30% | 20% |

问题：

在计算主计长 George 采用作业成本法计算确定的三种产品成本和目标销售价格的基础上,给公司总经理写一份备忘录,解释传统的制造成本计算方法与作业成本法的不同,并说明传统制造成本计算方法可能造成的结果。另外,公司应做何种战略选择？为什么？

# 同步测试题

1. Mahany Supply 公司的主计长研究了公司的全部生产经营活动后,确认了引发成本发生的 12 项作业如下：

① 材料入库检测
② 材料运送
③ 机器准备
④ 产品包装
⑤ 生产工人加班
⑥ 废品返修
⑦ 维修工具和模具
⑧ 行政管理
⑨ 废物处理
⑩ 制订产品价格
⑪ 设定制造方法
⑫ 监督生产

要求：

(1) 确认上述作业属于单位作业、批别作业、产品别作业和过程作业中的哪一种。

(2) 给出每项作业潜在的成本动因。

(3) 确认上述作业中哪些是不增值作业,并说明 Mahany Supply 公司应如何采用哪些作业成本管理的技术来降低成本。

2. Genesco 公司生产 A、B、C、D 四种产品,其有关成本资料如表 12-18 所示。

表 12-18　A、B、C、D 四种产品成本资料　　　　　金额单位:美元

| 产品名称 | | A 产品 | B 产品 | C 产品 | D 产品 | 合计 |
|---|---|---|---|---|---|---|
| 年产量(件) | | 100 | 50 | 100 | 50 | 300 |
| 单位产品直接材料 | | 50 | 40 | 100 | 50 | |
| 单位产品直接人工 | | 20 | 20 | 50 | 10 | |
| 单位产品机器小时 | | 5 | 2 | 2.5 | 1.5 | |
| ①材料处理 | 搬运次数 | 2 | 1 | 5 | 2 | 10 |
| | 金额 | | | | | 5 000 |
| ②起动准备 | 准备次数 | 2 | 5 | 8 | 5 | 20 |
| | 金额 | | | | | 3 000 |
| ③折旧费 | 机器小时 | 500 | 1 000 | 400 | 600 | 2 500 |
| | 金额 | | | | | 50 000 |
| ④动力费 | 机器小时 | 500 | 1 000 | 400 | 600 | 2 500 |
| | 金额 | | | | | 2500 |
| ⑤质量检查 | 检验次数 | 10 | 15 | 10 | 5 | 40 |
| | 金额 | | | | | 1 200 |
| ①~⑤项合计 | | | | | | 61 700 |

表中的①~⑤项合计为制造费用。

要求:(1) 采用作业成本法计算各产品的总成本和单位成本。

(2) 采用传统的成本计算方法计算各产品总成本和单位成本(制造费用按各产品机器小时比例分配)。

(3) 比较两种方法计算结果的差异,并分析其差异产生的原因。

3. BBCC 公司是一家咖啡加工商。公司从世界各地购买咖啡豆,进行加工,然后包装出售。目前,BBCC 公司生产两种袋装咖啡产品分别为 Hawaian 和 Kenyan,并按每袋 1 磅出售给咖啡店。原材料是其主要成本,然而在高度自动化的加工过程中会发生大量的间接费用。BBCC 公司直接人工成本相对较小。

BBCC 公司以前采用传统制造成本计算法将质量控制成本按直接人工工时进行分配。按传统制造成本计算方法 Hawaian 产品本期应分得的质量控制成本为 9 000 美元。BBCC 公司现拟采用作业成本法以更公平地将质量控制成本分配给各产品。Hawaian 产品有关成本资料如表 12-19 所示。

表 12-19  Hawaian 产品成本资料

| 作业成本库 | 成本动因 | 分配率 | Hawaian 产品的动因数 |
| --- | --- | --- | --- |
| 原料检测 | 原料类型 | 每类 500 美元 | 6 类 |
| 过程检测 | 产品数量 | 每磅 0.21 美元 | 10 000 磅 |
| 产品确认 | 每张订单 | 每张订单 50 美元 | 36 张 |

要求：
(1) 确定作业成本法下 Hawaian 产品承担的质量控制成本。
(2) 说明传统制造成本计算方法对 Hawaian 产品的质量控制成本的影响。

# 第十三章 成本核算与分析综合案例

- 理解管理要求对成本计算方法的影响
- 理解生产类型的特点及其对成本计算方法的影响
- 能根据不同的生产类型特点选择适当的成本计算方法
- 能综合运用各种产品成本计算方法处理实际问题

## 引 言

实际工作中,一个企业可能有若干个车间,一个车间也可能生产若干种产品,这些车间或产品的生产类型和管理的要求并不一定相同,因而在一个企业或车间中,就有可能同时应用几种不同的产品成本计算方法。即使是一种产品,在该产品的各个生产步骤,各种半成品和各个成本项目之间,它们的生产类型或管理的要求也不一定相同,因而在一种产品的成本计算中,几种成本计算方法结合应用在实践中是常态。前面有关章节对产品成本计算和分析方法进行了分别阐述与案例讨论;本章再对某一综合案例进行分析讨论以训练学生综合运用所学知识、解决实际问题的能力。

## 第一节 成本核算资料与要求

### 一、企业基础资料

汇丰保温瓶厂是一家小型企业,生产大、中、小三种不同型号的塑料保温瓶,一车间是保温瓶塑料外壳和塑料配件生产车间,二车间是装配车间。一车间生产的半成品需要验收入半成品库,二车间从半成品库领用,自制半成品发出时采用全月一次加权平均法计算发出半成品成本。一车间由于生产大、中、小三种不同规格的塑料外壳和塑料配件,成本计算采用分类法,按生产工艺过程将塑料外壳分为一类,塑料配件分为一类。完工产成品按综合结转分步法计算完工产成品成本,成本还原按照各产品所耗上步骤本月所产半成品成本构成进行。有关资料如下:

(1) 各生产成本明细账的12月初余额如表13-1所示。

表13-1 生产成本明细账的月初余额　　　　　金额单位:元

| 产品 | 原材料 | 辅助材料 | 自制半成品 | 瓶胆 | 职工薪酬 | 制造费用 |
|---|---|---|---|---|---|---|
| 塑料壳类 | 10 480 | | | | 1 750 | 1 000 |
| 塑料配件类 | 5 000 | | | | 1 000 | 500 |
| 塑壳保温瓶(大) | | 40 | 500 | 300 | | |
| 塑壳保温瓶(中) | | 35 | 400 | 440 | | |
| 塑壳保温瓶(小) | | 15 | 300 | 150 | | |

(2) 20×8年有关产品的计划产量。塑壳保温瓶(大)、塑壳保温瓶(中)、塑壳保温瓶(小)本年的计划产量分别为213 000只、195 000只、240 000只。

## 二、企业新发生的业务资料

该企业20×8年12月发生了以下业务:

(1) 收到工商银行转来自来水公司和供电公司专用托收凭证,付水电费15 000元,本厂在支付水费时按固定比例进行分配,其中,塑料车间50%,装配车间20%,行政管理部门30%。

(2) 根据设备管理科提供的"固定资产折旧计算表",计提本月折旧50 000元,其中,塑料车间为20 000元,装配车间为15 000元,行政管理部门为15 000元。

(3) 摊销以前预付本月负担的财产保险费12 000元,其中,塑料车间为5 000元,装配车间为4 000元,行政管理部门为3 000元。

(4) 本月材料发出情况如表13-2所示。

(5) 企业本月应付的职工薪酬汇总表如表13-3所示。

表13-2 材料发出汇兑表

| 材料名称 | 计量单位 | 发出材料 用途 | 实际成本(元) |
|---|---|---|---|
| 一、塑料粒子 | 吨 | 生产成本——塑料车间(塑料壳) | 142 000 |
| | | 生产成本——塑料车间(塑料配件) | 96 000 |
| 二、瓶胆类 | | | |
| 其中:大号 | 只 | 生产成本——装配车间(塑壳瓶大号) | 110 000 |
| 中号 | 只 | 生产成本——装配车间(塑壳瓶中号) | 80 000 |
| 小号 | 只 | 生产成本——装配车间(塑壳瓶小号) | 70 000 |
| 三、辅助材料 | | | |
| 其中:大号 | | 生产成本——装配车间(塑壳瓶大号) | 4 000 |
| 中号 | | 生产成本——装配车间(塑壳瓶中号) | 3 900 |
| 小号 | | 生产成本——装配车间(塑壳瓶小号) | 4 100 |
| 四、周转材料 | | | |
| 其中:压力表 | 只 | 制造费用——装配车间 | 3 000 |
| 修边刀 | 把 | 制造费用——塑料车间 | 500 |
| 扳手 | 把 | 制造费用——装配车间 | 300 |

表13-3 应付的职工薪酬汇总表

| 部 门 | | 应付职工薪酬(元) |
|---|---|---|
| 塑料车间 | 生产工人 | 88 000 |
| | 管理人员 | 54 000 |
| | 小 计 | 142 000 |
| 装配车间 | 生产工人 | 66 000 |
| | 管理人员 | 25 000 |
| | 小 计 | 91 000 |
| 行政管理人员 | | 60 000 |
| 合 计 | | 290 000 |

(6)月末企业按产品定额工时分配结转各车间的制造费用。各车间产品定额

工时资料如下：

| | | |
|---|---|---|
| 塑料车间：塑料壳 | | 2 400 小时 |
| | 塑料配件 | 2 000 小时 |
| 装配车间：塑料壳保温瓶（大号） | | 1 100 小时 |
| | 塑料壳保温瓶（中号） | 1 000 小时 |
| | 塑料壳保温瓶（小号） | 1 200 小时 |

(7) 月末计算结转本月塑料车间自制半成品的成本，塑料车间月末在产品加工程度已达 100%，尚未验收。塑料壳、塑料配件类内成本的划分："原材料"项目按标准产量比例分配，大、中、小号系数分别为 1.16, 1, 0.84；其他成本项目按产量比例分配。本月有关产量如表 13-4 所示。

表 13-4 月末自制半成品

| 项 目 | 完工半成品（只或套） | 月末在产品（只或套） | 项 目 | 完工半成品（只或套） | 月末在产品（只或套） |
|---|---|---|---|---|---|
| 塑料壳 | | | 塑料配件 | | |
| 其中：大号 | 24 950 只 | 1 350 只 | 其中：大号 | 23 900 套 | 1 100 套 |
| 中号 | 23 900 只 | 2 090 只 | 中号 | 22 900 套 | 1 300 套 |
| 小号 | 17 800 只 | 1 800 只 | 小号 | 19 700 套 | 1 000 套 |

(8) 月末采用全月一次加权平均法，库存发出自制半成品成本。

| | | | |
|---|---|---|---|
| 塑料壳（大号） | 3.80 元/只 | 塑料配件（大号） | 2.8 元/套 |
| 塑料壳（中号） | 3.46 元/只 | 塑料配件（小号） | 2.50 元/套 |
| 塑料壳（小号） | 3.12 元/只 | 塑料配件（大号） | 2.35 元/套 |

(9) 月末计算并结转领用自制半成品的成本，本月自制半成品的领用情况如下：

| | | | |
|---|---|---|---|
| 塑料壳（大号） | 21 980 只 | 塑料配件（大号） | 21 980 套 |
| 塑料壳（中号） | 19 980 只 | 塑料配件（小号） | 19 980 套 |
| 塑料壳（小号） | 23 970 只 | 塑料配件（大号） | 23 970 套 |

(10) 月末计算并结转本月装配车间完工产品成本，装配车间月末在产品按定额成本计价，而且只计材料费用，不计其他费用。在产品定额成本如表 13-5 所示。

(11) 企业月末完工产品产量如下：

| | |
|---|---|
| 塑料壳保温瓶（大号） | 21 970 只 |
| 塑料壳保温瓶（中号） | 19 920 只 |
| 塑料壳保温瓶（小号） | 24 000 只 |

表 13-5  塑料壳保温瓶期末在产品定额成本

| 成本项目 | 塑料壳保温瓶 | | |
| --- | --- | --- | --- |
|  | 大 号 | 中 号 | 小 号 |
| 自制半成品 | 380 | 352 | 192 |
| 瓶胆 | 345 | 300 | 150 |
| 辅助材料 | 28 | 21 | 28 |

## 三、案例计算分析

（一）案例计算

(1) 根据有关资料，编制各有关费用分配表（见表 13-6 至表 13-10）。

(2) 根据有关资料和费用分配表登记塑料车间和装配车间的制造费用明细表（见表 13-11 至表 13-12）。

(3) 根据制造费用明细账的记录，编制塑料车间和装配车间制造费用分配表（见表 13-13 至表 13-14）。

(4) 根据有关资料登记塑料车间的塑壳类和塑料配件类产品成本计算表（见表 13-15 至表 13-16）。

(5) 根据有关资料登记装配车间各产品成本计算表（见表 13-17 至表 13-19）。

表 13-6  材料费用分配表

20××年12月　　　　　　　　　　　金额单位：元

| 应借账户 | | 成本或费用明细项目 | 间接计入 | | | 直接计入 |
| --- | --- | --- | --- | --- | --- | --- |
|  |  |  | 定额耗用量（千克） | 分配率 | 分配额 |  |
| 塑料车间 | 塑料壳 | 原材料 |  |  |  |  |
|  | 塑料配件 | 原材料 |  |  |  |  |
|  | 小 计 |  |  |  |  |  |
| 装配车间 | 塑料壳大号 | 瓶胆 |  |  |  |  |
|  | 塑料壳中号 | 瓶胆 |  |  |  |  |
|  | 塑料壳小号 | 瓶胆 |  |  |  |  |
|  | 小 计 |  |  |  |  |  |

(续表)

| 应借账户 | | 成本或费用明细项目 | 间接计入 | | | 直接计入 |
|---|---|---|---|---|---|---|
| | | | 定额耗用量(千克) | 分配率 | 分配额 | |
| 装配车间 | 塑料壳大号 | 辅助材料 | | | | |
| | 塑料壳中号 | 辅助材料 | | | | |
| | 塑料壳小号 | 辅助材料 | | | | |
| | 小 计 | | | | | |
| 制造费用 | 塑料车间 | 周转材料 | | | | |
| | 装配车间 | 周转材料 | | | | |
| | 小 计 | | | | | |
| 合 计 | | | | | | |

表 13-7 职工薪酬分配表

20××年12月　　　　　　　　　金额单位：元

| 应借账户 | | 成本或费用项目 | 定额工时 | 分配率 | 职工薪酬费用 |
|---|---|---|---|---|---|
| 塑料车间 | 塑料壳 | 职工薪酬 | | | |
| | 塑料配件 | 职工薪酬 | | | |
| | 小 计 | | | | |
| 装配车间 | 塑料保温瓶大号 | 职工薪酬 | | | |
| | 塑料保温瓶中号 | 职工薪酬 | | | |
| | 塑料保温瓶小号 | 职工薪酬 | | | |
| | 小 计 | | | | |
| 制造费用 | 塑料车间 | 职工薪酬 | | | |
| | 装配车间 | 职工薪酬 | | | |
| | 小 计 | | | | |
| 管理费用 | | 职工薪酬 | | | |
| 合 计 | | | | | |

表 13-8  水电费分配表

20××年12月　　　　　　　　金额单位:元

| 应借账户 | | 成本项目或费用项目 | 分配标准 | 分配金额 |
|---|---|---|---|---|
| 制造费用 | 塑料车间 | 水电费 | | |
| | 装配车间 | 水电费 | | |
| 管理费用 | | 水电费 | | |
| 合　计 | | | | |

表 13-9  固定资产折旧费用分配表

20××年12月　　　　　　　　金额单位:元

| 项目 | 生产车间 | | | 行政管理 | 合计 |
|---|---|---|---|---|---|
| | 塑料车间 | 装配车间 | 小计 | | |
| 折旧费 | | | | | |

表 13-10  财产保险费分配表

20××年12月　　　　　　　　金额单位:元

| 项目 | 生产车间 | | | 行政管理 | 合计 |
|---|---|---|---|---|---|
| | 塑料车间 | 装配车间 | 小计 | | |
| 财产保险费 | | | | | |

表 13-11  塑料车间制造费用明细账

20××年12月　　　　　　　　金额单位:元

| 月 | 日 | 摘要 | 周转材料 | 职工薪酬 | 水电费 | 折旧费 | 保险费 | 其他 | 合计 |
|---|---|---|---|---|---|---|---|---|---|
| 10 | 31 | 据材料分配表 | | | | | | | |
| 10 | 31 | 职工薪酬分配表 | | | | | | | |
| 10 | 31 | 据水电费分配表 | | | | | | | |
| 10 | 31 | 据折旧费用分配表 | | | | | | | |
| 10 | 31 | 据财产保险费分配表 | | | | | | | |
| 10 | 31 | 据制造费用分配表 | | | | | | | |
| 10 | 31 | 合　计 | | | | | | | 0 |

表 13-12　装配车间制造费用明细账

20××年12月　　　　　　　　　金额单位：元

| 月 | 日 | 摘要 | 周转材料 | 职工薪酬 | 水电费 | 折旧费 | 保险费 | 其他 | 合计 |
|---|---|---|---|---|---|---|---|---|---|
| 10 | 31 | 据材料分配表 | | | | | | | |
| 10 | 31 | 职工薪酬分配表 | | | | | | | |
| 10 | 31 | 据水电费分配表 | | | | | | | |
| 10 | 31 | 据折旧费用分配表 | | | | | | | |
| 10 | 31 | 据财产保险费分配表 | | | | | | | |
| 10 | 31 | 据制造费用分配表 | | | | | | | |
| 10 | 31 | 合计 | | | | | | | 0 |

表 13-13　塑料车间制造费用分配表

20××年12月　　　　　　　　　金额单位：元

| 项目 | 定额工时 | 制造费用 | |
|---|---|---|---|
| | | 分配率 | 金额 |
| 塑料壳 | | | |
| 塑料配件 | | | |

表 13-14　装配车间制造费用分配表

20××年12月　　　　　　　　　金额单位：元

| 项目 | 定额工时 | 制造费用 | |
|---|---|---|---|
| | | 分配率 | 金额 |
| 塑料壳保温瓶（大号） | | | |
| 塑料壳保温瓶（中号） | | | |
| 塑料壳保温瓶（小号） | | | |

表 13-15　塑料壳类产品成本计算表

车间：塑料　　　　20××年12月　　　　　金额单位：元

| 项目 | 产量 | 系数 | 标准产量 | 原材料 | 职工薪酬 | 制造费用 | 单位成本 |
|---|---|---|---|---|---|---|---|
| 月初在产品 | | | | | | | |
| 本月生产费用 | | | | | | | |

(续表)

| 项 目 | 产量 | 系数 | 标准产量 | 原材料 | 职工薪酬 | 制造费用 | 单位成本 |
|---|---|---|---|---|---|---|---|
| 累 计 | | | | | | | |
| 分配率 | | | | | | | |
| 完工产品 | | | | | | | |
| 其中：大号 | | | | | | | |
| 　　　中号 | | | | | | | |
| 　　　小号 | | | | | | | |
| 月末在产品 | | | | | | | |

表 13-16　塑料配件类产品成本计算表

车间：塑料　　　　　　　　　20××年12月　　　　　　　　　金额单位：元

| 项 目 | 产量 | 系数 | 标准产量 | 原材料 | 职工薪酬 | 制造费用 | 单位成本 |
|---|---|---|---|---|---|---|---|
| 月初在产品 | | | | | | | |
| 本月生产费用 | | | | | | | |
| 累 计 | | | | | | | |
| 分配率 | | | | | | | |
| 完工产品 | | | | | | | |
| 其中：大号 | | | | | | | |
| 　　　中号 | | | | | | | |
| 　　　小号 | | | | | | | |
| 月末在产品 | | | | | | | |

表 13-17　产品成本计算表

车间：装配　　　　　　　　　20××年12月
产品：塑料壳保温瓶（大号）　　　　　　　　　　　　　金额单位：元

| 项 目 | 自制半成品 | 瓶胆 | 辅助材料 | 职工薪酬 | 制造费用 | 总成本 | 单位成本 |
|---|---|---|---|---|---|---|---|
| 月初在产品 | | | | | | | |
| 本月生产费用 | | | | | | | |
| 累 计 | | | | | | | |

(续表)

| 项目 | 自制半成品 | 瓶胆 | 辅助材料 | 职工薪酬 | 制造费用 | 总成本 | 单位成本 |
|---|---|---|---|---|---|---|---|
| 分配率 | | | | | | | |
| 完工产品 | | | | | | | |
| 月末在产品 | | | | | | | |

表 13-18  产品成本计算表

车间：装配　　　　　　　　　　20××年12月
产品：塑料壳保温瓶(中号)　　　　　　　　　　　　　　　金额单位：元

| 项目 | 自制半成品 | 瓶胆 | 辅助材料 | 职工薪酬 | 制造费用 | 总成本 | 单位成本 |
|---|---|---|---|---|---|---|---|
| 月初在产品 | | | | | | | |
| 本月生产费用 | | | | | | | |
| 累　计 | | | | | | | |
| 分配率 | | | | | | | |
| 完工产品 | | | | | | | |
| 月末在产品 | | | | | | | |

表 13-19  产品成本计算表

车间：装配　　　　　　　　　　20××年12月
产品：塑料壳保温瓶(小号)　　　　　　　　　　　　　　　金额单位：元

| 项目 | 自制半成品 | 瓶胆 | 辅助材料 | 职工薪酬 | 制造费用 | 总成本 | 单位成本 |
|---|---|---|---|---|---|---|---|
| 月初在产品 | | | | | | | |
| 本月生产费用 | | | | | | | |
| 累　计 | | | | | | | |
| 分配率 | | | | | | | |
| 完工产品 | | | | | | | |
| 月末在产品 | | | | | | | |

(二) 案例分析

(1) 根据有关资料编制商品产品成本报表(见表13-20)。

表 13-20 商品产品成本表

20××年12月    金额单位：元

| 产品名称 | 计量单位 | 实际产量 | | 单 位 成 本 | | | | | 本 月 总 成 本 | | | 本年累计总成本 | | |
|---|---|---|---|---|---|---|---|---|---|---|---|---|---|---|
| | | 本月 | 本年累计 | 上年实际平均 | 本年计划 | 本月实际 | 本年实际累计平均 | | 按上年实际平均单位成本计算 | 按本年计划单位成本计算 | 本月实际 | 按上年实际平均单位成本计算 | 按本年计划单位成本计算 | 本年实际 |
| | | (1) | (2) | (3) | (4) | (5)=(9)÷(1) | (6)=(12)÷(2) | | (7)=(1)×(3) | (8)=(1)×(4) | (9) | (10)=(2)×(3) | (11)=(2)×(4) | (12) |
| 可比产品 | 只 | | | | | | | | | | | | | |
| 塑料保温瓶（大） | | 21 970 | 219 700 | 14.00 | 13.5 | 13.54 | 13.55 | | | | | | | |
| 塑料保温瓶（中） | | 19 920 | 199 200 | 12.10 | 12.0 | 11.95 | 12.00 | | | | | | | |
| 塑料保温瓶（小） | | 24 000 | 240 000 | 10.00 | 10.0 | 10.30 | 10.20 | | | | | | | |
| 产品成本合计 | | | | | | | | | | | | | | |

补充材料：(1) 可比产品成本降低额　　元。　　(2) 可比产品成本降低率　%。
　　　　　(3) 计划成本降低额　　元。　　(4) 计划成本降低率　%。

(2) 根据有关资料,利用连环替换法对可比产品成本计划的完成情况进行分析。

## 第二节 成本核算与分析

### 一、案例题计算

(1) 根据有关资料,编制各有关费用分配表见表13-21至表13-25。

(2) 根据有关资料和费用分配表登记塑料车间和装配车间的制造费用明细表如表13-26至表13-27。

(3) 根据制造费用明细账的记录,编制塑料车间和装配车间制造费用分配表如表13-28至表13-29。

(4) 根据有关资料登记塑料车间的塑壳类和塑料配件类产品成本计算表如表13-30至表13-31。

(5) 根据有关资料登记装配车间各产品成本计算表见表13-32至表13-34。

表13-21 材料费用分配表

20××年12月　　　　　　　　　金额单位:元

| 应借账户 | | 成本或费用明细项目 | 间 接 计 入 | | | 直接计入 |
|---|---|---|---|---|---|---|
| | | | 定额耗用量(千克) | 分配率 | 分配额 | |
| 塑料车间 | 塑料壳 | 原材料 | | | | 142 000 |
| | 塑料配件 | 原材料 | | | | 96 000 |
| | 小　计 | | | | | |
| 装配车间 | 塑料壳大号 | 瓶胆 | | | | 110 000 |
| | 塑料壳中号 | 瓶胆 | | | | 80 000 |
| | 塑料壳小号 | 瓶胆 | | | | 70 000 |
| | 小　计 | | | | | |
| | 塑料壳大号 | 辅助材料 | | | | 4 000 |
| | 塑料壳中号 | 辅助材料 | | | | 3 900 |
| | 塑料壳小号 | 辅助材料 | | | | 4 100 |
| | 小　计 | | | | | |

(续表)

| 应借账户 | | 成本或费用明细项目 | 间接计入 | | | 直接计入 |
|---|---|---|---|---|---|---|
| | | | 定额耗用量(千克) | 分配率 | 分配额 | |
| 制造费用 | | 塑料车间 | 周转材料 | | | | 500 |
| | | 装配车间 | 周转材料 | | | | 3 300 |
| | | 小 计 | | | | | |
| 合 计 | | | | | | | |

表13-22 职工薪酬分配表

20××年12月　　　　　　　　　　　　金额单位:元

| 应借账户 | | 成本或费用项目 | 定额工时 | 分配率 | 职工薪酬费用 |
|---|---|---|---|---|---|
| 塑料车间 | 塑料壳 | 职工薪酬 | 2 400 | | 48 000 |
| | 塑料配件 | 职工薪酬 | 2 000 | | 40 000 |
| | 小 计 | | 4 400 | 2 | 88 000 |
| 装配车间 | 塑料保温瓶大号 | 职工薪酬 | 1 100 | | 22 000 |
| | 塑料保温瓶中号 | 职工薪酬 | 1 000 | | 20 000 |
| | 塑料保温瓶小号 | 职工薪酬 | 1 200 | | 24 000 |
| | 小 计 | | 3 300 | 20 | 66 000 |
| 制造费用 | 塑料车间 | 职工薪酬 | | | 54 000 |
| | 装配车间 | 职工薪酬 | | | 25 000 |
| | 小 计 | | | | |
| 管理费用 | | 职工薪酬 | | | 60 000 |
| 合 计 | | | | | |

表13-23 水电费分配表

20××年12月　　　　　　　　　　　　金额单位:元

| 应借账户 | | 成本项目或费用项目 | 分配标准 | 分配金额 |
|---|---|---|---|---|
| 制造费用 | 塑料车间 | 水电费 | 50% | 5 000 |
| | 装配车间 | 水电费 | 20% | 2 000 |

(续表)

| 应借账户 | 成本项目或费用项目 | 分配标准 | 分配金额 |
|---|---|---|---|
| 管理费用 | 水电费 | 30% | 3 000 |
| 合　计 | | | 15 000 |

表 13-24　固定资产折旧费用分配表

20××年12月　　　　　　　　　　　　　　　　金额单位：元

| 项目 | 生产车间 | | | 行政管理 | 合计 |
|---|---|---|---|---|---|
| | 塑料车间 | 装配车间 | 小计 | | |
| 折旧费 | 20 000 | 15 000 | 35 000 | 15 000 | 50 000 |

表 13-25　财产保险费分配表

20××年12月　　　　　　　　　　　　　　　　金额单位：元

| 项目 | 生产车间 | | | 行政管理 | 合计 |
|---|---|---|---|---|---|
| | 塑料车间 | 装配车间 | 小计 | | |
| 财产保险费 | 5 000 | 4 000 | 9 000 | 3 000 | 12 000 |

表 13-26　塑料车间制造费用明细账

20××年12月　　　　　　　　　　　　　　　　金额单位：元

| 月 | 日 | 摘要 | 周转材料 | 职工薪酬 | 水电费 | 折旧费 | 保险费 | 其他 | 合计 |
|---|---|---|---|---|---|---|---|---|---|
| 10 | 31 | 据材料分配表 | 500 | | | | | | 500 |
| 10 | 31 | 据职工薪酬分配表 | | 54 000 | | | | | 54 000 |
| 10 | 31 | 据水电费分配表 | | | 5 000 | | | | 5 000 |
| 10 | 31 | 据折旧费用分配表 | | | | 20 000 | | | 20 000 |
| 10 | 31 | 据财产保险费分配表 | | | | | 5 000 | | 5 000 |
| 10 | 31 | 据制造费用分配表 | 500 | 54 000 | 5 000 | 20 000 | 5 000 | | 84 500 |
| 10 | 31 | 合　计 | | | | | | | 0 |

表13-27 装配车间制造费用明细账

20××年12月　　　　　　　　　　　　　金额单位：元

| 月 | 日 | 摘要 | 周转材料 | 职工薪酬 | 水电费 | 折旧费 | 保险费 | 其他 | 合计 |
|---|---|---|---|---|---|---|---|---|---|
| 10 | 31 | 据材料分配表 | 3 300 | | | | | | 3 300 |
| 10 | 31 | 职工薪酬分配表 | | 25 000 | | | | | 25 000 |
| 10 | 31 | 据水电费分配表 | | | 2 000 | | | | 2 000 |
| 10 | 31 | 据折旧费用分配表 | | | | 15 000 | | | 15 000 |
| 10 | 31 | 据财产保险费分配表 | | | | | 4 000 | | 4 000 |
| 10 | 31 | 据制造费用分配表 | 3 300 | 25 000 | 2 000 | 15 000 | 4 000 | | 49 300 |
| 10 | 31 | 合计 | | | | | | | 0 |

表13-28 塑料车间制造费用分配表

20××年12月

| 项目 | 定额工时 | 制造费用 | |
|---|---|---|---|
| | | 分配率 | 金额（元） |
| 塑料壳 | 2 400 | | 46 080 |
| 塑料配件 | 2 000 | | 38 420 |
| | 4 400 | 19.2 | 84 500 |

表13-29 装配车间制造费用分配表

20××年12月

| 项目 | 定额工时 | 制造费用 | |
|---|---|---|---|
| | | 分配率 | 金额（元） |
| 塑料壳保温瓶（大号） | 1 100 | | 16 434 |
| 塑料壳保温瓶（中号） | 1 000 | | 14 940 |
| 塑料壳保温瓶（小号） | 1 200 | | 17 926 |
| 合计 | 3 300 | 14.94 | 49 300 |

表 13-30　塑料壳类产品成本计算表

车间：塑料　　　　　　　　　20××年12月　　　　　　　　　金额单位：元

| 项目 | 产量 | 系数 | 标准产量 | 原材料 | 职工薪酬 | 制造费用 | 单位成本 |
|---|---|---|---|---|---|---|---|
| 月初在产品 | | | | 10 480 | 1 750 | 1 000 | |
| 本月生产费用 | | | | 142 000 | 48 000 | 46 080 | |
| 累　计 | 71 890 | | 71 962 | 152 480 | 49 750 | 47 080 | |
| 分配率 | | | | 2.12 | 0.69 | 0.65 | 3.460 0 |
| 完工产品 | 66 650 | | 67 794 | 143 723.28 | 45 988.5 | 43 322.5 | |
| 其中：大号 | 24 950 | 1.16 | 28 942 | 61 357.04 | 17 215.5 | 16 217.5 | 3.799 2 |
| 　中号 | 23 900 | 1.0 | 23 900 | 50 668 | 16 491 | 15 535 | 3.460 0 |
| 　小号 | 17 800 | 0.84 | 14 952 | 31 698.24 | 12 282 | 11 570 | 3.120 8 |
| 月末在产品 | | | 5 168 | 8 756.72 | 3 761.5 | 3 757.5 | |

表 13-31　塑料配件类产品成本计算表

车间：塑料　　　　　　　　　20××年12月　　　　　　　　　金额单位：元

| 项目 | 产量 | 系数 | 标准产量 | 原材料 | 职工薪酬 | 制造费用 | 单位成本 |
|---|---|---|---|---|---|---|---|
| 月初在产品 | | | | 5 000 | 1 000 | 500 | |
| 本月生产费用 | | | | 96 000 | 40 000 | 38 420 | |
| 累　计 | 69 900 | | 70 588 | 101 000 | 41 000 | 38 920 | |
| 分配率 | | | | 1.43 | 0.59 | 0.56 | 2.580 0 |
| 完工产品 | 66 500 | | 67 172 | 96 055.96 | 39 235 | 37 240 | |
| 其中：大号 | 23 900 | 1.16 | 27 724 | 39 645.32 | 14 101 | 13 384 | 2.808 8 |
| 　中号 | 22 900 | 1.0 | 22 900 | 32 747 | 13 511 | 12 824 | 2.580 0 |
| 　小号 | 19 700 | 0.84 | 16 548 | 23 663.64 | 11 623 | 11 032 | 2.351 2 |
| 月末在产品 | | | 3 416 | 4 944.04 | 1 765 | 1 680 | |

表 13-32　产品成本计算表

车间：装配  
产品：塑料壳保温瓶（大号）　　　20××年12月　　　　　　　　　金额单位：元

| 项目 | 自制半成品 | 瓶胆 | 辅助材料 | 职工薪酬 | 制造费用 | 总成本 | 单位成本 |
|---|---|---|---|---|---|---|---|
| 月初在产品 | 500 | 300 | 40 | | | | |
| 本月生产费用 | 145 068 | 110 000 | 4 000 | 22 000 | 16 434 | | |

(续表)

| 项 目 | 自制半成品 | 瓶胆 | 辅助材料 | 职工薪酬 | 制造费用 | 总成本 | 单位成本 |
|---|---|---|---|---|---|---|---|
| 累 计 | 145 568 | 110 300 | 4 040 | 22 000 | 16 434 | | |
| 分配率 | | | | | | | |
| 完工产品 | 145 188 | 109 955 | 4 012 | 22 000 | 16 434 | 297 589 | 13.54 |
| 月末在产品 | 380 | 345 | 28 | | | | |

表 13 - 33 产品成本计算表

车间：装配
产品：塑料壳保温瓶(中号)　　　　　20××年12月　　　　　金额单位：元

| 项 目 | 自制半成品 | 瓶胆 | 辅助材料 | 职工薪酬 | 制造费用 | 总成本 | 单位成本 |
|---|---|---|---|---|---|---|---|
| 月初在产品 | 400 | 440 | 35 | | | | |
| 本月生产费用 | 119 080.8 | 80 000 | 3 900 | 20 000 | 14 940 | | |
| 累 计 | 119 480.8 | 80 440 | 3 935 | 20 000 | 14 940 | | |
| 分配率 | | | | | | | |
| 完工产品 | 119 128.8 | 80 140 | 3 914 | 20 000 | 14 940 | 238 122.8 | 11.95 |
| 月末在产品 | 352 | 300 | 21 | | | | |

表 13 - 34 产品成本计算表

车间：装配
产品：塑料壳保温瓶(小号)　　　　　20××年12月　　　　　金额单位：元

| 项 目 | 自制半成品 | 瓶胆 | 辅助材料 | 职工薪酬 | 制造费用 | 总成本 | 单位成本 |
|---|---|---|---|---|---|---|---|
| 月初在产品 | 300 | 150 | 15 | | | | |
| 本月生产费用 | 131 115.9 | 70 000 | 4 100 | 24 000 | 17 926 | | |
| 累 计 | 131 415.9 | 70 150 | 4 115 | 24 000 | 17 926 | | |
| 分配率 | | | | | | | |
| 完工产品 | 131 223.9 | 70 000 | 4 087 | 24 000 | 17 926 | 247 236.9 | 10.30 |
| 月末在产品 | 192 | 150 | 28 | | | | |

## 二、案例分析

(1) 根据有关资料编制商品产品成本报表如表 13 - 35 所示。

表 13-35  商品产品成本表

20××年12月

金额单位：元

| 产品名称 | 计量单位 | 实际产量 | | 单位成本 | | | | 本月总成本 | | | 本年累计总成本 | | |
|---|---|---|---|---|---|---|---|---|---|---|---|---|---|
| | | 本月 | 本年累计 | 上年实际平均 | 本年计划 | 本月实际 | 本实年累计平均 | 按上年实际平均单位成本计算 | 按本年计划单位成本计算 | 本月实际 | 按上年实际平均单位成本计算 | 按本年计划单位成本计算 | 本年实际 |
| | | (1) | (2) | (3) | (4) | (5)=(9)÷(1) | (6)=(12)÷(2) | (7)=(1)×(3) | (8)=(1)×(4) | (9) | (10)=(2)×(3) | (11)=(2)×(4) | (12) |
| 可比产品 | | | | | | | | | | | | | |
| 塑料保温瓶（大） | 只 | 21 970 | 219 700 | 14.00 | 13.5 | 13.54 | 13.55 | 307 580 | 296 595 | 297 473.8 | 3 075 800 | 2 965 950 | 2 976 935 |
| 塑料保温瓶（中） | | 19 920 | 199 200 | 12.10 | 12.0 | 11.95 | 12.00 | 241 032 | 239 040 | 238 044.0 | 2 410 320 | 2 390 400 | 2 390 400 |
| 塑料保温瓶（小） | | 24 000 | 240 000 | 10.00 | 10.0 | 10.30 | 10.20 | 240 000 | 240 000 | 247 200.0 | 2 400 000 | 2 400 000 | 2 400 000 |
| 产品成本合计 | | | | | | | | 788 612 | 775 635 | 782 717.8 | 7 886 120 | 7 756 350 | 7 815 335 |

补充材料：1. 可比产品成本降低额 70 785 元。  2. 可比产品成本降低率 0.90%。
3. 计划成本降低额 126 000 元。  4. 计划成本降低率 1.63%。

第十三章　成本核算与分析综合例

(2) 可比产品成本报表的分析(因素替换法)。可比产品成本降低额实际比计划少完成 55 215 元(126 000－70 785)，可比产品成本降低率实际比计划少完成 0.73%(1.63%－0.90%)。

具体影响分析如下：

(a) 产量变动的影响。其他因素不变，仅产量变动形成的成本降低额为 128 543.756 元(7 886 120×1.63%)。

由于产量变动对成本降低计划完成情况的影响程度如下：

$$降低额=128\,543.756-126\,000=2\,543.756(元)$$

(b) 品种结构变动的影响。其他因素不变，产量和结构同时变动形成的成本降低额为 129 770 元(7 886 120－7 756 350)。

由于结构变动对成本降低计划完成情况的影响程度如下：

$$降低额=129\,770-128\,543.756=1\,226.244(元)$$

$$降低率=1\,226.244\div7\,886\,120\times100\%=0.015\,5\%$$

(c) 单位成本变动的影响。在实际产量、品种结构和实际单位成本情况下形成的成本降低额为 70 785 元。

由于单位成本变动对成本降低计划完成情况的影响程度如下：

$$降低额=70\,785-129\,770=-58\,985(元)$$

$$降低率=-58\,985\div7\,886\,120\times100\%=-0.748\,0\%$$

# 参 考 文 献

［1］ 欧阳清,杨雄胜.成本会计学[M].北京:首都经济贸易大学出版社,2003.
［2］ 万寿义,任月均.成本会计[M].大连:东北财经大学出版社,2007.
［3］ 李海波,刘学华.成本会计[M].上海:立信会计出版社,2007.
［4］ 企业会计准则编审委员会.企业会计准则讲解与运用:上、下册[M].上海:立信会计出版社,2006.
［5］ 米切尔,马赫.成本会计[M].5版.姚海鑫,等,译.北京:机械工业出版社,1999.
［6］ 陈良华.成本管理[M].北京:中信出版社,2006.

# 参 考 文 献

[1] 方国雄, 熊苹南. 基本会计[M]. 北京: 对外经济贸易大学出版社, 2005.
[2] 刘明友(台和). 怎么会计[M]. 天津: 天津科学技术出版社, 2007.
[3] 李海波. 新编会计学[M]. 15版. 立信会计出版社, 2007.
[4] 中华人民共和国财政部. 企业会计准则出版社分册[S]. 上下册[M]. 上海: 立信会计出版社, 2005.
[5] 朱保. 基础会计学[M]. 马民, 佘斯勇, 秦兵, 任东, 电波, 电波出版社, 1999.
[6] 陈国辉. 基础会计学[M]. 东北财经大学出版社, 2005.